浙江省普通本科高校"十四五"重点教材
浙江省"十四五"普通高等教育本科规划教材

文渊
管理学系列

第3版

战略管理

Strategic Management

魏江　刘洋　邬爱其　等编著

机械工业出版社
CHINA MACHINE PRESS

本书第 3 版继续坚持逻辑与内容的统一、理念与行为的合一以及前沿与传承的碰撞，从管理学层面揭示"企业为什么能获得持续竞争优势"的基本命题，具体围绕"企业为了什么而活着""企业靠什么活着"和"企业如何活得更好"三个基本问题，通过分析内外部环境界定企业的愿景、使命与目标，通过选择和组合不同业务领域确定企业活着的基础，通过构筑持续竞争优势和实施系统战略保证企业活得更好。本书第 3 版在第 2 版的基础上做了大幅修订和更新，吸收了数字战略的最新研究成果，增加了中国企业在数字经济时代的鲜活管理实践，优化了战略管理的内容与体系。

本书既可以作为高等学校经济管理类专业本科生、研究生和 MBA 学员的战略管理教材，也可以作为企业管理人员的培训教材，还可以作为相关从业人员的工作学习读物。

图书在版编目（CIP）数据

战略管理 / 魏江等编著 . -- 3 版 . -- 北京：机械
工业出版社，2025.3（2025.6 重印）. --（文渊·管理学系列）.
ISBN 978-7-111-77581-2

Ⅰ. F272.1

中国国家版本馆 CIP 数据核字第 2025HY1588 号

机械工业出版社（北京市百万庄大街 22 号 邮政编码 100037）
策划编辑：吴亚军　　　　　　　　责任编辑：吴亚军　贾　萌
责任校对：张勤思　张雨霏　景　飞　　责任印制：任维东
天津嘉恒印务有限公司印刷
2025 年 6 月第 3 版第 2 次印刷
185mm×260mm·18 印张·2 插页·360 千字
标准书号：ISBN 978-7-111-77581-2
定价：59.00 元

电话服务　　　　　　　　网络服务
客服电话：010-88361066　机　工　官　网：www.cmpbook.com
　　　　　010-88379833　机　工　官　博：weibo.com/cmp1952
　　　　　010-68326294　金　书　网：www.golden-book.com
封底无防伪标均为盗版　　机工教育服务网：www.cmpedu.com

"师道文宗

笔墨渊海"

文渊阁 位于故宫东华门内文华殿后，是故宫中贮藏图书的地方，中国古代最大的文化工程《四库全书》曾经藏在这里，阁内悬有乾隆御书"汇流澄鉴"四字匾。

作者简介

魏江 教育部长江学者特聘教授、浙江大学求是特聘教授，现任浙江财经大学校长，浙江大学全球浙商研究院院长，兼任国务院学位委员会工商管理学科评议组成员、教育部高等学校工商管理类专业教学指导委员会委员、教育部科技委管理学部委员、浙江省政协委员、浙江省政府咨询重大项目委员会委员。长期从事创新管理和战略管理研究，主持国际合作项目、国家社会科学和国家自然科学基金重大项目等80余项研究课题，提出"非对称创新""数据基础观"理论及"数字创新""数字战略"理论框架，获得省部级及以上教学、科研、案例奖励30余项，成果引用率连续10多年处于国内管理学界前列。

刘洋 浙江大学研究员、博士生导师，国家社会科学基金重大项目首席专家，国家级青年人才项目、浙江省自然科学基金杰出青年项目获得者。现任浙江大学社会科学研究院专聘院长助理，企业组织与战略研究所副所长。研究方向为创新与战略管理，特别聚焦于制造企业的创新战略、国际化战略、ESG战略、数字创新战略等。先后主持国家自然科学基金重大项目子课题、面上项目、青年项目，国家社会科学

基金重大项目等国家级课题，成果发表在《管理世界》、Technovation, Journal of Business Ethics, Journal of Business Research 等国内外重要期刊，出版《数字创新》《非对称创新战略：中国企业的跨越》等著作，获得国家级教学成果奖一等奖、高等学校科学研究优秀成果奖等奖励。

邬爱其 浙江大学管理学院教授，博士生导师，浙江大学全球浙商研究院副院长、浙江大学企业投资研究所所长、浙江大学隐形冠军国际研究中心常务副主任，兼任浙江省中小企业创业副导师、工信部全国专精特新企业培育基地（杭州）产学研融合中心智库专家、德国隐形冠军协会中国区专家委员会委员等。主要从事数字经济、战略管理、创业管理和产业发展领域的科研和教学工作，主持国家自然科学基金重点项目、面上项目，和政府、企业委托项目多项，在《管理世界》《中国工业经济》、Journal of World Business、Management and Organization Review、International Business Review 等国内外重要学术期刊发表学术论文数十篇，曾获首届中国管理学年会优秀论文奖、浙江省科学技术奖二等奖等奖项。

在上一版中，我们提及数字经济时代"战略管理的底层逻辑正在面临全新的挑战"。那么，战略管理的本质变了吗？从2018年的国家自然科学基金重点项目"'互联网+'嵌入企业协同创新生态系统研究：新范式与创新行为"，到2021年的国家自然科学基金重大项目"创新驱动下平台企业主导的创业生态系统研究"，再到2024年的国家自然科学基金重点项目"数字基础观的技术创新机制、路径与政策"，我们团队一直围绕这一核心问题展开深入研究。我们密集跟踪调研了阿里巴巴、华为、字节跳动、小米、吉利、正泰、海尔、海康威视等大批进行数字创新的企业，收集了大量一手、二手数据进行分析，出版了《数字创新》《数字战略》《数字创业》《企业创新生态系统》等学术著作，深入探讨了数字经济时代战略的"变"与"不变"。由此，编写团队在前一版基础上，对本教材进行了系统修订，吸收了我们和同行对于数字战略的最新研究成果，增加了中国企业在数字经济时代的鲜活实践，也根据广大高校师生在使用过程中的反馈意见对内容进行了相应调整。

第一，体系优化。一是为了让战略管理的内容体系更为聚焦，同时避免与创业管理、公司治理等相关教材之间的重复，我们删除了第2版中的第9章公司创业战略和第14章战略性公司治理。二是，考虑到数字经济时代，企业生态战略的重要性，我们把第2版中第10章公司合作战略调整为第3版中第9章企业生态战略。

第二，案例更新。我们对上一版中涉及的案例进行了大幅替换和更新。一是系统替换了几乎全部的总结案例，把我们深入调研的阿里巴巴、吉利汽车、化纤邦、钉钉、佳芝丰共富工坊、海康威视、丰电子、华为、正泰集团、魔筷科技等中国典型企业创新实践进行系统阐述，为读者理解中国企业战略管理提供了鲜活的案例。二是系统替换了几乎全部的引例，从当下中国企业运营中面临的实际问题引入，引导学生系统思考。此外，我们对全文中的嵌入式案例也进行了更新。

第三，理论更新。在修订中，我们把数字技术、数字经济系统和新发展格局等外部条件和内部数字化转型等特征在教材中体现出来，在每章增加"反思"板块，探讨数字经济时代给各章所阐述的核心理论带来的挑战和反思，引导学生建立数字战略的基本概念，并系统阐述新组织情境、数字战略、数字创新、数字平台等数字经济时代战略管理内容。

在第3版的修订过程中，魏江统一负责整本教材的修订大纲制定和具体内容安排，以及校改、统稿工作，刘洋、邬爱其承担具体的配合修订工作。具体来说，第1~3章和

第6章由魏江主要撰写并负责修订；第4、5、11章由邬爱其主要撰写并负责修订；第10章由戴维奇撰写并由邬爱其负责修订；第7~8章由焦豪主要撰写并由刘洋负责修订；第9章由应瑛、杨佳铭负责；第12章由焦豪撰写并由刘洋负责修订；第13章由魏江撰写并由刘洋负责修订。本版涉及主要作者简要介绍如下。

魏江，教育部长江学者特聘教授、浙江大学求是特聘教授，现任浙江财经大学党委副书记、校长，浙江大学全球浙商研究院院长，兼任国务院学位委员会工商管理学科评议组成员、教育部高等学校工商管理类专业教学指导委员会委员、教育部科学技术委员会管理学部委员、浙江省政协委员、浙江省政府咨询重大项目委员会委员。长期从事创新管理和战略管理研究，主持国际合作项目、国家社会科学和国家自然科学基金重大项目等80余项研究课题，提出"非对称创新""数据基础观"理论及"数字创新""数字战略"理论框架，获得省部级及以上教学、科研、案例奖励30余项，成果引用率连续10多年处于国内管理学界前列。

刘洋，浙江大学研究员、博士生导师，国家社会科学基金重大项目首席专家，国家级青年人才项目、浙江省自然科学基金杰出青年项目获得者。现任浙江大学社会科学研究院专聘院长助理，企业组织与战略研究所副所长。研究方向为创新与战略管理，特别聚焦于制造业企业的创新战略、国际化战略、ESG战略、数字创新战略等。先后主持国家自然科学基金重大项目子课题、面上项目、青年项目，国家社会科学基金重大项目等国家级课题，成果发表在《管理世界》、*Technovation*、*Journal of Business Ethics*、*Journal of Business Research* 等国内外重要期刊，出版《数字创新》《非对称创新战略：中国企业的跨越》等著作，获得国家级教学成果一等奖、高等学校科学研究优秀成果奖等奖励。

邬爱其，浙江大学管理学院教授，博士生导师，浙江大学全球浙商研究院副院长、浙江大学企业投资研究所所长、浙江大学隐形冠军国际研究中心常务副主任，兼任浙江省中小企业创业辅导师、工信部全国专精特新企业培育基地（杭州）产学研融合中心智库专家、德国隐形冠军协会中国区专家委员会委员等。主要从事数字经济、战略管理、创业管理和产业发展领域的科研和教学工作，主持国家自然科学基金重点项目、面上项目，和政府、企业委托项目多项，在《管理世界》《中国工业经济》、*Journal of World Business*、*Management and Organization Review*、*International Business Review* 等国内外重要学术期刊上发表学术论文数十篇，曾荣获首届中国管理学年会优秀论文奖、浙江省科学技术奖二等奖等奖项。

焦豪，北京师范大学京师特聘教授，博士生导师，数字经济与管理系主任。国家优秀青年科学基金获得者、国家社会科学基金重大项目首席专家、爱思唯尔工商管理学科中国高被引学者。研究方向主要是数字经济情境的战略管理、创业管理、创新管理、公司治理，聚焦在动态能力、数字平台战略、数字平台生态治理、数字化转型等研究领域，主持国家自然科学基金和教育部人文社会科学基金等多项国家级和省部级研究项目。荣获教育部霍英东高等院校青年教师奖（创业和中小企业管理方向）、教育部高等学校科学研究优秀成果奖（人文社会科学）二等奖和三等奖、宝钢优秀教师奖、蒋一苇企业改革与发展学术基金优秀专著奖、全国商业科技进步奖一等奖、北京高校第十一届青年教师教学基本功比赛三等奖、北京高校青年教师社会调研优秀项目奖、第六届中国国际"互联网＋"大学生创新创业大赛（北京赛区）优秀指导教师等奖项和荣誉。

应瑛，浙江财经大学教授、博士生导师，浙江省万人青年拔尖人才，首批"浙江省高校领军人才培养计划"青年优秀人才培养对象，浙江省之江青年学者，浙江财经大学杰出青年学者，兼任中国技术经济学会理事，浙江省创造学会常务理事等职务。研究方向聚焦在数字经济下的企业创新战略，主持国家自然科学基金面上项目等多项课题，论文发表于《管理世界》、*Journal of Business Research*、*Technovation*、*Technological Forecasting and Social Change* 等国内外知名期刊，荣获浙江省哲学社会科学优秀成果奖等多项奖励。

戴维奇，浙江财经大学教授、博士生导师，浙江财经大学管理学院副院长，兼任中国管理现代化研究会创业与中小企业管理专业委员会理事、中国企业管理研究会企业碳管理专业委员会常务理事等职务。研究方向集中在创业创新和战略等宏观组织领域，关注数字平台生态系统、数字化转型以及数字时代的公司创业等议题，在《管理世界》《南开管理评论》、*Journal of Business Ethics*、*Journal of Business Research*、*Asia Pacific Journal of Management* 等国内外学术期刊上公开发表论文 80 余篇，出版 7 部学术专著，主持国家自然科学基金项目 3 项，主持教育部人文社会科学基金项目等省部级科研项目 8 项。

杨佳铭，浙江大学管理学博士，浙江财经大学百人计划研究员，研究聚焦于数字平台生态、数字创新，在《管理世界》《南开管理评论》等期刊上发表论文多篇。

此外，在修订过程中，机械工业出版社的编辑及浙江大学管理学院的博士生等做了大量细致的工作，许多高校师生在使用过程中给予我们很多反馈意见，在此一并致谢。

尽管编者已经对本教材倾注了很多心血，但本教材肯定仍存在不完善的地方，请各位读者批评指正！

目录 CONTENTS

第1章 战略管理导论

　　随着战略管理实践的不断发展，战略管理理论也得到了不断丰富。战略管理理论经历了以下四个阶段：早期战略管理理论阶段，古典战略管理理论阶段，竞争战略管理理论阶段，动态、复杂战略管理理论阶段。不同阶段的战略管理理论对应着不同导向的战略管理实践。战略管理的核心在于解决企业如何获取持续竞争优势的问题，由此总结出企业的战略目标、战略任务和战略绩效等核心内容，形成战略管理的过程逻辑，为企业战略管理实践提供系统指导。

【学习目标】

☑ 全面理解战略管理理论的发展历程
☑ 精准理解战略管理的基本内涵
☑ 系统掌握战略管理的过程分析

🔵 引例　　　　　　　　《孙子兵法》中的战略管理

始计篇

兵者，国之大事，死生之地，存亡之道，不可不察也。……势者，因利而制权也。

作战篇

凡用兵之法，驰车千驷，革车千乘，带甲十万，千里馈粮，则内外之费，宾客之用，胶漆之材，车甲之奉，日费千金，然后十万之师举矣。……故兵贵胜，不贵久。

谋攻篇

是故百战百胜，非善之善者也；不战而屈人之兵，善之善者也。……故善用兵者，屈人之兵而非战也，拔人之城而非攻也，毁人之国而非久也，必以全争于天下。故兵不顿而利可全，此谋攻之法也。……知彼知己者，百战不殆；不知彼而知己，一胜一负，不知彼，不知己，每战必殆。

军形篇

昔之善战者，先为不可胜，以待敌之可胜。不可胜在己，可胜在敌。故善战者，能为不可胜，不能使敌之可胜。故曰：胜可知，而不可为。……是故胜兵先胜而后求战，败兵先战而后求胜。

兵势篇

凡治众如治寡，分数是也；斗众如斗寡，形名是也；三军之众，可使必受敌而无败者，奇正是也；兵之所加，如以碫投卵者，虚实是也。

虚实篇

凡先处战地而待敌者佚，后处战地而趋战者劳，故善战者，致人而不致于人。……故备前则后寡，备后则前寡，备左则右寡，备右则左寡，无所不备，则无所不寡。寡者，备人者也；众者，使人备己者也。

军争篇

凡用兵之法，将受命于君，合军聚众，交和而舍，莫难于军争。军争之难者，以迂为直，以患为利。……故用兵之法，高陵勿向，背丘勿逆，佯北勿从，锐卒勿攻，饵兵勿食，归师勿遏，围师遗阙，穷寇勿迫，此用兵之法也。

九变篇

是故智者之虑，必杂于利害，杂于利而务可信也，杂于害而患可解也。是故屈诸侯者以害，役诸侯者以业，趋诸侯者以利。故用兵之法，无恃其不来，恃吾有以待之；无恃其不攻，恃吾有所不可攻也。

九地篇

兵之情主速，乘人之不及，由不虞之道，攻其所不戒也。……凡为客之道：深入则专，主人不克；掠于饶野，三军足食；谨养而勿劳，并气积力，运兵计谋，为不可测。……

资料来源：孙武著，陈曦译注. 孙子兵法 [M]. 北京：中华书局，2011.

讨论题

如何理解《孙子兵法》中的这些观点？请你结合《孙子兵法》中的思想理解什么是战略。

1.1 战略管理理论演变

1.1.1 战略管理理论发展历程

"战略"的出现可追溯到公元前 360 年我国军事家孙武撰写的《孙子兵法》及同时期古希腊的军事思想。"战略"一词源自希腊语"strategos"，意思是"制订计划以有效地使用资源，击败敌人"。企业战略理论萌芽于 20 世纪初，当时企业经营者开始从组织与环境协调的角度思考企业生存和发展问题。100 多年来，战略管理理论发展大致可分为四个阶段，即早期战略管理理论阶段，古典战略管理理论阶段，竞争战略管理理论阶段，动态、复杂战略管理理论阶段。

1. 早期战略管理理论阶段（20 世纪初期至 20 世纪 50 年代）

20 世纪初期，法约尔对企业内部的管理活动进行整合，提出了管理的五项职能，即计划、组织、指挥、协调和控制，其中计划职能是企业管理的首要职能，可以说是最早出现的企业战略思维。切斯特·巴纳德（Chester I. Barnard，1938）在《经理人员的职能》一书中，首次把战略概念引入管理领域，认为管理和战略是与领导者有关的工作，他提出的组织与环境相适应的观点，后来成为现代战略分析方法的基础。

第二次世界大战之后，一批美国的企业和组织，为了适应技术、经济快速变化的环境，开始运用长期计划技术，认识到确定组织目标、制订战略计划、配置资金预算对企业实现预期增长目标的必要性。长期计划技术作为设计发展取向、制定行为措施的一种机制，为当时企业追求财务目标、控制财务预算提供了有效的工具。但随着组织环境的变化，长期计划技术在面对外部未来的不可预期以及内部问题的不确定性时，其价值越来越打折扣。长期计划技术的缺陷主要在于以下两个方面：一是系统内部主要根据过去的销售趋势来计划未来，而忽视了对外部的经济、技术和社会变化的分析，以及对竞争者行为的分析；二是从系统外部看，由于 20 世纪 60 年代之后，市场竞争加剧，市场增长速度相对放缓，同行之间对市场份额的争夺越来越激烈，导致企业外部环境日益不稳定，企业不得不面临不可预测的机遇和挑战，这时就不能再局限于从消除计划和现实之间差距的视角来设计战略，而是要把战略重点转移到对市场多变性、需求饱和性与资源约束性等问题的考量上来。

2. 古典战略管理理论阶段（20 世纪 60 年代至 20 世纪 80 年代初）

企业战略管理作为一个相对完整的理论体系出现，是在 20 世纪 60 年代。随着企业经营实践的发展，20世纪60年代至20世纪80年代初出现了战略管理研究的第一个热潮，产生了多个战略管理的理论流派。这些流派具有以下共识：以组织与环境间的关系作为研究立足点、战略是企业产品或业务的组合、组织结构必须围绕战略做出相应的变革、企业战略管理主要是高层管理者的工作等。这些都为战略管理成为一门重要的管理学科奠定了基础，并为战略管理的进一步研究提供了多种视角。

20世纪60年代之后，随着市场竞争日趋激烈，企业为了避免单一经营中存在的市场增长放缓和竞争加剧所带来的风险，开始走多元经营的道路，高层管理者不得不去学习管理多种业务组合的经营方式，于是战略管理的概念开始取代长期计划技术。肯尼思·安德鲁斯（Kenneth Andrews）是最早研究企业战略的学者之一，他将战略划分为四个构成要素：市场机会、企业实力、个人价值观与渴望、社会责任。其中，市场机会和社会责任是外部环境因素，企业实力和个人价值观与渴望是企业内部因素。同时期，伊戈尔·安索夫（Igor Ansoff）在研究多元化经营企业的基础上，于1965年出版了第一本战略著作——《公司战略》，提出了"战略四要素"说，成为现代企业战略管理理论的研究起点。此后，该领域形成了多种不同的学派。

⊙ **战略聚焦**

明茨伯格的战略历程十大流派

明茨伯格等学者根据理论基础、研究方法与研究角度的不同，把古典战略管理理论众多流派概括为设计学派、计划学派、定位学派、企业家学派、认知学派、学习学派、权力学派、文化学派、环境学派和结构学派（见表1-1）。这十大流派分别从不同角度反映了战略形成的客观规律，相互补充，共同构成了较为完整的战略理论体系，为理论研究者与战略决策者提供了系统的战略发展历史线索。

表1-1 古典战略管理理论阶段的十大流派

流派名称	主要观点
设计学派	战略形成是一个经过深思熟虑和孕育的过程
计划学派	战略形成是一个程序化的过程
定位学派	战略形成是一个分析的过程
企业家学派	战略形成是一个构筑愿景的过程
认知学派	战略形成是一个心理作用的过程
学习学派	战略形成是一个自发的过程
权力学派	战略形成是一个协商的过程
文化学派	战略形成是一个集体思维的过程
环境学派	战略形成是一个适应的过程
结构学派	战略形成是一个变革的过程

资料来源：明茨伯格，阿尔斯特兰德，兰佩尔. 战略历程：纵览战略管理学派 [M]. 魏江，译. 北京：机械工业出版社，2006.

3. 竞争战略管理理论阶段（20 世纪 80 年代以来）

到了 20 世纪 80 年代后期，复杂多变的环境迫使西方企业认识到大肆扩张规模与盲目多元化的危害，转而重视企业竞争力。于是，实践界逐渐把战略问题焦点转移到如何从竞争中获得优势上，理论界也将企业竞争战略理论置于学术研究的重要地位，有力地促进了竞争战略理论的发展。在这样的背景下，竞争战略理论涌现了三大主要战略思潮，即行业结构观、资源观以及能力观。哈佛大学迈克尔·波特（Michael E. Porter）教授根据产业组织"结构－行为－绩效"理论，完成了《竞争战略》和《竞争优势》两部著作，为战略理论的发展做出了重大贡献。"结构－行为－绩效"理论的本质是一个行业的结构决定了该行业内部的竞争状况，并为企业经营活动设置了背景，即战略。行业结构力量（五种竞争力量）决定了该行业的平均利润率。这一理论认为，应选择有吸引力的行业成为竞争战略的中心，但该理论过于强调行业状况对战略的影响，不能有效地解释行业内不同企业间利润回报的差异性。资源观、能力观的出现使战略思考从企业外部转向企业内部，杰伊·巴尼（Jay B. Barney）是以资源为基础的战略理论流派的代表人物，他把资源看成利润的基础，并提出了一个基于资源的战略分析框架，包括识别资源、识别与评估能力、评估获得租金的能力、制定战略、识别资源差距与开发资源基础等步骤。普拉哈拉德（C. K. Prahalad）和加里·哈默（Gary Hamel）（1990）从能力观层面提出了核心能力理论，随后哈默等人（1994）以及福斯（N. J. Fosse）与奈特森（Knights）（1996）提出了基于核心能力的竞争战略。

应该说，20 世纪 80 年代之后，无论是行业结构分析，还是企业资源基础理论或核心能力理论，研究重点都在企业竞争层面。但是，近年来的企业实践证明，过分强调企业竞争的结果往往会造成多方受损，致使企业在竞争中步入"红海"而难以持续发展。对市场份额的过分强调，可能会把最差的客户群体吸引进来，而同时又忽视了如何与现有最佳客户群体增进关系。因此，部分研究者正从合作、学习、网络化、客户等方面进行战略研究。

4. 动态、复杂战略管理理论阶段（20 世纪 90 年代以来）

随着外部环境的快速变化，非线性竞争态势逐渐显现，竞争与合作交融并蓄，形成了日益复杂多变的商业环境。外部环境的复杂性在很大程度上是因为信息技术等手段模糊了产业边界，一家企业已难以清晰地界定自己的产业属性。此外，客户对产品和服务的要求日益挑剔，对创新性的要求不断提高，导致产品也难以被归类于特定行业。既竞争又合作的格局在当今商业时代变得日渐普遍，复杂性也随之提高。产业边界的模糊、融合也加快了外来企业的进入，市场竞争焦点不断转移。外部环境的动态性集中体现在创新日益成为企业发展的决定力量，不创新，企业就难以在市场上立足。因此，有的学者提出了超级竞争模型，认为以往的竞争战略范式难以用于分析和解决现有企业的竞争问题，竞争与合作需要整合起来思考。

该阶段的战略管理理论关注知识的重要性，知识管理对企业在复杂、动态的环境中获取持续竞争优势具有关键作用。聪明的企业能把那些显性和隐性的知识转化为组织优势，通过通用知识和专用知识的组合，打造企业独特的动态能力。动态能力是一种改变和升级现有组织能力的本领，是企业适应复杂多变的商业环境的根本力量。企业构筑动态能力要以组织学习能力为基础，因为组织学习能力是组织主动适应外部环境的动力和保障。

表 1-2 给出了战略管理理论发展历程中的代表观点。

表 1-2　战略管理理论发展历程中的代表观点

时期	典型代表	主要观点
20 世纪 60 年代中期	克里斯坦森等	商业政策作为研究领域而存在
	伊戈尔·安索夫	企业计划是有价值的
20 世纪 60 年代后期	波士顿咨询公司	多业务组合规划技术
20 世纪 70 年代早期	PIMS（市场份额的利润效果）	经验曲线、业务利润
20 世纪 80 年代	迈克尔·波特	五种竞争力量模型、一般竞争战略、国家竞争优势
20 世纪 90 年代早期	比格尔·沃纳菲尔特和杰伊·巴尼	资源基础理论
	普拉哈拉德和哈默	核心能力
	彼得·圣吉	学习型组织
20 世纪 90 年代后期	普拉哈拉德和哈默	战略作为改变未来社会的力量
	理查德·安东尼·戴维尼	超级竞争
	巴里·J.奈尔伯夫和亚当·布兰登伯格	竞合
	布朗和艾森哈特	复杂性、适应系统与战略
	野中郁次郎和竹内弘高	基于知识的管理
	艾森哈特和马丁	动态能力
21 世纪	战略管理学者群	可持续性

资料来源：HUBBARD G, RICE J, BEAMISH P. Strategic management: thinking, analysis, action[M]. Pearson, 2008.

1.1.2　战略管理理论的不同视角

从总体上看，战略管理理论主要包括以下几种视角。

（1）"结构-行为-绩效"理论视角。该视角立足产业层面分析，主要关注产业的利润水平和竞争者的定位，据此分析企业自身所处的行业特征。产业分析往往是为了帮助企业进行科学、合理的定位。一般认为，产业或市场的结构特征会影响其中企业的行为特征，特定的行为则会影响绩效水平。当然，绩效也会反过来影响企业的行为，特定的企业行为也会塑造特定的产业结构特征。

（2）交易成本经济学视角。由于企业存在于特定的市场之中，企业与市场之间的关系是分析企业利润来源的重要基础。市场和企业本质上并无差别，都是一种交易契约。两者之间的差别可以通过交易费用的高低来判断：当外部交易费用高时，一项经济活动往往会在组织内部完成；当外部交易费用低时，一项经济活动可以交由市场完成。很关键的是，组织内部进行的相关经济活动也会产生内部交易费用。因此，比较内部交易费用和外部交易费用的大小就可以分辨企业的边界。

（3）代理理论视角。由于战略决策和实施需要依托特定的管理者，且企业由资本所有者控制，于是所有者与管理者之间往往存在目标和利益的冲突。为了让管理者更好地执行战略任务并取得理想的绩效，所有者必须想方设法激励和控制管理者的行为。但是，由于信息不对称、不完全契约等客观原因，所有者又难以完全监督和激励管理者，委托代理问题随之产生。比较典型的委托代理问题包括道德风险和逆向选择，这两类问题都会影响战略实施的效果。

（4）资源基础理论视角。该视角强调把组织内部的资源和能力视为企业获取竞争优势的重要来源，但并不是所有的资源都能帮助企业获取竞争优势，除非具有稀缺、有价值、难以被模仿和复制、组织可以利用这几个基本特征，因此，有效使用资源的能力则更为关键。此外，改变现有能力的能力（动态能力）对企业持续发展来说也至关重要。

如表 1-3 所示，除以上四种视角之外，还有关注管理者动机和行为的管理者理论、关注利益相关者目标和影响力的行为理论、关注环境与组织之间关系动态变化的演化理论、从系统视角理解组织生态的噪声/复杂理论以及博弈理论等视角。这些理论视角各具特色，具有自身特定的解释力，但都不是完美的，因此，人们需要从多个理论视角综合理解企业的战略管理相关问题。

表 1-3　战略管理的主要理论视角与解决问题焦点

理论视角	主要关注点	解决问题焦点
"结构-行为-绩效"理论	产业结构	关注产业结构，在产业内部寻求一个独特的位置
	产业利润	
	竞争者定位	
交易成本经济学	产品和服务的市场可得性	什么样的产品和服务能够由市场而不是由企业来提供
	内部生产成本	
代理理论	所有者与管理者之间的激励、控制与契约	为鼓励管理者产生好的绩效，所有者需要采用什么样的激励和控制措施
资源基础理论	识别组织内部独特的、有价值的资源	组织能否构建未来成功所需的能力
动态能力	识别组织内部使得独特的、有价值的资源存在的内在机制和过程	分析组织绩效差的内在原因是什么，以及能否克服困难
管理者理论	管理者的动机与行为	管理者如何努力工作以实现好的绩效
	组织宗旨与目标	
行为理论	识别利益相关者	分析利益相关者的目标和力量，在战略制定过程中寻求利益相关者的支持
	理解利益相关者的目标和力量	
	理解组织内部的决策制定过程	
演化理论	分析组织过去的学习过程和现有的学习能力	为了存活下来，组织必须适应哪些外部环境要素
噪声/复杂理论	理解组织系统的构成要素	聚焦于改进环境适应能力、组织柔性和反应速度
	理解组织所存在的环境系统	
	理解组织如何在环境系统中适应、发展、自我组织或失败	
博弈理论	竞争者的行为和动态反应	分析竞争者行为，决定采用什么样的博弈以及如何调整战略行为

资料来源：HUBBARD G, RICE J, BEAMISH P. Strategic management: thinking, analysis, action[M]. Pearson, 2008.

1.1.3　战略管理环境演变趋势

战略管理理论的发展与战略管理环境的变化紧密相关。在当前及未来一段时期内，战略管理环境正在或将要发生重大变化，这就要求企业持续创新并调整相关的战略措施。总体上，魏江等（2014）对战略管理环境的演变特点进行了较为系统和深入的分析归纳，具体内容如下。

（1）组织形态的无边界性。组织形态正在发生剧烈变迁，目前发展最快的是介于企业和市场的中间网络组织形态，如产业集群、全球制造业网络、虚拟网络组织、企业家俱乐部、同乡会等社会网络组织。这些组织形态的延伸和发展，为资源配置方式从局部空间配置转为全球化价值链配置、从纵向或横向一体化配置转为网络化配置提供了保障。中间网络组织形态的快速创新与发展，一方面为战略组织的研究提供了极大的空间，另一方面也对传统科层或市场组织形态下的战略研究提出了全新的挑战。

（2）全球竞争的深度嵌入性。全球经济一体化加快，任何企业都难以从全球竞争中脱身。全球化为企业提供了难得的发展机会，但也为企业带来了全球竞争的重大挑战。中国企业的国际化程度不断提高，已经从"走出去"逐步发展到"走进去""走上去"。"走进去"就是实现本土化，即企业充分融入当地文化，整合当地资源，积累全球的管理经验等。"走上去"则是实现真正意义上的全球化，即企业实现东道国的制度嵌入、文化嵌入、关系嵌入以及生态嵌入。

（3）社会责任的迫切性。社会责任已经不再是企业战略管理过程中可有可无的议题和内容，而是必须认真对待的核心战略问题。今后二三十年，企业社会责任将是企业面临的最大问题。中国企业竞争的软实力对占据全球影响力高端的作用日益突显，如果中国的企业不能在社会责任、诚信、环境保护等方面做出改进，将严重影响中国经济的可持续发展。个别或少数中国企业的不守信，将会破坏中国企业的整体国际形象，给中国企业成功实现国际化制造不可低估的障碍，所以，中国企业必须要把社会责任纳入战略管理思维的内涵中。

（4）创新创业的关键性。中国经济社会的改革发展，本质上就是宏观体制机制创新、个体创业活动激发的过程。无论是探索和建设中国特色社会主义市场经济体制，还是进行国有企业改革和鼓励民营经济发展，都是扎根于中国特定国情的重大制度创新。中国经济依托传统的粗放式发展模式难以为继，创新驱动的发展模式尚未建立，全社会的二次创业精神有待进一步激发。因此，企业构筑自主创新能力以形成创新驱动的发展模式，成为未来战略管理的关键性议题。

（5）信息技术的渗透性。中国经济正在快速步入工业化和信息化"两化"深度融合的阶段，信息技术对于企业的影响在持续深化。随之而来的大数据时代，对各类企业提供了不可多得的新选择，但也产生了不可回避的新挑战。基于大数据的各种新商业模式不断涌现，这为中国企业在新的历史时期塑造新的国际竞争优势提供了难得的机会。由此引出的一系列问题有待进行战略管理研究，比如企业如何运用信息技术调整和优化组织结构、深化市场竞争策略、创新商业模式，已经成为企业战略管理的应有议题。

（6）制度环境的独特性。中国制度环境的独特性主要体现在以下三个方面。一是制度的不完备性。在经济转型过程中，由于市场机制不完善、法律不健全、法律执行不到位等问题，企业面临诸多制度真空。二是区际的制度距离。在国内不同区域之间、国家与国家之间存在制度距离。三是制度的不确定性。这主要体现在经济改革中信奉"摸着石头过河"的"试错原则"所带来的不确定性等方面。由于以上现实问题，企业战略管理实践必须深入考虑制度环境带来的深刻影响，比如发挥非正式制度在企业发展中的作用，保持正式制度与非正式制度之间的综合平衡，通过企业制度创新来构筑竞争优势，合理规避制度真空可能带来的风险，等等。

⊙ **战略聚焦**

战略理论发展的六大前沿问题

1. 组织双元性。组织双元性（ambidexterity）已经成为管理研究中的一种新范式，它是指组织能够同时执行不同且相互竞争的战略行为。这些战略行为包括探索式与开发式学习、搜索与稳定、柔性与效率、延续与变革、渐进式创新与突破式创新、强调获利与强调增长的战略等。由于中国企业面临着特定的制度环境和市场竞争态势，组织双元性问题显得尤为突出，迫切需要在组织学习、技术创新、组织架构、商业模式、创业战略等领域中，探索组织双元性发展模式。

2. 网络化能力。在组织无边界的背景下，对企业社会网络的研究在主流战略研究中占据着重要的位置，越来越多的企业关注网络结构和关系对组织绩效的影响，探寻和构建有效的网络来改变商业模式。由此涌现出了一系列新的战略管理议题，比如，在网络状况下合作伙伴的战略选择，企业战略网络与合作模式的重新建构，企业深度获取网络组织中的稀缺资源以实现快速追赶，企业动态性调整网络以优化网络关系与结构，等等。

3. 全球化整合。中国企业的全球化主题将是未来研究的重点。全球化对中国经济发展产生的影响具有两面性：一方面中国企业在全球化过程中找到了诸多发展机会，可以学习先进的技术和知识；另一方面中国企业的发展壮大也对国外企业产生了影响。这就需要研究这样一些问题：中国企业采用合资合作、并购、绿地投资等方式进入国际市场时的能力结构；为帮助中国企业提升国际竞争力而制定的战略，如战略联盟、国际竞合、制度双元、复合式战略；中国企业在快速崛起的过程中与在位优势企业的关系处理；与发达国家企业之间的知识产权问题处理。

4. 商业模式创新。商业模式创新成为企业竞争优势的重要来源。商业模式是一种复合优势和综合优势，而不是强调单一的市场优势或技术优势。商业模式的核心内容是客户价值主张、价值创造以及价值获取。建构和传递客户价值主张能够促进企业改进绩效；价值创造取决于客户对新任务、新产品或新服务的新颖性和专有性的评价；客户价值获取是商业模式成功的关键。因此，以下一些议题值得重点关注：市场、技术和产业竞争的动态性以及信息技术的普及性对商业模式创新的影响，互联网趋势下产业跨界融合对商业模式创新的影响等。

5. 创业战略。传统战略管理较少研究新创企业和中小企业。新创企业和中小企业在世界各国经济发展中发挥着重要作用。在环境变得日益动态、复杂的情况下，强调创新、进取和主动的创业精神对于企业成长起着积极作用。创业精神对于后发的中国企业构建能力和提升竞争力尤为关键。因此，企业战略管理需要思考如下议题：大型企业内部如何激发创业精神并启动创业活动；创业导向的组织惯例和规则效率导向的组织惯例如何兼容并蓄；企业国际创业过程如何规避资源和能力劣势以构筑国际竞争力；新创企业如何与大型跨国企业协同发展。

6. 企业社会责任。在经济转型、全球化的背景下，企业需要在经济、社会、环境三个方面进行平衡，而制定社会责任战略对于处理各种冲突具有指导作用。企业需要更多地从全球视角考虑社会责任，努力在盈利的同时帮助解决社会问题。未来企业社会责任研究应关注如何通过企业社会责任帮助企业建立竞争优势，比如，企业如何通过绿色创新来保护自身发展的环境，如何主动实施环境保护战略给自身带来竞争优势。

资料来源：魏江，邬爱其，彭雪蓉. 中国战略管理研究：情境问题与理论前沿 [J]. 管理世界，2014（12）：167-171.

1.2   战略管理基本内涵

1.2.1   战略管理的概念

正如管理学中的其他概念一样，战略至今没有形成一个被大家公认的、统括性的定义（详见"战略聚焦"栏目）。安索夫曾认为，战略的概念处在不断发展变化之中。尽管如此，理论界仍孜孜不倦地探究战略的定义，半个多世纪以来对战略定义的争论，不仅仅在于对战略概念本身的探究，还在于对战略理念的认知。从战略概念的认知焦点来看，20 世纪 80 年代之前，人们对于战略概念的认知聚焦于计划与设计，20 世纪 90 年代以来转而聚焦于竞争与价值。

在战略管理理论发展的前两个阶段，人们对战略概念的认识基本集中在计划与设计上，并由此形成了两大学派：战略计划学派和战略设计学派。战略计划学派的核心假设是战略可以像机器那样组合起来运作，企业建立战略规划部来制定战略，战略规划部人员的角色是向战略决策者（如董事长、总经理）提供决策支持。该学派代表人物安索夫认为，企业战略的目标是利润最大化，首要任务是关注外部环境，而不仅仅是关注内部环境，尤其要关心产品和市场之间的匹配。他最著名的理论是产品－市场分析模型。战略设计学派强调对组织内部优势（strengths）、劣势（weaknesses）、外部机会（opportunities）与威胁（threats）的评价，即 SWOT 模型，从而分析组织内部能力和外部可能性之间的匹配。该学派代表人物钱德勒把战略定义为确定企业长期发展目标，以及为支持目标实现而采取的行动与资源配置。其中的关键是战略和组织的匹配，组织结构应服从于战略，不存在普遍意义上最合适的组织结构形式；在满足客户需求方面，管理这只"看得见的手"比亚当·斯密所提出的市场这只"看不见的手"更有效率；大型企业为了维持其竞争优势，需要实行分散化和部门化管理。

20 世纪 80 年代以后，特别是在波特把产业组织经济学理论应用于战略分析之后，竞争与价值便成了战略认知的焦点。纵观过去 30 多年的战略管理教材和课程内容，基本上还是围绕竞争优势与竞争战略展开论述，至今大学老师还乐此不疲地介绍着波特的一般竞争战略。尽管明茨伯格批评了波特的理论，但他所提出的战略概念的五层含义（5P），即计划（plan）、策略（ploy）、模式（pattern）、定位（position）、前景（perspective），其基本逻辑还是服务于竞争的。到了 20 世纪 90 年代以后，哈默等提出的核心能力理论、蒂斯等提出的动态能力理论、巴尼等提出的资源基础理论、格兰特等提出的知识观理论，几乎都在回答企业如何构筑持续竞争优势以获得超额利润回报的问题。那么，企业如何去竞争？有学者（如德鲁克、钱·金、科特勒等）超越了波特的观点，提出要从客户价值导向、价值创新、价值竞争等角度考虑竞争，认为竞争优势的获取在于"不竞争"，要创造独特的竞争优势，"不战而屈人之兵"。

自进入第三阶段以来，有一批学者开始特别强调战略如何实施的问题。明茨伯格提出，战略制定者不应该将绝大多数时间花费在制定战略上，而应该花费在实施既定战略上。进化论观点认为，战略是随时间而产生的一系列小的变化积累基础上进化的产物，战略管理的要旨是做好每一个小的积累。项保华（2001）在汲取之前战略学者的思想基础上，从孔茨对管理的定义"管理是让人做事以取得预期的成果"中，引申出战略管理就是解决"如何让人高效、愉快地做事以取得预期成果"的科学和艺术。这里的科学性侧重于如何让人高效地做事；艺术性侧重于如何让人愉快地做事；战略性则侧重于如何让人有效益地做事。他还认为，"让"有独裁、民主、启发、放任等不同的方式；"让什么人"，就是根据不同人的特点，做到"知人善任，用人所长，容人所短"；"如何做"则包括很多不同的方式，比如，规则型与非规则型，结构化与非结构化，以及是否容许自由创新；"做什么事"涉及做正确的事还是错误的事，强调目标管理式地做事还是过程管理式地做事。但由于信息不完全和结果不可完全预知，战略管理者在做事之前往往很难判断"什么是正确的事"，这通常取决于企业家和决策者的战略洞察力。

⊙ 战略聚焦

战略概念的部分观点

战略就是长期目的或目标的决策、在行动过程中的抉择及对完成目标所需资源的分析。

——钱德勒，《战略与结构》

战略是为了达到目标、意图或目的而制定方针与计划的一种模式。这种模式界定了企业当前或未来的经营范围，并规定了企业所属的类型（经济或人文组织）。

——肯尼思·安德鲁斯，
《公司战略的概念》

战略就是将组织的主要目标、政策或行动按一定结构整合成一个整体的方式或计划。

——J. B. 奎因，《应变战略：逻辑增值主义》

战略是贯穿于企业经营和产品与市场之间的一条共同经营主线。

——安索夫，《公司战略》

战略是关于计划、策略、模式、定位、前景等的某种恰当组合。

——亨利·明茨伯格，
《公司战略计划：大败局的分析》

战略是一种意图。从某种意义上说，战略的实质是创新与突破，而不是模仿与守旧。

——G. 哈默、C. K. 普拉哈拉德，
《战略意图》

综合以上观点，战略管理的概念可总结为以下六个基本要义。

- 要义一：战略是长期发展方向。它回答企业"去哪里"的问题，包括企业使命、目标、愿景等，由此界定企业对组织未来状态的期望，确立起统率全部利益相关者价值和期望的最高准则。
- 要义二：战略是业务活动范围。它回答企业"做什么"的问题，包括企业的核心业务和相关业务是什么，围绕业务开展哪些活动。
- 要义三：战略是业务环境匹配。它回答企业"如何选择业务"的问题，包括企业如何根据外部环境变化来动态优化业务或活动。
- 要义四：战略是稀缺资源配置。它回答企业"如何健康发展"的问题，即如何通过资源、能力和其他生产要素的组合匹配，构建起企业独特的竞争力。
- 要义五：战略是各方价值期望。它回答企业"为谁创造价值"的问题，企业要界定好利益相关者及其优先度。
- 要义六：战略是持续竞争优势。它回答企业"如何更好地活着"的问题，即企业是追求超额利润的经济主体，持续竞争优势是保证企业活得久并产生财务回报的基本条件。

根据以上六大要义，战略管理可被定义为一个组织长期的发展方向和业务范围，是组织根据环境变化动态配置资源，不断满足利益相关者的期望，构筑组织持续竞争优势的过程。任何组织要制定战略和执行战略，都应该明确、界定好战略管理的基本要素。为便于大家理解与战略管理相关的基本概念，表 1-4 给出了愿景、使命、总体目标、具体目标、核心能力、战略制定、战略实施与战略控制的概要解释。

表 1-4   与战略管理相关的基本概念及其概要解释

基本概念	概要解释
愿景	对组织未来状态的期望
使命	统率全部利益相关者价值和期望的最高准则
总体目标	目的和意图的总体表述

（续）

基本概念	概要解释
具体目标	对总体目标的更精确表述以及在尽可能具体的情况下的定量描述
核心能力	提供竞争优势的独特资源、知识、技能及其组合
战略制定	对长期发展方向和目标实现的整个体系规划
战略实施	合理配置资源、过程和能力使战略付诸行动
战略控制	通过对战略和行为的效果评估与必要调整，实现对战略监控

1.2.2 不同战略之间的关系

在界定了战略管理的概念后，我们需要明确两组战略的关系，即总体战略、经营单元战略与职能战略的关系，高层战略、中层战略与基层战略的关系，从而深化对战略管理概念的理解。

1. 总体战略、经营单元战略与职能战略的关系

对于较大规模的企业，其经营活动中的战略一般有三个层次，即总体战略、经营单元战略与职能战略。

总体战略又称企业战略，是指组织对整体发展方向和业务范围的谋划，从而满足客户（消费者）、股东、员工和其他利益团体的需要或期望，其关键任务是决定企业应选择哪些业务，进入哪些领域。在大中型企业里，尤其是从事多元化经营的企业里，总体战略是最高层次的战略。在制定总体战略时，企业须根据使命与战略目标，选择有发展潜力的经营业务领域，合理配置各项业务所需的资源与能力，使各项业务之间相互支撑。因此，企业的长远发展方向、经营业务领域的抉择及相互之间的协同、战略资源与核心能力的构建、企业文化与组织结构对战略的支持等都是总体战略的重要内容。

经营单元战略是关于如何在特定市场上竞争并取得成功的战略，通常发生在事业部或业务层次上，重点强调企业产品或服务在某个产业或事业部所处的细分市场中竞争地位的提高，其关键任务涉及如何在所选定的领域内与对手展开有效的竞争。在大型企业里，为了提高经营领域的协同作用，加强战略实施与控制工作，企业可以把具有共同战略要素的若干事业部或某些部分组合成一个经营单元。一般来说，每个经营单元都有着相对独立的产品与细分市场，在技术开发、生产特点或分销渠道上与其他经营单元有所差异。因此，经营单元战略的重点是如何根据不断变化的内外部环境，通过协调各职能部门与企业总部分配的资源，实现有效竞争，获得竞争优势。

职能战略是关于组织中各部门如何根据各自的资源、过程、人员和技能，有效地实现企业或事业部的战略目标，其关键任务是解决好如何使企业不同职能部门（如人事、营销、财务、研究开发、生产等）更好地为各级战略服务，以及提高整个企业运作效率的问题。职能战略可使职能部门的管理人员更加明确本职能部门在实施企业总体战略与经营单元战略中的责任和要求，把注意力集中在当前需

要进行的工作上，从而支撑经营单元战略与企业总体目标的实现。

这三个层次的战略都是企业战略管理的重要组成部分，但侧重点与影响范围有所不同。高层次的战略变动往往会要求低层次的战略进行相应的变革，而低层次的战略影响的范围较小，更加具体，尤其是职能战略层次的问题几乎不涉及业务范围的选择，主要与资源配置和各部门间的协同有关。

在实际战略管理工作中，特别需要正确理解战略管理和职能管理两者的关系。强调战略管理的重要性，并不是否认职能管理的重要性，企业在战略管理过程中，要在各个职能战略基础上，形成系统思考的思维。在实际工作中，各个职能部门由于过于强调各自工作的重要性，会不自觉地把人力资源、研究开发、生产运作、财务管理、市场营销等职能性活动相互隔离开来，从而忽视了从整个企业的高度看待企业发展的问题。例如，人力资源部门可能会认为"人力资源战略是企业最重要的职能战略，因为企业的竞争归根到底是人才的竞争，所以，企业在资源配置上应向人力资源战略倾斜"；研究开发部门则可能会认为"新产品开发是企业竞争力的源泉，创新是企业的灵魂，所以，企业在资源配置上应向研究开发战略倾斜"；市场营销部门则提出"客户需求的满足是一切活动的出发点，而市场营销工作的核心就是去发现需求、引导需求，这才是企业的根本性活动，因此，企业在资源配置上应向市场营销战略倾斜"。当从系统层面来思考的时候，我们应该认识到，不同企业要根据自身特点和不同发展阶段的要求把握相应的核心竞争力，并进行资源的合理配置。战略管理就是要在面对组织范围内那些模糊的、非常规性的、复杂问题的背景下，通过系统地整合各个职能战略，设计出有关企业长远、持续、协调发展的思路和操作策略。

2. 高层战略、中层战略与基层战略的关系

高层战略、中层战略和基层战略，是根据企业内不同层级管理者对于战略的理解、执行和评价的差异来划分的。不同层级管理者对战略认识的不同，给战略执行带来了极大的障碍。调查发现，企业的中层、基层管理者，甚至包括部分高层管理者，对战略的认识都存在一定的误区，他们认为战略是高层管理者的事情，甚至只是董事长、总经理的事情，与己无关。经常发生的现象是，当我们询问"贵公司的业务发展方向是什么"时，不少人回答："这是老板的事，我们不清楚。"再如，当我们询问国内某知名IT制造企业的副总经理，对企业战略目标实现的可能性的看法时，他的回答是："这个战略目标是老板提出的，尽管现在看来基本上不可能实现，但老板这么说，我们也没办法，反正我们没有信心。"这些例子说明，不少企业仍把战略管理看成最高决策者的责任，而与其他人员无关。企业战略似乎是由董事长或总经理拍拍脑袋制定出来的。由此带来的结果是，对战略管理存有虚幻化、抽象化等不恰当的认识，战略管理过程出现了高层、中层与基层管理者之间脱节的现象，使得战略没有办法有效落地。

要消除上述认识上的偏差，必须要科学地认识全体管理者和员工在战略管理中的作用。战略管理不应该是少数高层管理者的责任，而应该是所有管理者共同的责任。现实状况是，随着市场竞争特征的变化，各个层次的管理者，尤其是基层和中层管理者，不能仅仅从职能范围或可操作范围思考管理问题，不能仅仅从处理好自己工作的角度界定自身的功能，也不能仅仅为了保证其他员工处理好他们职责范围内的工作来进行管理，而应把自己看成企业战略管理过程中的重要一员，充分了解所管理的工作内容和工作范围是怎样与战略问题及组织的其他部分相互融合的，正确认识自己在企业战略管理中的位置与作用。

从上述关系出发，企业战略管理从制定到执行应坚持两个原则：大处着眼，小处着手。前者强调战略性、系统性、全局性，后者强调可操作性。所谓"大处着眼"，是指每个管理者和员工要尽量能够站在整个企业的高度来系统地思考发展问题，比如从事市场营销、人力资源、生产运作和研究开发等职能层面工作的部门和员工，要学会从企业总体战略层面来思考和认识问题，结合企业长远、持续发展所需要的核心竞争能力，谋划各自的工作。所谓"小处着手"，则要求每位员工能够认知、体会到战略与自身行为是融合在一起的，战略贯穿于企业生产经营活动的全过程。战略不是空洞的语言，不是华丽的辞藻，不是挂在墙上的装饰品，而是体现在平时的工作中；战略管理是全员参与、共同确立目标和愿景、共同设计方案，最后通过"上下结合"开发出来的一个体系，其落脚点就是每个基层员工的行为。

1.3　战略管理过程分析

战略管理是一项系统性很强的工作，不仅涉及企业对外部环境的分析和内部资源能力的发展，还强调企业内外部环境的协调、企业在产业生态系统中的定位与行动。企业如何从内外部环境认知到系统行动落实，需要有整体性的战略管理过程予以保证，这里将分别从管理者工作视角、投入－产出视角和整合视角来分析该过程。

1.3.1　管理者工作视角的战略管理过程

战略管理是企业管理者的一项重要工作。该项工作首先需要评估在外部环境中存在着什么样的机会和威胁，同时需要客观评估企业内部有什么优势与劣势。在评估外部环境的机会和威胁时，企业管理者需要识别出哪些外部因素会有助于企业获取竞争优势；在评估内部优劣势时，企业管理者需要明确企业所拥有的独特的核心能力要素是什么。

在对内外部环境进行综合分析后，企业管理者尤其是高管团队需要设计出特定的战略方案，以供战略选择所用。影响企业选择战略方案的因素有两个：企业的社会责任和高管团队的价值导向。社会责任对企业在社会中持续发展来说至关重要，不仅有助于获取利益相关者的合法性，还有助于塑造企业的差异化竞争优势。近年来，越来越多的国内外企业开始重视企业社会责任建设，主动发布企业社会责任报告，采取各种方式履行企业社会责任，在创造社会价值的同时也增强了社会对企业的认可。高管团队的价值导向则直接影响他们偏向何种战略方案，因为特定的战略方案往往具有特定的价值导向。高管团队对企业和自身的发展持有特定的价值导向，有的人坚持经济利益至上，而有的人坚持社会价值至上；有的人保守，而有的人进取；有的人更关注企业整体发展，而有的人更注重自身的利益，这些都会影响企业选择什么样的战略方案。

在选择好战略方案后，高管团队又成为实施战略管理任务的重要力量。高管团队不仅需要坚决执行战略方案，还要督促和指导下属有效执行战略，从而实现战略目标。这样就形成了企业高管团队分析战略环境、设计战略方案、选择战略方案和实施战略方案的战略管理体系（见图 1-1）。

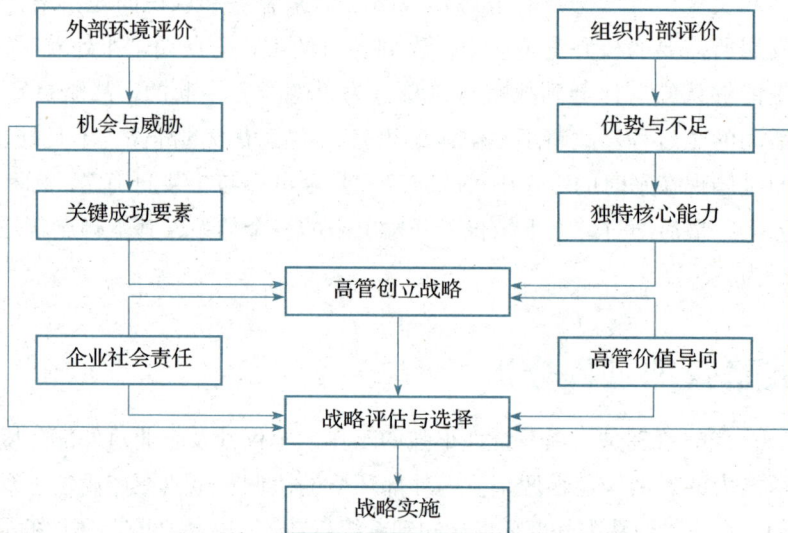

图 1-1 管理者工作视角的战略管理过程

资料来源：MINTZBERG H. The design school: reconsidering the basic premises of strategic management[J]. Strategic management journal, 1990(11): 171-195.

1.3.2 投入 – 产出视角的战略管理过程

从投入 – 产出视角看，战略管理过程包括战略输入、战略行为和战略结果三个方面。

（1）战略输入。战略管理的一个重要前提就是对组织所存在的内外部环境进行系统和客观的分析，明确组织的战略意图与战略使命，根据组织外部机会与威胁、内部优势与劣势，分析组织应采取什么样的战略行为。

（2）战略行为。战略意图和使命直接决定组织的战略行为。这些行为主要包括战略建构与战略实施两大类。战略建构包括公司层战略、业务层战略、职能战略、并购重组战略、国际化战略以及创业战略。战略实施涉及企业治理结构与机制、组织结构和控制体系、战略领导力以及战略实施与评价等。

（3）战略结果。战略建构和战略实施的行为会影响战略结果。战略结果的情况还会反馈到组织的外部环境中，并对组织内部环境形成影响，从而塑造出新的外部环境和内部环境，对组织调整与优化战略方案提供线索及方向。

以上构成了一个较为完善的战略管理过程，如图 1-2 所示。

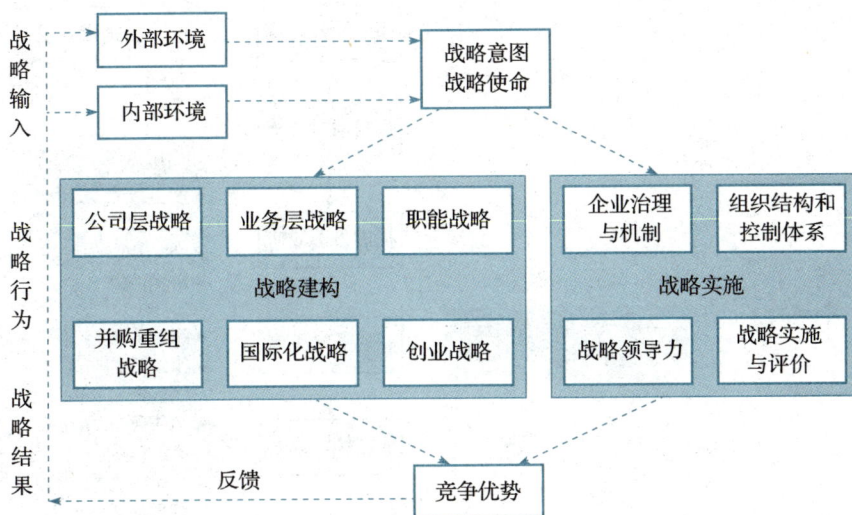

图 1-2　投入 – 产出视角的战略管理过程

资料来源：希特，爱尔兰，霍斯基森．战略管理：竞争与全球化（概念）（原书第 12 版）[M]．焦豪，等译．北京：机械工业出版社，2018.

1.3.3　整合视角的战略管理过程

从整合视角看，战略管理是一个反复比较、修正的动态过程，也是组织自身学习提高的过程。按照哈伯德等人（2008）的观点，整合视角的战略管理过程包括十个具体步骤（见图 1-3）。

第一步，外部环境分析。它包括对组织外部的宏观环境和产业环境进行系统分析。

第二步，企业能力分析。它包括对组织内部的人员配置、现有职能、经济效益、管理系统等相关内容进行客观分析和评价。

第三步，业务战略评价。它包括对外部环境中存在的机会和威胁情况、组织内部的能力要素情况、组织所坚持的愿景和使命、利益相关者的期待、组织管理者尤其是高管团队的价值导向的评价。评价业务战略往往会涉及两方面的问题：外部环境与业务战略类型是否一致（外部环境一致性）；组织能力与业务战略类型是否一致（内容环境一致性）。

外部环境分析 ← 宏观环境 产业环境

业务战略评价 ← 利益相关者的期待 机会和威胁 愿景和使命 价值导向 能力要素

企业能力分析 ← 现有职能 人员配置 经济效益 管理系统

外部环境一致性

内部环境一致性

组织绩效评价

关键利益相关者一致性

战略缺口分析

提出备选战略
- 一般战略
- 业务战略
- 职能战略
- 产品和服务战略
- 市场战略

- 关键利益相关者的反应
- 竞争者的反应

开展战略决策
- 组织的战略实施能力
- 组织结构与战略的匹配
- 组织领导力与战略的匹配
- 战略性人力资源管理体系
- 组织文化与战略的协同
- 组织部门和人员之间的沟通方式
- 商业计划

实施特定战略

测量战略绩效

战略绩效评价

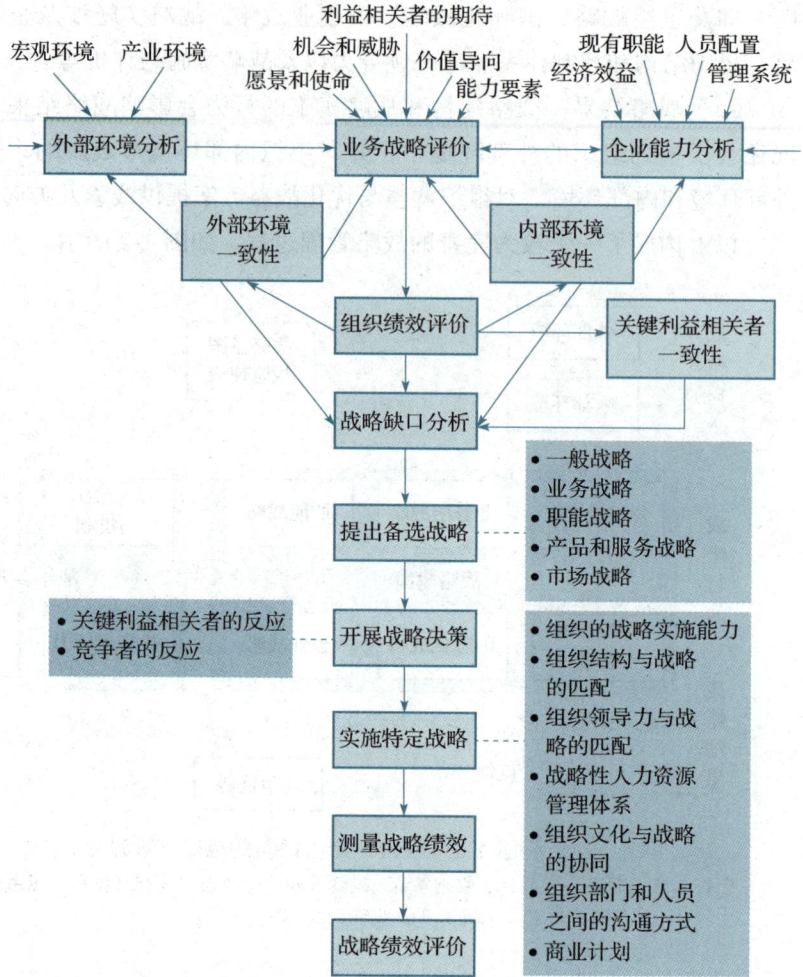

图 1-3　整合视角的战略管理过程

资料来源：HUBBARD G, RICE J, BEAMISH P. Strategic management: thinking, analysis, action[M]. Pearson, 2008.

第四步，组织绩效评价。实施现有业务战略，组织可以获取的绩效水平如何？在评价组织绩效时，需要与关键利益相关者的预期进行一致性评价。如果企业自身认为现有业务战略带来了较好的绩效结果，但是，诸如股东、政府部门、客户等关键利益相关者不认可这种绩效表现，则说明组织绩效还是存在问题的。

第五步，战略缺口分析。通过上述比较分析和一致性分析，组织就可以清楚地知晓战略缺口所在，这为战略选择提供了最为直接的参考。

第六步，提出备选战略。备选战略包括多种类型，主要有一般战略、业务战略、职能战略、产品和服务战略、市场战略等。

第七步，开展战略决策。这是组织在备选战略中选择特定战略类型的过程。这个过程需要重视两个方面：一是组织关键利益相关者对实施特定战略的反应是支持还是反对；二是竞争者对组织实施特定战略的反应是接受还是对抗。

第八步，实施特定战略。战略实施过程涉及组织的战略实施能力、组织结构与战略的匹配、组织领导力与战略的匹配、战略性人力资源管理体系、组织文化与战略的协同、实施战略时组织部门和人员之间的沟通方式以及商业计划等。

第九步，测量战略绩效。组织需要科学、合理的绩效测量方法和工具对战略实施的结果进行评价，这种评价是系统性的，而非仅仅关注组织绩效的局部情况，比如仅关注组织的财务绩效，但没有关注组织文化、创新性等非财务绩效。

第十步，战略绩效评价。对战略绩效进行科学、合理的测量之后，组织依据战略目标对战略绩效进行评价。

以上是三个经典的战略管理过程视角。这些视角都认为战略管理是通过制定战略、实施战略、评价战略，使组织达到其目标的跨功能决策过程。战略管理过程总体包括三个阶段：战略制定——企业认识现状与做出战略选择；战略实施——采取行动并使战略发挥作用；战略评价——对战略制定与实施过程的评估和监控，从而确保战略有效执行。战略制定、战略实施与战略评价之间是相互制约、相互作用的，正确处理好它们之间的关系，是提高企业战略管理整体运行效率的关键。

但以上过程是理论层面的抽象总结和一般性描述，在战略管理实践中，战略制定、战略实施、战略评价是循环往复、动态优化的过程，所以这三个阶段是难以被绝对划分的。在战略制定与实施过程中，由于内外部环境的快速变化，决策者需要及时根据有关信息来调整原来的战略或制定新的战略。战略评价也不是在三年或五年后的战略末期进行，而是依据战略管理实践，动态、快速地根据绩效来评估战略的有效性，及时修正战略方案。强调战略管理的动态性，就是要求组织更为深刻地掌握战略制定、战略实施、战略评价之间的内在逻辑，而不是简单、被动地适应内外部环境的变化。

◆反思

数字经济时代的战略变了吗

在当今数字技术快速发展的时代，数据成为一种新兴生产要素和战略资源。以"ABCD+5G"为代表的数字技术洪流正在颠覆传统产业结构和市场结构，引发环境、市场、企业和个体关系的重构，给传统企业组织战略形态、战略行为和表现方式带来了挑战，也对数字经济时代的战略研究提出了全新的理论需求。这让我们不禁反思：在数字技术日新月异和战略环境快速变化的数字经济时代，战略变了吗？

要探究数字经济时代战略的"变"与"不变"，可以从战略的本质与形态两方面出发去思考。

不变的战略本质

首先，必须再次强调企业战略需要回答的三个核心问题，即"从哪里来""到哪里去"和"如何去"。不管经济形态如何变化，以上基本问题都是确定的——企业战略解决的就是内外部环境、目标、使命、愿景、业务选择和组合、战略实施方案等问题。

其次，从波特提出的定位、取舍和配称三方面来剖析，企业战略的本质是独特性，是与众不同的产品和服务价值。在数字经济时代，人工智能等数字技术所依赖的数字资源，和人力资源、组织资源、社会资源一样，是一种新兴的战略资源。作为一种资源形态，数字技术本身并不改变战略的本质，数字经济时代的战略依然是通过创造差异性来维持竞争优势。

变化的战略形态

尽管战略本质未发生改变，但事实上由于数据要素作为关键生产要素，本身具有非竞争性、使能性和生产消费统一性，因此产生了网络效应、迭代创新、零边际成本和规模收益递增四大效应，使得公司层、业务层和职能层的具体战略形态都发生了全新的变化。在数字技术赋能下，行业边界和地理边界越来越模糊，竞争不再是基于如何充分利用和发挥内部资源和能力优势，而是转向如何更好地连接和利用外部的资源和能力。此外，数字化也改变了价值的创造过程，催生了新的组织架构，推动了生态治理。

总结来说，数字经济时代战略的"变"抑或是"不变"，都可谓"万变不离其宗"，数字资源只是改变了企业战略的形态，而企业战略的本质并没有发生变化。

本章小结

本章内容逻辑结构如图 1-4 所示。

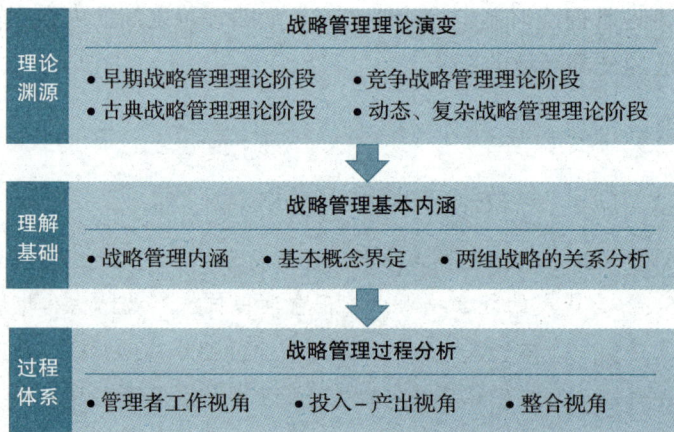

理论渊源	**战略管理理论演变**	
	• 早期战略管理理论阶段	• 竞争战略管理理论阶段
	• 古典战略管理理论阶段	• 动态、复杂战略管理理论阶段

理解基础	**战略管理基本内涵**		
	• 战略管理内涵	• 基本概念界定	• 两组战略的关系分析

过程体系	**战略管理过程分析**		
	• 管理者工作视角	• 投入－产出视角	• 整合视角

图 1-4　第 1 章内容逻辑结构

复习思考题

1. 战略管理思想发展的历程主要包括哪些阶段？各阶段分别有哪些代表性观点？相互之间有何关联？

2. 战略管理的含义是什么？它包括哪些最基本的概念？数字战略的含义是什么？数字战略与传统战略有何异同？

3. 结合我国企业现阶段某方面发展的实际问题，谈谈如何从战略角度分析这些问题。

4. 根据战略计划学派和设计学派的观点，企业可以而且应该制定长期发展的规划。但由于环境的不确定性和决策的有限理性，有人认为企业要制定长期战略（如五年发展战略）是不可能的。你认为企业制定五年或更长时间的发展战略是可能的吗？

5. 中国企业面临着新的独特的战略管理环境，企业应如何去完善、优化适合环境变化的战略管理过程？在这个过程中，关键点是什么？

6. 如何认识数字时代的产业组织变迁？产业组织情境变迁是否意味着战略本质改变？

7. 数字经济时代，企业获得竞争优势的思路如何发生变化？

第 2 章　战略决策逻辑

　　如今，企业的战略决策模式越来越呈现多样性，在相对稳定的环境条件下形成的战略决策逻辑和思维模式正在不断被颠覆。本章内容的设计逻辑是：首先，从战略管理现实图景中提炼出战略管理面临的挑战，对战略呈现形态、战略制定环境、战略制定动机以及战略分析工具进行了反思；其次，对传统战略理论的决策逻辑进行了思辨，旨在为重构战略思维模式提供基础；再次，基于企业战略管理实践提出了普遍存在的五大思维陷阱，即高层战略决策失效、治理机制僵化低效、创新能力严重缺失、战略性人力资源管理缺失以及企业再创业意识弱化；最后，从修炼决策者的心智模式、重构决策者的思维逻辑、修炼员工的战略思维三个方面，提出了如何重构战略思维模式的建议。本章内容为正确认识战略管理实践，不断修正战略思维逻辑提供了深层次思考，是本书编写的逻辑基点。

【学习目标】

☑ 正确认识战略管理实践的多样性和战略分析的误区
☑ 学会辩证看待战略环境变迁下战略管理理论的演化
☑ 学会运用系统战略思维来认知现实战略决策的陷阱
☑ 学会修正战略决策模式以修炼战略思维和决策能力

引例　华为轮值董事长 2024 年新年致辞

艰苦的努力让我们活了下来并获得成长，但挑战依然严峻，地缘政治、经济周期的不确定性，技术制裁、贸易壁垒的持续影响，正在深刻重塑全球产业链结构和商业规则。

无论外部环境怎么变化，我们坚信数字化、智能化、低碳化是最确定的发展趋势。我们要保持战略定力，充分发挥自身在产业组合、技术创新和复杂软硬件平台的综合优势，携手生态伙伴，持续为客户提供高质量的产品和服务。我们要积极拥抱机会窗，把有限的资源投入在最关键的战略方向上。当前，大模型的突破，使人工智能从作坊式开发、场景化定制走向工业化开发、规模化应用，大模型需要大算力，我们要打造世界领先的算力底座，繁荣千行万业。

2024 年，各业务单元都要聚焦价值创造，多打粮食。ICT 基础设施业务要充分发挥在计算、存储、网络等领域的综合优势，以系统工程能力全面支持好各行业的数字化转型与智能化升级，做稳公司的压舱石。运营商业务要支撑客户网络流量填充、业务创新和网络演进，助力运营商商业成功。终端要继续致力于打造王者产品，构筑有温度的高端品牌，与伙伴共同加快移动应用鸿蒙化，实现鸿蒙生态的历史性跨越，为消费者提供全场景极致体验。华为云既要成为公司数字化的底座和使能器，也要成为各行各业可信赖的数字化"黑土地"。数字能源要不断提升产品质量与竞争力，抓住低碳化确定性机会，多贡献利润，实现有价值的增长。智能汽车解决方案要与伙伴共同努力，将技术优势转化为商业成功。各经营责任单元既要鼓舞信心，也不要盲目乐观，要做好风险识别，尤其要管理好存货风险，改善运营效率。

质量是我们的生命线，要通过端到端的质量管理，保障网络、平台的安全稳定。网络越来越复杂，数字化、智能化产品的应用更加广泛、深入，质量已经成为客户做选择的关键考量。我们要把质量作为首要的竞争力，扎扎实实把产品做好。要把过去三十多年在质量管理上积累的成功经验与能力，基于各产业特点进行复制和发展，并向外延伸到供应商、渠道及生态伙伴中，通过端到端的质量管理体系与能力构建，为客户提供高质量、有竞争力的产品与解决方案。

生态建设是计算、政企、消费者、华为云等业务成长的关键工作。华为的能力有限，要聚焦做自己擅长的产品与服务。强大平台能力的打造离不开技术与场景的深度融合，离不开广大伙伴和生态的深度参与。我们要转变思想，秉承开放利他的理念，汇聚产业力量，把伙伴和生态建设作为一个长期战略来抓。我们要勇于啃硬骨头，聚焦 ICT 根技术的打造，以及复杂软硬件平台的能力构筑，并把这些能力以平台化、服务化的方式开放给伙伴，发挥伙伴在场景化解决方案的优势，实现伙伴与华为的互利共赢。

大的战略方向已基本确定，公司会继续精简机关，简化管理，萧规曹随，适度优化。作战权力下移，预算管理上收。各业务单元要尽快提升经营管理能力和意识，独立承担端到端的经营管理责任。持续推进合同在代表处审结，实现代表处自主经营、自主决策。公司会通过考核和激励政策牵引不同产业协同作战，利益共享；通过调配政策鼓励成熟产业主动输送优秀的干部和专家到计算、云和数字能源等新的产业，快速抓住机会，实现高效增长。这不仅有利于加快新产业的组织建设，促进成熟产业的新陈代谢，也给员工提供了新的发展机会。一个充满生机和希望的组织的战斗力是巨大的，潜力是无限的。

公司在前进，干部也要与时俱进，不仅要敢战，更要善战。干部要有清晰的战略方向和工作思路，做好作战地图，尽快完成针对新业务、新技术的知识升级和能力转型，要主动担负起更大的责任，在关键战场、关键时期建功立业。公司干部选拔政策也正在优化，强调责任结果贡献，坚持选拔制，落实干部履历表制度。将军是打出来的，我们要从战场中选拔干部，只考核那些做出了贡献的干部，并尽可能让更多做出贡献的英雄浮现和成长起来。我们要整编出一支能够领导现代化作战的干部队伍，带领公司走向新的成功。

继续务实地开展营商环境、合规与网络安全和隐私保护工作，守护生存底线，为业务发展保驾护航。我们要认识到外部营商环境的变化不只是地缘政治冲突导致的，也有全球经济周期变化的影响，我们要能成熟地看待这种变化，理解不同国家和地区的产业政策及诉求，并积极贡献。合规是公司发展的刚性要求，环境越是变化与动荡，我们越要抓好合规管理和风险管控。网络安全与隐私保护是业务发展的基石，通过端到端的治理体系建设，持续为客户提供安全、可信、有韧性的产品与服务。我们始终坚持"一国一策"，也要做好优秀经验的推广复制和差异化适配，把工作做扎实，务实沟通，赢得客户和利益相关方的信任与支持。

资料来源：节选自华为轮值董事长胡厚崑 2024 年新年致辞。

讨论题

你认为华为做出新年部署的现实图景是什么？在复杂的外部环境下，华为的决策逻辑是怎样的？从华为 2024 年的表现看，你认为华为是否执行了上述战略，这些战略有用吗？

2.1 战略管理现实图景

从华为轮值董事长的新年致辞中，我们看到了华为 2024 年围绕价值创造、质量管理、生态建设、干部成长等方面的战略决策。在地缘政治、贸易壁垒等复杂多变的环境背景下，华为保持战略定力，坚持向数字化、智能化、低碳化发展不动摇。然而，我们还经常可以听到企业内部员工对战略的一些评价："规划规划，一篇鬼话；战略规划，墙上挂挂。"为什么会这样？难道企业组织专门的班子写了半年的规划没有价值吗？的确，以上这些抱怨和评价有一定的道理，很多战略规划确实没什么用。从大量案例来看，如果战略仅仅是漂亮的文本，则基本落不了地。厚厚的规划在编制完后就被束之高阁，在具体执行过程中几乎没有人会去看最初的战略文本，这就是现实。

要正确认识以上这些议论，就需要我们对战略呈现形态、战略制定环境、战略制定动机、战略分析工具等有客观的认知，并由此出发理解战略管理的现实图景和背后的战略逻辑。

2.1.1　现实图景一：战略呈现形态的差异性

战略不是纸上谈兵，而是战略思想和行动的统一。在战略思想没有达到足够稳定时，与之相随的战略行动也是短期导向的；而当战略思想达到了深思熟虑的程度时，战略行动就会有更多的确定性。正因为如此，企业战略的呈现形态也具有多样性，并不一定都是通常想象的系统化、文本化的战略规划。从现实情境和需求导向出发，不同规模、不同行业、不同所有制的企业，其战略环境判断、战略使命确立、战略目标设置、战略任务制定、战略绩效评价都会不一样，战略方案的呈现形式也不一样。

🄑 战略思辨

在实际工作和调研中，我们经常听到以下抱怨。

"明明公司战略规划里讲得好好的，为什么在实际执行过程中老是变来变去？老板今天一个想法明天一个想法，我们怎么干呀？"

"反正战略是老板的事，对我们中层和基层管理人员来说，只要告诉我们怎么干就可以了，战略有什么好讨论的。"

"公司有没有战略，我们也不知道。我们每年在年初或上年末会组织开会讨论战略，说白了就是安排任务、商讨指标。但问题是老板也不讨论资金、人员配置的事情，就直接下任务，完成不了也不能怪我们。"

请根据自己的工作体会，谈谈你是如何看待上面这些抱怨的。你认为你所在的企业有战略吗？如果有战略，实际有用吗？

不同发展阶段的企业具有不同的战略呈现形态。企业发展早期的战略目标往往是生存并快速盈利，"活着就是真理"，这个阶段不可能形成文本化的战略，战略存在于企业家的头脑中。当企业度过了最艰难的生存期而进入成长期时，就会开始关注业务成长和市场扩张，这时就需要项目导向的方案谋划，于是会出现一定程度的文本化战略。当企业发展到足够大的规模时，企业就需要从上到下统一发展思路、明确业务范围并促进业务协同，需要系统化、逻辑化、文本化的战略去传播思想，以便利益相关者了解企业的发展方向。

　　企业的规模不同，其战略呈现形态也不一样。小企业往往并不太在乎战略文本有多完美，也不太在乎战略体系的系统性，它们更偏向于即兴型战略；大企业（特别是国有大企业）则偏向于漂亮的文本，强调战略体系的系统性，其战略制定过程会经过深思熟虑的研讨，形成有计划、有步骤、有时间跨度（一般是五年）的战略方案，然后有条不紊地推进。

　　不同企业的战略呈现形态各不相同，但不能说以文本形式呈现的才是战略。如果按照这个标准，大部分企业是没有战略的，因为占企业总数95%以上的都是中小企业，中小企业还没到需要文本形式来呈现战略方案的程度，这或许就是员工抱怨企业没有战略的原因。通常，越是基层管理者越希望企业形成详细的、具象化的战略方案，因为这样就可以按部就班地推进，更具有操作性；但这往往就不是真正的战略了，因为战略越具象就越可能出现错误，这是由未来战略环境的不确定性决定的。

2.1.2　现实图景二：战略制定环境的不确定性

　　即使企业通过文本呈现了战略，经过两三年的实施后，回头一看，可能发现原来制订的战略方案中有50%以上已经没用了。其实，不用对此感到奇怪，战略方案中有1/3的内容能落地就已经很不错了。很多企业家告诉我们，两年前制定的战略现在基本没用了，往往实施半年就会发现环境变了。战略环境的动荡性和不确定性，给企业制定战略带来了越来越大的困难。

　　每次企业制定战略，往往会提出5年或10年的战略目标，比如，要经过5年努力实现产值10亿元、利润1亿元，然后设计"三步走"战略，前面两年打基础，中间两年上台阶，最后一年实现飞跃。那么，问题来了，在现今快速变化的时代，我们能知道5年后是什么PEST（宏观）环境吗？我们往往不知道。我们没有办法想象5年之后的信息技术会发展到什么样的状态，5年之后的金融市场会呈现什么样的格局，我们更加没有办法设想出10年之后的AI等数字技术会如何改变我们的生活。实际上，未来是高度不确定的。

　　那么，当我们试图给企业做一个5年或10年计划时，是不是就像画了一幢空中楼阁？如果把历史回溯到20世纪80年代，那个时代战略研究领域的重要事件是波特战略理论著作的出版，那个时代的理论有其时代特征：相对稳定性。在三四十年前相对静态的社会中，企业可以去设计一个5年或10年的发展路线和战略方案。但今天的时代已经变了，而且未来会变得更快，如果我们今天还抱着波特在相对静态时代所写的《竞争战略》和《竞争优势》去制定战略，是不是有点刻舟求剑呢？

2.1.3　现实图景三：战略制定动机的多样性

　　企业为什么要制定战略？这本身就是一个值得探讨的问题。有统计说，现在企业的平均寿命是 3 年（比如互联网创业企业能活过 3 年的不超过 0.4%），也有的说是 4.9 年（比如制造企业的寿命 75% 以上达不到 5 年）。既然企业寿命这么短，制定战略确实没有什么必要。许多创业团队都在做非常漂亮的战略文本；但如果你真的认为可以按照制定的战略文本去推进创业，那就错了，绝大部分创业企业编写战略规划的目的其实是讲好创业故事。

正是因为战略制定动机的多样性，所以客观上来看，不少战略在编制的时候就是没用的。根据我们的战略咨询经验，企业制定战略的实际动机可大致分为四类：为了响应集团公司或其他机构的要求而制定战略、为了上市或争取资源而制定战略、为了做给下属部门或员工看而制定战略、为了未来发展而实实在在地制定战略。其中，对于前面三类动机下的战略制定过程，企业一把手很少会真正关心，他们只是把任务交给某个部门就可以了。只有在第四类情况下，董事长或总经理才会深入参与进来，不但亲自参与战略的制定，还会亲自参与宣传和贯彻执行战略。

我们从战略咨询的角度进一步说明。在进行企业战略咨询前，只有与董事长进行深入沟通，弄清他们战略制定的动机，咨询团队才能有的放矢。如果是前面三类动机，几周内就可以做出一个漂亮的战略文本，不需要注重可操作性。但如果是第四类动机，需要建议董事长、总经理直接参与战略制定，共同研讨，多轮反馈，取得共识。战略的最终文本是否漂亮不是关键，重要的是在发展思路、战略布局、资源配置等方面的思想碰撞。如果咨询团队有好的建议，要提前向一把手提出来，若一把手认同，就放到战略方案里去，若不接受，可以进一步解释和探讨，但如果一把手还是不认同，那就放弃，因为战略最后的决策者还是一把手。

2.1.4　现实图景四：战略分析工具的科学性

战略不应该是僵化的工具，而应该是关于企业发展的思维模式和执行逻辑，我们需要认清楚企业战略决策的基本思维框架。分析工具是为战略思想服务的，只有指导思想正确了，在战略制定过程中，采取科学、有效的分析工具才有价值。但遗憾的是，现在很多咨询公司往往派那些刚刚本科或硕士毕业的年轻人作为咨询专家，帮助企业制定战略。他们会采用 SWOT 分析、PEST 分析、五力模型等漂亮的工具，做出漂亮的战略方案，但是这真的有用吗？

为了让大家明确战略思想与分析工具之间的关系，我们以 SWOT 分析工具为例来展开说明。大家注意到，不管是在战略管理教材中还是在咨询报告中，SWOT分析几乎与五力模型一样是战略管理的"圣经"。通过分析企业自身的优势和不足，再分析外部的机会和威胁，然后用四方格矩阵来描绘出 SO 战略、ST 战略、WO战略以及 WT 战略。如果战略制定者缺乏战略思想，而只是大量地使用工具会是什么结果呢?

　　我们来看看实际制定过程中是如何评价企业内部优势和劣势、外部机会和威胁的。战略制定小组不仅会选择20～30个指标评价内部优势和劣势,还会选择20～30个指标评价外部机会与威胁。通过使用这么多的指标进行评价,可以得出哪些要素是 S 和 W,哪些要素是 O 和 T。这种方法似乎很科学,但在观察企业实践时,我们发现在很多情况下这些结果都是错误的。下面分别从个体和组织层面举例说明。

⊡ 实践链接

　　想必大家听到过这样一句话:"工(行)、农(行)、中(行)、建(行)相互竞争了60年,回头发现,竞争对手搞错了,真正的对手是阿里巴巴和腾讯。"还有一句话是这样讲的,"移动和联通竞争了二三十年,回头发现它们也打错了,'敌人'是微信"。尽管这些说法有些调侃的味道,但确实提出了一个问题:在快速变化的时代,如何去评价一个组织的优势和劣势?按照分析模型来看,不管是网点覆盖、政府资源、政策支持、品牌实力还是业务资质,阿里巴巴、腾讯都绝对没有办法同四大商业银行竞争,它们几乎一个优势都没有,但结果是它们的互联网金融业务在当下更受欢迎。但如果用 SWOT 或 PEST 模型进行静态分析,这一结果是不可能被预测出来的。

　　通过上面两个例子,我们发现,建立在静态环境下的战略分析工具(如SWOT、PEST)似乎都失去了解释力。实际情况是,四五十年前开发的战略分析工具,很多在今天已经不适用了。战略分析工具一定要为战略思想服务,而不是重战略分析工具轻战略思想。我们需要在正确的战略思想的指导下去选择战略分析工具和方法,这样才能制订出真正有效的战略方案。

2.2　传统战略理论思辨

　　要正确、辩证地认识企业战略决策的现实图景,需要因时而变、因地而变,不断修正决策者的逻辑假设。战略逻辑是战略决策者在制定战略过程中所依据的基本前提和内在假设,它存在于决策者的头脑中,是他们做判断时的基本假设。例如,"人之初,性本善"和"人之初,性本恶"就是对人性的基本假设,这种基本假设会决定我们对陌生人的最初信任程度。对事物的基本假设决定了每个组织或每位战略决策者对战略方案进行选择的逻辑,由于不同的人对事物的基本假设不同,即使在同一个环境条件下,也会做出不同的判断。

当代研究者对设计学派、计划学派、定位学派提出了质疑，将批判的矛头指向这些传统学派的基本假设和前提：究竟谁是战略制定者？战略决策过程是一种有意识的、理性的可控行为吗？战略分析、战略制定和战略实施三个阶段可以分离吗？你对这三个问题有什么看法？

企业战略理论的发展就是战略决策者根据基本假设进行判断的一般性战略逻辑的发展。战略理论研究者试图通过对大样本的调查、总结和分析，提出在特定条件下应该做出何种假设的共识性和规范性判断。例如，按照科斯的交易成本理论，企业业务规模扩大与否，取决于一项生产活动由内部完成所产生的边际成本与外部交易所产生的边际交易成本的大小；按照资源基础理论，企业的竞争优势来自企业所具有的独特的、不可模仿的、稀缺的资源，哪个企业有了这样的资源，哪个企业就能获得超额利润；按照核心能力理论，企业能否构筑起持续竞争优势，则取决于该企业是否拥有核心能力。这些被广泛应用的理论，就是战略管理者做决策的基本依据。

著名战略管理学者明茨伯格在《战略历程》一书中总结的十大战略流派就是对战略决策所依据的基本理论的概述。为了辩证地认识战略决策的基本逻辑，下面将对目前应用最广泛的三大战略学派展开讨论。

设计学派、计划学派和定位学派都假设战略可以建立在理性决策模式的基础上，战略制定是一个受控、有目的、可描述的周密考虑过程。也就是说，企业发展所面对的市场是可以预测的，企业可以对 5 年或 10 年后的市场份额进行谋划，对销售额和利润有所预期。正是有了这样的假设，才有了可用于描述的战略分析工具（有时甚至把战略分析工具当成战略本身），这些战略分析工具的应用极大地促进了战略管理的发展，并仍对今天的企业战略制定有着重要影响。

时至今日，最早期的战略分析工具仍"控制"着实际的战略制定过程，其中影响最大的是设计学派、计划学派和定位学派的模型和工具。设计学派最著名的工具就是 SWOT 分析，认为企业可以通过分析自身内部的优势和劣势，以及自身所处环境的机会和威胁，设计出自己的战略。换句话说，设计出好的战略就是找到一个模型来实现内部能力与外部环境的匹配。分析外部环境时，应用最广泛的就是 PEST 分析；分析内部能力则主要采用内部活动分析法。设计学派为企业制定战略提供了有效的工具，这一工具从 20 世纪 60 年代开始得到广泛应用，至今仍有重要影响。

计划学派是另一个至今仍被广泛推崇的战略学派，与设计学派产生于同一时期。计划学派的代表人物是安索夫，他认为战略规划不是简单地使用工具来设计，而应该是由接受过良好教育的高层管理者有智慧地谋划。战略规划就是要明确发展目标，然后围绕发展目标制定战略、实施战略和评价战略。计划学派认为战略产生于一个可控的、自觉的正式过程，这个过程需要 CEO 组织一批规划人员进行理性谋划，最后形成详细的目标、预算、流程和经营计划。战略计划和战略执行是可以分离的，未来是可以理性分析和预期的，这就是计划学派的基本假设，这种假设在 20 世纪六七十年代占据主导地位，直到今天，绝大多数企业的战略管理还是按照计划学派提出的流程进行的。

但实际情况是，实践者越来越发现设计学派和计划学派的假设是一种幻想，于是 20 世纪 80 年代出现了定位学派。该学派以波特在 1980 年和 1985 年分别出版的两部著作——《竞争战略》和《竞争优势》为代表，其思想集中反映在波特所提出的五力模型中。定位学派认为，企业可以在行业和市场中通过隔离机制来获取独特的竞争地位，一旦企业占据了这样的位置，就能取得竞争优势和更高的利润。以这种思想为指导，波士顿咨询公司的竞争地位-市场潜力模型、麦肯锡公司的九方格模型被广泛应用，形成了研究者、咨询业从业者和高校教师之间相互促进的格局，使得定位学派在 20 世纪八九十年代占据着主导地位，直到今天，我们看到几乎所有行业的环境分析报告仍在采用波特五力模型。

以上三个传统战略学派的理论之所以至今仍被学者和教科书普遍采用，就是因为这些模型提供了结构化的思维模式，而且很容易被大家理解。但在实际决策过程中，究竟有多少人是按照结构化的思维和流程去制定、实施和评价战略的呢？这里引用威尔逊的观点来对这些传统战略理论指导下的战略计划进行批判性分析（详见"战略聚焦：传统战略计划的七大致命错误"）。

⊙ 战略聚焦

传统战略计划的七大致命错误

1. 参谋部门执行整个战略计划的制订过程。这种情况产生的一部分原因是 CEO 创建了新的参谋部门来承担原本应由中层经理承担的职能，还有一部分原因是参谋部门受过更好的战略理论教育，更理解战略分析工具，他们希望通过履行该职责获得组织控制权。结果，参谋部门内的所有计划人员经常将中层经理排除在战略计划过程之外，中层经理的职能只限于盖个章而已……

2. 战略计划过程影响着参谋部门。计划过程中的方法越来越复杂、细致，参谋部门精于此道，却忽视了真正的战略洞察力，结果让战略设想等同于战略计划。通用电气公司 CEO 杰克·韦尔奇这样说："战略文本越来越厚，印刷越来越复杂，封皮越来越硬，绘图质量越来越好。"

3. 战略计划系统实际上根本没有什么效果。战略计划失败的主要原因是否定或减少了中层经理的计划职能，使他们仅仅成为战略的执行层。正如一位中层经理所说："既然是运用矩阵制定的战略，那就让矩阵去实施战略吧！"这种战略计划方式没有将战略计划系统和组织经营系统统一起来，导致战略落不了地。

4. 战略计划热衷于合并、收购、剥离等高风险的经营活动，但这不利于企业核心业务的发展。这种现象之所以产生，一方面是因为时代的潮流，另一方面则是因为没有合理地使用计划工具。

5. 在战略计划过程中没有进行真正的战略选择。规划人员和经理总是根据自己之前的经验来选择"满意"的战略方案（比如以一种可接受的方式满足基本条件）。他们在战略决策前，并没有真正努力地去寻找和分析所有的备选方案，大多通过默认而不是选择来确定战略。

6. 战略计划忽视了组织文化的要求。战略计划重视组织的外部环境，却忽视内部环境，而内部环境在战略实施阶段是十分关键的。

7. 在组织重构或不稳定期，基于单点预测的战略计划是不合适的，而以方案为基础的战略计划又非常少见。事实上，复杂组织的战略是不可能基于单点预测来规划的，它会阻碍甚至破坏组织的发展。战略计划必须考虑组织的发展前景，而不能仅仅基于过去的情况来做判断，但现有的战略工具能分析未来的前景吗？

威尔逊总结了以传统战略理论为基础的战略计划普遍存在的问题：一是战略制定与战略执行之间脱节；二是战略思想与战略分析工具之间脱节；三是战略决策过程中的路径依赖性锁定；四是战略方案的简单化与环境的复杂化冲突。在企业战略管理实践中，正是因为这些问题的存在，才使得制订的战略方案成了"水中月""镜中花"，中看不中用。

要改变这样的局面，需要从根本改变战略决策的基本假设开始。2.4 节将具体讨论如何修正战略决策者的思维模式，下面的"战略聚焦"专栏以明茨伯格对战略形成的基本逻辑为例，为大家提供了新的战略思维框架。明茨伯格认为战略的形成是一个自然生长的过程，关键是组织要创造一个容许思想自由繁衍的环境。尽管他的观点也受到了一些学者的批判，但这些观点与前面分析的设计学派、计划学派、定位学派形成了鲜明的对比。这里不对这些学派和观点做谁对谁错的评判，只是希望能通过对比引发大家重新思考：究竟应该如何去科学地、辩证地看待战略决策的逻辑？

⊙ 战略聚焦

战略形成的草根模型

1. 战略最初就像花园里的种子一样，而不像在温室里培育的西红柿。换句话说，战略形成的过程不需要管得太多，战略可以自然产生。如果需要，可以让温室出现得晚一些。

2. 这些战略可能在任何地方扎根，只要员工拥有学习能力和支持学习能力的资源，任何地方都可以产生战略。有时是一个个体或组织碰到一个机遇，从而创造了他们自己的模式；有时是通过不同成员之间逐渐自发地相互协调，由各种行动汇聚成一个战略主题；还有时是外部环境将一个模式输入给一个毫无思想准备的组织。组织并不总能预测到战略将会出现在哪里，更别提制定这个战略了。

3. 这些战略被集体接受时，就成为组织的战略。也就是说，这种模式不断地"繁衍"，并在组织中"蔓延"开来。种子可以繁衍，并扩散到整个花园，然后将传统的植物驱逐出境。自发的战略有时会取代经过深思熟虑形成的战略，随着观念的改变，这颗"种子"将最终长成有价值的植物。

4. 繁衍的过程可以是有意而为的，可以被管理，但它并不必须被管理。无论是正式领导还是非正式领导，最初模式在组织中作用的过程并不一定需要他们的有意引领，就像植物繁衍一样，模式可以仅靠集体行动就能扩散开来。当然，一旦战略被认为是有价值的，它们繁衍的过程就可以得到管理，正如植物也可以被选择性地普及一样。

5. 新的战略可能持续不断地出现，在变化的过程中蔓延到组织的每个角落。组织就像花园，可以有足够长的时间去播种，然后收获，即使它们有时候收获的不是播种时想

要收获的产物。

6. 要想管理好这个过程，不在于预想战略，而在于识别战略的出现，并在适当的时候加以控制。一旦发现有害的种子，最好立即连根拔除。但若发现可以结出果实的种子则要好好看护，有时候甚至值得为它建一个温室，为它的成长营造良好氛围，然后让这种战略自然地生长……观察它到底能长出什么。此外，管理者还需要知道何时应该为了内部效率而抵制变化，何时应该为了适应外部环境而鼓励变化。换句话说，必须清楚什么时候该利用已经确立的战略，而什么时候又该鼓励新的战略去取代旧的战略。

资料来源：明茨伯格，阿尔斯特兰德，兰佩尔. 战略历程：穿越战略管理旷野的指南（原书第 2 版）[M]. 魏江，译. 北京：机械工业出版社，2012.

2.3 现实战略思维陷阱

第 1 章提出，企业战略是在系统整合各个职能战略基础上的整体蓝图，是关于企业发展的系统逻辑和顶层设计，因此，当企业战略决策者建立了辩证、科学的战略思维逻辑后，就需要用这种逻辑来观察企业内各项职能战略是否贯穿了总体战略逻辑。战略不是缥缈的观念，而是具有操作性的选择，要实现战略落地，就必须在企业总体战略的统领下，实现市场营销、投资理财、人力资源、生产运作、技术研发等职能战略的有机统一。然而，由于在企业实际运行中存在着一些思维陷阱，因此企业要想在现实中实现这一点并不那么容易。

2.3.1 陷阱一：高层战略决策失效

企业非常强调高层团队的稳定性，高层团队的不稳定是企业成长过程中需要面对的最大挑战之一。但是，用战略思维来思考决策团队时，我们会发现很多企业已经陷入另外一个极端，那就是过于关注决策团队的稳定性，由此带来了战略决策团队的同质性和决策思想的僵化。这里需要思考两个问题：高管团队的长期稳定究竟是利大于弊还是弊大于利？高管团队应该保持多样性还是单一性？

🔵 实践链接

在编者曾担任顾问的一家企业中，高管团队非常稳定。20 多年来，90% 与老板一起创业的高管都留在了企业内部，而且他们基本上都来自同一个县。其间，老板

曾经引入几个副总，但这些副总基本不超过 2 年就离开了。每年开年终会议或总结企业文化时，企业都会把管理层的归属感和凝聚力作为文化的重要内容。企业老板的为人一直得到员工的高度肯定，即使是来了之后又离开的人，也对老板的人品给予了很高的评价。企业内部的高管对老板非常了解，"老板只要讲前半句，我就知道他的后半句"，一位副总曾这样说。结果，高管在讨论问题时，都有意或无意地去迎合老板，导致整个企业稳健有余而创新不足，不能从传统产业中走出来，企业规模也连续 10 年来稳定在 5 亿元左右。老板与我讨论时也说，这帮人都是与我一起风风雨雨走过来的，价值观一致，工作效率也高，但就是缺乏开拓精神。可以想象，20 多年没有多少变动的高管团队，怎么可能会涌现出新的思想？怎么可能会产生创新呢？

讲这个例子，不是说这家企业不好，而是应该反思：长期稳定的决策团队是否有利于创新发展？如果企业的战略理念是创新，但决策团队长期不变，怎么可能让创新理念落地生根？在企业发展过程中，出现了两种非常典型的趋向。一种是国有企业按照政府行政的方式做决策。需要明确的是，政府管理与企业管理所持的最基本假设是不一致的，企业强调差异性和效益，而政府强调公平、公正和公开，用政府的管理模式来给企业做决策，是不合适的。另一种是民营企业按照国有企业的模式做决策。民营企业做大后，高层往往表面一团和气，实际一潭死水，中层部门相互设置"篱笆"——"只要不是我分管的事，我就不参与"，各级管理层只能升不能降，老板周边是一帮迎合自己的决策成员，所有这些现象导致了企业内部的官僚主义风格。现实中非常普遍的现象是，由于民营高管团队成员是与老板一起闯荡过来的，他们都自以为是元老，劳苦功高，便倚老卖老，一方面占着位子吃老本，另一方面又缺少新思维、新才干。

如何打破以上两种行政化倾向？决策层必须不断反思和调整，用战略逻辑来思考，任何团队结构都要为战略决策服务，而如果高管团队结构固化，那么结果就是创新能力、战略决策能力下降。战略决策是一项特殊的能力，这种能力必然掌握在少数人手里，如果有才能的人不能进入决策团队，就难以实现决策层的多样性，最后会形成团队结构与战略需求越来越脱节的局面。

2.3.2　陷阱二：治理机制僵化低效

企业要有活力，必须对组织结构进行不连续的柔性变革，打破过强的科层治理体系。科层治理结构是非常传统、古老的治理方式，如果从韦伯提出官僚组织开始算起，已经存在 100 多年了，从中小企业、大型企业到社会组织、政府机构，几乎都采用金字塔式科层治理结构。科层治理结构的最大特点是"下级服从上级"，科层组织内各级员工为直接上司服务，所以，他们平时眼睛总是盯着上司，而不会去看市场和客户。在科层组织治理体系下，要打造一家优秀的企业，前提就是要有一位优秀的企业家。"火车跑得快，全靠车头带"，如果车头带错了方向，整趟列车就不可能到达正确的目的地。在企业里，一旦一把手出了问题，整个企业就无法运作，更不用说发展了，这正是现在很多企业最为担心的问题。

尽管大家都注意到了科层治理结构的严重负面效应，但是，一些企业的所有者和决策层为了强化控制，往往会倾向于采用这种家长制思维的控制模式。当企业规模还比较小的时候，有些企业会采用家族内部人员治理模式；一旦企业发展到一定的规模，就可能会采用部门越分越多、管理人员越来越多、任务越分越多的治理模式。此时，企业就出现了委托代理关系的高度行政化，以及政府与董事长之间、董事长与总经理之间的双重监控缺失和双重激励缺失。

今天，由于信息技术、互联网、大数据的快速发展，传统科层组织正在被颠覆，网络组织和平台组织正在不断出现。在这种新型组织结构内，治理机制不再是科层体系，而是网络体系。在这种体系内，网络上的节点之间是平等的，网络组织中的员工直接面向市场，他们眼睛里盯着的是市场和客户。在这样的治理体系下，企业真正的活力来自基层，每个员工都能被激发出创新和创业的活力，一旦员工的目标和行为发生偏差，每个员工都可以自己主动地去修正，因为其目标是为客户创造价值。因此，如何构建起网络治理体系，成为企业未来战略思维的重要突破点。

2.3.3 陷阱三：创新能力严重缺失

企业是创新的重要载体，创新是企业发展的灵魂。同时，创新也是企业最有风险的活动，需要企业投入大量的资源，却不一定能产生预期回报。正是因为创新具有复杂性、风险性等特征，所以企业在创造利润的过程中，会选择那些风险小的活动。再加上我国是从短缺经济发展过来的，之前企业不需要创新，只要通过模仿和低成本制造，就能产生利润，自然而然地，企业就缺乏足够的创新能力和动力。进入 21 世纪之后，企业发现依靠传统的生产方式已经难以为继，必须要走创新发展的道路，但过去长期形成的路径依赖，导致大量企业走不出原有的发展路子，这就是当下企业转型升级开展得那么困难的主要原因。

要解决好企业持续发展的问题，必须提高企业的创新能力，激发创新动力。企业的创新能力是创新发展的基础，包括技术创新能力、市场创新能力、制度创新能力、组织创新能力和商业模式创新能力等，这些能力需要企业长期积累才能提高。为了获取这样的能力，就需要企业决策层具有长远的战略意识。企业创新动力则来自市场竞争、技术进步和企业家的创新精神等，其中市场竞争、技术进步是外生动力，而企业家的创新精神是内生动力，激发企业创新动力同样需要企业决策层的战略意识牵引。因此，无论是创新能力还是创新动力，都需要以战略意识为前提。

遗憾的是，目前为止我们绝大部分企业仍没有正确认识创新的基本规律。比如，80% 以上的企业没有创新活动，已经开展技术创新活动的企业，每年投入的研发经费不到销售额的 1%，至今仍有不少企业把创新投入看成利润的消耗，而不是看成资本的积累。在名义上有创新活动的企业中，90%以上没有建立起较为完善的创新体系。从总体上看，目前我国企业中存在的创新能力滞后、创新动力不足、创新机制缺失、创新人才不被重视等问题，已经成为制约企业长远发展的基础性障碍。正如前面分析指出的，要解决这样的障碍，根本上在于提高企业家和决策层的创新战略意识。

2.3.4　陷阱四：战略性人力资源管理缺失

人才是企业发展的根本。100%的受访企业都认为人才不足是阻碍企业发展的最大问题，都认为引进人才难，留住人才更难。那么，到底是什么在阻碍战略型人才的队伍建设呢？为什么留住人才那么难？从战略思维看，"心中有佛，所见皆佛"，关键问题不是没有人才，而是缺少战略性人力资源管理体系，这比较多地反映在人力资源管理的短视、金钱至上的激励分配体系、行政化的绩效考核管理、高层经理人知识结构固化等方面。

比如，在人力资源考核制度的设计中，调研人员发现很多企业偏离了设计考核制度的根本目的——引导员工按正确的战略导向前进，从而陷入了"过度考核""为考核而考核"等境况。一种比较普遍的情况是，企业经常会采用行政化思路（如"360°"考核）来设计考核办法，即上（司）下（属）、左右（平级部门）都参与对每个岗位的考核。那么，这种考核的结果会如何？在中国文化的背景下，这种考核的实际结果就是把员工考核成了没有个性、业绩平庸、按部就班的"老好人"。原因很简单，中国文化往往不喜欢个性张扬、自我感觉良好的人，而喜欢"枪打出头鸟"，当然，大家也不喜欢对自己构成威胁的人。那么，"360°"考核最后得分最高的会是谁？这些人一般具有以下特点：对上听话且不构成挑战、对下维护部门利益且待人平和、对同级部门不构成威胁、总体性格平和且业绩不突出。那么，这种人适合做企业家吗？这种考核有利于创新吗？显然，答案是否定的。"360°"考核是典型的行政化考核办法，很难激发出创新能力和创业动力。

设计人力资源考核制度的本来目的在于培养员工、引导员工向正确的方向前进。考核的目的是通过评价来看看员工的付出是否与企业战略导向一致，是否与客户价值需求一致。不管是德、勤、能、绩四要素考核，还是"360°"考核，都要关注对员工作为价值创造者的本质要求，不断反思和修正人才引进、考核、评价、激励等制度，改变目前以财务指标代替战略目标、以简单可衡量代替应衡量、以急功近利的短期行为为导向、采用单纯的任务指标而忽视价值创造等在考核激励中普遍存在的问题。

2.3.5　陷阱五：企业再创业意识弱化

按照创业理论，企业可以被看成一个创业的平台，内部员工和部门、分公司和子公司在企业这个平台上创业。此外，企业也可以通过进入新的业务和新的领域，实现战略创业。因此，企业发展的过程就是持续的内部创业和外部创业的过程。在生存和发展的早期，不管是企业家还是员工都有很强的创业意识，但是随着企业的发展壮大，再创业意识开始弱化，这反映在企业员工越来越保守、越来越不愿意冒风险、路径依赖性越来越强等方面。

为了便于理解创业意识对企业发展的作用，可以打个比方，假设桌子上有一杯温水，在常温下放十天半个月，这杯水就会发臭。但是，如果这杯水不间断地被加热，它就不易发臭。加热导致杯子里的水分子运动，正是因为水分子的运动，才让这杯水充满活力而不易发臭。如果给这杯水加个盖子，甚至能产生动能推动外部物体前进。试想，如果一个组织是一杯水，而组织内的员工就是水分子，那么，当一个组织内的员工都像常温下的水分子，每天按部就班地上班时，组织不就也会成为一杯发臭的水了吗？要想让员工有活力，就要激发员工的创业活力；企业要设计好制度，让员工在企业里实现创业式发展，这样才能产生强大的能量。

因此，强调企业要不断激活内部员工的创业意识，就是强调企业要激发出每个员工的战略使命和愿景，让每个员工都能借助企业这个平台实现持续创业，而企业通过设计制度和提供资源（如创业基金、内部风投等），让员工的新思想和企业的新技术在企业内部孵化，从而不断推动企业技术创新和技术创业。

上述五大陷阱是企业发展过程中的根本性问题，如果孤立地看待这些问题，而不从战略高度去思考，企业相关部门和人员就只会埋头拉车，不会抬头看路。很多企业制定的诸多制度和办法看起来越来越完美，但实际上会导致部门之间各自为政，相互分割，与正确的战略方向渐行渐远。强调系统性战略逻辑，就是要把总体战略逻辑嵌入人力资源管理、创新管理、创业管理、团队建设、治理机制设计等各个职能活动中，明确目标导向，形成系统合力。离开战略去判断一个人的能力高低是没有意义的，离开战略去评价内部治理体系也是没有标准可言的，离开战略去考核员工的素质和能力也可能是错误的。

图 2-1 描述了如果一个组织内部的职能战略不服从于总体战略逻辑主线，就会陷入孤立主义的局面，最后可能导致整个企业竞争优势的丧失，具体来看有以下五个方面。①高层决策团队是整个企业的指挥中枢，要保持高管团队的多样性和互补性。决策层这个中枢神经如果缺少正确的战略逻辑指导，就会为了所谓的和谐和共同价值观，抛弃异质性和灵敏性，使得整个组织呈现官僚主义的态势。②治理机制是保证企业健康运行的前提，一个企业有没有好的治理结构，关键是看这种治理结构能否激发人的创新和创业精神。在互联网发展趋势下，如果还固守传统的科层结构不变，就会导致组织出现犬儒主义文化。③创新能力是企业持续发展的灵魂，一个组织缺乏创新精神，就会缺失动态能力和核心能力，出现封闭主义和保守主义倾向。④企业全体员工是战略的执行主体，人力资源管理的关键是引导员工向正确的战略方向前进，而不是把人看成工具，否则就会陷入机械主义

的泥沼。⑤企业成长与发展是企业持续创业的结果，按照"企业家学派"的观点，企业战略设计是激发全体员工创业意识和潜力的过程，如果高管团队和员工缺乏创业意识，整个组织就会变得保守和故步自封。因此，通过战略逻辑来审核企业内部具体战略，用战略思维来修正指挥中枢、运行系统、执行主体和适应系统，才能激活全体员工的创新能力和创业精神，让整个组织保持竞争优势。

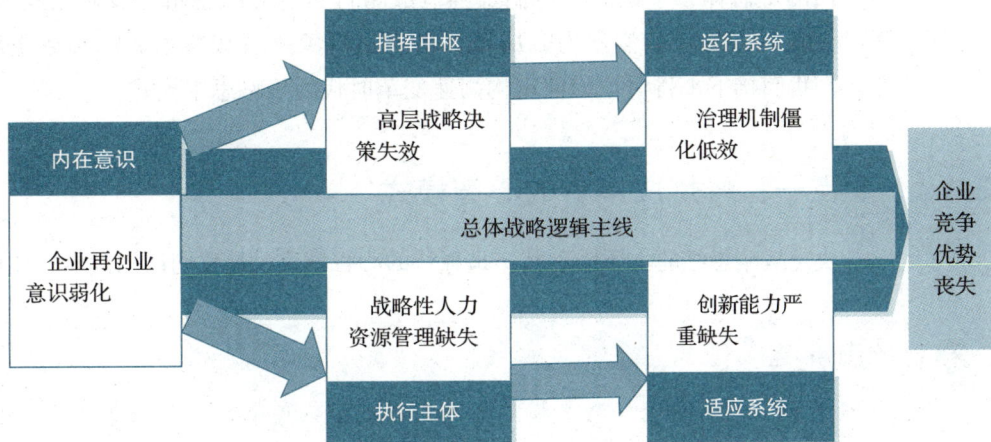

图 2-1　从系统性战略逻辑来评估职能战略

2.4　战略思维模式重构

企业决策层究竟如何做决策？这是一个十分复杂且至今没有定论的问题。从理论上看，组织决策过程是在有限信息背景下做出权衡取舍的过程，这个过程需要处理好组织的目标追求、面临的外部约束、组织的价值偏好以及行业的竞争格局等之间的关系。按照这样的决策过程理论，战略决策者在做出决策之前，对于外部要全面分析宏观环境条件和行业竞争环境，对于内部要分析、认清组织资源条件和价值偏好，再结合组织发展目标与愿景，做出最契合的战略方案。那么，在现实世界里，企业又是如何做决策的呢？我们会发现，这种建立在理性思维基础上的战略逻辑，在互联网、人工智能、大模型等快速发展的背景下，正面临着全新的挑战。我们先来看看任正非、张瑞敏关于战略逻辑的观点。

● 实践链接

在高度动态变化的时代，卓越企业家是如何看待战略决策思维的呢？

任正非：华为最基本的使命就是活下去。我没有远大的理想，我只想这几年如何活下去。

张瑞敏：移动互联网时代的企业正面临战略迷茫，原因就是我们之前的战略所遵循的是经典经济管理理论，而这些理论正在被移动互联网时代颠覆。旧秩序被打破了，新的体系还没有得到完善。

从上述两位企业家的观点看，他们似乎并不是按照传统理性思维来制定战略的。那么，该如何理解他们的战略决策思维呢？首先，他们都强调战略是对不确定性的把握。任正非强调要放空学习、自我批判，否则就没有办法把握未来的不确定性；张瑞敏认为战略正在被颠覆，需要前瞻性地建立自己的战略模式。其次，他们都强调战略是对未来的独到判断。张瑞敏提出，现在海尔的战略就是做互联网时代的生态体系。最后，他们都强调战略行为背后的逻辑。战略家应该具备对环境变迁深度思考的洞察力，应该具备透过现象去看战略本质的独到思维能力。那么，我们接下来将讨论如何重构高速变革时代的战略思维模式。

2.4.1　要点一：修炼决策者的心智模式

决定战略思维的本质因素其实是独特的心智模式，是我们认知世界的独特模式。

战略思辨

为了理解什么是决策者的心智模式，我们先来讨论一个问题：一棵树的高度是由什么决定的？有的人认为是土壤，有的人认为是阳光，有的人认为是雨水，也有的人认为是护理。如果是这些要素，大家可以设想，门口3cm高的小草，如果天天给它施肥、灌溉、护理、照射阳光，这株小草就能长到3m高吗？再比如，茅盾先生笔下的《白杨礼赞》，一棵白杨树，即使生长在土地贫瘠的西北，不施肥、不灌溉，照样能长到30m高。因此，无论是小草还是白杨，决定其最后高度的，并不是外在条件，而是它的品种或者说基因。如果它是一丛荆棘，不管如何培植也不可能长到30m高。当然，对树的生长过程来说，土壤、水分、阳光等基本要素还是非常重要的，如果生长条件好，应该会长得更好，但它们不是决定性因素。

有了这样的认知，就非常好解释这样的现象：任正非、马化腾、张瑞敏、扎克伯格、盖茨都没有经过系统的商学院培养，为什么能成为了不起的企业家？这是因为他们都具有创业家的"基因"——战略性心智模式。当一个人有了这样的心智模式，当碰到某一条件时，就能激发出其创业心智。一位企业家曾经这样说："如果你在淘宝、天猫浏览了六个小时还没有发现商机，你就不要去创业了。"他还说："阿里巴巴从来都不是在培养企业家，而是在发现企业家。一个人是否能成为企业家，要看他的基因。"这位企业家的观点不一定全对，但确实在一定程度上揭示了战略性心智模式的重要性。

有了这样的认识，我们就能意识到，学习的最终目的不仅仅是为了获取未来谋生的手段，而是要建立起用战略思维去思考问题的能力。"教育不仅仅是为了学习理论，而是要学会从常识中反思"，通过学习和反省，改变自己的心智模式，完成对自身"基因"的改造。只有认识你自己内心的最深处，才能认识人类灵魂的最深处，才能洞悉战略的本质。哈佛大学专门对1973年毕业的MBA学生做了一个长达 20 年的跟踪研究，研究发现事业成功的人士之所以成功，归结到最后只有两个方面：自信和反思。正是因为能用批判性思维去观察这个世界，在工作中反思自己的行为，再加上自信，才能走出一条他人无法模仿的成功之路。正是从这个意义上讲，企业家是很难被批量化培养出来的。坐在教室里面人云亦云，是不可能培养出伟大的企业家的。特别是到了今天的大数据时代、新的商业文明时代，如果我们再不改变自己传统的思维模式，不去"转基因"，不去改变僵化的思维逻辑和认知模式，可能很快就会被这个时代淘汰，更谈不上去改造这个世界。

📎 **实践链接**

下面引用小米创始人雷军的一段故事花絮来说明企业家的"自我反思"能力。

- 自我点评：我在 2009 年 12 月 16 日自己的生日会上自我反思，自己的劳模人生，是不是错了？这么多年的职业生涯，从领导哲学到做事哲学，是不是错了？很多事情是在 40 岁的时候才想明白的。
- 朋友点评：金山时代的雷军与小米时代的雷军相比，最大的一个变化就是"空"了，人变得很放松。以前，雷军强调人定胜天，你从公司起名字就能发现，如金山词霸、金山毒霸，还有一个产品叫盘古组件，盘古后面是开天。但是，创立小米后，产品名字几乎只带"小米"。
- 同行点评：雷军可以进行 ROM 的格式化，而身处移动互联网大转型的你我，敢于主动清零吗？

雷军是个创造奇迹的人物，他之所以能够在 5 年左右的时间里，将一家初创企业发展成一家估值 450 亿美元的独角兽公司，根本原因就是他具有自己独特的心智模式。雷军年轻时就开始创业，做金山软件时非常投入，在国内有很大的影响力。20 世纪 90 年代中期，人们就开始使用金山 WPS 软件了。但是，到了 2009 年前后，他颠覆了自己，对自己过去的战略思维进行了扬弃。有人开玩笑说，自从雷军创办了小米，他就把自己定位为"小米"，连"大米"都不是了。他转变了他的心智模式，这非常需要勇气。

2.4.2 要点二：重构决策者的思维逻辑

修炼自己的心智模式，就需要去锻造自己独到的战略思维能力和战略决策思维逻辑。不妨经常问这样几个问题：我们能用新的战略思维逻辑去重新审视自己所做的战略决策的合法性吗？我们能用新的战略思维逻辑去重新认识企业战略行为的正确性吗？我们能用新的战略思维逻辑去认知组织内部各种制度的局限性吗？我们能用战略思维逻辑去判断各种战略举措真的是为战略目标服务的吗？这里，我们从决策立足点、决策目标点、决策过程点三个方面来重构决策者的思维逻辑。

一是决策立足点。战略决策是最高决策层将其价值观与企业的存在意义相结合所得出的意图和行为选择，因此，需要深入地思考清楚"三道合一"的战略决策立足点（见图 2-2）。"商道"界定"企业为什么活着"的问题，明确企业创造什么价值、为谁创造价值的问题，并通过企业的战略愿景、使命和目标给予固化。"人道"界定"企业与员工、利益相关者关系"的问题。企业是内部和外部不同的人共同创造价值的活动的有机组合，因此，战略决策要明确界定好人与人之间的关系，为他们构筑起价值共同体。"天道"则界定"企业与环境之间关系"的问题，包括企业与自然环境、社会环境之间的关系，企业通过与环境的和谐共存，实现可持续发展。重构战略决策的立足点是企业当下特别要关注的问题。长期以来，由于企业在确定使命与目标、开展业务活动和创造竞争优势的过程中，没能解决好客户、社会和股东之间的关系，很多企业缺乏社会责任意识，采用短期行为导向，甚至进行恶性竞争，给自身的持续发展带来了严峻的挑战。

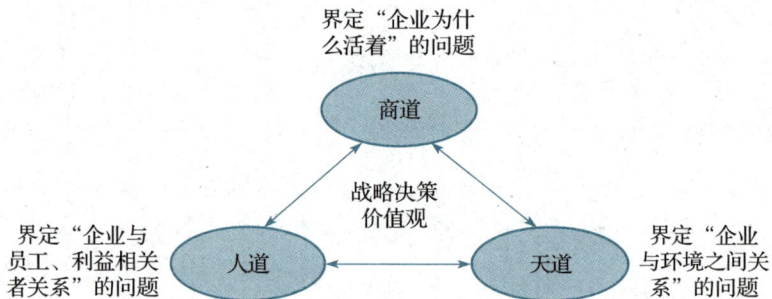

界定"企业为什么活着"的问题

商道

战略决策价值观

界定"企业与员工、利益相关者关系"的问题　人道　天道　界定"企业与环境之间关系"的问题

图 2-2　"三道合一"的战略决策立足点

二是决策目标点。战略决策是选择去做正确的事，一个好的战略不仅能保证企业去做正确的事（效益），还能促进企业正确地做事（效率）。这从理论上讲很容易，但实际呢？如何去评判这件事是正确的还是错误的？如果仅仅是常规性工作，做这样的判断比较容易；但如果做的是战略决策，则非常难以判断，即使某个方案已经被选择实施，在没有达成结果之前，也很难判断正确与否，原因在于决策信息的不完全性、决策实施环境的动荡性以及行业竞争的不确定性。在实际确定战略目标点时，企业需要在"做正确的事"和"正确地做事"之间进行动态调整。

> **战略思辨**
>
> 假如你要乘出租车去机场赶飞机，上车后驾驶员会问你是几点钟的航班。如果你告诉他时间很紧张，他就会建议走绕城高速，尽管路程远、费用贵些，但时间可以控制。如果你告诉他时间宽裕，他就会建议走市区，路程近、费用便宜些，但可能会堵车。结果，当出租车走到半途，发现市区的路真的非常堵时，驾驶员可能又会建议走绕城高速。这时，你会觉得这个及时改变路线的驾驶员是个好驾驶员，因为他能随机应变。但为什么放到企业工作中，你就不喜欢"变来变去"的领导呢？

开车去机场走哪条路是一个在信息较对称的情况下做出的简单决策，而企业制定和实施战略是在信息高度不对称的情况下做出的复杂决策。企业家在选择走哪条路时，其预先的判断有很大的不确定性。刚开始出发时，往往不能对走哪条路给出确定性的选择，相较于司机，企业家更需要根据路况和时间随机而变，这种变动可能是多次的甚至是反复的，这时只有一个是不变的，那就是"去机场"这个目的地不变。我们把"去机场"称为大方向，也就是战略目标。具体哪条路线更合适，需要走一段看一段，因为行进过程中的某段路程选择属于阶段目标，是可以变的。只要大方向正确，过程可以柔性、动态地变化，我们把这样的战略叫柔性战略。在追求战略目标过程中的不断调整被称为战略动态性。有时，即便有一段路线方向不是指向目的地，甚至是错误的，但只要及时修正过来，也是没有太大问题的，这被称为以退为进。确定战略决策目标点，就是要建立动态的战略逻辑体系，确定大方向（如"三道合一"）。战略实施过程就是动态调整的过程。

三是决策过程点。 真正关键的战略决策并不是经常性的，往往也不是建立在足够的信息和模型基础上的，而是直觉判断与理性思考相结合的结果。自从西蒙提出"有限理性"观点以来，大家逐渐认识到任何有价值的战略决策都是在信息不完全的情况下做出的，而不是在完全理性思考的前提下做出的。下面举例说明企业决策实际上是如何做出的。

● 实践链接

决策过程的那些事实

- 德鲁克：企业家决策通常不是在"是"与"非"之间做出选择，而是在"大概是对的"与"也许是错的"之间做出选择，因此，绝大多数决策所选择的方案并不一定优于其他方案。
- 柳传志：先尽量去充分地了解信息，这些信息仅仅为我提供参考，最后还是根据自己的直觉做出判断。

- 李建华（万事利总裁）：决策前会先征求大家的意见，如果超过 60% 的人认为某个方案可行，我可能就会放弃这个方案；而只有 40% 的人认为可行时，我可能会选择这个方案。

这些观点都说明，直觉对战略决策者而言的重要性，尤其是在高度动态的环境下，越来越多的决策是下意识完成的，其中起更多作用的是直觉和本能，这种直觉、本能就形成了决策者快速做出风险决策的思维逻辑。艾森哈特（1999）认为，要做出快速决策需要四个条件：①建立集体直觉，增强高层管理团队快速、准确地觉察所面临的威胁和机会的能力；②通过激发冲突来进行头脑风暴，从而听到不同的声音，提高战略思想的质量，而不是浪费大量时间来实现这一效果；③保持驱动决策过程的节奏，从而获得及时的结论；④尽量避免不必要的政治行为，防止产生无效冲突和时间浪费。按照认知学派的观点，战略形成是一种发生在战略家思想中的认知过程，是决策者对人们所感知到的世界的个性化解释。按照这样的思维逻辑，决策者需要不断反思、修正、再反思、再修正，不断通过学习和试错，培养自己的直觉和自身独特的认知能力。

2.4.3　要点三：修炼员工的战略思维

高层决策者修炼了心智模式，重构了战略思维逻辑，这解决的是上层建筑的战略思维问题；接下来要解决的是战略执行主体的思维修炼问题，否则永远没有办法解决高层与中层、基层之间的战略脱节问题。"战略是高层考虑的事，对大多数中层经理而言太遥远了"，这样的说法如果放在 10 年、20 年前还可以接受，但放在今天就需要反思了。今天是网络化时代、扁平化时代、创新创业时代，其重要特征是去科层化，网络上的每个节点日趋平等。每个员工都要把自己看成战略主体，每个战略主体要把组织看成实现自我价值的载体。"我为什么要在这个组织内生存""我要去哪里""我怎么去"这些问题需要每个战略主体思考。如果企业员工不思考这样的问题，那么这个企业是缺乏生命力的。

一个充满活力的组织，应该让全体员工都参与到战略的制定、执行、评价和控制中来，"我就是战略，战略就是我"，让处于组织内的每个"我"都以责任主体的身份去思考战略。当然，处于组织中的个体，肯定要受组织战略的影响，这就是每个人都要了解组织战略的缘由。

为了解决好高层与中层、基层战略脱节的问题，要从根本上让每个员工都参与到战略制定的过程中来。一个基本原则是，在战略制定过程中要将从上到下、从下到上结合起来，而不是把高层、中层和基层隔离开来。我们在实际战略咨询过程中，特别强调不同层次员工的参与，尽管他们有看问题的个人局限性，但参与战略讨论的过程能激发出他们的认同感和使命感，让每一个员工认识到自己就是战略主体。战略不是单纯的文本，而是要明确企业的发展方向和价值观。改进战略制定过程，鼓励全员参与，通过从上到下、从下到上的结合这一最有效的形式传递企业战略方向和价值观。如果战略制定只是企业决策层带着一帮"写手"闭门造车，那么就会造成"战略是高层的事，与我没有关系"这样的错误认识，同时制定的战略也就失去了生命力和活力。

⊙ 战略聚焦

编者先前做过的某能源集团战略咨询项目，基本可分为资料收集、调研访谈、标杆分析、总体设计、反馈沟通及修订、项目会审及宣讲六个模块，并安排了三个节点的评审。具体做法如下。

第一步：资料收集。项目前期界定好项目要求，并收集行业和标杆企业资料，挖掘行业数据和市场需求数据。

第二步：调研访谈。深入企业开展各层级、各部门访谈，明确企业的发展现状和目标，同时获取相关资料，分析企业自身发展的要求。对于企业内部不同层次的人员采用差别化访谈，具体形式为：对于高层和核心成员采用单个背靠背访谈的形式，每位约 2h；对于中层管理人员采用部门座谈的形式，每次 2～3h；对于其他员工采用集体访谈的形式，每组 2h。在完成外部环境分析和内部管理诊断报告期间，不定期做补充访谈，形成战略规划基本思路。

第三步：标杆分析。对标杆企业和相关组织进行全方位分析，通过横向对标并结合对标杆企业的实地调查访谈，剖析影响企业发展的关键要素，诊断出存在的问题和差距。

第四步：总体设计（初稿）。根据前期调研和分析得到的结果，给出企业的优势与劣势，将基本思路框架具体化，完成企业发展总体战略与实施方案设计。

第五步：第一次反馈沟通。将现状诊断报告、总体战略思路向董事长和总经理反馈，听取董事长和总经理的意见，明确思路、方向与重点，目的在于把握原则及思路。

第六步：第二次反馈修正。根据最高决策层的意见再对规划进行具体化，基本形成战略方案，然后向全体高层班子成员反馈。反馈内容包括现状诊断报告、标杆分析报告、总体战略思路、战略重点和主要措施。根据公司层意见进行修正。

第七步：第三次反馈及修订。将战略咨询报告递交给企业，打印装订，先发给重要部门和全体中层管理人员研读，再组织会议听取反馈，根据反馈意见对战略进行修改。

第八步：项目会审及宣讲。召开项目会审，项目组向企业汇报全部成果。会审后再修订形成终稿，并在企业内部组织多次宣讲活动。

采用这种项目执行流程，本意就是让不同层次的员工都参与到战略制定和执行的过程中来，最后证明效果很不错。在最后会审及宣讲阶段，不少部门经理和骨干员工代表都表示："希望这个战略能够坚持实施下去，因为从这个战略中看到了企业明天的希望。"大家在表达这种期望时所隐含的意思是：这个战略是大家群策群力的结果，里面有大家的思想，同时，也非常希望能把它很好地推进下去。这就是战略共识。当然，战略的核心思想和最终决策仍来自高层决策团队，但这并不妨碍各层员工的参与度和参与效果。

参与了战略制定过程，在接下来的战略实施过程中，员工自然就有可能成为执行的责任主体。至于战略评价的主体是谁，在传统的思维模式下是上级对下级的战略执行效果进行评价，这在科层治理组织中是很有效的制度设计，主要通过目标管理体系和战略流程进行落实。但随着网络组织、平台组织的发展，越来越多的企业开始变革组织，比如海尔集团的"人人是 SBU""公司是众多小微企业的创业平台"、阿里巴巴的 C2C 创业平台、小米的互联网众创平台等。在这些新型组织中，每个员工或小团队都被看成创业者，最大限度地发挥了每个员工的积极性。由于每个员工的绩效和回报取决于各自创造的价值，每个员工自然就成了战略的监控者。当然，这样的组织正在变革过程中，要真正让每个员工都成为战略责任主体，还有很长的路要走。

⚑ 反思

数字经济时代竞争优势的来源

数字时代加速了战略环境的变迁，颠覆了传统的战略决策逻辑。如何重构战略思维模式，认清数字时代竞争优势的来源，是做好战略决策的重要前提。下面从数字资源、数字能力和数字化组织三方面阐释数字时代的新竞争优势。

首先，聚焦数字资源。数字资源是将计算机技术、通信技术及多媒体技术相互融合而形成的以数字形式发布、存取、利用的信息资源的总和。通过收集与分析企业内部生产、外部信息披露、数字产品使用和客户交互等多来源的数据，企业可以不断优化产品与服务，形成良性循环。随着数据量的增加，数字资源的使用呈现出边际价值递增趋势，为企业带来持续竞争优势。数字资源的动态性要求企业保持敏捷，快速适应市场变化，在此过程中逐渐构建数据壁垒，确保在竞争中处于领先地位。

其次，构建数字能力。数字能力是企业获取、管理和利用数字资源并将其最终转化为竞争优势的能力。第一，企业通过自身的数字能力，把商业模式投射到数字资源上，将数字资源转化为独有的、有价值的资源，改变价值创造模式。第二，数字能力强的企业，其商业模式往往是多样化且多层次的，它们可以在一个层次中提供产品或服务，在另一个层次中获取价值，改变价值获取模式。第三，企业不再单纯满足客户需求，而是考虑与谁合作，创造更大的客户价值。企业利用数字能力在多个市场创造机会，使竞争越来越多地发生在跨行业之间，改变竞争方式。

最后，打造数字化组织。数字化组织是为适应高度不确定环境而打造出来的灵活的、拥有数字能力的组织架构。数字化组织往往具有架构扁平化、边界模糊和动态化的特性，其目的是改变数据和组织内部技能的传输和分享机制，使它在整个组织各个层级间高效传输与共享。可以通过合理规划已有数据资源、构建数据平台盘活现存资源、寻找新机遇拓展数字化边界三种方式重塑组织架构，获取竞争优势。

本章小结

本章内容逻辑结构如图 2-3 所示。

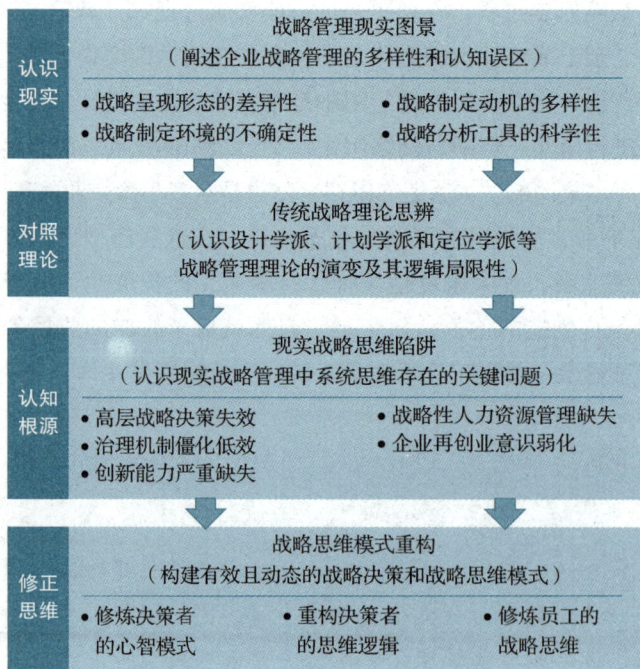

图 2-3　第 2 章内容逻辑结构

复习思考题

1. 有人认为每家企业都要有发展战略，也有观点认为刚创业的企业不需要战略。你认为那些刚创办的小微企业需要战略吗？

2. 请阅读亨利·明茨伯格的《战略历程》（机械工业出版社），并对书中总结的企业家学派、文化学派、学习学派背后的战略理论逻辑进行分析，指出各自在指导企业战略实践中存在的局限性。

3. 近年来，平台企业快速发展，如 Google、Meta、腾讯、阿里巴巴等就是平台企业的典型代表，你认为这些企业在发展过程中能用波特的五力模型来分析其产业竞争环境吗？为什么？

4. 如何用认知学派的理论来解释企业家在决策过程中直觉的作用？

5. 有位企业家认为："读 MBA 没什么用，除非去读 MBA 回来的人什么时候把学校里学到的东西忘了，才有用。因为学校里教的是知识，创业要的是智慧。智慧是通过体验获得的，知识是可以通过努力学习获得的。创业成功的往往是情商很高、智慧超群、勇气很足的人。因此，读书好的人创业不一定好，基本上是因为他们没有把知识转化为智慧。"你怎么看这位企业家的观点？

6. "员工只需要埋头做好本职工作即可，他们不要去谈什么战略。战略只是少部分人的事情。"你同意这种看法吗？请运用战略理论来分析。

7. 请你去采访 3～5 位创业型企业家，了解他们在企业发展的不同阶段做战略决策的方式，尝试总结创业阶段的企业在战略管理上的特点。

总结案例

阿里巴巴集团的发展之路

请扫码阅读总结案例

第 3 章　战略管理体系

　　通过对本章的学习，大家对企业战略管理体系会有一个总体的认识。本章从战略管理的基本问题出发，围绕"企业为什么能获得持续回报"这一基本经济学命题，建立战略管理思路框架，并从"企业为了什么而活着""企业靠什么活着"和"企业如何活得更好"三个基本问题出发，提出战略管理的核心内容，包括战略管理的内外环境分析与使命确定、公司层战略与业务层战略制定、竞争优势构筑和战略执行等。

【学习目标】

☑ 理解战略管理的基本问题与分析逻辑
☑ 认清战略管理的核心内容与体系框架
☑ 了解战略管理的角色定位与角色职责

🔵 引例　　　　　　　　　中国企业的非对称创新战略

中国企业是全球市场的后来者，40多年来，中国企业利用经济转型期的市场体制、制度型态和技术体制的独特性，探索出一条具有自身特色、整合全球资源、实现技术赶超的新路。

1. 中国企业的创新追赶道路

改革开放的前30年，中国企业尝到了"引进消化吸收再创新"的甜头，高速铁路产业、安防监控产业、电子商务产业等获得了飞速发展。然而，当企业属于"战略性新兴产业"时，即使政府对集成芯片、农业基因、新型材料、生物医药等这样的产业大力支持，但似乎仍在"追赶–落后–再追赶"的途中。为什么有些产业成功实现了创新追赶，而有些产业没有呢？

要找到其中的答案，需要深入洞悉中国的科技发展路径、制度特征和市场特点，概括地说，有两个基本判断。第一，中国企业正处于从学习型追赶到创新型追赶的关键转折期。改革开放前30年通过"引进消化吸收再创新"的路径，中国企业共享了全球科技进步成果，利用后发优势实现快速学习，某些产业实现了赶超。但是，这条老路现在已经不合适了，需要践行新的创新型追赶路径。第二，中国市场、制度和技术要素的独特性正在催生具有中国特色的自主创新道路。基于此，我们有必要总结提炼中国独特情境下的创新追赶道路。

2. 中国独特情境：MIT 框架

中国情境的独特性，主要体现在市场体制（market regime）、制度型态（institutional regime）和技术体制（technological regime）三个方面。

大市场：战略性资产。中国与新兴工业化国家和地区的一个显著不同，在于14亿人口带来的市场红利，但其中存在三个悖论。一是市场换技术悖论。现阶段中国各个领域的中高端市场几乎均被跨国公司所把控，造成这一现状的核心可能在于"市场换技术"策略。二是市场动荡性悖论。中国市场环境的转型急剧动荡，这致使一些企业迅速被淘汰出局，同时使得部分中国企业依托对本地市场的深刻理解，赢得与跨国公司的竞争。三是市场不均衡悖论。中国区域间和区域内的市场成熟度各有差异，特别是东西部、城乡之间差异巨大。

强政府：制度的双刃剑效应。制度是"游戏规则"，中国的制度转型就是"游戏规则"的逐步改变和完善。首先，转型的中国政府通过控制和分配要素资源引领着创新方向，甚至催生"制度型市场"支撑某些产业的发展。其次，制度空白一方面可能限制了企业创新，同时也为企业制度创业提供了可能。最后，制度转型过程中不可避免地带来复杂的制度环境，这些制度复杂性虽然为企业创新带来了诸多困难，但同时也包容了企业多种形式的创新发展。

弱技术：技术能力薄弱。中国的技术体制相对薄弱，但中国企业依旧快速追赶。首先，中国企业过去 30 多年的快速发展得益于共享全球科技进步的成果，灵活的学习能力使中国后发企业创新追赶积累了足够的必要知识基础。其次，国有企业和民营企业的技术活动路径不同，二者之间通过技术流动、人员流动和信息流动实现了技术能力的相互整合。最后，创新独占性制度的缺失，使得新的技术和知识能够快速扩散，推动了产业整体的发展。

3. 非对称创新战略的提出

基于市场、制度和技术要素的非对称性，中国企业找到了与西方国家不一样的创新道路——非对称创新战略。具体来说，中国企业应该发挥大市场、强政府、弱技术的优势，回避其劣势，按照创造性的制度安排、组织设计、路径设计和学习机制，实现对先发者的技术赶超。

学习机制：在"走出去"过程中，中国企业不再是仅仅引进消化吸收，而是通过全球研发网络的构建，克服技术和制度要素不对称带来的"外来者劣势""后来者劣势""来源国劣势"等多重困境，利用全球知识实现创新追赶。

组织设计：后发企业根据内外部合法性优先选择权的不同，设计进入模式和治理结构。企业可以通过设计模块化的组织架构，建立"本地–超本地–全球"的创新网络，并积极寻求新的组织设计模式，构建平台生态。

制度安排：后发企业应通过创新组织内制度设计和探索式创新网络战略，来实现先行者优势、较早进入技术生命周期、独特性知识、因果模糊等创新独占机制，实现国内市场价值独占；通过利用式创新网络战略，来实现独特性知识、内部机制保障、大规模与全体系产量能力等创新独占机制，实现国际市场价值独占。

追赶路径：在产业技术追赶过程中，国有企业和民营企业在技术引进、消化吸收、技术创新等技术活动有不同的选择和定位，二者应互补协同。制度型市场的存在是后发企业技术追赶的制度性互补要素，制度型市场和技术不连续性的交互是后发企业技术追赶的充要条件。

资料来源：魏江，刘洋. 中国企业的非对称创新战略 [J]. 清华管理评论，2017, (10): 20-26.

讨论题

你认为中国企业与发达国家企业在战略管理的基本问题上有差异吗？为什么？中国企业战略管理过程中应该特别关注哪些核心内容？

3.1　战略管理基本问题

本书第 1 章已经给出了战略管理的定义，围绕这样的定义，对于战略管理要解决的基本问题，不同的学派、不同的学者、不同的企业家有不同的观点。

任何一种管理活动都有其背后的基本逻辑，这些逻辑回答了战略所要解决的基本问题。《经济学人》对战略管理要解决的问题给出了最为简洁的表述，即"你的目标是什么"以及"你如何达成你的目标"也就是说，制定战略要选择一个有吸引力的目标市场，确定一个防御性的战略定位，解决好这两个方面的问题后，企业就可以在高速发展且竞争激烈的市场中，快速地把目标与达成目标的方式结合起来，创造出一种持续的竞争优势。

按照德鲁克的观点，企业要从根本上回答清楚自己为什么存在，即企业存在的理由是什么。要回答清楚这个问题，我们需要引用组织经济学的一个基本命题：企业为什么能够从外部得到回报并生存下去？把这个问题的内涵分解为三个基本问题：企业为什么能存在？企业靠什么而存在？企业如何持续存在下去？不过，这三个问题的提法似乎太哲学了，用企业更能接受的方式表述，就是"企业为了什么而活着""企业靠什么活着"和"企业如何活得更好"，这是战略管理体系要回答的三个基本问题。本书所提出的战略管理体系和内容布局就围绕这三个基本问题展开（见图 3-1）。

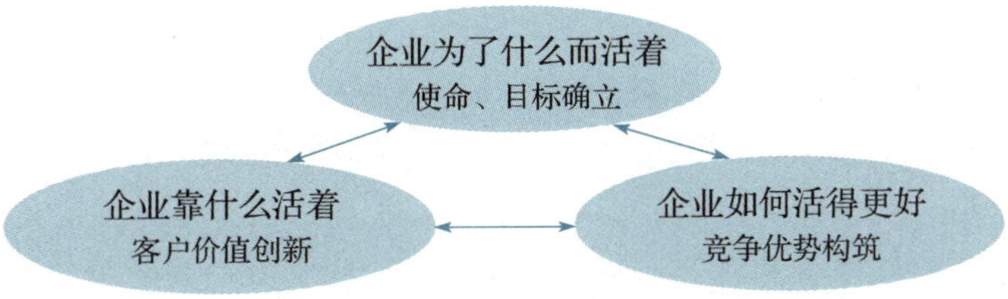

图 3-1　战略管理的三个基本问题

3.1.1　企业为了什么而活着

企业作为经济组织的一种特殊形式，自诞生之日起就有其使命。企业为了什么而活着，正如人为了什么而活着一样，是一个哲学层次的问题。不同的人对此有不同的看法，有的人认为企业活着是因为能够为股东创造利润，有的人认为企业活着是因为能够为客户创造有价值的产品和服务，有的人认为企业活着是为了解决就业问题和保持社会稳定，也有的人认为企业活着是企业家实现自身价值的一个手段。

以上这些回答都有各自的道理，每家企业只要活着就有其理由，这个理由也就是企业的使命。企业的使命从根本上说，就是"为谁创造价值"，包括为客户创造价值，为员工创造价值，为其他利益相关者（如股东、社会、政府）创造价值。例如，"让天下没有难做的生意"，这就是阿里巴巴的企业使命，因为有了淘宝，处于这个平台的双边市场参与者才能完成交易，越来越多的商家就可以在这个平台上创业，这为老百姓提供了更加便利的消费渠道和更多的就业机会。再如，大学作为教育组织为什么存在？是因为这个组织培养了国家需要的高素质人才，为社会创造了科学知识，为人类传承和创新了文化。如果一所大学没有培养人才的使命，这所大学就没有了存在的理由。因此，任何组织都要清楚地回答"我为什么存在"这一问题，必须搞清楚组织为谁而存在。

按照制度理论的解释，企业之所以存在，是为了满足外部环境对该企业的合法性需求。企业要做到商道、人道和天道"三道合一"。"三道合一"就是对企业合法性的概括，遵守商道能获得投资方的合法性认可，遵守人道能获得员工、客户的合法性认可，遵守天道能获得社会的合法性认可。例如，破坏环境、排放污染、坑蒙拐骗不符合天道，就为制度所不容。但长期以来，一些企业往往只从股东角度来解释企业存在的理由，所以，有时候会忽略人道和天道。这里讨论企业为什么活着，是为了帮助企业明确它的愿景和使命到底是什么。

⊡▶ 实践链接

认识企业活着的理由，其实与讨论人活着的理由在道理上是一样的。为什么一些人如行尸走肉般活着？这是因为他们没有认识到活着的使命，这样就会出现浮躁的心态，出现假冒伪劣的产品。实际上，如果企业如此这般，就是因为经营者没有想明白创办企业的初心是什么。因此，个体层面的存在理由与组织层面的存在理由是统一的。正如有些人回忆大学之前的读书生活感觉几乎没有快乐，是因为他们不明白读书的理由，再如，有些人之所以上了大学就浑浑噩噩，也是因为缺少学习的使命感。组织也一样，企业为什么会盲目扩张？因为企业不清楚自己的使命，所以，一些企业到处乱投资，但并不清楚这样的投资能够带来什么。

3.1.2　企业靠什么活着

简单来说，其逻辑就是企业要思考如何为客户提供产品或服务，使企业的使命得以实现。但这个逻辑背后很复杂，企业为了实现使命和目标，需要对产品或者服务做很多选择。例如，企业可以做什么？企业决定做什么？企业未来准备做什么？……这些问题总体围绕着企业业务发展而展开，当企业规模较小的时候，业务会比较明确，但随着企业规模的扩大，产品或服务的组合就会很复杂，因此，就需要回答清楚公司战略与业务战略之间的关系、集团公司战略与事业部战略之间的关系，以及不同事业部战略之间的关系。

这些问题都很不好回答，我们看到那么多企业好不容易活了下来，但由于盲目扩张、盲目进行多元化，导致资源被无序配置，结果，不但新业务做不好，原有业务也陷入困境。最近 10 多年来，大批企业把巨额资金投入赚快钱的互联网金融行业，或者投入赚大钱的房地产行业，结果，由于市场失控、政策调整、管理混乱、能力缺失，一批批大型企业轰然倒下。为什么那么多企业会盲目投资？就是因为企业难以把持好"做什么"这个基本命题。波特认为，战略的关键不是决定去做什么，而是决定不做什么。企业最难做的是选择和取舍，战略就是企业要在竞争中做出取舍，其实质就是选择不做哪些事情。没有取舍，也就没有制定战略的必要。

🔘 **实践链接**

巨人网络集团前总裁史玉柱反省巨人大厦倒塌的原因时认为，盲目追求多元化投资是原因之一。当时的巨人集团涉足互联网行业、房地产行业、保健品行业等跨度很大的多个行业，且新进入的行业并非其优势所在，由于急于铺摊子，导致其有限的资金被牢牢套死，从而导致财务危机，使它仅仅因数百万流动资金不足而一夜"驾崩"。

因此，制定战略时必须要明确"企业靠什么活着"，要确定企业业务定位和组织活动范围，并在相当长的时间内坚持下去。对于从事长生命周期产业的企业，往往应该着眼于 10 年或者更加长久的时间，持续培育业务的核心竞争力，先做强，再做大，然后实现做久。企业如果频繁地变换业务定位或者快速扩张业务范围，最终是要付出沉重代价的，因为业务定位的改变需要企业重新设计生产活动或者改变整体生产活动的组合。频繁改变"做什么"或者根本不确定业务定位，企业就会陷入"什么赚钱就做什么""脚踏西瓜皮，划到哪儿算哪儿"的窘境，导致各项业务活动之间不匹配，也就形成不了独特的战略，企业发展就不具备可持续性。

3.1.3 企业如何活得更好

企业要活得更好，就要形成自身独特的优势并进行战略推进。当企业已经明确了"做什么"，接下来就必须坚持做到最好。按照波特的理论，企业要做到最好，就要创造持续竞争优势。任何一家企业，只有当它建立起一种能够长期保持的、具有差异性的竞争优势时，才可能在竞争中脱颖而出。从根本上来说，企业是否做到了最好，最终还是要看客户对产品和服务的忠诚度。

因此，企业要活得更好，根本上需要持续为客户创新价值。客户需要的价值不外乎三个方面：一是产品或服务中内含的价值更大；二是创造出的价值与竞争对手相同但成本更低；三是两者兼备。为了实现这三个目标，企业需要从差异性、低成本、集中目标三个方面来规划具体的经营活动，通过研发、生产、销售、服务等活动来创造成本领先优势、产品差异化优势，或者为利基市场创造独特的产品或服务。

那么，企业靠什么才能创造出低成本、差异化等竞争优势，从而实现持续的绩效回报呢？战略管理理论一直在寻找其内在逻辑。例如，产业组织理论基于"结构 – 行为 – 绩效"理论，提出竞争力分析框架，试图根据市场进入和退出障碍确定相应的市场定位，寻求持续竞争优势；对策论根据竞争者之间期望的互动关系选择最优的竞争战略，以期在竞争博弈中取胜；资源基础理论则试图通过揭示具有企业特性的战略性资产，分析持续竞争优势产生之源；能力核心理论认为，企业要获取持续竞争优势，关键在于能构造独特的、难以模仿的能力基础，其中的动态能力理论从定位、过程和路径三个层面分析了能力的动态性问题，并认为应根据不同的环境采取不同的策略，从而培育持续竞争能力。这些不同的战略学派尽管研究焦点不同，但它们又是互补的，目前比较认同的看法是把企业独特资源看成创造财富和产生绩效回报差异性的本质，而且这些独特资源构成了企业核心能力的基础。

3.2　战略管理核心内容

为回答前面三个基本问题："企业为了什么而活着""企业靠什么活着"和"企业如何活得更好"，现有企业战略理论都在试图寻找相应的答案。对战略管理理论来说，要解决好这三个基本问题，必须从三个核心内容来分析和设计战略管理方案。

3.2.1　内外部环境分析与使命确定

战略管理中的计划学派认为，企业选择什么战略，首先要考虑外部环境，如市场需要企业提供什么产品或服务，其次才是内部环境，即企业依据自身优势来提供相应产品或服务。设计学派则认为，战略管理的关键在于分析组织内部能力与外部可能性之间的匹配度，主张通过 SWOT 分析法来确定企业可做什么和能做什么。实际上，无论是战略管理理论还是战略管理实践，在确定企业战略制定的依据方面，一直在内部因素和外部因素之间摇摆。对这些问题的认识具有不确定性的根源主要有两个方面，一方面在于人们对客观世界做主观判断时所采用的假设不一致；另一方面在于客观上外部世界和竞争环境的变化导致了内部应对行为的动态变化。回答"企业为了什么而活着"，也就是要在分析外部环境和内部环境的基础上，确定企业使命和目标，具体包括以下三个方面的内容。

第一，分析外部环境。外部环境是影响"企业为了什么而活着"的外在条件，通过对外部环境的考察，形成备选战略方案。外部环境包括一般环境和任务环境两类：一般环境是指组织外部对企业战略产生间接影响的因素，如社会、政治、经济、科技、环保等宏观因素；任务环境是指企业外部对企业战略产生直接影响的因素，如外部股东、客户、竞争对手、供应商等利益相关者要素。

第二，分析内部环境。内部环境主要包括企业资源和能力，它们是决定企业能做什么的内在条件。资源观和能力观认为，企业之所以能活着，是因为企业具有独特的资源和能力。其中，资源是企业可以利用的客观物质条件，能力是企业和人可以发挥的主观能动性。

第三，确定使命和目标。在分析内外部环境的基础上，企业决策层必须明确界定企业使命、目标和愿景。对于"企业为了什么而活着"这一问题，要通过使命来确定，通过愿景来指引，通过目标来评价。前面已经提到，正是因为企业对于"为了什么而活着"不明确，才会走入"什么赚钱就做什么"的陷阱。

3.2.2　公司层战略与业务层战略制定

企业使命、目标与愿景是在相当长的时间内确定公司层战略和业务层战略的指导思想。无论是公司层战略还是业务层战略，都会受到人们对于使命、目标认识的影响。通过明确使命，可以让员工对目标达成共识，相信追求此目标有意义，并愿意积极投入。因此，"企业靠什么活着"就是要分别从公司层面和业务层面来回答，即制定公司层战略和业务层战略。

第一，公司层战略。公司层战略需要对整个企业是维持原状、收缩还是扩张做出决策和布局。公司层战略是指通过选取、协调和管理一组不同的业务来赢得在不同产品市场上的竞争优势的行为。公司层战略关注两个关键问题：企业应该参与哪些产品市场和业务的竞争？企业总部应如何管理这些业务？本书在后面章节就如何成长、如何合作、如何国际化做了进一步的专题分析。

第二，业务层战略。业务层战略是在事业部（分公司、子公司）层面讨论如何展开竞争的战略。业务层战略一般以产品领域、市场领域或产业领域来划分，是在公司层战略的统领下制定的，服务于公司层战略。波特提出的成本领先战略、差异化战略和聚焦战略都属于业务层面的战略，致力于解决企业经营领域的竞争和发展问题。

3.2.3　竞争优势构筑和战略执行

企业要活得健康、活得更好，就需要围绕持续竞争优势执行战略。企业想要实现持续的经济回报，就要在竞争环境中取得相对持续的优势。获得竞争优势的关键是企业要持续地为客户创造超越竞争者能提供的价值，围绕客户价值创新持续进行战略创业、战略合作及国际化发展，设计战略路径、完善战略治理、优化组织与资源、控制战略绩效，使战略落地。

第一，客户价值创新。围绕客户的价值导向，挖掘企业所从事业务的价值定位，运用平衡计分卡来设计战略路径。企业的技术水平、产品或服务质量、成本结构等内部因素，都不是企业持续竞争优势的源泉，只有掌握创造客户价值、增进与客户关系的特定要素，才能建立不同于竞争对手的"特色"或"差异化"优势。

第二，特定战略导向。如何持续创造价值从而实现持续优势？企业越来越关注公司创业战略、公司合作战略和国际化战略，这些特定战略同时反映在企业的战略变革和业务战略变迁上，并把企业竞争优势建立在持续化创业、网络化合作和国际化开拓上。这些特定战略是目前我国企业在全球化过程中非常重要的战略选择，为此，我们后续专门就这三类特定战略进行了分析。

第三，有效执行战略。有效执行战略就是使公司层战略、业务层战略得到落实，使竞争优势得到有效维护和提升，这就需要战略组织变革、战略治理体系优化、战略资源配置和战略绩效控制等举措的支撑。

3.3　战略管理体系框架

围绕战略管理的三个基本问题："企业为了什么而活着""企业靠什么活着"和"企业如何活得更好"，我们明确了三个核心内容：内外部环境分析与使命确定、公司层战略与业务层战略制定、竞争优势构筑和战略执行。按照这三个核心内容，本书从战略总论、战略分析、战略制定和战略实施四个方面构建了战略管理体系框架（见图 3-2）。

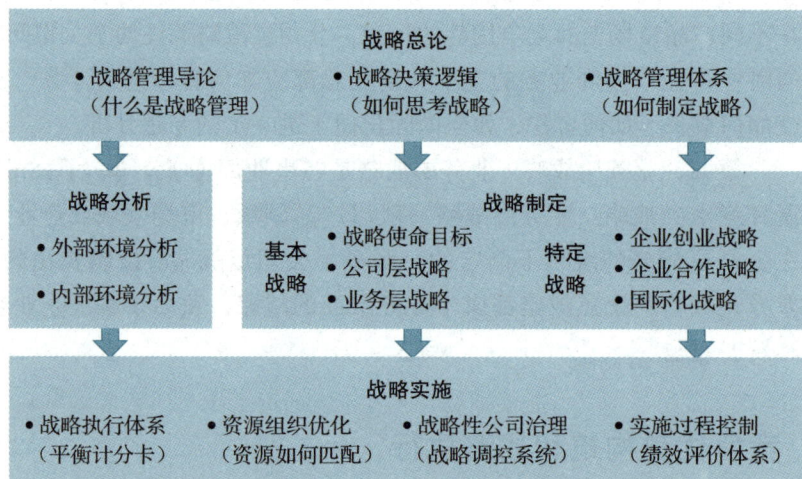

战略总论
- 战略管理导论（什么是战略管理）
- 战略决策逻辑（如何思考战略）
- 战略管理体系（如何制定战略）

战略分析
- 外部环境分析
- 内部环境分析

战略制定
基本战略
- 战略使命目标
- 公司层战略
- 业务层战略

特定战略
- 企业创业战略
- 企业合作战略
- 国际化战略

战略实施
- 战略执行体系（平衡计分卡）
- 资源组织优化（资源如何匹配）
- 战略性公司治理（战略调控系统）
- 实施过程控制（绩效评价体系）

图 3-2　战略管理体系框架

下面先简要提出战略分析和战略制定的主要任务，让大家对战略管理体系有更系统、更全面的认识，本书后续章节将围绕战略管理体系框架展开。

1. 外部环境分析

认清企业发展的外部环境现状，是战略制定的出发点之一，企业要通过外部环境来剖析其外部机会与威胁。外部环境分析的具体任务包括：一般环境分析、产业环境分析、竞争环境分析、生态环境分析。分析过程涉及 PESTN、五力模型、战略群组、利益相关者模型等外部环境分析的经典框架和工具的运用。

2. 内部环境分析

内部环境分析主要是为了寻求企业的优势和劣势。从 20 世纪 90 年代初开始，战略研究焦点从企业外部环境因素转移到内部因素上来，越来越多的研究者将企业内部的独特资源和能力看成企业长期发展的保证与竞争优势的来源。内部环境分析的具体任务包括：企业价值活动分析、组织资源能力分析、企业核心能力分析、知识资源管理、组织制度文化、环境战略互动。该分析过程涉及企业价值链模型、VRIO 模型等分析工具和方法的运用。

3. 战略使命目标

识别企业发展的外部机会与威胁以及内部优势与劣势，可以为企业明确愿景、使命和目标提供前提。企业使命和目标反映了企业未来的境界，明确了其经营理念与业务范围，确定了其发展轨迹及努力方向。企业使命是对"企业为了什么而活着""企业靠什么活着""企业如何活得更好"三个基本问题的高度概括。该部分的主要任务是解决好战略的根本性问题，明确战略使命和目标的意义、作用与表现方式。

4. 公司层战略

根据企业的发展方向与战略目标，可以进一步列出所有可能的战略方案。在战略形成的过程中，多角度思考并形成较为全面的战略备选方案是一个非常重要的环节。在企业在成长过程中，需要明确哪些新业务领域可以进入，哪些业务领域需要强化、维持、收缩或放弃，以及这些业务之间如何协同等重要问题。这一部分的主要任务是明确公司层战略路径、一体化战略、多元化战略、平台化战略等方面的基本概念和实施条件等，并介绍战略选择的分析工具。

5. 业务层战略

明确了企业发展的总体战略，就需要深入制定业务发展的战略。业务层战略是关于如何做好特定业务的战略，集中反映在竞争战略上。企业要实现持续的经济回报，就要使其内部的具体业务在竞争环境中取得相对竞争优势，通过为顾客创造独特价值，建立起不同于竞争对手的"特色"或"差异化"优势。本部分的主要任务是分析三个一般战略，即成本领先战略、差异化战略、聚焦战略，围绕这三个战略，深入分析业务发展的基本模式和分析方法，结合未来大数据、平台化发展趋势，提出商业模式创新的具体模型。

6. 企业创业战略

企业现有业务的发展、新业务的进入过程，本质上是企业持续创新创业的过程，因此，企业战略扩张、产业转型发展、商业模式创新，需要用创业战略的逻辑来思考，包括企业创业的机会识别、机会评价、机会利用等。本部分的主要任务是界定企业创业战略内涵，分析企业创业战略思维方式，探讨企业创业动因和创业战略基本模式，分析企业创业战略的实施条件。

7. 企业合作战略

竞争是企业战略研究的主线，而合作是战略发展的必然选择，企业与相关各方的关系总是竞争与合作并存的，并在互动中变化。在当今时代，企业经营方式和组织方式已经发生了颠覆性变化，网络组织、虚拟组织、生态组织、产业联盟等得到快速发展，为企业之间的合作提供了越来越多的机会。为此，本书创新性地设计了"企业生态战略"一章，主要任务是分析典型的战略联盟方式，包括战略性外包、特许经营等，重点阐述企业合作战略的可能性和必要性、企业合作条件的 PARTS 模型以及典型的合作战略模式。

8. 国际化战略

技术与经济的全球化为我国企业的发展带来了巨大的机遇，特别是自 2008 年前后的金融危机爆发和"一带一路"倡议提出以来，中国企业加快了全球化的脚步，同时，我们也见证了很多企业国际化的失败。为此，本部分的主要任务是分析企业国际化战略的动因，分析企业国际化战略和业务国际化战略制定的环境条件、国际化战略的模式和适用条件，阐述国际化战略的风险等。

以上针对战略分析、战略制定两个方面，具体提出了各部分的主要任务。接下来，对企业如何实施战略，提出相应的任务。企业要活得更好、更久，除了战略方向和战略方案要正确，更重要的是战略推进要高效、有力。因为在具体的战略管理过程中，无论是高层决策团队还是中层、基层员工，都要把主要的精力放在战略实施上。战略管理尽管不同于日常管理活动，但绝不能游离于经营管理活动之外，企业战略的高效落实，必须要做到实施方法科学、资源配置到位、战略组织保证、治理体系有效、评价系统合理等。为此，战略实施要解决好以下几个主要的措施性问题。

- 资源如何配置？资源，尤其是稀缺性资源，在不同的业务范围和职能领域中如何进行配置是战略实施的一个关键问题。在任何组织内，一流人才是最稀缺的资源。因此，企业必须把人才当成资产看待，用发展的眼光确定如何分配人力资源，并详细评估人才的使用效果。

- 信息如何利用？在信息技术、数据技术和互联网技术一日千里的背景下，企业的信息能力在战略制定、实施和评价的过程中起着关键性作用，企业在构筑战略配套体系和管理措施时，要把信息获取和整合能力放在重要的位置上加以考虑，包括建立和健全信息收集和处理系统、知识和数据的深加工系统、信息共享和协同系统、信息控制和响应系统等。

- 组织如何变革？为了实施既定的战略，组织结构也需要做出变革，即要对现行组织进行相应的设计与调整，从而实现组织结构与战略的相互匹配。在战略实施中究竟应该采取何种组织结构，关键是要根据企业环境条件和战略方案等，以权变、动态的观点来看待战略与组织的匹配问题。

- 文化如何变革？在战略管理中，优秀的企业文化可以突出企业特色，形成员工的共同信念，统一员工的行为，促进企业战略的有效实施。但是企业文化并不总是适应企业战略，由于企业文化的刚性与连续性，往往很难针对新制定的战略做出及时变革。对欲实施新型战略的企业来说，必须在分析现有文化现状的基础上，努力实现战略与文化的协调。

- 制度如何优化？战略实施要以制度保证为基础。也许所有员工都知道战略的重要性，但不知道如何运作，这就需要具体的实施步骤和操作程序来指导；同时，企业也不能寄希望于所有员工都有实施现行战略的主观能动性，必须通过优化制度来保证员工的积极行为与战略的有效实施。

以上战略实施措施是否到位，要依据战略绩效评价体系给出的评价来判断。可以说，没有一家企业是不重视战略评价的。战略评价是对战略制定、战略实施及其结果的适当评价与监控，从而确保企业战略能有效执行并取得预期成果。企业战略绩效评价是指通过确定评价内容，建立业绩标准，衡量实际业绩，并将实际获得的业绩与预期目标进行比较，发现战略制定或实施过程中的问题，从而采取纠偏行动。一般来说，战略评价过程要完成以下四项具体任务。

- 建立业绩标准。评价的目的是确保企业战略的有效实施与企业使命和目标的顺利达成，因此业绩标准的制定必须以企业使命与目标为前提。企业目标是战略评价的主要关键点。评价业绩的标准可分为定量标准与定性标准。常用的衡量标准包括：销售增长、投资报酬率、销售额、净利润、市场占有率、产品质量、顾客满意度等。
- 衡量实际业绩。设定企业战略评价标准是为了衡量战略实施的业绩。管理者要根据所确定的评价内容与标准，按时对企业运作的实际业绩进行测量与记录，从而为战略监控提供基础数据。实际业绩的衡量取决于信息的准确性与及时性，要求有关部门建立信息档案，设立检查汇报制度，并对战略工作关键点进行重点评价与监控。
- 进行差异分析。通过将实际业绩与预期目标进行比较，确认企业战略管理过程是否存在偏差，据此对实际业绩进行评估，找出产生偏差的原因，从而制定对策以消除偏差。当实际情况与目标预期之间出现较大偏差时，企业就需要及时分析偏差产生的原因，为制定措施提供依据。
- 采取纠偏行动。在深入分析偏差产生原因的基础上，管理者要根据不同的原因，采取不同的措施。在采取纠偏行动时，找出导致战略实施偏差的责任人是非常重要的，只有明确谁对这些问题负责，才可以采取措施，真正清除这些偏差。企业在采取纠正措施时，有三种方式可供选择：常规方式，根据最常规的方式解决偏差；专题解决方式，就出现的难题进行专门、重点解决；事先计划方式，对可能出现的问题预先准备，以增强处理意外事件的能力。

战略评价体系建设要强调开放性、全局性、稳定性与灵活性的统一。第一，战略活动过程必须考虑外部环境变革与影响，即评价与控制是开放性的；第二，战略评价与监控是对战略实施过程的整体评估与把控，所依据的标准是企业使命与总体目标；第三，战略评价与监控要保证战略实施的稳定性，不能随时、随意调整评价指标和考核办法，否则会严重挫伤员工的工作积极性；第四，战略评价过程要有适度的灵活性，不能僵化地认为战略评价要等战略实施完毕之后才能进行，战略评价要与战略实施过程同步进行，只有这样才能发挥企业的战略动态能力。本书最后一章将从战略领导意识、战略实施进程、战略绩效标准、战略导向激励等方面对战略评价体系做深入探讨。

3.4 战略管理角色定位

企业战略制定后，需要将战略转化为具体的行动。企业战略实施是一个通过提出具体实施措施、编制经费预算、建立运作程序，将企业战略方案转化为实际行动并取得成果的过程。战略实施需要企业高层管理者、中层管理者、基层管理者和下属员工共同完成，高层管理者主要对战略实施过程和结果进行评价与控制，从而促进组织上下就战略方向及其实施达成共识。中层管理者要把整体战略目标与职能部门、个人目标有机地统一起来。战略制定过程与战略实施过程相比较而言，前者在很大程度上取决于战略决策者的洞察力与判断力，后者依赖于中层管理者的经营管理艺术和基层员工的一线运作能力。因此，即使一个战略从理论上看上去非常完美，但如果日常管理不到位或存在各种失误，也不可能达到预期的结果。

那么，究竟应如何落实战略管理的根本任务呢？一个重要前提就是"全员参与，上下同欲"，企业的每位管理者和员工都能在战略管理过程和活动中找到自身的位置，明确自己的责任，落实自己的行为。为此，这里有必要对企业战略管理中的战略制定者、战略执行者、战略评价者和战略控制者这四个角色进行明确定位。

战略思辨

你如何看待图 3-3 中战略管理的四个基本的责任主体问题？

◆是谁在制定战略
——董事长、总经理、
高管团队、战略部……

◆是谁在执行战略
——总经理、高管团队、
中层管理者、全体员工……

四个基本的
责任主体问题

◆是谁在评价战略
——总经理、高管团队、
中层管理者……

◆是谁在控制战略
——董事长、总经理、
高管团队、中层管理者……

图 3-3 战略管理中的四个责任主体

企业界对以上四个角色的定位看法各异，有人认为战略制定者是高层管理人员，战略执行者是中层、基层管理人员和其他员工；也有人认为，战略制定者和评价者是高层管理者，战略执行者是中层和基层管理人员，战略控制者是战略监管部门，如审计部或者财务部。这些观点都是错误的，它们人为地割裂了不同层次员工在战略制定、实施和控制过程中的上下一致性，在认识上不能统一思想，在行动上就不能使战略真正得到贯彻落实。如果大家狭隘地把高管看成战略制定者，就会把大部分管理人员和全体员工排除在外，可能会出现极端的现象：战略只是高管团队"拍脑袋"的产物。由于出台的战略不能得到全体员工的认同，可能导致思想上不能上下同欲，行动上不能上下一致。主张全体员工参与，就是在战略制定过程中，上下结合，多轮循环和完善，把企业战略制定和实施看成全体员工的共同责任，从"大处着眼，小处着手"。表 3-1 列出了对战略制定者、战略执行者、战略评价者和战略控制者四个角色的定位。

表 3-1　战略管理中员工的角色定位

角色	角色承担者
战略制定者	董事会与高管团队（包括首席执行官、高管人员等）；战略顾问团队为主，高管团队和全体员工参与
战略执行者	以首席执行官和高管执行团队为主，发挥中层管理者和基层管理者的作用，让全体员工成为战略执行者
战略评价者	以高管团队为核心，以中层管理者为分权参与者，共同对战略执行效果进行评价
战略控制者	以绩效管理部门为执行机构，以高管团队为主体，形成全体员工参与的战略控制者体系

表 3-1 说明，企业战略的制定、实施和控制应该是全体员工共同的职责，企业高层（董事会和高管团队）就企业"做什么""如何做"等根本性问题做出最终决策，由此界定战略管理过程中董事会、高管及其他相关决策部门的职责与任务。

1. 董事会的职责

根据重要程度董事会的职责依次分为：确定企业战略、总体方向、使命和愿景；高层经理任免权，聘请和解雇首席执行官和其他高管人员；控制、监督和指导高层管理者；审批资源调配；保护股东利益。除了上述职责外，企业董事还必须确保管理者按照企业所在地的法律依法管理企业；确保管理者遵守在进行内部交易以及处理其他冲突等方面的法律法规；确保对各相关群体的利益进行良好平衡。按照法律规定，董事会须按谨慎义务行事，在其位谋其政，如果某位董事或全体董事未能按照谨慎义务行事，由此给企业造成某种程度的损失，那么董事会和相应个人将对这些损失负责。董事会在战略管理中的作用是承担三项基本任务。①监督，监督是董事会应该承担的最根本任务，通过与董事会相关委员会的各种沟通，随时了解企业内外的情况进展，提醒管理层关注某些被忽视的问题。②战略评估，董事会有权检查管理层的建议、决策和行动，同意或否决它们，给出建议和意见，或提供一些方案框架。③发起与决定，那些积极的董事还会认真描述和解释企业使命，甚至明确规定管理层具体的战略执行。

2. 高管的职责

高管的职能通常由企业首席执行官协调首席运营官或各业务部门和职能部门的总裁、职能副总裁等共同承担。虽然说企业内人人都要参与战略管理，但是，董事会对高管负主要责任。高管的具体任务随企业而异，会根据企业使命、目标、战略和关键行动等来确定。为了有效实施战略管理，企业首席执行官必须成功地履行以下两个方面的职责。一是实施战略领导与战略愿景，即首席执行官要为企业内部的活动提供方向性指导，为企业发展描述未来的使命和蓝图。高管正确的战略领导对企业员工的工作热情具有感染力。GE前董事会主席兼首席执行官韦尔奇身上充分体现了战略领导的重要性，他认为，"优秀的企业领袖要创立愿景、传达愿景、热情拥抱愿景，并不懈推动直至实现愿景"。二是影响战略管理规划过程。优秀的首席执行官能够影响战略制定和战略实施，因为他们具有以下三个重要特征。

- 首席执行官能为企业描绘出战略愿景。首席执行官不但能看到企业现在的样子，也能想象出企业未来的样子，给每个员工的工作赋予崭新的意义，使员工能够超脱于自己的具体工作之外，看到企业全貌。
- 首席执行官是其他人认可和追随的偶像。首席执行官的价值观会成为企业的典范。首席执行官的态度和价值观中与企业目标与行为相关的那一部分能够被清晰地分离出来，在员工的言谈和行为之中流传。
- 首席执行官不但能够确定很高的绩效标准，而且对追随者达到这样的标准充满信心。任何领导都不可能通过设立没有任何挑战性、非常容易达到的目标来提高业绩。首席执行官愿意引导人们通过追随他来达到目标。

3. 战略规划部、企业发展部等决策部门的职责

越来越多的企业，尤其是大型企业，开始设立战略规划部这样的战略部门，在战略规划过程中为高管和各事业部提供支持。该规划部门一般不超过10人，由一位高级副总裁或规划总监领导。该部门的主要职责是：①识别与分析企业战略问题，并向高管建议企业战略方案；②在战略规划过程中指导并推进事业部的战略规划。

🅐 反思

数字战略管理体系

从"ABCD+5G"到当下正热的AIGC与大模型，数字技术正在飞速发展，致使企业面对的战略环境快速变迁。在生产要素方面，数据成为一种新兴战略资

源，成为与土地、劳动力、资本等在经济运行中享有同等制度地位的生产要素，对应的数字能力亦成为企业获取竞争优势的战略能力。在行业结构方面，数字技术悄然瓦解了企业组织边界、行业边界，最终塑造出基于客户价值创造的产业生态系统。在产业生态方面，数字技术赋能企业业务跨产业边界延伸，使产业分工走向产业融合，并催生了跨界融合的新产业生态。

环境的变化要求企业制定相应的数字战略。在企业战略层面，企业战略选择不再仅仅基于如何充分利用和发挥内部资源和能力优势，而是转向如何更好地连接和利用外部资源和能力，进行业务跨界融合布局。在业务战略层面，企业不再追求在某一业务上"决一胜负"，而是追求"你好我也好"的共生结局，寻找更多的生长机会和空间。在职能战略层面，数字赋能下的职能部门界面让人人都可以参与战略的制定和实施，整个组织呈现出网络化、平台化的特点。

顺利执行数字战略的关键是落实数字化研发、搭建数字化架构、构建数字化领导力。数字化研发有别于传统研发，其研发环节更透明、研发边界更模糊、衍生创新更丰富。企业要连接多主体共同研发，使整个组织更加柔性化、网络化。为了使组织边界更具渗透性，企业组织架构要呈现出整体扁平化、内部决策权分散化和边界模糊化的特征，快速响应客户需求。数字化领导力在上述变革中发挥总舵手的作用，既要让企业管理者提高数字化转型和数字资源利用的意识，又要使组织作为一个整体，在数字生态中扮演更关键的角色，与生态内的其他组织进行数字协同。

本章小结

本章内容逻辑结构如图 3-4 所示。

问题导向	战略管理基本问题		
	• 企业为了什么而活着	• 企业靠什么活着	• 企业如何活得更好

核心内容	战略管理核心内容		
	• 内外部环境分析与使命确定	• 公司层战略与业务层战略制定	• 竞争优势构筑和战略执行

体系架构	战略管理体系框架			
	• 战略总论	• 战略分析	• 战略制定	• 战略实施

管理责任	战略管理角色定位			
	• 战略制定者	• 战略执行者	• 战略评价者	• 战略控制者

图 3-4　第 3 章内容逻辑结构

复习思考题

1. 是否每一个战略都可以分解为战略制定、战略实施、战略评价和控制三个阶段？

2. 是否每家企业都要设立董事会？在战略管理方面，董事会的职责是什么？

3. "企业靠什么活着"的确定，建立在分析外部环境和内部环境的基础上，你认为其中起决定作用的是内因还是外因？如果市场发展状况属于买方市场，那么决定因素又是什么？如果是卖方市场呢？

4. 企业战略制定者是谁？战略执行者是谁？战略评价者是谁？战略控制者又是谁？你认为不同行业之间，这四类角色有什么差异？

5. 某石油贸易公司在 1999 年制定了一个 5 年发展战略，结果由于 2003 年 3 月爆发的伊拉克战争，该企业的战略目标无法实现。于是，该企业在 2003 年 6 月对战略目标重新做了调整。请问：1999 年制定的战略失败了吗？这样的战略有用吗？为什么？

总结案例

吉利汽车的发展历程与李书福的"四把利剑"

请扫码阅读总结案例

第 4 章　外部环境分析

　　全面深入分析企业所处的外部环境，是科学、合理地制订战略方案的前提条件，是企业业务选择和战略决策的依据。外部环境是一个复杂多变的内容体系，除了社会、经济、政治、文化等宏观环境的激烈变化外，各个行业的生态环境正在发生深刻变化，"互联网＋"正在颠覆产业组织形式，网络化、平台化越来越成为趋势。本章突出阐述战略环境分析的内涵，重点对一般环境、行业环境、竞争环境和生态环境等多层次外部环境进行介绍和分析，提供了 PESTN、波特五力模型、战略群组、利益相关者模型等多种外部环境分析的经典框架和工具。

【学习目标】

☑ 了解企业外部一般环境分析的基本因素与分析工具
☑ 掌握行业环境分析经典框架、发展趋势和分析工具
☑ 掌握竞争环境分析的基本框架、内涵要素和工具
☑ 掌握企业生态系统和利益相关者模型并将其应用于战略管理

🔵 引例   TikTok 的全球化泥泞之路

字节跳动作为中国最具国际化视野和格局的移动互联网巨头之一，自 2012 年成立起，就始终紧紧围绕着用户需求，仅仅用了 8 年时间，就实现了对全球超过 150 个国家和地区用户的覆盖。其旗下的 TikTok 作为中国"出海"app 的佼佼者，自推出以来便迅速在全球范围内掀起热潮。

然而，TikTok 的全球拓展之路并非一帆风顺，而是面临着前所未有的挑战和困难。尤其是在美国市场，TikTok 经历了数次政治风波和法律纠纷，运营与管理充满着不确定性。2017 年，字节跳动以 10 亿美元收购了 Musical.ly，正式进军美国市场。而正是因为这笔交易未向美国外资投资委员会（CFIUS）报备，为未来的审查埋下了隐患，CFIUS 对 TikTok 这起交易的审查始于 2019 年，并在随后的几年中不断升级。在特朗普政府时期，TikTok 曾遭遇封禁的威胁。而拜登政府则选择通过立法的手段，提出《保护美国人免受外国对手控制应用程序侵害法》（Protecting Americans from Foreign Adversary Controlled Applications Act），要求字节跳动剥离 TikTok 的控制权。美国政府对 TikTok 的针对性打压，也引发了大量用户的不满与抵抗。尽管用户的反对声浪巨大，该法案仍在众议院以压倒性票数通过。TikTok 在欧美市场面临巨大的生存发展压力。由于面临不断升级的监管环境，不断攀升的合规成本和游说费用，并且身陷难以复制国内电商直播成功的窘境，导致其产品迭代速度锐减。

在其他区域和国家，TikTok 同样面临严峻的挑战。此前，印度尼西亚一度成为 TikTok 电商的海外重镇。但好景不长，2023 年 9 月，印度尼西亚政府以禁止社交媒体作为销售平台为由，封禁了 TikTok 电商业务。这一禁令对 TikTok 在东南亚市场的发展造成了重大影响。此外，越南、马来西亚等国也加强了对 TikTok 电商的监管。

面对欧美和东南亚市场的挑战，TikTok 开始将目光转向中东地区。中东地区用户数量庞大，且支付能力较强，成为 TikTok 的新兴市场。据统计，中东地区的土耳其、沙特、巴基斯坦与伊拉克 4 国的 TikTok 用户总数超过 1.1 亿人。与此同时，TikTok 的直播业务在沙特阿拉伯、阿联酋和土耳其等多个中东国家表现出色，中东市场的繁荣为 TikTok 提供了新的增长点。然而，由于先前经历过一系列国家和地区的合规化挑战，TikTok 采取了一贯严格的内容审核制度，这也引发了宗教文化背景下的激烈争议。

总体来说，在政治、经济、社会文化、技术等多重因素的交织影响下，TikTok 的全球化之路泥泞坎坷，充分凸显了全球化背景下跨国企业面临的复杂局面。它在逆境中的坚韧与探索，也为所有致力于全球化的中国企业提供了宝贵的经验和启示，只有不断创新、积极适应、智慧应对，中国企业才能在全球化的大潮中行稳致远。

参考资料：1. 卫诗婕，宋春光. TikTok，全球化的泥泞之路 [EB/OL]. 镜相工作室，2024-03-14.
2. 魏江，王颂，等. 企业创新生态系统 [M]. 北京：机械工业出版社，2023.

讨论题：

请从宏观政治、经济、社会文化、技术、环境等因素的角度，思考并分析 TikTok 在全球化过程中面临的外部环境机遇与挑战。

4.1　一般环境分析

外部环境由存在于组织外部、短期内难以为企业所控制的、影响组织绩效的各种因素组成，包括一般环境因素、行业环境因素和竞争环境因素。企业的战略管理必须关注外部一般环境和任务环境变量的影响，通过对外部环境变化的分析，发现企业发展的新机会并避免这些变化所带来的威胁。

一般环境由政治（political）环境、经济（economic）环境、社会文化（social-cultural）环境、技术（technological）环境、自然（natural）环境五大类构成，因此，一般环境分析也被称为 PESTN 分析。在此基础上，人口（population）和全球化（globalization）这两个因素也值得关注，由此构成了 PESTNPG 外部环境分析框架（见图 4-1）。

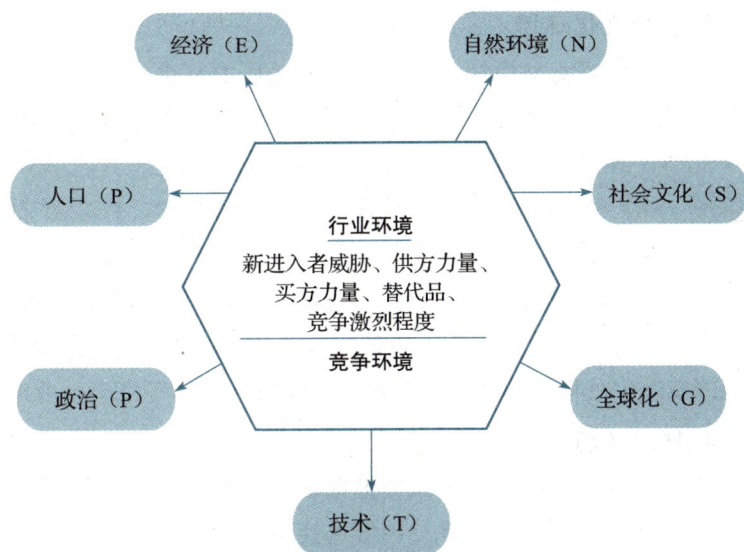

图 4-1　PESTNPG 外部环境分析框架

资料来源：希特，爱尔兰，霍斯基森 . 战略管理：竞争与全球化（概念）原书第 12 版 [M]. 焦豪，等译 . 北京：机械工业出版社，2018.

1. 政治环境

政治环境是指对企业的经营活动具有一定影响作用的各种政治与法律因素的总和，包括企业经营所在地的政治制度、政治形势，执政党的路线、方针与政策，以及所在国家或地区的法律法规等。国际政治环境对国内企业的影响复杂而深远，尤其是对那些对国外市场有较强依赖性的企业的影响更大。随着市场经济法律体系的逐步完善，市场主体间的关系趋于平等，政府对经济的调控将逐步通过完善的法制来实现。随着国有企业、外资企业所拥有的优惠政策逐步取消，非市场化行业垄断和地区分割等不正当的竞争手段将逐步失去存在的基础，竞争的胜负将由企业整体素质、自身资源的运用能力、市场的把握能力等市场化因素决定。随着社会保障制度的逐步完善，短期内人力成本将会提高。由于政府对环境保护的重视程度逐步提高，因此对企业经营活动提出了更高的要求。

2. 经济环境

经济环境是指影响企业生存与发展的社会经济状况与经济政策，一般包括所在国家或地区的经济体制、经济结构、经济政策、经济发展状况、国民消费水平等方面。其中，关键的经济指标涉及利率、汇率、经济增长速度、股票指数、失业率水平、通货膨胀等。改革开放以来，中国经济保持了多年的持续快速增长，企业外部市场环境总体上是较为宽松的。但是，随着经济步入"新常态"，经济增长速度趋缓，市场竞争势必加剧，企业需要为客户提供更加个性化和优质化的服务。国际经济环境同样对国内企业运营产生了深刻的影响，如果贸易保护主义抬头，则各国之间的经贸关系将变得复杂，企业国际化运营势必受到影响。

3. 社会文化环境

社会文化环境是指企业所处国家或地区的社会结构、社会风俗与习惯、信仰与价值观念、行为规范、生活方式、文化传统、人口规模与地理分布等因素的形成与变动，具体包括家庭数量增长状况、人口规模、人口地理分布、人口迁移、出生率、死亡率、工作态度、教育水平、道德观念、社会责任等。例如，我国地域辽阔，各地消费习惯和理念存在差异，企业难以采用完全标准化的产品和服务来满足不同区域的市场，比如肯德基根据不同地区人群的饮食特点推出不同的餐品。人口老龄化是当前我国面临的重要挑战，但也是一个巨大的商业机会。此外，我国的城镇化进程不断加快，给建筑、建材、装修等许多行业的发展带来了商机。

4. 技术环境

技术环境由企业所在国家或地区的技术水平、技术体制、技术政策与技术发展趋势等因素构成。技术是一种创造性与破坏性因素，一种新技术给某个行业或企业带来成长机会的同时，可能对另一个行业造成巨大的威胁，甚至会使某些行业不复存在。以信息技术、生物技术、材料科学、空间技术为代表的新技术迅猛发展，给人类生产活动带来了巨大影响。这不仅反映在新产品和新服务市场的不断涌现上，还体现在对企业价值链各个环节乃至管理模式的深刻影响上。现代企业所面临的技术竞争压力是空前的，一家企业很难长期保持在行业内的技术优势。这同时也使新兴企业凭借某一独特技术优势获得超常规、跨越式发展成为可能，给其他企业带来新的竞争压力。当前，互联网、物联网、大数据、云计算、人工智能、新材料等先进技术的研发和应用，正在深刻改变人类的生产与生活方式，为企业运营带来了重大的机遇和挑战。

5. 自然环境

自然环境是指企业所在国家或地区的自然资源与生态环境，包括土地、森林、河流、海洋、矿产、能源、水源等。对企业来说，需要关注环境保护、生态平衡与可持续发展等因素对企业经营的影响。由于一段时期内对自然界的过度索取，我国的自然资源及环境受到了一定程度的破坏，自然资源相对不足的问题更加突出。我国这些年来的快速发展在一定程度上是以过度开发自然资源与牺牲生态环境为代价的，这种不可持续的发展显然不符合时代发展趋势，给未来国内资源依赖型企业的经营带来了巨大的压力。企业必须彻底摒弃以牺牲大自然为代价的发展模式，将自身改造成绿色企业。因此，对企业而言，降低生产的原材料和能源消耗不仅意味着持续的经济效益，更意味着潜在的社会效益。

6. 人口环境

人口环境是社会文化环境的重要组成部分，但人口对企业发展而言尤为重要，因此，此处将它单列出来进行讨论。一方面，人口的规模性指标代表了市场容量，这为企业发展提供了参考；另一方面，有关人口的结构性和发展性指标更具战略意义。例如，当今许多国家出现了人口老龄化趋势，为创造符合老年人需求的产品和服务提供了绝好的机会，但是，老年人的需求特点显然不同于青年和儿童，因此企业需要进行产品与市场营销的战略性转化。女性市场也是企业力争的潜力市场，一个国家或地区女性的占比以及女性的消费倾向和能力，是企业需要特别研究的内容。人口结构性指标的动态演变，也是企业战略环境分析需要格外重视的内容。这是因为企业战略试图给企业发展设定一个较长时间的目标和路径，如果市场需求者的特征容易发生变化或者变化趋势不明朗、不规律，则会给企业设计相关发展战略带来挑战，但也可能会酝酿机会。

7. 全球化环境

全球化已经是不可避免的趋势，企业应该积极拥抱全球化带来的机会和挑战。对企业战略环境而言，如果企业的市场边界扩大至全球市场或者企业的竞争者来自全球市场，那么此时，对全球环境进行分析就变得十分必要，否则战略环境分析就会存在局限性。事实上，当前各个国家都已经不同程度地融入全球化的进程中。全球化不仅是经济层面的，也涉及制度、文化等方面的输入和变化，为企业竞争环境带来了新的不确定性，同时也隐藏着更多新的机会。

在全球化背景下，企业的战略环境发生了重要变化，所以对绝大多数企业而言，需要格外重视全球化环境分析，具体分析内容包括以下四个方面。

（1）全球市场的一体化程度。这包括全球市场顾客需求的相似程度、顾客在全球市场的分布情况（即顾客是否在全球市场进行产品和服务采购），以及企业市场营销活动是否通用于全球市场等。

（2）成本优势。这包括企业是否拥有规模经济性、企业向外采购零部件等物资的有效性、母国在生产运行方面的成本优势，以及产品开发的成本水平等。

（3）全球市场竞争水平。这包括竞争者在全球市场的分布情况、进入和退出全球市场的障碍或成本，以及与竞争者的相互依赖性等。

（4）政府部门的影响。这包括相关国家的贸易政策、政府部门对行业技术规范和标准的规定，以及企业应对政府政策的成本等。

⊙ 战略聚焦

从《中华人民共和国国民经济和社会发展第十四个五年规划和2035年远景目标纲要》中看环境变化

我国进入新发展阶段，发展基础更加坚实，发展条件深刻变化，进一步发展面临新的机遇和挑战。在当前和今后一个时期，我国发展仍然处于重要战略机遇期，但机遇和挑战都有新的发展变化。当今世界正经历百年未有之大变局，新一轮科技革命和产业变革深入发展，国际力量对比深刻调整，和平与发展仍然是时代主题，人类命运共同体理念深入人心。同时，国际环境日趋复杂，不稳定性不确定性明显增加，世界经济陷入低迷期，经济全球化遭遇逆流，全球能源供需版图深刻变革，国际经济政治格局复杂多变，世界进入动荡变革期，单边主义、保护主义、霸权主义对世界和平与发展构成威胁。

我国已转向高质量发展阶段，制度优势显著，治理效能提升，经济长期向好，物质基础雄厚，人力资源丰富，市场空间广阔，发展韧性强劲，社会大局稳定，继续发展具有多方面优势和条件。同时，我国发展不平衡不充分问题仍然突出，重点领域关键环节改革任务仍然艰巨，创新能力不适应高质量发展要求，农业基础还不稳固，城乡区域发展和收入分配差距较大，生态环保任重道远，民生保障存在短板，社会治理还有弱项。

必须统筹中华民族伟大复兴战略全局和世界百年未有之大变局，深刻认识我国社会主要矛盾变化带来的新特征新要求，深刻认识错综复杂的国际环境带来的新矛盾新挑战，增强机遇意识和风险意识，立足社会主义初级阶段基本国情，保持战略定力，办好自己的事，认识和把握发展规律，发扬斗争精神，增强斗争本领，树立底线思维，准确识变、科学应变、主动求变，善于在危机中育先机、于变局中开新局，抓住机遇，应对挑战，趋利避害，奋勇前进。

讨论题

《中华人民共和国国民经济和社会发展第十四个五年规划和2035年远景目标纲要》中对中国面临的环境进行了分析总结，请你根据一般环境要素，分析各个要素的基本形势以及对企业战略的影响。

资料来源：《中华人民共和国国民经济和社会发展第十四个五年规划和2035年远景目标纲要》，2021-03-11。

4.2　产业环境分析

企业外部环境还包括能够直接影响企业经营活动的外部因素，主要包括顾客、供应商、股东与债权人、竞争者、社会、政府等相关利益群体，可大致划分为产业环境和竞争环境两类。与一般环境因素相比，这些环境因素对企业的影响更为具体和直接，因此，绝大多数企业也更重视对产业和竞争环境因素的分析。

（1）顾客。顾客是最重要的利益相关者，他们的消费行为正在发生重大变化。顾客越来越从关注产品的价格与质量，转向关注企业提供产品与服务的速度与新颖性，甚至开始关注产品或服务满足个性化需求的程度。现在，顾客购买某一产品不仅仅是因为产品本身的规格与性能，还涉及质量、价格、服务、品牌、创新等方面。此外，满足个性化需求对顾客来说是非常有价值的，针对不同年龄层或者不同消费偏好的顾客群体，企业必须采取相适应的顾客管理方式。顾客需求的变化对企业战略的形成会产生重大的影响，大规模定制化、个性化、互动化概念及技术日益受到关注，与顾客共创长期价值成为趋势。为此，企业必须认真思考下列问题：究竟谁是企业的顾客？哪些是企业最有价值的顾客群体？如何维系与最佳的顾客群体的良好互动？

（2）供应商。一个组织的供应商是指向该组织提供资源的个人或组织。这里的资源包括原材料、资金、设备、人力、技术与服务等。供应商希望下游企业购买他们的商品或服务时能支付令他们满意的价格，并努力使企业长期购买他们的产品或服务。

（3）股东与债权人。他们希望企业对他们的投资实现保值增值。一般来说，高投入、高风险、高收益彼此之间是正相关的。股东，尤其是大股东，可以对企业的经营决策施加重大影响，而且他们一旦对企业的业务发展与战略决策不满意，或者对企业的各项财务指标不满意，就有可能引发股东大会更换经营管理层，甚至出售持有的股票。

（4）竞争者。为了制定卓有成效的战略，企业还必须研究其竞争对手。企业竞争者是指那些与它争夺关键资源、试图满足相同顾客的需求，且提供相同或类似的产品或服务的个人或组织。任何企业都不可避免地会遭遇多个竞争对手的挑战。当然，企业在经营过程中，还必须关注潜在的竞争者，他们也许会通过新途径、新产品或新服务满足顾客类似的欲望与需求。有些企业就因为忽视竞争对手的影响，导致业绩下滑与经营上的被动。

（5）社会。企业的经营战略必须兼顾顾客期望与长期社会福利，综合平衡企业利润、顾客期望与社会利益。此外，企业要提升品牌声誉与社会形象，就必须关注社会公众的利益与特殊利益群体的影响。这要求企业能为当地社区的繁荣与发展做出自己的贡献，同时重视特殊利益群体（工会、消费者协会、环境保护组织）等的影响。

（6）政府。企业在进行战略规划与业务抉择时，还必须重视政府对企业所在行业众多方面可能施加的各种直接与间接影响。政府可利用行政手段与政策法规对供应者与购买者进行限制，从而影响企业的成本结构和经营利润。政府对企业的调节主要通过制定相关政策（如科技政策、产业政策、社会文化政策等）来实现。政府制定相关政策的目标是以政策干预来引导当地主导产业的发展与创新，从而达到期望状态。顾客、供应商、竞争者、政府等利益相关者对企业经营的影响非常直接和重要，我们也将在后面进行专门的分析介绍。

⊙ 实践链接

李彦宏：快速变化的商业环境更需要创新

我们听了很多创业故事，也分享了很多创业经验，创业者在讲，VC 在讲，各种各样的投资人都在讲，可是，讲创新的人并不多。我们都知道，在快速变化的环境中，一家企业如果没有创新，就会很快"死去"。

有时候我也在思考一些更加宏观的问题，比如为什么中国从 1978 年改革开放到现在，三四十年间一直能保持着这样一个高速的成长？在这背后的逻辑中，中国的基因以及中国的文化在里面起了什么样的作用？这里有非常重要的一点是中国有而国外没有的，但这是好的东西，我把它叫作"先行先试"。有时候我们讲中国企业缺乏创新能力，但是如果我们看政府的话，中国政府是一个很有创新能力的政府，总在讲"先

行先试"。政策不允许？好，我可以批一块地，先尝试。没有相关的法律法规？你可以先做着，我们慢慢再研究。这样的理念在美国是没有的，因为美国各种各样的规章制度都必须要一步一步地去审核、批准，所以动作很慢。因此在"先行先试"这一理念上，中国政府具有创新性。但是中国企业过去的创新多多少少有一些被动，是因为环境在变化、在大量淘汰那些不创新的企业，要想生存下来，就必须要不断地创新。对于未来，我当然希望我们的企业和企业家能够更加主动地去想着创新的事，这样被淘汰的概率也会变小一些。

资料来源：殷雷，李彦宏：快速变化的商业环境中更需要创新，中国网，2015 年 12 月 8 日。

产业（行业）竞争环境分析最有影响力的工具是波特的五力模型。迈克尔·波特在《竞争战略》一书中指出，行业环境在很大程度上决定了企业的竞争态势，而行业结构对企业确定市场竞争规则与选择何种竞争战略具有重大影响，行业结构分析是制定企业经营战略的基石。因此，企业在制定经营战略时，需要重视两个方面：一是对企业所在行业或将要进入的行业进行结构分析；二是对企业在行业内的相对竞争地位进行剖析。因此，企业要获得持续经营优势就必须选择有市场吸引力的行业并确立企业在该行业中的竞争地位。

波特指出，一个行业中存在五种基本竞争力量，该行业内部的竞争状况取决于五种基本竞争力量（潜在进入者的威胁、替代品厂商的威胁、现有企业之间的竞争、供应商的讨价还价能力及顾客的讨价还价能力）的相互作用（见图 4-2）。五种竞争力量状况决定着一个行业内部的竞争强度和获得利润的最终潜力。在竞争激烈的行业中，通常不会出现某一企业获得惊人收益的情况。例如，在完全竞争市场中，有些企业虽然拥有高质量的产品或服务，但不一定能持续获得巨大的收益。因为一旦这些企业产品或服务的价格高于行业平均水平，就有可能遭遇更高质量、更低成本的替代品竞争，或者可能会有潜在进入者在短期内进入市场，这都会影响企业的收益。从战略形成角度看，一个行业内部各种力量的影响是不同的，通常最强的一种或几种竞争力量处于支配地位且起决定性作用。对企业来说，应积极地关注这五种竞争力量的作用，或者对某些竞争力量加以影响，使它们有利于

本企业。例如，当一个行业中供应商的讨价还价能力非常强时，企业可以通过战略联盟、并购成一体化战略将供应商的力量为自己所用。

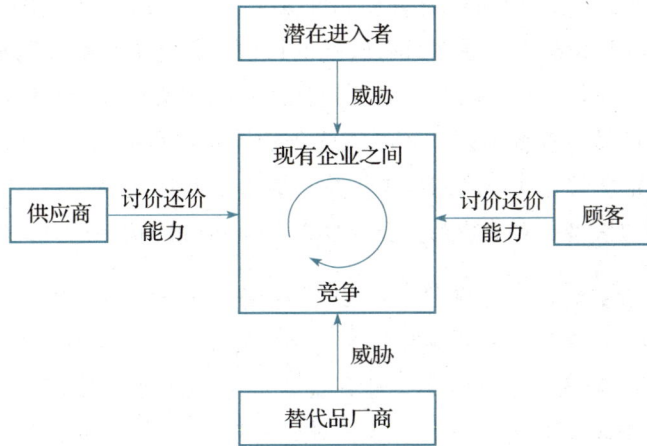

图 4-2　波特的五力模型

（1）**潜在进入者的威胁**。一个行业的新进入者在为市场带来生产能力与资源的同时，会试图在当前的市场中获得相应的市场份额。通常情况下，现有企业将与潜在进入者展开对关键原材料与顾客资源的竞争，并有可能导致行业利润率的下降。新进入者的威胁的严重程度取决于行业现有的进入障碍及潜在进入者预期现有企业的反应状况。如果进入障碍高，且潜在进入者估计现有竞争者会展开激烈的报复行动，则一般不会出现由潜在进入者引发的重大威胁。

（2）**替代品厂商的威胁**。替代品是指那些与本企业产品或服务具有相同或相似功能的产品或服务。源于替代品的威胁会影响现有企业的竞争状况。如果替代品厂商的产品或服务给顾客带来的利益超过了顾客的转换成本，而且顾客意识到了这一点，那么就可能导致顾客从现有企业中流失。替代品厂商的威胁主要源于三个方面：一是替代品与现有企业产品对顾客的价值比较；二是顾客转向替代品厂商的转换成本；三是替代品厂商所采取的竞争战略，如果替代品厂商采取积极的扩张策略，就会给现有企业带来更大的威胁。

（3）**现有企业之间的竞争**。同行业企业面对的是具有相同或相似需求的顾客群，在行业快速增长阶段一般不会出现你死我活的竞争，但在成熟行业或衰退行业中，同行业企业为了争夺有限的资源和市场，必然会发生冲突与对抗。企业之间通过价格战、广告战、售后服务战等形式展开竞争。一般来说，竞争的激烈程度取决于下列要素：市场增长率、竞争者数量及力量对比、固定成本与库存成本状况、产品的差异性与顾客的转换成本、整个行业的生产能力、退出障碍等。

（4）**供应商的讨价还价能力**。供应商可通过提高价格或降低产品质量来增强自己面对行业中现有企业时讨价还价的能力。供应商力量的强弱主要取决于下列要素：供应商所在行业的集中度、产品的差异化优势、前向一体化的能力、所提供的投入要素在买主总成本中的比例、买主是否为供应商的重要顾客以及买主是否重视产品质量等。

（5）顾客的讨价还价能力。顾客是企业产品或服务的购买者。顾客主要通过压低价格和要求产品或服务质量来影响行业中现有企业的竞争态势。一般来说，在以下几种情况下，顾客具有较强的讨价还价能力：顾客购买量非常巨大；从企业购买的产品是标准化的或是非差异化的；顾客所在行业利润低，是价格敏感者；该企业的产品对顾客来说，产品或服务的质量不重要；顾客具有后向一体化的能力；顾客非常了解企业产品的成本结构；顾客的转换成本低。

五力模型虽对分析行业竞争状况具有很强的指导意义，但也有其局限性。

- 企业内部被看成"黑箱"，不能阐明企业间的差异性，难以解释为何在同一行业中，有些企业可以取得良好的业绩，其他企业却不能。
- 行业结构分析的观点过分强调了企业之间的竞争。如果企业管理者以此模型为基础进行经营实践，可能会陷入为了竞争而竞争的局面。这一模型不能显示上述各种力量之间有可能存在的合作情况。
- 在分析特定行业企业的关键成功要素时，该模型过于强调企业所在行业的吸引力和企业在该行业的相对竞争地位，认为这是企业成功的最关键要素。由此产生的问题是：企业成功究竟是行业结构与行业吸引力使然，还是企业自身准确定位与持续努力的结果？

针对波特五力模型的局限，企业界和理论界提出了价值网模型（见图4-3），该模型中的垂直方向是企业的顾客与供应商，原材料、劳动力等生产要素从供应商流入企业，产品或服务由企业流向顾客。货币则沿相反的方向流动，从顾客到企业，再由企业到供应商。水平方向上是会与企业发生相互作用的替代者与互补者。互补者是指那些可以向顾客出售互补性产品或者可以从供应商那里购买互补性资源的个人或企业。价值网模型的垂直方向存在合作与竞争的混合状况：当供应商、企业、顾客一起创造价值的时候，他们之间是合作关系；当他们进行利益分配时，更多地表现为竞争关系。沿水平方向，企业也存在与替代者和互补者之间的合作与竞争关系。价值网模型表明，顾客、替代者、互补者、供应商都被看成是企业价值创造活动的参与者，而不仅仅是与企业进行直接对抗的竞争力量。

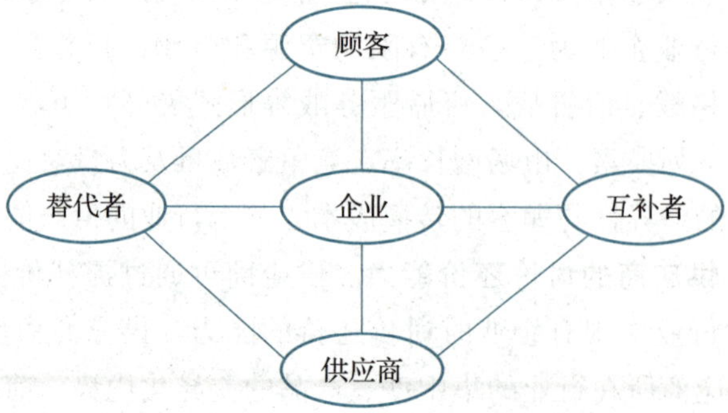

图 4-3　价值网模型

在一个行业中，企业的顾客、供应商、替代品厂商、同行厂商、互补品厂商、潜在进入者都是重要的市场力量，他们之间存在既竞争又合作的关系。随着局势的变化，他们之间会呈现错综复杂的互动关系。项保华（2001）指出，可以用这六种市场力量的互动关系分析模型（简称"六力互动模型"）作为对于企业竞争合作生态剖析的框架（见图 4-4）。

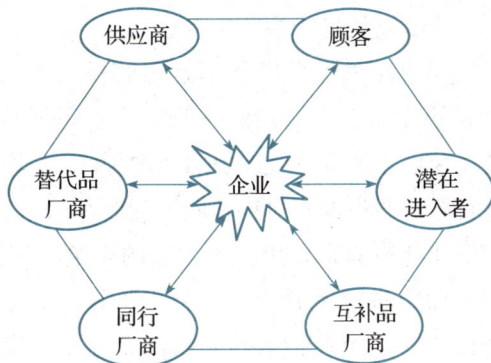

图 4-4　六力互动模型

该模型表明，在企业内外部环境中，必定存在着某种能够促进各相关利益者共同发展的经营模式，关键在于如何发现并实现成功运作。首先，从合作的角度看，企业与顾客、供应商、替代品厂商、互补品厂商、潜在进入者、同行厂商之间均存在合作的可能。例如，与同行企业合作，建立进入障碍，从而防止潜在进入者争夺市场；与互补品厂商合作，为顾客提供满足其需要的系列产品，提升顾客认知价值；与供应商合作，使双方交易流程更为顺畅，为顾客创造更多的价值。不过，能否有合作的机会关键在于各主体之间能否实现优势互补与提升共同利益。其次，从竞争角度看，六者的互动可能会表现为对关键资源、营销渠道与最终顾客的争夺。最后，从互动角度看，企业与其他主体之间均存在合作或竞争的可能性。这六种力量之间的任何两方合作，都有可能提升相对于其他主体的竞争力量，增强与其他主体讨价还价的能力。对企业来说，六力互动模型的意义在于，合作与竞争都是实现目标的手段，无所谓优劣之分，企业为了达成自己的战略目标，要尽力寻找多方共赢的模式，权衡考虑合作与竞争行为对全行业利益以及整个社会福利的影响。

需要指出的是，行业环境分析的首要前提是行业有明确、清晰的边界。如果企业所在行业边界模糊，上述行业环境分析框架的解释力就会受到影响。目前，由于数字技术的快速发展，产业融合发展的趋势明显加快，使得传统的企业生产经营活动跨越和渗透到多个行业之中。此外，在数字化背景下，企业的行业属性也可能出现多样性的特点，比如网约车企业可以是交通出行行业，也可以是对司机的服务行业，还可以是大数据行业。对于边界模糊的行业，就需要采用基于利益相关者的生态系统分析框架进行分析。

4.3　竞争环境分析

一般环境包括对企业运营和发展有影响的经济、社会、文化、技术、全球化等一系列因素，是企业战略环境的第一层次外部环境因素；产业环境包括影响企业运营和发展的产业相关因素，如供应商、顾客等，这些因素往往会对企业发展和绩效产生很重要的影响，是企业战略环境分析的一大重点。但是，真正对企业发展和绩效产生直接影响的其实是竞争者。

然而，识别出真正的竞争者并不是很容易的事情。在现实商业世界中，同行企业也未必是直接竞争者。例如，一家定位于休闲和交流空间的茶餐厅，其竞争者很可能不是一家以菜品作为竞争焦点的饭店；一家强调文化和时尚的服装公司，其竞争者很可能不是那些强调面料和做工的服装公司。

那么，如何才能有效识别出一家企业的竞争者呢？战略群组（strategic group）就是解释和识别竞争者的重要概念与分析工具。战略群组是由在资源和战略两个方面具有相似性的一组企业构成的，组内企业由于资源和战略的相似性而产生正面冲突，因此，这些企业之间往往是直接的竞争者关系。波特指出，企业必须将这些具有相同或相似战略导向和行为的企业视作竞争者，并对这些竞争者开展充分的情报分析，进而制定出具有针对性的竞争战略。如果缺乏对竞争者分析的战略体系，企业就很难将资源配置到真正产生竞争优势的领域。一般来说，企业间的战略相似性主要体现在如下几个方面。

（1）专业化程度。由于市场竞争的需要，有些企业为了提高自身的专业技能水平和运作效率，往往专注于产业链的某个特定环节，形成专业制胜的战略理念和行为方案，造就了一些专业化程度高的企业，如某个行业中的隐形冠军企业。

（2）产品品质和品牌。企业间的竞争往往会将焦点置于企业品牌上，如设定针对高端、中端、低端市场的不同品牌，以及全球性品牌和区域性品牌。企业通过品牌塑造和推广来锁定顾客，从而形成更为紧密的顾客关系，创造更大的顾客价值。

（3）技术领先性。企业间的竞争也往往将技术先进性作为竞争焦点，尤其是在那些技术变革较快、较多的高新技术行业中。技术领先性是企业与同行企业区分开来的有效手段，因为短期内模仿一项具有较高科技含量的技术是很困难的。

（4）规模经济。行业和技术属性决定了一家企业的生产经营活动是否能够形成规模经济效应。规模经济意味着一家企业生产经营活动的单位成本会随着规模的扩张而降低，当达到规模经济点之后，规模不经济的特点也会显现出来。由于规模经济可以作为一种有效的行业进入壁垒因素，因此往往作为企业竞争的重要战略导向和手段。

（5）资本需求。由于有些行业具有典型的资本密集型特征，高资本密集型可以成为行业进入的一大障碍或壁垒，因此也成为企业竞争优势的一大来源。因此，企业之间也会通过抬高行业进入的资本要求来展开竞争。

（6）政府政策。由于一些行业的发展与政府政策导向高度相关，企业的发展若能得到政府政策的支持，就可能塑造出独特的竞争优势，因此，政府政策导向、政企关系也可能成为企业的一个重要战略导向。

（7）地理范围。地理因素包括丰富复杂的内涵，如特定制度文化、创新氛围、消费习惯、竞争合作态度等。因此，企业会把业务范围选择在特定的地理范围内，从而取得最满意的效益。根据地理尺度的不同，地理范围一般可分为区域、国家和国际三个层次。

上述战略维度或导向可以作为构建战略群组的重要指标。通常，战略群组分析会采用两个最为重要的战略维度（具体根据企业的实际竞争导向来决定），并将这两个战略维度进行组合，形成如图 4-5 所示的一个矩阵。

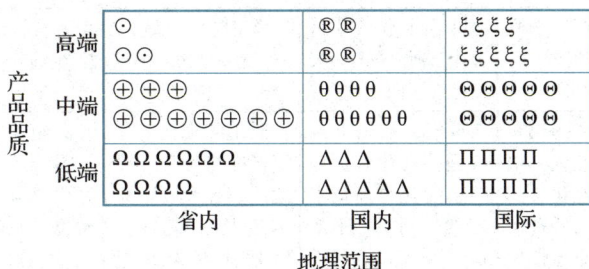

图 4-5 战略群组示意图

如图 4-5 所示，行业内的企业普遍在产品品质和地理范围两个维度展开竞争，产品品质具体细分为高端市场、中端市场和低端市场三个细分市场，业务的地理范围分为省内市场、国内市场和国际市场三个市场范围。此时，根据战略群组的理论和方法，可以将这两个战略维度进行组合，形成九个不同的竞争性企业群组，而且不同战略群组内部的竞争激烈程度也是不同的。假定一家企业◎，其战略群组的特征是聚焦国内低端市场，此时，只有落入这个象限的企业 Δ 才是其真正意义上的竞争者。对企业 Δ 展开全面和深入的分析，有助于企业◎准确把握市场的竞争格局和发展态势，为企业制定针对性强的战略措施提供切实可靠的依据。

根据经验方法可以识别一个行业的战略群组数量，但这可能带有认知偏见，所以通常需要结合统计方法更科学和客观地识别战略群组。层次聚类法可以帮助确定最好的分类结果，从而识别出某个行业的最优战略群组个数。这种统计方法可以避免经验的不足。一般来说，在设定层次聚类法的参数时，应遵循不同类之间的个体差异最大化和同一类个体差异最小化原则。

⊙ **战略聚焦**

房地产行业的战略群组

王克稳、金占明等（2014）研究了战略群组对中国房地产行业中上市企业慈善捐赠和绩效的影响，发现具有相同战略群组身份的企业在慈善捐赠上具有一致性，慈善捐赠对企业绩效的作用效果也具有一致性，因此选取战略和资源两大指标对战略群组进行聚类分析。其中，战略维度细化为产品战略、定价战略和市场战略三个方面，资源维度细化为物质资源、财务资源和组织资源三个方面。相关战略维度的具体测度指标如下：①产品战略——企业产品线宽度／企业业务开展省份数目；②定价战略——企业销售成本率；③市场战略——企业销售费用率；④物质资源——资本密度（总的资本投入与销售收入的比值）；⑤财务资源——流动性比率和资产负债比；⑥组织资源——企业员工总数的对数。聚类结果显示，中国房地产行业可以被划分为 5 个战略群组（见表 4-1）。

表 4-1　房地产行业战略群组聚类结果

	群组 1	群组 2	群组 3	群组 4	群组 5
群组规模	21	24	20	9	28
代表企业	中粮地产、华联控股、中润资源、鲁商置业、北京城建	沙河股份、莱茵置业、浙江东日、天津松江、西藏城投	宜华地产、绿景控股、万好万家、浦东金桥、京能置业	万科、招商地产、中航地产、保利地产、金地集团	深长城、泛海建设、嘉凯城、中关村、世茂股份
群组特点	中等组织资源、高产品多元化、中等地区多元化、高资本密度、低资产负债比和流动性比率、中等销售成本率和费用率	低组织资源、高产品多元化、低地区多元化、高资本密度、中等资产负债比和流动性比率、高销售成本率、低销售费用率	低组织资源、中等产品多元化、低地区多元化、高资本密度、高资产负债比和流动性比率、低销售成本率、高销售费用率	高组织资源、低产品多元化、高地区多元化、低资本密度、中等流动性比率和低资产负债比、高销售成本率、中等销售费用率	中等组织资源、高产品多元化、中等地区多元化、低资本密度、低流动性比率和资产负债比、高销售成本率、高销售费用率

资料来源：王克稳，金占明，焦捷. 战略群组身份、企业慈善捐赠和企业绩效：基于中国房地产行业的实证研究 [J]. 南开管理评论，2014，17（6）.

那么，通过战略群组等方法识别出竞争者后，我们需要重点分析竞争者的哪些关键信息呢？迈克尔·A. 希特（Michael A. Hitt）等（2012）提出了竞争者要素分析（见图 4-6），其中的四大要素如下。

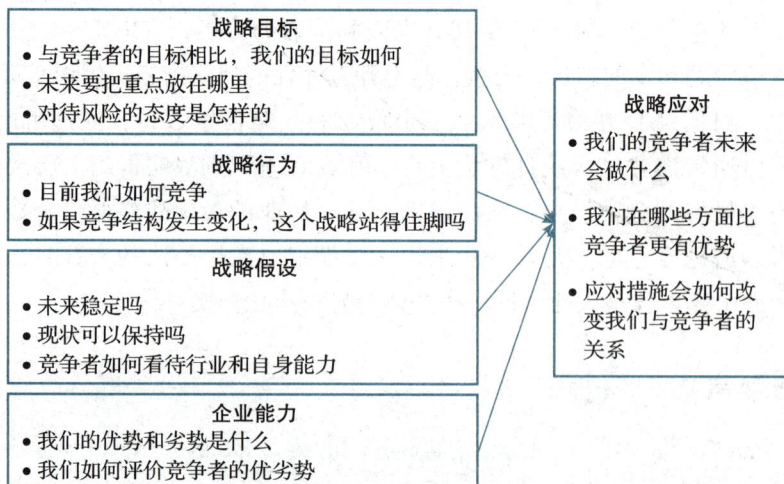

战略目标
- 与竞争者的目标相比，我们的目标如何
- 未来要把重点放在哪里
- 对待风险的态度是怎样的

战略行为
- 目前我们如何竞争
- 如果竞争结构发生变化，这个战略站得住脚吗

战略假设
- 未来稳定吗
- 现状可以保持吗
- 竞争者如何看待行业和自身能力

企业能力
- 我们的优势和劣势是什么
- 我们如何评价竞争者的优劣势

战略应对
- 我们的竞争者未来会做什么
- 我们在哪些方面比竞争者更有优势
- 应对措施会如何改变我们与竞争者的关系

图 4-6　竞争者要素分析

资料来源：希特，爱尔兰，霍斯基森. 战略管理：竞争与全球化（概念）（原书第 9 版）[M]. 吕巍，等译. 北京：机械工业出版社，2012.

（1）战略目标。有效的战略管理应该是战略目标驱动的，包括根据战略目标来配置相关资源和采取应对措施。因此，竞争者分析的第一要务就在于分析竞争者的目标导向以及本企业与竞争者在战略目标上的相似性和差异性。

（2）战略行为。战略目标往往需要落实在企业的具体战略行为上，因此，分析竞争者当前的战略行为非常重要。其重点在于分析当前的竞争状态如何，以及如果当前的竞争格局发生改变，竞争者的战略行为是否会随之发生改变。

（3）战略假设。企业对环境和自身能力的评价往往难以做到精确，所以，企业对未来发展的假设十分重要，会直接影响战略目标和战略行为的制定。对于战略假设的分析，往往需要关注三大方面：未来稳定吗？现状可以保持吗？竞争者如何看待行业和自身能力？

（4）企业能力。企业能力往往是创造竞争优势的重要来源，而对自身能力的认识是相对困难的，对竞争者客观能力状况的认识也不容易，只有分析清楚双方的能力水平，"知己知彼"，才能"百战不殆"。

对竞争者相关要素进行分析，往往需要与企业自身进行对比，这样才有助于企业更加科学和客观地认识到自身的优劣势。在对竞争者相关要素进行分析之后，企业需要积极思考相应的应对措施。这往往是企业制订、修改和完善战略方案的最重要依据。

4.4　生态环境分析

如前所述，随着数字技术的广泛应用，行业的边界变得越来越模糊。此时，企业突破传统的行业边界，与利益相关者构成一个复杂、动态的企业生态系统。企业生态系统是指企业与企业生态环境形成的相互作用、相互影响的系统。企业生态系统超越了传统的价值链、生产链、管理链、资金链，涉及包括供应商、经销商、外包服务公司、融资机构、关键技术提供商、互补和替代产品制造商、竞争对手、客户以及监管机构与媒体等在内的利益相关者，而且这些利益相关者之间也存在着合作和竞争关系。在这个生态系统中，对每一家企业来说，存在于它周围的其他企业、组织和社会经济环境构成了其生存的外部环境，企业与外部环境通过物质、能量和信息的交换，构成一个相互作用、相互依赖、共同发展的整体。

因此，在制定公司层战略时，不能只着眼于企业本身，还应了解整个生态系统状况以及企业在系统中扮演的角色。基于生态系统的战略不仅能使企业自身得利，而且能让所有系统内成员共同受益，形成生态链上的良性循环。正如和君咨询对互联网时代产业生态系统的分析：移动互联网时代的企业边界和企业竞争已经发生深刻变化，企业竞争的产业边界日渐模糊，甚至自设产业边界，企业竞争层次已经从产业链竞争升级到生态系统竞争。例如，互联网巨头阿里巴巴利用淘宝、天猫等收集到的用户数据形成大数据平台，凭借数据优势进军金融服务领域，比如第三方支付、小额贷、互联网基金、互联网银行、互联网保险等，同时控制线下物流体系，打通商品信息流、物流和资金流，基于 PC 互联网和移动互联网围绕消费者生活构建生态系统。

阿里巴巴还根据特定业务打造了商业生态系统。例如阿里旅行在阿里云平台上，以阿里巴巴在线及移动电商架构为基础，将天猫、淘宝网、支付宝、聚划算等许多商业主体集聚在买家和卖家周边，以利益共享的方式形成了相互支持和促进的商业生态系统。

成立于 2010 年 3 月的小米公司，是一家以手机、智能硬件和 IoT 平台为核心的互联网企业。小米以手机起步，构建了一个面向未来的泛娱乐硬件生态系统，小米智能硬件可以不断地扩展到泛娱乐等领域，形成万物互联生态系统（见图 4-7）。仅用 7 年时间，小米的年收入就突破了千亿元，2024 年小米业务扩展到了全球100 多个国家和地区，可见生态系统对企业发展的推动力是多么强劲。

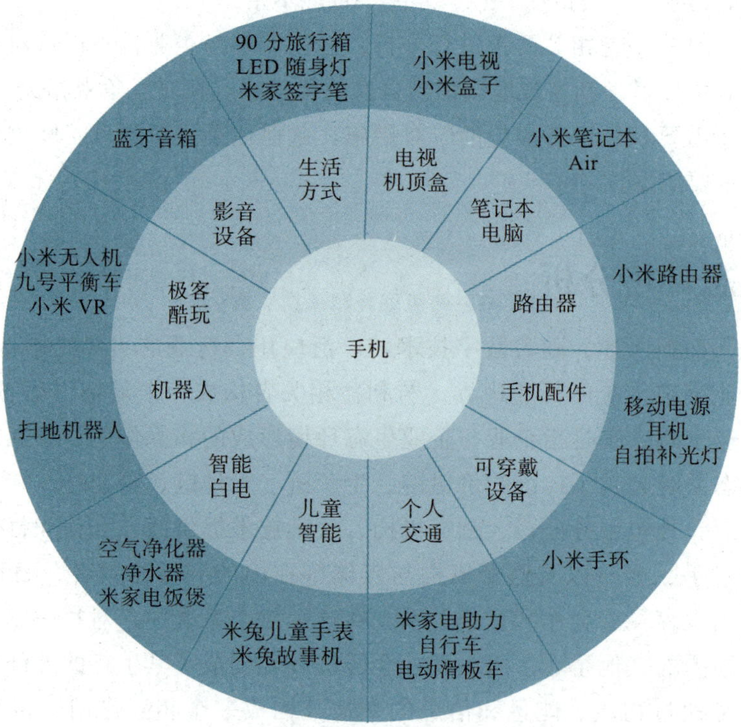

图 4-7　小米的万物互联生态系统

资料来源：根据小米集团公开发行存托凭证招股说明书修改。

与传统行业分析模型不同，利益相关者分析模型可以用来分析企业生态系统，生态系统中企业之间的关系比较多元，既可能是合作关系，也可能是竞争关系，还可能是竞合关系，但这都是基于利益关系的链接。相对于采用网络分析方法等直接分析企业生态系统，利益相关者分析模型的优势在于可以把握组织之间的关系类型和等级，这是企业最为看重的。弗里曼（R. Edward Freeman）在 1994 年提出了利益相关者理论，该理论认为，企业经营管理者是为了综合和平衡各个利益相关者的利益要求而进行管理活动。任何一家企业的发展都离不开各个利益相关者的参与，利益相关者会影响企业的决策和活动。从本质上说，企业追求的是利益相关者的整体利益，而不仅仅是某些特定主体的利益。

那么，对一家特定的企业而言，哪些是利益相关者呢？这需要针对具体情况来确定。但是，作为一个分析框架，企业的利益相关者总体上除了包括企业的股东、债权人、雇员、消费者、供应商等交易伙伴，还包括政府部门、本地居民、本地社区、媒体、环保主义组织等，甚至包括自然环境、人类后代等受到企业经营活动直接或间接影响的客体。例如，克拉克森（Clarkson，1995）引入了专用性投资的概念，认为利益相关者是指那些在企业的生产活动中进行了一定的专用性投资，并承担了一定风险的个体和群体，其活动能够影响或者改变企业的目标，或者受到企业实现其目标过程的影响。根据弗里曼的理论观点，我们将利益相关者分为两类：一类是那些对企业行为和绩效产生影响的全部个体和群体，另一类是那些利益受到企业行为和绩效影响的全部个体与群体。

不同类型的利益相关者对企业管理决策的影响，或者被企业活动影响的程度是不一样的，企业要正确识别出自己的利益相关者，尤其是那些重要的利益相关者，这非常重要。对于识别利益相关者的方法，比较主流的是美国学者 Mitchell 和 Wood 于 1997 年提出来的米切尔评分法（见表 4-2）。根据该方法，利益相关者必须至少具备合法性、权利性、紧迫性这三种属性中的一种，否则就不能算作利益相关者。在明确界定出企业的利益相关者之后，从三个方面的重要性进行评分，根据评分大小来划分利益相关者的类型。

表 4-2　米切尔评分法示例

利益相关者	合法性			权利性			紧迫性		
	很不重要	一般	非常重要	很不重要	一般	非常重要	很不重要	一般	非常重要
股东			√			√			√
客户		√				√			√
供应商		√			√			√	
大学		√		√			√		
政府部门			√	√				√	
本地社区		√				√		√	
宗教团体		√			√		√		
其他	√				√			√	

利益相关者一般包括三种类型。①确定型利益相关者。这类利益相关者在合法性、权利性和紧迫性上的评分都较高。这就成为企业首先需要关注的对象，主要包括股东、员工和客户。②预期型利益相关者。这类利益相关者在三种属性中的任意两种上都有较高的评分，通常也是企业需要加以关注的对象，主要包括投资者、政府部门、媒体、社会组织等。③潜在型利益相关者。这类利益相关者往

往在三种属性中的其中一种上表现出较高的评分。这类群体往往不是当前企业需要重点关注的对象，但可能发展成为预期型利益相关者和确定型利益相关者。米切尔评分法操作简单，能够用于判断和界定企业的利益相关者。

识别和界定出了企业的各类利益相关者之后，企业的关键任务就是如何更好地满足利益相关者的利益诉求，否则，利益相关者会对企业的行为和绩效造成压力。因此，理解不同利益相关者的预期特点对于满足其诉求至关重要。关键利益相关者及其可能的期待如表 4-3 所示。例如，CEO 作为企业内部非常重要的利益相关者，主要看重企业的短期利润、个人的社会声誉、个人的成长及在企业内部的权力，这些利益因素会直接影响他在经理人市场上的价值。股东尤其是大股东，比较看重企业能否分红，能否保持一定的稳定成长及业绩；关键顾客则重点关注企业是否提供优惠的购买条件，是否能与企业相关人员形成个人关系，是否可以更早获取新产品信息，企业能为自己提供什么激励；企业所在地政府主要看重企业发展为地方创造的就业岗位和税收；研发人员则看重企业能否提供创新和支持性环境、自主性与自由度。

表 4-3　关键利益相关者及其可能的期待

关键利益相关者	可能的期待
CEO	企业的短期利润、个人的社会声誉、个人的成长、在企业内部的权力
大股东	分红、稳定的成长及业绩
关键顾客	优惠的购买条件、个人关系、获取新产品早期信息、激励
本地政府	就业岗位、税收
研发人员	创新和支持性环境、自主性与自由度

反思

数字创新生态系统

在外部环境日新月异、客户需求更为复杂以及技术不连续性变革等因素的驱动下，数字经济蓬勃发展，企业不再是孤立的岛屿，而是开始与不同的市场参与者建立起紧密的协同合作关系，成为数字创新生态系统的一部分。

数字创新生态系统是以某一个或几个焦点企业为核心，链接周边各类互补者、合作者而形成的开放创新体系，为数字创新成果的涌现提供了肥沃土壤。在人工智能、大数据、云计算等数字技术的赋能下，与传统的网络组织相比，数字创新生态系统中参与者价值共创的结构与机制发生了颠覆性的变化，企业必须关注如何通过主导建立或是参与其中，与众多的合作伙伴建立协同关系，获取所需要的外部资源，推动创新效率的提升。

总体来说，在以大学、企业、科研院所、政府等为主要参与者与以数字化信息知识为主要生产要素的影响下，数字创新生态系统展现出多样性、动态性和无边界性等新特征。

　　一是多样性。数字创新生态系统作为一种新型开放的组织结构，其多样性主要表现为参与主体的多样性与创新资源的多样性。首先，数字创新生态系统通常由四类参与者组成。第一类是领导者，即一个或多个核心企业，他们一般也是创新生态系统的建造者和运营者，能够利用独有的竞争优势与其他组织建立复杂的合作关系，例如苹果创新生态系统中的苹果公司、阿里生态圈中的阿里巴巴集团。核心企业的目标、行为以及参与生态活动得到的反馈将会对创新生态系统的运行和治理产生重要影响，同时，也决定了创新生态系统的发展方向。第二类是直接价值创造者，包括主要价值链上的供应商、生产商和用户等，他们是数字创新生态系统中价值创造的生力军。第三类是价值创造支持者，包括行业领域专家等，主要为价值创造过程提供专业指导。第四类是辅助角色，主要指维护与治理创新生态系统的参与者。其次，区别于传统生产要素作为创新基础的价值链，数字创新生态系统以数字资源作为主要创新要素，而其可编程性、无尺度性与自生成性，也使数字时代的创新过程表现为跨越产业链的多种价值链的重新组合，使创新产出展现出事前不可知性。

　　二是动态性。数字创新生态系统具有高度的动态性，其结构和价值主张会随着外部环境、技术进步和用户需求的变化不断演化。一方面，参与者之间的关系并非一成不变，核心企业与合作伙伴之间的角色、权利和利益分配可能随着市场变化而重新定义。另一方面，为了在高度不确定的环境中保持灵活性和适应性，生态系统的参与者需要创造性地部署与重组数字资源，不断推动创新活动的发生，从而快速响应市场需求。

　　三是无边界性。数字创新生态系统打破了传统组织形式中的时空和行业边界，在结构与资源编排活动中表现出无边界性的特征。在数字技术的支持下，创新活动不再受限于地理位置或产业链的约束，来自全球各地的企业、研究机构、个人开发者等能够在同一平台上进行即时的信息交流与协作。此外，企业可以实时获取并整合全球的创新资源，与不同背景和领域的参与者进行跨界合作，推动创新成果的快速涌现。无边界性大大提升了数字创新生态系统的包容性和开放性，在当今时代展现出更强的竞争优势。

　　资料来源：魏江，刘洋，等. 数字创新 [M]. 北京：机械工业出版社，2020.

本章小结

　　本章的内容逻辑结构总结如图 4-8 所示。其中，一般环境主要包括了政治、经济、社会文化、技术、自然、人口、全球化等多个因素。行业环境分析方法主要有波特五力模型以及六力互动模型等。竞争环境分析则立足与企业存在直接竞争关系的主体，一般采用战略群组可以识别出真正的竞争者。基于利益相关者的生态环境分析识别了不同利益相关者的类型，建构了一个复杂、动态的产业生态体系。

一般环境	政治、经济、社会文化、技术等宏观要素框架
产业环境	波特五力模型等产业分析框架
竞争环境	战略群组等竞争者分析框架
生态环境	利益相关者导向的产业生态系统

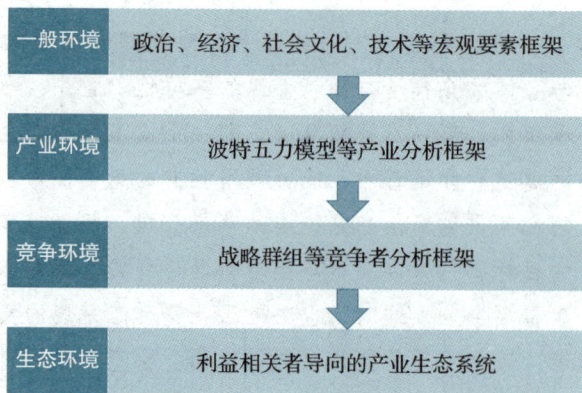

图 4-8　第 4 章内容逻辑结构

复习思考题

1. 企业所处的外部环境纷繁复杂，这些外部环境一般具有什么样的结构特征？

2. 外部环境变得越来越动态和复杂，企业能够较系统和深入地把握外部环境吗？为什么？

3. 一般环境和产业环境哪个对于企业发展更为重要？为什么？

4. 利益相关者的重要性正在不断提升，但不同利益相关者的利益要求可能不同，甚至有可能相互冲突，此时，企业在生态系统中应该如何平衡不同利益相关者的需求？

总结案例

化纤邦搭建化纤产业第一互联网平台之路

请扫码阅读总结案例

第 5 章　内部环境分析

　　企业内部环境对于企业竞争优势的重要性不言而喻。但是，并不是所有的内部资源和能力都会构成战略性的资源和能力。因此，识别、培育和提升对企业未来发展具有重要和深远影响的战略资源与能力成为企业战略环境分析的关键工作。结合当前和未来一段时期企业内部资源与能力的演变特点，本章将重点介绍几种重要和前沿的内部环境分析框架与工具，主要包括企业价值活动分析、组织资源能力分析和企业核心能力分析，并介绍上述各分析框架和工具的特点与理论基础。在此基础上，结合第 4 章有关外部环境分析的内容，介绍企业内外部环境互动的分析框架和工具。

【学习目标】

☑ 理解企业内部环境的构成要素特点
☑ 了解企业内部环境分析的重点领域
☑ 掌握企业内部环境的重要分析工具
☑ 理解企业内外环境互动的特点与意义

🔵 引例   比亚迪的核心竞争力

2024 年 7 月 4 日，比亚迪泰国工厂竣工，与此同时，比亚迪也成为全球首家达成第 800 万辆新能源汽车下线的车企，这标志着比亚迪开启了全球化新篇章。在国家提出高质量发展和创新驱动发展战略的背景下，比亚迪以其卓越的战略眼光和持续的技术创新，成为新时代中国企业适应环境变化、持续变革成长的典范。事实上，比亚迪的成功绝非偶然，在 2021 年的公开论坛上，比亚迪的掌舵人、董事长兼总裁王传福总结了比亚迪创新和发展的基本逻辑：核心竞争力、精准战略和快速决策机制。

比亚迪的故事始于 1995 年，它从一个电池生产厂起步，经过近 30 年的发展，已经成为中国汽车市场与全球新能源汽车市场的领导者。2023 年，比亚迪新能源车销量达 302 万辆，并在全球范围内实现市场占有率的跃升。这些成就的背后，是比亚迪在构建核心竞争力方面的持续深耕。

核心竞争力一：自主创新构筑技术壁垒

比亚迪始终遵循"技术为王，创新为本"的发展理念，持续投入技术研发。2017—2022 年，其研发投入占营业收入的比例稳定在 3.5%～5%，2023 年研发投入比例达到 6.63%，研发投入比特斯拉多 112 亿元，处于行业领先水平。在"电池、电机、电控"三电技术领域，比亚迪坚持全栈自主研发。在"智能驾驶、智能座舱、智能网联"三智技术领域，比亚迪积极与外部合作，实现了智能驾驶核心组件的自供。

核心竞争力二：深度布局覆盖全产业链

通过投资入股、成立子公司等方式，比亚迪实现了从上游原材料到中游重要零部件及整车制造，再到下游基础设施、汽车服务和后市场的全产业链覆盖。这种垂直整合不仅显著降低了成本，还提升了供应链的稳定性和市场的影响力。

核心竞争力三：积极合作拓展分销网络

相比其他新能源汽车厂商，比亚迪的分销网络更加完善，在国内的经销商数量有所领先。另外，比亚迪也通过在高人流量场所设立展厅等多样化的营销方式，提升品牌的知名度；与淘宝、京东等电商平台合作开展线上销售，满足年轻消费者的购车需求。

核心竞争力四：转型升级完善产品矩阵

2022 年 4 月，比亚迪宣布停止生产燃油车，全面转向新能源领域，2022—2023 年短短一年间发布近 20 款新车。同时，比亚迪明确多品牌战略，形成王朝、海洋、腾势、方程豹、仰望五大品牌矩阵，在各个价格区间进行产品布局，迅速扩张并完善产品矩阵，延伸拓展市场。

在 2024 年 2 月 18 日举行的广东省高质量发展大会上，王传福指出，中国新能源汽车的产量和销量在全球市场的占比超过了 60%，已经构建起富有竞争力的完整产业链，成为高质量发展的标杆产业。他进一步强调，汽车产业的变革正步入深水区，电动化和智能化的加速升级正在重塑豪华汽车市场的结构，为国产品牌在高端市场的发展提供了新的机会窗口。

比亚迪积极响应高质量发展的号召，致力于全方位构建零排放的新能源整体解决方案，实现生产组织方式智能化，提供创新力强、能够满足人民群众不断升级的需求的产品与服务，推动新能源汽车的普及，展现"创新、协调、绿色、开放、共享"的新发展理念，为建设美丽中国贡献力量。汽车产业正处在巨大的变革期，未来，比亚迪将继续强化自身优势，保持创新驱动，加强品牌建设，提升服务水平，拓展海外市场，以应对来自国内外的激烈竞争和不断变化的市场环境，实现可持续发展。

资料来源：1. 汽车之家研究院 . 四大核心竞争力！论比亚迪的竞争之道 [EB/OL]. (2023-10-12).
2. 黎冲森 . 专访左延安：揭秘比亚迪和特斯拉（上篇）[J]. 汽车纵横，2024, (03): 30-39.
3. 黎冲森 . 专访左延安：揭秘比亚迪和特斯拉（下篇）[J]. 汽车纵横，2024, (04): 20-33.

讨论题：
结合比亚迪的案例，分析企业如何构建与维持自身的核心竞争力？

5.1　企业价值活动分析

企业内部资源和能力的形成及呈现与企业自身的活动相关，而企业内部的活动之间存在着一定的关系。波特在 1985 年出版的《竞争优势》一书中提出了"价值链"概念，每一家企业在设计、生产、销售、物流配送其产品的过程中会进行种种活动。企业价值创造是通过这一系列活动来完成的，这些活动互不相同，但又相互关联，构成了一个创造价值的动态过程，即企业价值链。企业价值链模型如图 5-1 所示。

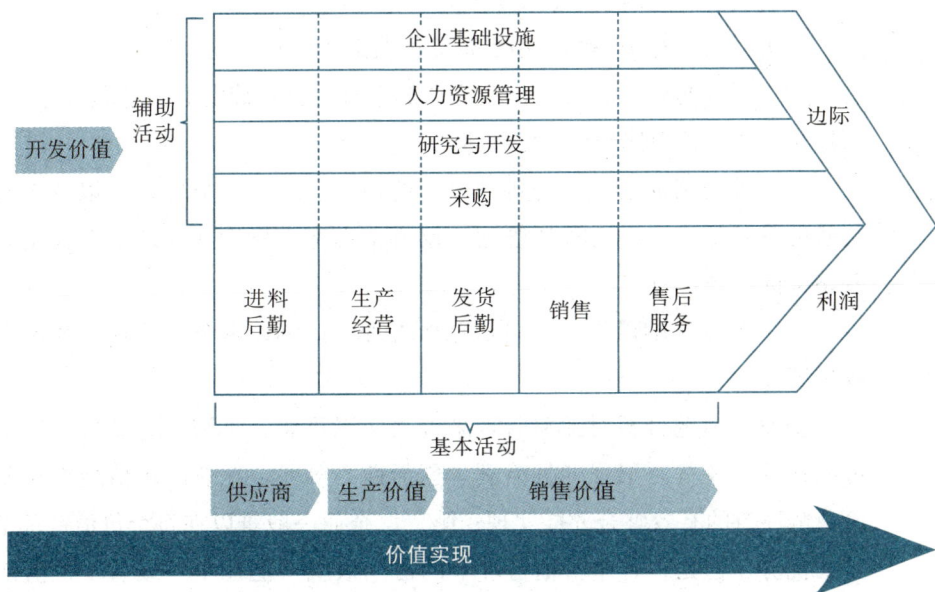

图 5-1　企业价值链模型

　　企业价值活动可以分为基本活动和辅助活动。其中，基本活动涉及产品的物质创造及其销售、转移和售后服务等活动，包括企业的进料后勤、生产经营、发货后勤、销售、售后服务；辅助活动涉及采购投入、技术开发、人力资源管理以及其他各种企业职能支持的活动，主要包括采购、研究与开发、人力资源管理、企业基础设施等。

　　整个价值链的综合竞争力决定了企业的竞争力，这是因为消费者对企业价值的感知是由一连串企业内部具体活动构成的。当企业与其他企业竞争时，本质上是多项活动之间的竞争，而不仅是针对某一项活动之间的竞争。企业价值链分析是一种典型的成本收益分析，但该分析思路纳入了系统论的思想，企业不应该看单一活动的成本和收益，而要看整体活动的成本和收益，因为单一活动之间往往存在一定的相互促进或冲突关系，进而影响企业实际的利润水平。因此，企业要与竞争对手的价值链进行比较，寻找企业之间竞争优势差异的主要来源。企业价值链分析模型还可以用来分析企业的竞争态势，帮助企业更加清楚地了解自身在价值链各个活动环节上的优劣势，以便企业调整价值链结构，创造出新的竞争优势。

　　企业涉及的主要基本活动可分为如下五种。

- 进料后勤：与接收、存储和分配物料等相关联的各种活动。
- 生产经营：与将各种投入要素转化为最终产品相关联的各种活动。
- 发货后勤：与集中、仓储和将产品发送给买方相关联的各种活动。
- 销售：与引导和实现产品销售相关联的各种活动。
- 售后服务：向已购买产品的顾客提供的各种服务。

企业主要涉及四种辅助活动。

（1）采购。它是指购买用于企业价值链各种投入的活动。

（2）研究与开发。每项价值活动都包含着技术成分，无论是技术诀窍、程序，还是在工艺设备中体现出来的技术。

（3）人力资源管理。与各种人员的招聘、培训、员工评价以及工资、福利相关联的各种活动。人力资源管理不仅对基本和支持性活动起辅助作用，而且支撑着整个价值链。

（4）企业基础设施。它包括总体管理、计划、财务、法律、政治事务和质量管理等。

　　企业价值链分析对战略管理来说之所以重要，是因为它不仅具有很强的方法可操作性，还具有很强的战略理念创新性。第一，企业的价值最终需要内部多个价值链环节的有效整合才能实现；第二，企业一般难以在每个价值链环节都具有明显的优势，但是，各个价值链环节的协同效应可能比单一或若干价值链环节更重要；第三，在十分强调顾客导向的时代，满足价值链各个环节的需求也同样重要，否则就难以形成协同效应；第四，随着外部环境的动态变化，企业可能也需要动态优化自身的价值链环节，如重点优化若干价值链环节，从而增强价值链的整体协同效应。

⊙ 战略聚焦

万科的价值链定位

万科成立于 1984 年 5 月，其前身是深圳现代科教仪器展销中心。1988 年 11 月，企业进行了股份化改造，定名为深圳万科企业股份有限公司，同年进入房地产领域。最初 10 年，万科实施多元化快速扩张战略，经历了由"商贸、工业、房地产和文化传播的四大经营架构"到"综合商社模式"，再到"以城市居民住宅为主导"的多元化战略调整过程。由于超长的产业链使万科的管理捉襟见肘，内部行业不能形成规模效应和协同效应，最终它于 1993 年放弃多元化扩张战略。

自 1994 年起，为了迅速做大房地产主业，万科开始做"减法"，退出与住宅无关的产业，从多元化经营向专营房地产集中。1994 年减持上海申华实业股份有限公司股份；1996 年、1997 年转让深圳怡宝食品饮料有限公司、深圳万科工业扬声器制造厂及深圳万科供电服务公司股权；凭借股权转让、出售等多种方式，将涉足的行业数由 18 个减至 1 个，将企业数由 105 家减至 30 多家，逐步确立了住宅业务的主导地位，2000 年、2001 年主营收入分别增长 23.71%、42.12%。

从 2001 年确立住宅业务的主导地位开始，万科就减少房地产产品种类，主攻城市中档住宅，形成了四大成熟产品系列，包括金色系列（城市住宅）、城花系列（城郊住宅）、四季系列（郊区住宅）和高档系列。每个系列的产品都有明确的目标客户和核心价值诉求。通过客户价值细分和产品本地化，万科的产品线几乎覆盖了客户的家庭生命周期，实现对客户的终身锁定。

万科在其 2004 年年报中曾这样说：拓展市场是一个不断试错的过程，在过去的 20 年间，中国社会环境发生了重大变迁，万科自身业务也做出了巨大的调整。无论业务调整是内部动因驱使，还是外部压力逼迫，每次变化之前，万科都能做到顺势前瞻。企业在战略方针顺势变化过程中，始终明确、坚定其核心价值观，即"对人永远尊重、追求公平回报、牢记社会责任"，而且也体现在"专业化""精细化"和"产业化"的坚持和追求上。

讨论题

在万科内部价值链环节的构成中，你认为哪个（些）价值链环节是形成万科市场竞争力的关键？为什么？

5.2　组织资源能力分析

企业竞争环境呈现日益动荡、激烈、难以预测的趋势，促使经营者把企业战略定位的关键要素归结为外部环境因素。但是，这一定位原理过于强调外部环境，忽略了企业内部资源或能力的差异性，给企业战略制定带来了一定程度的偏差。特别是波特推崇的产业组织理论，把企业内部看成"黑箱"，不理会企业间的差异性，从整个行业来解释为何企业可以在定位上取得成功，但这种理论难以解释为什么企业间的业绩差异如此巨大。

　　由于各个行业间的利润平均化趋势，行业内企业间的利润差异大于行业间的利润差异，因此企业选择进入有吸引力的行业来获得竞争优势的机会越来越少，基于外部环境的战略定位受到质疑，此时企业内部的能力或资源被认为是企业适应动态、复杂经营环境的保证，对获得并保持竞争优势具有重要作用。

　　实际上，企业是一个有意识地协调不同活动的系统，在业务选择过程中关注外部机会与构建内部能力是相互关联的。一个协作体系为了获得生存与发展，就必须处理好组织体系与其环境之间的相互作用关系，使企业内外部环境能够相互协调。通过外部环境分析，企业可以从中发现有哪些机会与威胁，使企业意识到"可做"与"该做"什么。虽然外部机会很多，但是企业资源或能力是有限的。因此，只有结合内部环境分析，才能全面、正确地评估各个战略业务单元的市场吸引力与潜在优势，并确定是否要对某些业务进行发展、维持、收割或放弃。

　　目前，内部环境分析最典型的思路是从企业内部资源条件与能力状况两个方面对它做概括性的说明。

5.2.1　内部资源条件分析

　　罗伯特·格兰特（1998）把企业资源划分为有形资源、无形资源与人力资源（见表 5-1）。其中，有形资源是看得见、可识别、能量化的资源，如厂房、设备等固定资产，现金与可运作资本等金融资产。无形资源则包括诸如商誉、专利、商标、品牌、技术等难以评估与量化，通常并不反映在财务报表上的资源。随着市场竞争的日益激烈，企业构建持续经营优势的重点逐步从有形资源的获得转向无形资源的获得。人力资源包括员工的专业知识与技能、对组织的承诺等，是企业发展的重要力量。

表 5-1　企业资源的分类

资源类别		主要特征	关键指标
有形资源	固定资产	• 厂房、设备的大小与位置 • 土地、建筑物及其替代用途 • 原材料储备	• 权益负债率 • 净现金流量与资本支出的比值 • 贷款利率
	金融资产	• 现金 • 可运作资本（融资渠道）	• 固定资产的变现价值 • 资本设备寿命 • 厂房规模 • 厂房与设备的灵活性
无形资源	技术	• 以专有技术（专利、版权、商业秘密）形式拥有的技术储备和专业知识与方法 • 创新资源：研究设备、科技人员	• 专利数量与价值 • 来自专利许可的收益 • 研发人员占总人员的百分比
	商誉	• 通过商标所有权、与顾客的关系而建立的顾客信誉 • 企业因产品服务质量、可靠性而享有的赞誉 • 企业在供应商、金融机构、政府、员工、合作伙伴和社区中的声誉	• 品牌识别 • 与竞争品牌的差距 • 顾客的重复购买率 • 企业绩效水平与可持续能力 • 产品质量的检测能力

（续）

资源类别	主要特征	关键指标
人力资源	• 员工培训与员工专业知识 • 员工对环境和变化的适应性 • 员工的投入与忠诚	• 员工在教育、技术与职业方面的资格证 • 相对于同行业的失业赔偿水平 • 员工的生产率与工作生活质量 • 关于劳动争端的记录 • 员工流失率

资料来源：格兰特.公司战略管理 [M].胡挺，张海峰，译.北京：光明日报出版社，1998.

5.2.2 企业内部能力状况分析

单一资源是难以形成持续竞争优势的。因此，企业在拥有战略资源后，还要培养与提升自身对各种资源进行合理的协调和组合从而发挥其最大潜在价值的能力。企业是一个能力体系，其中，顾客关系管理能力是一种至关重要的能力要素。一家企业的能力是否有意义，关键在于能否为顾客创造价值。企业在战略抉择与业务选择上要特别强调顾客的作用。首先，当前市场的主导权已逐步从企业转移到顾客身上，企业应该基于顾客价值需求来形成、选择与实施战略。其次，企业真正的竞争优势源于满足与发现顾客的需求与偏好，源于顾客的购买行为。企业的技术水平、产品或服务质量、成本结构等内部因素，都不是企业持续竞争优势的源泉，而只是创造顾客价值与增进顾客关系的某些要素，企业的能力或资源必须有助于满足顾客需求或创造顾客价值。最后，顾客需求是多种多样的，不同的企业服务于不同的顾客群，满足不同顾客群的需求，这是企业取得差异化优势的原因之一。即使某些企业面对的是同质的顾客群，但因为顾客认知与行为上的区别，也可使企业取得差异化优势。因此，企业更应侧重于从为顾客更好地创造与传递价值方面来构建企业的能力结构（主要包括领导能力与愿力、员工能力与愿力、信息整合能力、核心产品供应能力、价值流程整合能力、制度形成与实施能力）（见图 5-2）。

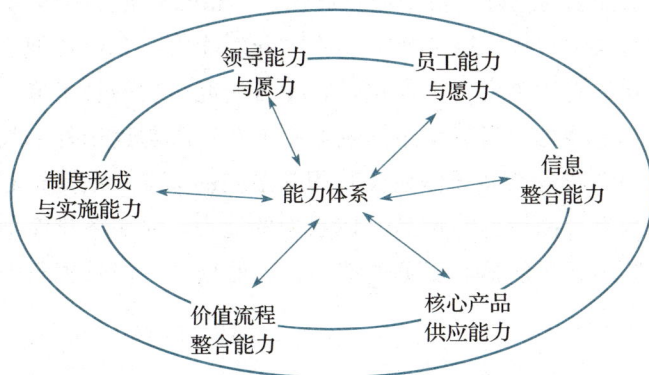

图 5-2　企业的能力结构

1. 领导能力与愿力

领导能力与愿力不仅是营造顾客管理核心理念的关键能力要素，而且对目标顾客界定与顾客价值创造也具有重大意义，因此在战略决策的过程中，领导能力与愿力是非常重要的。如果高层领导不把关注焦点转向长期发展战略与顾客需求，企业就不可能真正聚焦顾客价值创造。这就要求领导者把相关理念灌输到全体员工中去，引导和培育员工关注顾客的需求及偏好。领导能力与愿力包括战略思考能力、优化组织结构与管理程序的能力、影响力或人格魅力、推进制度形成与实施的能力、激励员工关注顾客的能力、顾客导向的程度等。

2. 员工能力与愿力

这里的员工是指企业的普通员工，是相对企业领导或管理者而言的。为顾客创造价值的计划能否取得成功，取决于员工对待顾客的态度与行为。员工能力与愿力主要包括员工认知顾客需求的能力、满足顾客需求的能力、专业知识与技术、学习与创新能力、敬业精神与责任心、团队合作精神、为顾客创造价值的动机或愿望等几个方面。

3. 信息整合能力

信息整合能力是发现业务发展新机会最为重要的能力要素。为了更好地创造顾客价值与保持顾客关系，企业除了要收集顾客信息外，还需要收集、处理与共享关于竞争优越性、外部经营环境、相关利益者需求与偏好方面的信息。能否获得与运用足够的信息是企业认知与满足顾客需求的基础。具体来说，信息整合能力包括获取信息的能力、处理信息的能力与共享信息的能力。信息整合能力是企业必须重点培养的能力。为了完整地评价企业的信息整合能力，除了信息获取能力、信息处理能力、信息共享能力外，还应引入顾客档案的数量与质量、信息网络状况等评价指标。

4. 核心产品供应能力

企业支撑能力的一个重要方面是能为顾客提供核心产品或服务，从而满足目标顾客的需求与偏好。对工业企业来说，相匹配的能力包括企业的研究开发能力、生产制造能力、顾客服务能力。研究开发能力由企业各种研究开发团体的知识与技术诀窍的总和决定，不仅包括企业各研究机构的技术能力，还包括整合这些知识与技术的能力，当然还包括企业获取、吸收与运用外部技术力量的能力。产品制造能力涉及各产品子体系及其相互之间的关联，就是把相关知识、技术、技能整合到现有产品元件与产品子体系中的能力。对服务型企业来说，企业要具备提供满足顾客期望的核心服务的能力，核心服务一般根据行业标准并结合顾客的认知进行界定。

5. 价值流程整合能力

企业为顾客创造价值的行为由价值链与顾客之间的联系确定。企业必须整合为顾客创造价值的业务流程，使顾客更方便、更快捷地获得所需要的产品或服务，把整个为顾客创造价值的过程划分为一系列相互关联的业务流程，并且确保每个业务流程都以顾客为中心进行设计与运作。价值流程是一个完整的价值网络，企业在整合价值流程时，应把供应商创造的价值、企业创造的价值、分销商创造的价值与顾客获得的价值紧密联系起来，形成一个有机循环的价值创造与传递系统，甚至为了满足顾客的特殊需要，可以与竞争者或顾客本身一起创造价值。价值流程整合能力可分为企业内部价值流程的整合能力、外部力量创造价值的整合能力、企业与顾客联系的界面管理能力。

6. 制度形成与实施能力

企业的有效运作还需要强有力的企业制度作为保证，通过相关制度的建设与落实，激励员工致力于创造顾客价值。尽管越来越多的员工知道顾客的重要性，但如何为目标顾客提供更好的产品或服务，仍需要具体的实施步骤和操作程序给予指导。事实上，企业不能完全寄希望于员工会主动地树立以顾客为本的理念，而必须通过制度来保证员工的行为方式，并且使员工形成顾客导向的思维模式。制度形成与实施能力包括顾客服务制度的完善状况、顾客档案制度的建立与实施状况、评价顾客价值与战略重要性的测评体系的完善程度、员工考核与顾客关系管理效果的挂钩程度。

5.3 企业核心能力分析

分析企业的资源和能力是界定企业发展的内部基础，但有了资源和能力并不代表企业就拥有竞争优势。为此，普拉哈拉德和哈默（1990）在《哈佛商业评论》上提出了"核心能力"的概念，认为企业在技术和市场不确定性日益增加的环境下，只有"练好内功"才能应对外部环境的变化。他们认为企业核心能力是指对企业核心竞争优势至关重要的一种或多种能力，也就是企业在竞争中处于优势地位的强项，是其他对手很难达到或者无法具备的一种能力，可以给企业带来长期竞争优势和超额利润。

企业核心能力体现在不同方面。在技术方面，核心能力主要是对多种技术和功能进行调整与整合。例如，卡西欧把收音机功能放置在一个芯片上，生产出名片大小的微型收音机。这种生产就必须有机地结合多种技术，包括微型化技术、微处理技术、微处理器设计、材料科学以及超薄精密装盒技术等。在组织方面，核心能力强调组织的整体协调。对于卡西欧公司来说，微型化只形成了企业的竞争能力，但把这种能力转化为畅销的卡西欧商品，还必须确保技术、工程、营销等各个环节和功能能够整体协同。

核心能力是战略性能力，一家企业是否拥有战略性能力，可以从四个方面加以判断（见图 5-3）。①这种能力是否比竞争者有价值？②这种能力是否在市场上是稀缺的？③这种能力是否难以被竞争者模仿或复制？④组织是否可以采用一定的方法利用这种能力来创造顾客价值？由此形成了企业核心能力的如下四个特征。

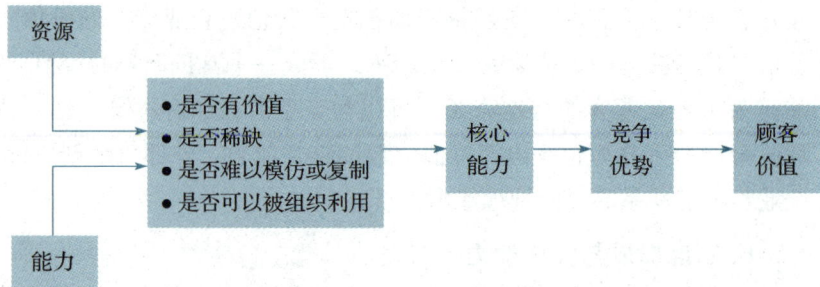

图 5-3　核心能力的判断

资料来源：希特，爱尔兰，霍斯基森.战略管理：竞争与全球化（概念）（原书第 12 版）[M].焦豪，等译.北京：机械工业出版社，2018.

1. 有价值

核心能力需要具有战略价值，能够为顾客创造长期的关键性利益，为企业创造持续竞争优势或超过同业平均利润水平的超值利润。企业核心能力能够帮助企业在创造价值和降低成本等一系列行为中做得比竞争对手更优秀。核心能力是否具有价值导向性，根本上取决于它能为顾客创造什么独特价值，只有那些与生产过程结合并生产出顾客所需要的产品或服务的资源和技能才是有价值的。企业拥有的能力如果不能为企业创造价值，就无法成为核心能力。

2. 稀缺性

核心能力应该是企业独有的，同行竞争者不会拥有相同或相似的核心能力。这种稀缺性可以表现在技术、成本、人力资源、组织管理等某个方面，也可以是研发能力、制造能力、市场营销能力和组织管理能力的组合状态与水平。稀缺性的形成可以从构筑核心能力的独特资源和技能来分析。构成企业核心能力的资源和技能往往与企业创始人及其成长经历相关联，其他企业难以通过交易的方式从市场中获取，或难以通过开发自身获取这样的要素，或者即使获取、复制了部分这样的资源和技能，但由于不能进行有效组合也会失去其价值。核心能力的稀缺性造就了企业与竞争者在竞争优势来源方面的差异性，决定了企业间竞争力的差异性。例如，华为公司强大的基础研发和应用技术开发能力，使它拉开了与竞争者的距离，形成了持续竞争优势。

3. 难以模仿性

核心能力是企业内部资源、技能、知识的整合能力，需要经验、教训、知识、理念的长期积累，常常难以让竞争者模仿和替代。核心能力包含在企业的技术特征（独特技术技能、操作技巧和诀窍等）、组织管理特征和文化特征中，往往难以用语言、文字、符号等来直观表示，其培养过程是内在的、潜移默化的，经常嵌在企业的管理体制、文化、生产经营活动过程中，所以，这些技能往往具有不可复制性的特征。如果企业内在的独特资源和技能具有价值性和稀缺性，但能够较为容易地被其他企业复制或模仿，那么企业的竞争优势就难以持续。例如，企业开发了某项技术，该技术在一定时间内给企业带来了良好的利润回报，但由于该技术很快就被竞争者模仿了，那么该技术不能为企业带来持续竞争优势。因此，为了增强核心能力的不可复制性，企业要特别对那些潜移默化的、通过途径依赖而积累的资源和技能给予高度重视。

4. 可以被组织利用

核心能力是一种适应市场不断变化的能力，能够支持企业向更有生命力的新事业拓展。因此，核心能力体现了能力的弹性，而非刚性。所谓弹性或延展性是指核心能力能够有效地作用于相同或不同性质的行为活动的数量。换句话说，企业核心能力应具有强大的渗透作用。企业一旦建立了核心能力，就应该让核心产品通过平台组织渗透到不同创新活动中，使企业依靠核心能力，在相关领域衍生出许多有竞争力的技术或产品。例如，夏普公司利用它在液晶显示技术方面的核心能力，在笔记本电脑、袖珍计算器、大屏幕电视多个方面获得一席之地。再如，阿里巴巴拥有强大的大数据管理能力，可以为顾客提供商业定位、研发、市场营销等全方位的服务，可以为贸易、物流、金融、旅游等多个行业提供增值服务，在其企业内部也因此形成了基于大数据和云计算的全价值链创造能力。因此，企业核心能力的弹性越强，企业就越能依赖核心能力产生范围经济效应，从而为企业带来更大的竞争优势。

企业核心能力主要有以下四个来源。

（1）过程。核心能力的形成往往是企业积累和共享知识的过程，与组织的特定文化和发展历程紧密相连。由于这个过程有特定的历史轨迹和事件特性，因此难以被其他组织清楚知晓和模仿。

（2）知识。核心能力不仅是一个可以有意培养和发展的过程，也是一个知识积累和创造的过程，意味着企业拥有特定领域的先进知识和经验。

（3）技术。核心能力往往与企业的特定先进技术相联系，在很多情况下，当企业拥有一项技术诀窍和发明时，可以有效帮助企业塑造顾客价值和竞争优势，而竞争者难以在短期内学会这些技术。

（4）关系。核心能力往往并不是一项单一的技术或知识元素，而是多种知识元素的特定组合。具有核心能力的企业对于这些知识元素的组合关系有深入的理解，可以优化这些组合关系以创造竞争优势。

杰伊·巴尼（1991）提出了识别企业核心能力的 VRIO 模型。所谓 VRIO 模型，就是价值（value）、稀缺性（rarity）、难以模仿性（inimitability）和组织（organization）模型。VRIO 模型是对企业内部资源与能力的优势和劣势进行分析的工具。如图 5-4 所示，它由四个问题构成。①企业的资源和能力能使企业对环境威胁和机会做出反应吗？这是价值问题。②有多少竞争企业已经拥有这种有价值的资源和能力？这是稀缺性问题。③与已经拥有它的企业相比，不具备这种资源和能力的企业在取得它时处于成本劣势吗？这是难以模仿性问题。④一家企业能充分组织利用其资源和能力的竞争潜力吗？这是组织问题。

某种资源和能力				
是否有价值	是否稀缺	是否难以模仿或复制	是否可以被组织利用	竞争意义
否			否	竞争劣势
是	否		↕	竞争均势
是	是	否		暂时优势
是	是	是	是	持续优势

图 5-4　企业核心能力的识别模型

　　根据该模型,如果企业拥有一些具有价值的资源和能力,但这些资源和能力不是稀缺的,也无法被组织利用,那么企业还是会处于竞争劣势地位。如果企业拥有有价值且稀缺的资源,但竞争者可以进行一定程度的模仿,那么企业可以保持一段时间的竞争优势,但一旦竞争者学会了这种能力,企业的竞争优势也就不复存在了。只有当企业的资源和能力同时具备有价值、稀缺性、难以模仿性和可以被组织利用四个特征时,企业才拥有能创造持续竞争优势的核心能力。

　　对于现实中的企业,其核心能力要素是有差别的,与企业所处的商业环境以及产品和服务的特征直接相关。例如,对于有些企业,顾客定制化能力、产品设计、低成本或低价格、配送系统、送达时间、产品耐用性等可能是核心能力的主要存在方式。对此,企业可以从有价值、稀缺性、难以模仿性和可以被组织利用这四个方面加以判断,最终确定哪些才是企业的核心能力要素,为企业塑造和增强核心能力要素提供方向。

● 实践链接

苹果的核心能力

　　1976 年,两个 20 多岁的青年设计出了一种新型微机(苹果一号),并受到了社会欢迎。后来,风险投资家马克首先入股 9.1 万美元,创办了苹果公司。1977—1980 年,苹果公司的营业额突破了 1 亿美元。1980 年,苹果公开上市,市值达到 12 亿美元,1982 年便迈入《幸福》杂志的 500 家大企业行列。

　　苹果之所以能有传奇般的发展,很大程度上归结于其传奇般的 CEO 史蒂夫·乔布斯。1955 年,乔布斯出生于美国旧金山,其生母是一名年轻的未婚在校研究生。乔布斯出生后就被生母送给别人收养。其养父母是典型的蓝领工人,并没有为他提供优越的环境。1972 年,乔布斯来到位于波特兰的里德学院上大学,6 个月后,乔布斯决定退学。1974 年,他到印度朝圣,这次漫游让他有了新想法。1976 年,乔布斯和沃兹尼亚克在车库里办起了苹果公司。1986 年,乔布斯被自己办的公司解雇了。1997 年 7 月,因连续 5 个季度亏损,苹果已接近破产边缘,乔布斯又被聘任为临时总裁兼 CEO。乔布斯回到苹果后,把正在开发的 15 种产品缩减到 4 种,裁掉一部分人员，并着手开发 iMac，1998 年上半年 iMac 面世并取得成功，苹果扭亏为盈。

2001 年，苹果强烈意识到，未来的 IT 产业将不以科技先进与否为最直接的评判，新的标准是它能否改进用户体验。2001 年年初，乔布斯让工程师着手捕捉这一潮流。仅用了 9 个月的时间，iPod 即告完成。2001 年 10 月 iPod 发布时，399 美元的价格让评论界并不看好其前景。刚开始时 iPod 销量并不理想，2002 年只售出 10 万台。两个"手术"改变了 iPod 的命运：一是让 PC 用户可以直接使用 iPod；二是将 iTunes 从一个单机版音乐软件变为一个网络音乐销售平台。在随后两年内，iPod 的销量超过 1 000 万台。这让苹果跳出 PC 产业的束缚，成为数字娱乐业的新宠。

就在苹果前景一片大好的 2004 年，乔布斯被诊断患了癌症。他说，人的时间有限，所以不要按照别人的意愿去活，这是浪费时间。无论如何，感觉和直觉早就告诉自己到底想成为什么样的人，其他都是次要的。求知若渴，大智若愚，这也是乔布斯一直想做到的。

资料来源：根据网络公开资料整理而成。

5.4　知识资源管理

自 20 世纪 90 年代以来，作为网络新经济时代的新兴管理思潮与方法，知识管理得到了快速发展。管理大师德鲁克指出，对于 21 世纪的组织，最有价值的资产是组织内的知识工作者及其生产力。知识在信息时代已成为最主要的资源，知识工作者是最有生命力的资产，组织和个人最重要的任务就是有效管理知识。越来越多的企业实施知识管理，主要原因有如下几点。

（1）顾客导向的市场竞争加剧。企业的生存和发展依赖于可否为顾客创造价值，而价值创造过程要求企业拥有各种匹配性知识，否则就难以创新产品和服务。企业必须不断获得和创造新知识，并利用知识为顾客创造价值。

（2）员工流动性加剧。企业的持续发展往往依赖特定的、拥有关键知识元素的核心员工，而随着市场竞争加剧，人才流动性也加快，对企业保留核心知识带来了极大挑战。经常出现企业由于几位核心员工的流失而使竞争能力锐减的现象，所以有效管理组织的知识成为组织力求持续发展的一大关键。

（3）环境不确定性加剧。环境的不确定性主要表现在由于竞争而带来的不确定性和由于模糊性而带来的不确定性。在动态的、不确定的环境下，技术更新速度加快，知识已成为企业获取竞争优势的基础，组织成员获取知识和使用知识的能力成为组织的核心技能，而这个过程的有效实施就是一个组织的知识管理过程。

世界银行 1998 年的年度报告《知识促进发展》提出，知识是用于生产的信息，即有意义的信息。知识往往具有可以多次利用、不断上升的回报、不确定的价值、不确定的利益分成等特性。知识主要分为隐性知识（tacit knowledge）和显性知识（explicit knowledge）。隐性知识是高度个性化且难以编码化的知识，往往是一种主观的理解、直觉和预感，如人的经验。这类知识往往存在于人的头脑之中，很难用文字的形式记录，所以也难于转移。显性知识是能够编码化的知识，可以用文字和数字来表达，容易交流和共享，如企业制度。这类知识往往存在于文档之中，容易用文字的形式记录，所以也就容易转移。

知识管理就是在组织中建构一个知识系统，让组织中的现有知识通过获得、创造、分享、整合、记录、存取、更新等过程创造出新的知识，并回馈给系统中的个人与组织，对新知识加以采用和再创新，进而塑造组织的创造力和竞争力。在实践中，不同的组织会根据自身特定情况采用不同的知识管理模式。尽管不同的知识管理模式有其差别，但一般都包括以下步骤：创建用于留存组织最佳实践的信息库；在服务人员和制造人员之间建立信息沟通网络；建立正式的流程以保证在项目执行过程中所获得的经验教训能够传授给执行相似任务的组织人员。可见，组织的知识管理本质上是知识在组织内部的转化利用和创造改进的过程。在这方面，日本知识管理专家野中郁次郎提出了显性知识和隐性知识相互转换的 SECI 模型。

一是群化（socialization）。群化就是组织将隐性知识转换为新的隐性知识的过程，也就是一个通过共享经验产生新的隐性知识的过程。比较典型的实例是，一个新加入组织的人员通过观察资深同事的工作来学习经验和技巧。但是，这个过程极具挑战性，因为人们往往并不知晓组织中的专家是谁，难以确定如何与专家进行有效的沟通协作，从而实现专家经验教训的编码化。

二是外化（externalization）。外化是组织将隐性知识转换为显性知识的过程，也就是把隐性知识表达出来，成为显性知识的过程。典型的活动如企业员工将实践工作中的经验教训总结成书面形式。外化活动被许多组织广泛采用，但也存在很大的挑战，比如有些经验教训往往难以进行书面表达，而隐性的经验教训知识通常是最为重要的。再如，员工普遍缺乏将隐性的经验知识展现为显性知识的能力和动力，因为这个过程需要耗费大量的时间与精力，激励的缺失导致知识外化过程的效果不理想。

三是融合（combination）。融合是组织将显性知识转换为新的显性知识的过程，即将显性知识组合成为更加复杂和更加系统的显性知识体系的过程。这个过程涉及从多个来源收集、整理和学习知识，在此基础上发现和创造新的知识的过程，其中存在一大难点，即组织需要从不同的来源有效收集知识，而这些知识往往被独占，或是存在于不同的介质中，导致后续的知识整合过程非常困难。在现实中，尽管许多企业收集到了各种多元化知识，但整合利用这些知识的有效性并不高，反而成为组织知识管理的难点，进而增加组织成本。

四是内化（internalization）。内化是组织将显性知识转换为隐性知识的过程，也就是组织把显性知识转变为隐性知识，成为企业的个人与团体的实际能力的过程。这个过程的重要性在于解决显性知识被竞争者学习或习得的风险。但是，内化过程是一个组织成员共同互动的过程，需要形成一定的组织默契，否则难以将显性知识转化为隐性知识。对组织而言，一大挑战在于如何有效选择需隐性化处理的显性知识，因为显性知识往往种类多样，作用各异，组织需要选择那些对于组织最具影响力的显性知识，并将其隐性化。

在动态和复杂的外部商业环境中，知识和知识管理的重要性越来越突出。在大数据时代，数据的可得性比以往更加容易。但数据无法直接成为企业的核心竞争力，必须对它进行分类和加工处理，从而识别出有商业价值的信息。从本质上来说，企业能力内在地表现为不同知识的结合。知识管理也是一个学习的过程，在这个过程中不仅可以获取有用的知识，还可以创造新的知识。无论是学习能力还是创新能力的提升，都可以视为企业塑造和改变动态能力的过程。动态能力则是企业塑造持续竞争优势的重要基础。因此，知识管理、学习、创新与动态能力之间有着内在的逻辑关系，值得企业认真对待知识管理的重要性（见图 5-5）。

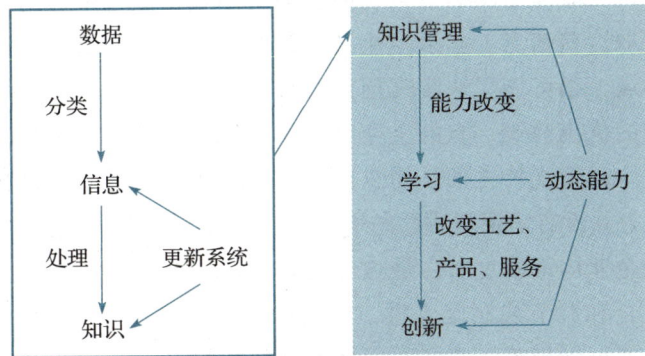

图 5-5 知识管理、学习、创新与动态能力之间的内在逻辑关系

资料来源：希特，爱尔兰，霍斯基森战略管理：竞争与全球化（概念）（原书第 12 版）[M].焦豪，等译.北京：机械工业出版社，2018.

5.5 组织制度文化

由于组织嵌在具有一定特征的社会体系之中，因此组织的制度文化是影响组织持续发展的重要因素。通常，企业制度是指以维系（促进与约束）企业生存和发展的各种社会关系的总和。由于企业生产经营过程中需要涉及内部的社会关系和外部的社会关系，因此企业制度也需要从内部和外部两个方面来分析。

从内涵上看，制度主要包括规则、规范和认知三个方面。国家和地区的制度因素会对企业运营产生重要影响，或促进企业发展，或约束企业相关行为。这里的规则往往是政府等机构设立的有关法律、政策、条例等正式制度，也可能是一些约定成俗的非正式颁布的规则。企业运行需要遵循这些正式和非正式的规则，比如遵纪守法是企业必须认真坚守的，否则会受到处罚。规范对企业如何运作进行了约束和引导。认知往往是指社会群体对社会行为的看法，如果企业行为符合社会认知，企业就可以获得社会合法性，而合法性是企业存在和发展的重要基础。从总体上看，这些规则、规范、认知方面的制度因素是一种社会游戏规则（North，1990），是为了规范和塑造社会成员的行为与人际关系而设立的。因此，任何企业都需要主动适应制度环境的要求。当然，目前也有企业主导塑造新的制度环境。

从企业外部制度看，处于经济转型期的中国，相关制度环境还在不断建立和完善之中。辩证地看，尚未成熟的制度环境为中国企业创造了发展机会，企业可以结合外部制度特点塑造出独特的竞争优势。例如，中国政府每五年都会制定出台社会经济发展规划，对未来进行系统性和战略性的分析，明确相关目标和重点工作。对宏观分析判断能力不强的企业而言，上述规划对企业进行战略抉择具有重要的参考价值，尤其是在产业选择、政策支持等方面。为了从制度环境中获得收益，企业也可能会主动与相关主体建立连接，使企业更有效地嵌入社会网络体系中，形成新的能力。当然，不够成熟的制度环境也会给企业带来一些风险和不确定性，因此，需要企业具备较高要求的柔性。例如，尽管政府部门出台的五年规划可以为企业指明一些具有前瞻性的领域，但这是通用性的知识，其他企业也可以获取这些信息。如果企业没有很好地结合自己的战略和资源状况就贸然进入这些领域，很可能无法实现预期的目标。同样，政府在不同发展阶段会出台具有针对性的优惠政策，有的企业可能会对优惠政策特别敏感，把过多的资源配置到获取这些政策支持方面，而忽视了对市场竞争能力的培育和提升，结果导致企业综合能力并没有实现实质性的增强。

从企业内部制度看，最核心的是产权制度。产权制度是对企业财产关系进行有效组合和调节的制度安排，以法律制度形式清晰界定各个产权主体及其权能。产权制度可以规范各类产权主体的地位、权责以及相互关系，是一种激励和约束机制。在现实中，从企业资产的所有者形式来考察，企业制度分为个人业主制、合伙制和公司制三种基本类型。企业制度对于企业健康持续发展具有重要影响。我国目前拥有比例很高的家族企业，家族制度和关系对于企业成立、起步和发展起到了有效的促进作用，但随着企业规模的扩大和内部复杂性的提高，不少企业存在建立现代企业制度的需求，需要重新设计产权制度、组织制度和治理制度。

（1）产权制度。从法律经济学看，产权制度的形式很多样，基于股权的结构可以分为独资企业、合资企业、合伙企业等，基于股权的来源又可以分为国有企业、集体企业、私营企业、外资企业等。产权制度涉及所有权、使用权和收益权等。其中，所有权是指所有人依法对资源享有占有、使用、收益和处分的权利，使用权是指使用权主体依法取得的对资源进行使用的权利；收益权是指所有权主体或法定的使用权主体拥有的获得资源收益的权利。所有权、使用权和收益权在不同情况下并非完全统一，可以有意识地进行分配和组合，这就构成了现实中多样复杂的权利结构。不同的权利结构既可以作为企业发展的重要动力，如实施股份制或期权制的企业往往对相关员工起到较好的激励作用，形成共同的利益关系有助于企业人员共同努力，但也可能成为企业发展的制约，因为权力分配不合理会挫伤一些利益相关者的积极性，这些感知到利益得不到满足的企业人员就会与企业"离心"。因此，在不同行业和不同发展阶段，企业需要设计出不同的产权制度。

（2）组织制度。企业的组织制度是指企业组织的基本规范，是对部门之间、岗位之间、人员之间的责权利和分工协作关系的规定，是全体成员需要遵循的行为准则，包括各种章程、条例、守则、规程、程序、办法、标准等。因此，组织制度是建立在企业统一的目标之上的，是对责权利的统一和分配，可以视作企业内部的社会关系系统，这当中既可能有工作关系，还可能有责任关系和利益关系。在设计组织制度时，除了有统一的目标原则作为指引外，还需要重点考虑以下几点：一是组织的管理职能及其结构，将职能进行层层分解，落实到具体的业务流程、岗位和个人，形成业务与组织管理相匹配的规范；二是将组织的管理职能配置形成组织框架和结构图，将层级之间、层级内部的分工协作关系进行可视化处理，并详细设计各个层级、部门、岗位、人员的工作内容和责权利；三是将上述内容形成制度化文件和办法，作为规范和考核层级、部门、岗位和人员的基础性参照，形成按照制度行事和激励的组织机制和文化。此外，组织制度需要根据企业的规模大小、技术特征、内外部环境情况进行动态调整和优化。在现实中，组织制度优化的企业有很强的组织能力，在应对机会和挑战时，这种组织能力就是独特的内部竞争优势。

（3）治理制度。企业的治理制度是一套程序、惯例、政策、法律和机制，规范着企业内外部众多利益相关者的关系，包括股东、债权人、管理人员、理事、员工、供应商、顾客、政府管理者、社区等。因此，从广义上看，公司治理是通过一系列制度来协调和保障企业与利益相关者之间的利益关系的；从狭义上看，公司治理是通过制度安排来规范和保障所有者与经营者之间的权利与责任关系的，主要通过股东大会、董事会、监事会及经理层所构成的公司治理结构来治理。优秀企业的治理制度往往体现出诚信、开放、可靠等特点。公司治理制度的设计因国家、社会和企业的特点差异呈现出多样化的趋势，如英美企业股东利益至上的治理制度、日德企业重视利益相关者的治理制度、股东至上和利益相关者相结合的混合治理制度。科学有效的治理制度可以提高企业决策水平，保障利益相关者的利益，为企业发展提供重要的基础保障。

5.6　环境战略互动

企业的业务发展和选择与其内外部环境存在非常紧密的关系，一方面，任何企业明确"做什么"与"如何做"的过程都要受到环境因素的制约，必须能够适应其所处的环境；另一方面，通过把握环境中出现的新机会，为企业业务拓展与战略重心转移打开新局面。本书第 4 章分析了企业外部的一般环境、产业环境和竞争环境，本章分析了内部环境，主要涉及企业内部的资源与能力状况，包括企业的组织结构、文化、资源、运作流程等。

根据一般的战略分析框架，企业可通过审视外部环境发现各种机会与威胁，通过剖析内部环境发现内部的优势与劣势，并据此判断企业是否处于相对稳定的发展过程中。要深入全面地把握企业内外部环境的状况，需要借助系统的分析工具。常用的内外部环境分析工具有 SWOT 矩阵。SWOT 矩阵是一种综合考虑与评价企业外部环境与内部实力的各种关键战略要素，从而选择适合的经营战略的分析工具。内部环境分析涉及企业具有的优势（strengths，S）和劣势（weaknesses，W）；外部环境分析涉及企业面临的机会（opportunities，O）与威胁（threats，T）。

- 优势（S）：企业内部具有的、在竞争中拥有明显优势的（或者说做得特别好的）方面，如产品质量优势、品牌优势、市场网络优势等。
- 劣势（W）：企业内部存在的、在竞争中处于劣势的（或者说做得特别不好的）方面，如关键设备老化、技术开发工作落后、必要资金的缺乏、产品线范围过窄等。
- 机会（O）：企业外部环境中存在的机遇，如市场增长迅速、新技术的运用、政府的有力支持、顾客的忠诚度高、与关键供应商的关系密切等。
- 威胁（T）：外部环境中存在的对企业发展不利的因素与挑战，如市场的萎缩、强有力竞争者的进入、顾客偏好的改变、不利政策的出台、媒体的负面宣传等。

概括地说，内部优势与劣势分析侧重于对企业自身实力与主要竞争者的比较，而机会与威胁分析则侧重于外部环境的变迁及其对企业的现有与潜在影响。此外，内部优势与劣势和外部机会与威胁是密切相关的，外部环境的某种变化对于具有某种特殊竞争力的企业可能是一种好机会，而对于另一些企业则可能是致命的威胁。

根据企业内外部环境的不同状况，SWOT 矩阵为企业提供了四种可供选择的战略，即 SO 战略、ST 战略、WO 战略、WT 战略（见图 5-6）。企业内部的优势与劣势是相对于竞争者而言的，主要表现在企业的资金、技术、专用设备、员工素质、品牌、商誉、管理技能等方面。企业外部的机会与威胁泛指外部环境中对企业有利与不利的因素。企业根据 SWOT 分析结果并结合企业的使命与战略目标，从内外部环境中找出对企业长期生存与发展起决定作用的关键战略因素，根据各个要素的相对重要性给予一个合适的权重，然后进行加权求和，得出关于企业相对经营优势的评价结论，并据此选择合适的经营战略。

	内部环境	
	优势（S）	劣势（W）
机会（O）	SO战略 依托内部优势 利用外部机会	WO战略 克服内部劣势 利用外部机会
威胁（T）	ST战略 依托内部优势 规避外部威胁	WT战略 克服内部劣势 规避外部威胁

图 5-6　SWOT 矩阵分析

🔗 实践链接

深圳 CHIP 公司的 SWOT 分析

根据世界半导体贸易统计机构的研究数据，2016 年全球半导体销售额达到 3 389 亿美元，2017 年上升到 4 122 亿美元，2018 年超过 4 500 亿美元。人们对生活品质的追求促进了消费升级。例如，智能家居、无人驾驶汽车等产品给人们带来了更多的便利和更好的体验。智能家居和无人驾驶汽车的核心部件都是半导体。近年来，新兴电子产品涌现，如无人机、智慧机器人、3D 打印机、比特币挖矿机等，都促进了电子新领域的发展。当新兴产品出现时，半导体生产厂会更青睐于这些产量大、毛利高的产品，从而导致半导体生产厂的产品产量结构发生变化。

作为世界上集成电路产业增长速度最快的国家，中国自 2000 年以来就开始推进集成电路产业的快速发展，发展至今仅仅 24 个年头，而中国集成电路产业销售规模的增长率却高达 20.6%，远远超过世界平均水平。2017 年，我国 IC 设计行业和芯片制造行业的产值分别为 2 000 亿元和 1 440 亿元，尤其是芯片制造行业，在 2016—2017 年增长速度高达 30%，增长极快。

2018 年 7 月 10 日，特朗普政府正式发表声明，制订了一份关于中国商品的加征关税计划，在该计划中涉及的中国商品价值高达 2 000 亿美元，此次征收关税的税率为 10%，但是随后特朗普政府发表声明，将 10% 提高至 25%。2017 年，富士康创始人郭台铭在美国投资建设的大型 LCD 面板厂举行奠基仪式，特朗普出席并称赞富士康的这个工厂是全球的第八大奇迹。相对而言，中国半导体技术和产业还不够发达。"中兴事件"刺激了中国政府大力发展国内半导体行业，更多的资金支持、更多的政策优惠为国内诞生更多优秀的半导体企业提供了有利的条件。

当半导体行业的电商兴起后，贸易公司的市场份额逐渐缩小，有的企业已经到了生死存亡的境地。半导体行业电商主要有三种类型。一是原厂电子商务。原厂直接建立网上销售店，但目前还比较少。二是授权代理商电子商务。目前已经有不少授权代理商建立了自己的电子商务网站，在网上进行销售，虽然用户体验一般，但相对原厂好一些。三是代购平台。这种模式是把最好的十几家授权代理商的线上销售数据集成到一个平台，帮助用户代购。

CHIP 公司是国内成立最早的一批半导体贸易企业之一。企业发展之初就很注重品牌形象，租用现代化高档办公室，招聘高学历的员工，制作完整的形象宣传手册，长期在电子行业杂志上做宣传，经常参加行业的展会和讲座论坛等。凭着企业的实力和优秀的业务能力占得先机，成为合作客户数量最多的半导体贸易公司之一，拥有 5 000 多个合作客户。2015 年调查统计，CHIP 公司营收在中国电子元器件独立分销商营收排名中位居第二。CHIP 公司虽然有多年积累的大量数据，但还没有将其有效地利用起来。随着国内一些电子制造厂转移到海外，企业需要重新建立客户关系，加大了客户开发和维护的成本和难度。近几年企业效益不断下降，CHIP 公司开始不断缩减开支。企业文化的建设已经退出了企业的日程计划。CHIP 公司的 SWOT 分析矩阵如图 5-7 所示。从分析结果中可看出，企业最适合采用 WT 战略，减少内部劣势，避开威胁，选择业务集中差异化发展战略。

外部环境	内部环境	
	优势（S） 资金 品牌 顾客资源	劣势（W） 货源渠道 技术支持能力 市场分析预测能力 企业文化
机会（O） 投资发展半导体研发设计的重大利好信息 半导体行业总体增长 新的市场新的增长点 推广中国国产半导体芯片的利好	SO 战略 依靠内部优势，利用外部机会扩大企业规模，取得规模效益；投资半导体研发设计，降低进货成本，实现成本领先	WO 战略 利用外部机会，集中到新的市场增长点，与国产半导体芯片公司合作；在这个市场取得成本领先优势，克服货源渠道劣势
威胁（T） 电商对贸易公司业务冲击 中小型顾客市场和中国区域市场竞争加剧导致利润下降 中国电子制造工厂迁往海外导致合作关系丢失 进货成本增加 中小顾客欠款或倒闭风险增加 贸易商议价能力进一步减弱	ST 战略 利用优势，提供差异化的品牌和差异化的产品，避开外部威胁	WT 战略 聚焦优质目标顾客，提供差异化服务；在细分领域提供差异化产品，从而减少内部劣势，避开外部威胁

图 5-7　CHIP 公司的 SWOT 分析矩阵

资料来源：杨凌翔. 深圳 CHIP 公司业务战略研究 [D]. 浙江大学工商管理硕士专业学位论文，2019.

反思

数字资源的独特性

在数字化转型的浪潮中，企业内部资源的特征发生了前所未有的变化，这从根本上重塑了企业的价值创造过程和价值获取途径，也对战略管理的理论和实践提出了新的挑战。数字资源，如数据、算法、软件和人工智能，已成为企业构筑核心能力的关键。数据资源作为具有可编程接口的模块化数字对象，封装了价值（资产和能力）。与传统资源相比，数字资源具有同质性、自生长性，以及在大规模生产中保持低边际成本的无尺度性（scare-free）。同时，数字资源具有不可知性，其用途不受预先设定的限制，因此带来了更多价值创造的可能性。

数据资源作为数字资源的关键组成部分，其战略价值不仅体现在数据的体量上，更体现在数据的质量和独特性上。对企业而言，有价值的数据并不一定是海量数据，而是能够带来独特见解的数据。企业家需要深入洞察，识别并积累那些能赋予企业独特竞争优势的知识，形成企业专有性数据。这类数据资源能够帮助企业减少信息不对称，降低交易成本，同时重塑传统商业模式和市场结构。尽管如此，企业战略的核心依然没有发生改变——即保持独特性和竞争力，企业必须依靠技术创新，实现从 0 到 1 的突破，这是始终不变的真理。

数字资源与数字创新紧密相关，企业通过整合和重组各类数字资源，开发出新的产品和服务，实现数字产品创新。在数字创新过程中，企业需要不断塑造和提升数字创新能力，这包括数字连接能力、数据聚合能力、智能分析能力等一阶能力和数字敏捷能力和重组创新能力等二阶能力，从而适应数字技术的快速变化。

在瞬息万变的数字时代，企业必须做好传统创新逻辑和数字创新逻辑之间的平衡，重新审视数字资源，使它们支持创新活动并实现战略目标。为了适应数字资源的特性，企业文化和组织结构也应进行相应的调整。企业应构建鼓励创新和容忍失败的文化，并构建灵活的组织结构，从而促进跨部门协作和资源共享。最后，企业需要特别关注数字资源的治理、安全和伦理问题，努力实现可持续发展。

总之，数字资源的独特性为企业提供了新的机遇，同时也带来了管理上的挑战。通过充分开发和利用数字资源、综合协调管控的管理机制，企业将不断提升数字创新能力，从而迈向高效、智能、可持续的发展道路。

本章小结

本章的内容逻辑结构如图 5-8 所示。本章以企业价值活动分析为基本逻辑，认为企业的基本活动和辅助活动共同决定了竞争优势来源；企业资源和能力是获取竞争优势的内部条件，包括有形资源、无形资源和人力资源；战略性能力构成了企业核心能力，介绍了知识资源管理、组织制度文化和环境战略互动的工具和方法。

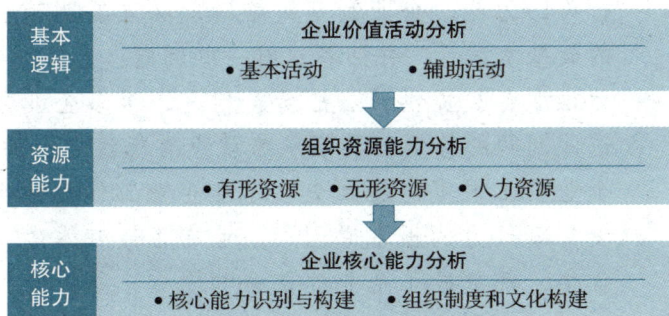

图 5-8 第 5 章内容逻辑结构

复习思考题

1. 企业价值链分析框架的基本战略思想是什么？这种战略思想在当前中国民营企业的战略管理实践中有指导价值吗？为什么？
2. 数据、信息和知识有何差别？三者对于企业竞争优势的影响各是什么？
3. 企业的核心能力可以准确识别吗？为什么？
4. 简述 SWOT 分析的主要内容及你对该方法的认识。

总结案例

钉钉崛起背后

请扫码阅读总结案例

第6章　战略使命目标

　　企业由人组成，需要最基本的生存和发展哲学去指导人的行为，为此，企业制定战略时就必须要明确企业之所以存在的最基本宗旨，并回答这样一些问题：为什么要办企业？企业为谁服务？提供什么服务？但是，很多企业其实并不能给出这些问题的答案，甚至从来就没有想过它们的答案。结果是，企业员工很可能感到失去了在企业工作的意义，这也是企业没有凝聚力的根本原因。企业有了最基本的生存理由和存在哲学，就形成了企业的使命和愿景，并以此作为企业全部战略活动的出发点。本章认为，企业的价值实现归根到底取决于为顾客、其他利益相关者和社会创造的价值，因此，企业使命的确立需要建立在顾客价值创造的基础上。基于以上逻辑，本章重点解决四个问题：企业愿景设计、企业使命确立、战略目标表述和顾客导向的目标。

【学习目标】

☑ 掌握企业愿景的内涵、特点和企业愿景设计的作用
☑ 掌握企业使命的作用、立足点和表述
☑ 掌握战略目标的含义、特点和要求
☑ 理解顾客价值导向与使命目标的关系

⊙ 引例　　　　　　　　　　华为基本法

《华为基本法》之核心价值观

[追求] 第一条，华为的追求是在电子信息领域实现顾客的梦想，并依靠点点滴滴、锲而不舍的艰苦追求，使我们成为世界级领先企业。为了使华为成为世界一流的设备供应商，我们将永不进入信息服务业。通过无依赖的市场压力传递，使内部机制永远处于激活状态。

[员工] 第二条，认真负责和管理有效的员工是华为最大的财富。尊重知识、尊重个性、集体奋斗和不迁就有功的员工，是我们事业可持续成长的内在要求。

[技术] 第三条，广泛吸收世界电子信息领域的最新研究成果，虚心向国内外优秀企业学习，在独立自主的基础上，开放合作地发展领先的核心技术体系，用我们卓越的产品自立于世界通信列强之林。

[精神] 第四条，爱祖国、爱人民、爱事业和爱生活是我们凝聚力的源泉。责任意识、创新精神、敬业精神与团结合作精神是我们企业文化的精髓。实事求是是我们行为的准则。

[利益] 第五条，华为主张在顾客、员工与合作者之间结成利益共同体，努力探索按生产要素分配的内部动力机制。我们绝不让"雷锋"吃亏，奉献者定当得到合理回报。

[文化] 第六条，资源是会枯竭的，唯有文化才会生生不息。一切工业产品都是人类智慧创造的。华为没有可以依存的自然资源，唯有在人的头脑中挖掘出大油田、大森林、大煤矿……精神是可以转化成物质的，物质文明有利于巩固精神文明。我们坚持以精神文明促进物质文明的方针。这里的文化，不仅仅包含知识、技术、管理、情操……也包含一切促进生产力发展的无形因素。

[社会责任] 第七条，华为以产业报国和科教兴国为己任，以公司的发展为所在社会做出贡献，为伟大祖国的繁荣昌盛，为中华民族的振兴，为自己和家人的幸福而不懈努力。

《华为基本法》之基本目标

[质量] 第八条，我们的目标是以优异的产品、可靠的质量、优越的终生效能费用比和有效的服务，满足顾客日益增长的需要。质量是我们的自尊心。

[人力资本] 第九条，我们强调人力资本不断增值的目标优先于财务资本增值的目标。

[核心技术] 第十条，我们的目标是发展拥有自主知识产权的世界领先的电子和信息技术支撑体系。

[利润] 第十一条，我们将按照事业可持续成长的要求，设立每个时期的合理的利润率和利润目标，而不单纯追求利润的最大化。

《华为基本法》之公司成长

[成长领域] 第十二条，我们进入新的成长领域，应当有利于提升公司的核心技术水平，有利于发挥公司资源的综合优势，有利于带动公司的整体扩张。顺应技术发展的大趋势，顺应市场变化的大趋势，顺应社会发展的大趋势，就能使我们避免大的风险。只有当我们看准了时机和有了新的构想，确信能够在该领域中对顾客作出与众不同的贡献时，才进入市场广阔的相关新领域。

[成长牵引] 第十三条，机会、人才、技术和产品是公司成长的主要牵引力。这四种力量之间存在着相互作用。机会牵引人才，人才牵引技术，技术牵引产品，产品牵引更多、更大的机会。加大这四种力量的牵引力度，促进它们之间的良性循环，就会加快公司的成长。

[成长速度] 第十四条，我们追求在一定利润率水平上的成长的最大化。我们必须达到和保持高于行业平均的增长速度和行业中主要竞争对手的增长速度，以增强公司的活力，吸引最优秀的人才，和实现公司各种经营资源的最佳配置。在电子信息产业中，要么成为领先者，要么被淘汰，没有第三条路可走。

[成长管理] 第十五条，我们不单纯追求规模上的扩张，而是要使自己变得更优秀。因此，高层领导必须警惕长期高速增长有可能给公司组织造成的脆弱和隐藏的缺点，必须对成长进行有效的管理。在促进公司迅速成为一个大规模企业的同时，必须以更大的管理努力，促使公司更加灵活和更为有效，始终保持造势与做实的协调发展。

《华为基本法》之价值分配

[价值创造] 第十六条，我们认为，劳动、知识、企业家和资本创造了公司的全部价值。

[知识资本化] 第十七条，我们是用转化为资本这种形式，使劳动、知识以及企业家的管理和风险的累积贡献得到体现和报偿；利用股权的安排，形成公司的中坚力量和保持对公司的有效控制，使公司可持续成长。知识资本化与适应技术和社会变化的有活力的产权制度，是我们不断探索的方向。我们实行员工持股制度。一方面，普惠认同华为的模范员工，结成公司与员工的利益与命运共同体。另一方面，将不断地使最有责任心与才能的人进入公司的中坚层。

[价值分配形式] 第十八条，华为可分配的价值，主要为组织权力和经济利益，其分配形式是：机会、职权、工资、奖金、安全退休金、医疗保障、股权、红利以及其他人事待遇。我们实行按劳分配与股权分配相结合的分配方式。

[价值分配原则] 第十九条，效率优先、兼顾公平、可持续发展是我们进行价值分配的基本原则。按劳分配的依据是：能力、责任、贡献和工作态度。按劳分配要充分拉开差距，分配曲线要保持连续和不出现拐点。股权分配的依据是：可持续性贡献、突出才能、品德和所承担的风险。股权分配要向核心层和中坚层倾斜，

股权结构要保持动态合理性。按劳分配与股权分配的比例要适当，分配数量和分配比例的增减应以公司的可持续发展为原则。

[价值分配的合理性] 第二十条，我们遵循价值规律，坚持实事求是，在公司内部引入外部市场压力和公平竞争机制，建立公正客观的价值评价体系并不断改进，以使价值分配制度基本合理。衡量价值分配合理性的最终标准，是公司的竞争力和成就，以及全体员工的士气和对公司的归属意识。

资料来源：摘自《华为基本法》。

讨论题

《华为基本法》体现出华为具有什么特征的追求？核心价值观、基本目标、公司成长、价值分配之间有何内在联系？

6.1　企业愿景设计

6.1.1　企业愿景的内涵和特点

企业愿景这个概念是随着西方战略管理理论引入中国后，才在企业层面得到应用的。之前常用的概念有很多，如企业经营宗旨、意图、方针、指导思想、企业精神、信条等，到目前为止，这些概念之间的区别还并不是十分清晰，在企业实践中的表述也是模糊的，比如有的把愿景表述为宗旨，有的把宗旨表述为愿景，有的把经营目标表述为愿景，也有的把愿景表述为战略意图。

从企业实践来看，我们认为不必特别刻意地区分相互之间的关系，也不要为了定义而定义，而应该从这些概念的现实指导性和可操作性去认识，可以从德鲁克的经典论述出发去界定企业愿景的内涵。德鲁克认为企业要思考三个问题：第一，我们的企业是什么？第二，我们的企业将是什么？第三，我们的企业应该是什么？这也是思考企业战略的三个原点。这三个问题集中体现了企业的愿景，即企业愿景可以回答以下三个问题：我们要到哪里去？我们的未来是什么样的？我们的目标是什么？其核心是解决"我们希望成为什么"的问题。

显然，这些企业生存和发展的基本哲学问题，体现了企业发展的使命感、方向性和探索性。使命感回答"企业是什么"，即企业在经营内容和目标方面在相当一段时间的内外部承诺。方向性回答"企业将是什么"，即关注企业未来往哪里去，指导企业全体员工朝着同一个方向前进。探索性回答"企业应该是什么"，因为环境和条件在变化，需要我们动态寻找和发现新的核心能力与业务模式，不断调整企业使命及方向。综括以上基本问题的答案，这里把企业愿景定义为如下内容。

企业愿景是企业对未来的一种憧憬和期望，是对内外部利益相关者的长期承诺和价值驱动，其核心内容是表述企业希望长期恪守的经营范围和追求的目标。

按照这样的定义，再去看《华为基本法》的第一条 [追求]，就是愿景的表述："华为的追求是在电子信息领域实现顾客的梦想，并依靠点点滴滴、锲而不舍的艰苦追求，使我们成为世界级领先企业。"华为当时提出这个追求的时候，其长期承诺是"实现顾客的梦想"，其价值驱动是"依靠点点滴滴、锲而不舍的艰苦追求"，其经营范围是"电子信息领域"，其追求目标是"成为世界级领先企业"。

接下来，可以从以下特征对企业愿景的内涵做进一步认识。首先，企业愿景是企业股东、董事会、经营层就不同利益相关者期望达成的单个或诸多目标而进行的综合设想。企业是由不同的股东、不同的经营者、不同的业务组成的，这些股东和经营者往往具有不同的期望，于是，企业内就会出现多元利益之间的交织和冲突，这时候就需要所有者、经营者之间就未来发展形成妥协的图景，大家就"我们希望成为怎样的企业"达成共识，并转化为企业对内外部的一种承诺。

其次，企业愿景是介于理想和现实之间的期望。企业愿景是企业的长期愿望及未来蓝图，愿景往往处于可实现而又难以实现的模糊状态，具有"可实现性"可以驱使内外部人员努力追求愿景，具有"难以实现性"可以激发内外部人员的想象力。例如，100 多年前，当亨利·福特说他的愿景是"使每一个人都拥有一辆汽车"时，绝大多数人会认为他是精神病，但在今天地球上的很多地方，他的梦想已经完全实现了，当然，那个时代很少有人能相信"一个疯子"说过的话。但是，这种梦想确实在使人感到不可思议的同时，又会不自觉地被它的力量所感染，如果福特提出的愿景是轻易能实现的，那就不是愿景，而仅仅是战略目标了。

再次，企业愿景是检核战略责任主体的行为是否符合长远发展的基本准则，是检查企业日常运作是否符合企业发展方向和要求的抽象标准。随着企业的发展，不同所有者的预期会变化，不同经营者的行为指针也会变化，那么，这些变化是否偏离了原先的承诺？无论是内部成员还是外部利益相关者，都可以对照企业愿景对所有者和经营者的行为与运作情况进行审查。

最后，企业愿景应该在相当长的时期内保持相对稳定。这个时期可以是 10 年、20 年，甚至 100 年。为什么企业愿景不能经常改变？因为它规定了企业的基本价值观和存在理由，是企业长期不变的信条，如同把组织聚合起来的黏合剂，它的形成是企业和员工达成共识的结果。正如华为的核心价值观之所以被称为"基本法"，是因为这个"基本法"是经营和治理华为的基本哲学，如果"基本法"两年一变、三年一动，就会让内部员工不知所措，外部利益相关者也没有办法认识这家企业。有的企业如日本三菱，曾经宣布"制定了 108 年的战略"，它所指的战略应该就是企业愿景中最核心的内容——基本价值观和核心信仰。

6.1.2 企业愿景设计的作用

前面讨论了企业愿景的内涵和特点，下面再讨论一下企业愿景设计的作用。

科林斯和帕里斯将企业划分为两种类型：一种类型的企业有明确的企业愿景，并成功地将它扎根于员工之中，这些大多是排在世界前列的、广受尊敬的企业；另一种类型的企业认为只要增加销售额就万事大吉，没有明确的企业愿景，或企业愿景没有扩散到整个企业，这些企业绝不可能位居世界前列。只有具备全体员工共同认可的企业愿景，这家企业才有成长为优秀企业的基础。企业具有明确的愿景很重要，原因主要有以下几个方面。

第一，有利于强化企业的存在价值。企业愿景的终极目标就是将企业的存在价值提升到极限。企业的存在价值是企业本质的存在理由和信念。传统观念认为，企业的存在价值在于它是实现人类社会幸福的手段与工具，是在促进全社会幸福和寻找新的财富来源的过程中创造出来的。企业愿景的意义分为三个不同的层次：最高层是企业对人类社会的贡献和价值，中层是企业的经营领域和目标，下层是员工的行为准则或实务指南。企业对人类社会的贡献和价值是企业赖以存在的根本理由，也是其奋斗的方向，它是最高层次的企业愿景，具有最高的效力；企业的经营领域和目标是低一层次的概念，指出了企业实现价值的途径和方式；行为准则或实务指南是在实现价值过程中应该遵循的经济和道德准则。愿景所处的层次越高，具有的效力越大，延续的时间就越长。

第二，有利于深化与外部利益相关者的沟通。企业的发展需要投资者的资金输入，需要顾客信任并与之沟通产品与服务，需要社会提供成长的土壤，需要供应商提供资源和配套设施，还需要金融机构、政府机构、公共服务机构的支持等。要让这些利益相关者认识一家企业，就要清晰、简明地通过愿景的方式，把企业的经营范围和追求的目标传递给大家，从而取得他们的认可与支持。此外，这样做也有利于不同利益相关者之间的协调，通过与企业之间建立互动关系，既能让企业听取外部利益相关者的诉求，也有利于企业的利益诉求为外界所理解和接受。

第三，有利于协调好内外个体与组织的价值利益。企业每个员工都有其自身发展的愿景，尽管很多员工的愿景是朴素的、难以表述出来的。员工愿景与组织愿景的协同是激发员工努力的最内在动力，因此，要使企业员工都自觉、积极地投入企业活动中，就需要通过企业愿景来整合员工的个人愿景。企业通过具体、明确的方式告诉员工组织的愿景，进而引导和融合不同个体的愿景，把组织价值的实现和个人价值的达成结合起来，通过实现员工的个人愿景，达成企业共同愿景。

第四，有利于规范企业的发展方向。愿景能描绘出企业将来的形态，引导企业资源投入的方向。企业因为有愿景就可以一直朝相同的方向前进，在追求短期目标的同时，也可以为中长期目标的实现奠定基础。共同愿景还能让每一个人的努力产生累积的效果。企业没有愿景，就会分散力量，从而导致经营上的问题，即使短期内有不错的业绩，也会因为和长期目标不够一致，而导致各种力量互相抵消。不管是旧事业还是新事业都是为了达成企业愿景，反过来说企业有了愿景，才会有新事业的诞生。在动态竞争中，环境要素复杂多变，拥有愿景的企业可以在别人还未看见、尚无感觉的时候，就开始对未来进行规划和准备。经过长时间的努力，当市场出现机会时，企业利用已准备好的所有竞争力，占据竞争主动地位，赢得先动优势。

企业若能制定明确的、长期的愿景，保持战略的稳定性和连续性，并保证一切战略战术行动均围绕愿景展开，就能使企业拥有长期的战略积淀和深厚的文化底蕴，提高其路径依赖性，增加对手模仿的难度。

表 6-1 给出了一些具有代表性的企业或组织愿景表述的实例。

表 6-1　企业或组织愿景表述的实例

企业或组织名称	愿景表述
麦肯锡	帮我们的顾客成为最杰出的企业
微软	致力于提供使工作、学习和生活更加方便、丰富的个人电脑软件
腾讯	用户为本，科技向善
浙江大学管理学院	培养引领中国未来发展的健康力量
华为	聚焦顾客关注的挑战和压力，提供有竞争力的通信解决方案和服务，持续为顾客创造最大的价值

从表 6-1 中可以发现，这些企业或组织的愿景非常简明且富有想象，由此总结出企业愿景的表述要注意的几个原则：①要言简意赅。愿景是企业战略最抽象的指向，并具有高度认同性，因此要简洁地表述，便于记忆，通常用一两句话讲清楚即可。②要有想象空间。愿景反映了企业未来 10 年、20 年、甚至 100 年的发展志向，不能太具体，而应是对企业长远发展的富有想象力的目标刻画。③要有激励作用。愿景的表述既要富有挑战又要现实可行，既能取得外部利益相关者的认同和支持，又能让内部成员感到企业的未来充满期待，并由此发挥激励效用。

6.2　企业使命确立

每一个组织客观上都应该有一个特别的、不同于其他组织的存在理由，即企业的特殊使命，该使命能够把各相关利益者与企业的最终目标联结在一起，并明确指出组织通向成功的道路。定义企业使命就是阐明企业的根本性质与存在理由，说明企业的宗旨、哲学、信念，反映企业组织尤其是高层管理者的价值观和企业努力为自己树立的形象，揭示本企业与其他企业在目标上的差异，界定企业的业务范围，以及确定企业要力图满足的顾客基本需求与其他相关利益者的需要。

企业明确自己的使命主要有以下作用。第一，在企业愿景上达成共识，协调各相关利益者的矛盾冲突。企业使命是对有关经营理念、经营原则的整合，从而促使所有人员明确方向并对重大问题达成共识，为企业运行营造良好的氛围、提供有效的激励。由于企业各利益相关者所追求的目标之间存在一定的矛盾冲突，如股东关注投资回报、员工关注工资与福利等，因此，企业必须通过使命说明致力于满足不同利益相关者需要的程度，协调好各种目标之间的关系，使企业使命能为员工、股东、顾客、社会等相关利益方所理解与接受，使各主体形成共享的价值观与协同的行动。

第二，明确企业发展方向与业务定位，为企业目标界定、资源能力配置与相关活动的协调提供依据。在企业明确长远发展方向与特色定位的前提下，可以进一步界定在达成使命的过程中所追求的企业目标。企业通过组合生产经营活动各领域，从业务选择与组合的角度支撑企业发展，强化企业特色。通过各项关键资源与特殊能力的有效配置，以及各职能部门与相关要素的协同作用，更有效地实现企业的目标。

第三，使各利益相关者满意，突出顾客导向思想。在关注各利益相关主体利益满足度的情况下，通过各利益相关者的共同努力，持续洞悉目标顾客的需求及其变化趋势，把企业的特长与顾客的需求很好地协同起来，创造出卓越的顾客价值，在市场上形成超越竞争者的优势地位。

正是因为企业的战略使命具有以上重要作用，因此，良好的使命定义应能反映各利益相关者的期望。企业要生存与发展，就必须了解并满足诸如政府机构、所有者、员工、顾客、供应商、所在社区及公众利益团体等权利要求者或利益相关者的需要，只有这些利益相关者满意了，企业才可能完成自身的使命。在企业管理理论中，一般把企业中的利益相关者归纳为顾客、股东、社会、员工，企业使命就是要使上述四类利益相关者满意，这里称之为"四满意"（见图 6-1）。企业在进行战略决策的过程中，在确定自己的使命宣言时，必须要兼顾这四个主体的利益。

图 6-1 企业使命立足点——"四满意"

（1）顾客满意。除非企业处于垄断行业，否则顾客只要不满意，就会离企业而去。通常来说，在面对某种需要时，顾客拥有众多可以满足这种需要的选择。顾客在选择产品或服务时，会优先考虑这种产品或服务能为他们创造的价值，并关注他们真正需要的供应商。企业通过广告、促销等手段吸引顾客只是企业经营的一方面，关键是要使顾客满意且忠诚于企业。成功的企业知道维系顾客的重要性，明白值得企业信任并理解企业的顾客对企业更有意义，因此使顾客完全满意并产生忠诚行为是企业应该努力追寻的目标。通过努力促使顾客满意和忠诚，能提高现有顾客的留存率，为企业奠定稳定的顾客基础，从而创造巨大的竞争优势。

（2）股东满意。企业的使命之一就是让作为企业投资者的股东满意，即在经营时考虑股东的利益，让股东的资产能长期保值、增值。让股东满意，实际上是关系长期利润最大化的问题。如果股东不能从企业中获得令人满意的回报，必然会将资金收回，投资于其他可能使其获得可观收益的领域。当然，从根本上来说，企业与股东的利益基本一致，即确保企业长期、稳定、健康的发展。但是，由于各利益团体所站的角度不同，在投资项目选择、外部环境判断上可能会出现分歧、产生矛盾。当然，对上市运作的企业来说，还应确保股价的平稳，否则会导致社会公众与顾客的不满。因此，企业必须重视与股东的关系并且让股东长期获得满意的收益，从而确保企业在创造价值的过程中，在资金方面能得到他们的有力支持。

（3）社会满意。这里的社会主要是指除顾客、员工、股东外的其他利益相关者。使社会满意的企业因为满足了相关利益者对企业"恰当行为"的期望，所以能在社会公众中产生良好的企业形象，这种无形资产能为企业对外增加吸引力，如吸引顾客、投资者与优秀人才；对内增加凝聚力，如留住人才；同时还有利于得到政府与公众的支持。在这个环境恶化、资源短缺、人口急剧增加、全球经济紧缩与社会服务遭到忽视的年代，各相关利益方对企业的社会预期正在发生变化，变得过于关注企业利润而忽略了企业盈利与社会责任之间的潜在冲突。企业制定战略与界定使命时，要综合平衡企业利润、顾客期望与社会利益之间的关系，否则就难以保证企业长期的生存与发展。从短期来看，企业为了使各利益相关者满意，必然要投入一定的人力、物力与财力，这些投入对企业效益的影响难以在短时间内显现出来。从长期来看，使社会满意对社会利益与企业利益都是有利的，是双赢、互利的行为。在当今社会，政府、新闻媒介有时会对企业的发展起很大作用，企业必须加以关注。在某些行业中，一旦能得到政府的拨款、免税等优惠政策，会在一段时间内为企业赢得巨大的竞争优势。至于媒介，往往能对企业的兴衰起到一定的作用，企业的荣誉与丑闻甚至会在一夜之间传遍天下，企业危机事件的导火索很多都源于媒介的突然曝光。

（4）员工满意。一项为顾客创造价值的计划想要成功，往往取决于员工对待顾客的态度与行为。员工代表着企业产品、服务或形象的好坏，可以为企业赢得顾客的忠诚，也可以使顾客掉头就走。同样，促使股东与利益相关者满意，当然也离不开员工的言行。因此，如果企业不能使员工满意，也就不能使顾客、股东、利益相关者满意。尤其是当前处于知识经济时代，存在于员工头脑中的知识与技能往往是企业资产的一部分，但是如果员工不满意，就不能将它们转化为企业的生产力。当然，使员工满意的核心是使最佳员工满意，对于那些素质差、能力不够、价值观上不重视顾客关系且通过多次培训也不能达到要求的员工，应促使他们流动。企业可以把员工归纳为几类，对不同类型的员工，采取不同的对策。因此，企业使员工满意的关键是使目标员工群体（即能为企业与顾客创造价值的员工）满意，促使他们关注企业使命的实现。

从战略的角度看，可将永恒追求"四满意"——顾客、股东、社会、员工满意作为企业长期的立身之本。"四满意"是作为一个有机整体被提出的，体现了各方利益都要兼顾的思想。在短期内，企业对某个主体的利益可能会有所侧重，但从长期来看，对于任何一个方面都要加以重视。然而，在使命表述中，突出"顾客导向"并不是说股东、社会与员工的利益不重要。拥有顾客是企业的生存之本,在对顾客、股东、社会、员工的统筹考虑中,长期的回报源于顾客。股东的投资收益、企业用于增进员工与利益相关者关系的投资,都必须以顾客带来的利润为基础。因此,"四满意"策略是在企业使员工、股东与利益相关者满意的基础上,整合他们的资源与能力为顾客创造更好的价值,吸引与留住最佳顾客群体,通过他们的重复购买、交叉销售与引荐行为为企业创造价值,从而有能力进一步采取行动促使员工、股东与利益相关者满意。这是一个螺旋式的循环运动,运动的原动力来自企业联合各方力量为顾客创造优异价值而产生的顾客忠诚行为。在这里,需进一步指出的是,企业创造价值的最终目标是顾客忠诚,所以,企业实施"四满意"策略时,努力使各主体满意是必要条件,最好的结果是企业能使最佳的员工、最佳的投资者与关键的利益相关者也产生忠诚,与企业共同创造价值以造就顾客的忠诚。

要发挥使命的作用、实现"四满意",一个重要的基础是通过清晰、规范的文字来表述企业的使命。一般来说,企业创业之初对使命的界定很难用文字清楚地表达出来,可能常常是创业者或企业家凭直觉产生的一些非常初步的设想,比如企业将进入什么市场区域,发展哪些业务领域,采用什么技术,生产什么产品或提供什么服务等方面的设想。随着企业的成长,战略管理者就需要精心开发使命,清晰表达使命,从而有效地反映企业发展的内在要求,为战略管理提供依据与基础。

组织使命是组织目标的最一般的说明,是对组织存在理由的一种表述。如果一个组织内部对使命定义存在各种分歧,那么在确立组织目标与战略方案时,就难以达成共识。如何表述企业使命,并不存在唯一的最佳方式,在长短、内容、格式等方面,都可随着企业特定条件的不同而有所不同。为了对组织使命有一个好的说明并使其非常有用,其表述应注意以下几个方面。

- 应该是富有想象力的,并且可以持续很长时间。这是企业持续稳定发展的基础,在此基础上,企业的具体目标与战略方案可随时间与环境的变化而进行相应调整。
- 应该清楚组织的关键目标,明确组织为什么而存在。
- 应该描述组织的关键业务和组织希望在行业中取得的地位。
- 应该阐明组织的主要价值观,尤其要说明有关利益相关者的态度。
- 组织应该有愿望且有能力完成组织的使命。
- 尤其应该关注的是如何兼顾各相关利益者的要求,使用"顾客、员工、股东、社会"等都可以接受的措辞,并突出"顾客导向"的思想。
- 应该兼顾组织的实力与经营性质,在目前业务领域的基础上提炼、抽象出更高的水平,并考虑实际经营可能性。

如何在现有产品或服务领域的基础上,提高一个层次,可用一些例子来说明。

例如，铁路部门若把自己的使命仅仅定位于"铁路运输服务"上，不仅会导致在交通运输上的重复建设，而且可能会忽视来自日益增长的飞机、公共汽车、卡车和小汽车运输的竞争威胁。为更有利于铁路部门确立下一步发展方向且又不会使企业陷入使命太宽泛的领域，其使命可表述为"提供运输服务"。同样，如果将制笔公司的使命定义为"提供信息传递服务"就会显得太宽泛，而定义为"提供信息记录手段"可能更为合适。

一家企业为了更好地表述其使命，从完整意义上讲，可以从图 6-2 中的四要素进行考虑，如本章"引例"中的《华为基本法》。但为了让企业的使命更加简明，更容易为外界所接受，往往不会把这四类要素都纳入使命表述中。

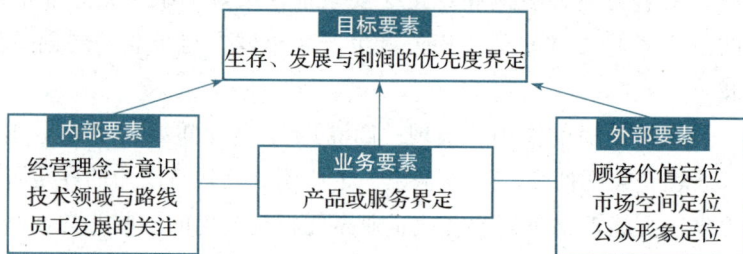

目标要素
生存、发展与利润的优先度界定

内部要素
经营理念与意识
技术领域与路线
员工发展的关注

业务要素
产品或服务界定

外部要素
顾客价值定位
市场空间定位
公众形象定位

图 6-2   企业使命表述四要素

- 生存、发展与利润的优先度界定：在未来一段时间内，企业优先关注的目标是生存、发展还是利润？具体应采用哪些经济指标来衡量业绩？企业在初创期、增长期、成熟期、衰退期等不同阶段，经济目标侧重点有所不同。企业必须兼顾长期与短期目标，完成自身的特殊使命。

- 产品或服务界定：回答企业能为并应为顾客提供什么产品或服务？阐述企业经营的主要产品或服务领域，以及企业为顾客提供的产品或服务的功能与用途。

- 顾客价值定位：企业的目标顾客是谁？这是企业使命表述中需要优先考虑的问题。只有明确界定企业的目标顾客群，识别他们的真正需求及其变化趋势，才有可能进一步开发出满足他们需要的产品或服务。

- 市场空间定位：企业在哪些区域、哪些方面参与竞争？企业在明确界定竞争空间后，需要分析在哪些区域为消费群体供应产品或服务，在哪些区域与关键竞争对手展开角逐。

- 公众形象定位：企业希望树立怎样的公众形象？战略决策者应该认真考虑公众对于企业的期望，对社区、社会和环境承担相应的责任，树立良好的企业声望。

- 经营理念与意识：企业的基本信念、价值观、哲学观和道德倾向是什么？企业存在的价值观、信念、仪式、故事及实践模式等共有经营理念，影响了员工的行为，约束了员工对有关问题的界定、分析与解决。在意识方面，包括企业的长处与弱点是什么？主要竞争优势在哪里？员工对自身是如何认识的？如何界定企业在产业中的地位？

- 技术领域与路线：企业的技术领域是什么？技术竞争力表现在哪里？由此界定企业通过什么技术来为顾客创造价值。假如企业的战略基于向目标顾客供应领先的产品或服务，就必须拥有超越现有竞争者的创新管理能力。
- 员工发展的关注：企业对于员工持何种态度？这关系到员工队伍的稳定和凝聚力。企业是否把员工视为宝贵的资产，同企业能否获得长期发展密切相关。因此，企业应考虑员工在物质与精神上的需要。

上述四类要素是绝大多数企业所共同关注与重视的，企业使命表述的范围一般都在上述要素所涉及的内容里。因此，可把上述要素作为确定或评价企业使命表述的参考指标。

表 6-2 给出了四个企业的使命表述实例。

表 6-2　使命表述的实例

企业名称	使命表述
微软	微软致力于帮助全球的个人用户和企业展现他们所有的潜力，微软所做的一切都反映了这一使命以及该使命的价值兑现
辉瑞	辉瑞是一家以科研为基础、在全球范围内经营的医疗保健品公司；我们的基本任务是用科学技术帮助全球人民，使他们长寿、健康和更具有生产能力；我们在 40 多个国家和地区进行生产，在全球各地都可以得到我们的产品
腾讯	一切以用户价值为依归，将社会责任融入产品及服务之中；推动科技创新与文化传承，助力各行各业数字升级，促进社会的可持续发展
万向集团	上对国家有利，下使职工受益；内保企业后劲，外要用户满意；目前，万向集团的新使命描述为"为顾客创造价值、为股东创造利益、为员工创造前途、为社会创造繁荣"

表 6-2 提供了一些大家非常熟悉的企业的使命，我们通过对企业使命与发展状态的比照，就可以理解企业使命的重要性。一个精心设计的企业使命对企业战略的制定、实施与评价十分重要，但是制定与传播明确的企业使命是战略管理中最易被忽视的问题之一。没有一个明确的企业使命，企业的短期行为可能会损害其长期利益。当然，企业使命也不是一成不变的。企业使命必须反映与适应变化和动荡的内外部环境的要求，并且可以随环境的变化而进行相应的调整与修改。

6.3　战略目标表述

企业战略目标是企业使命的具体化与明确化，是企业在实施其使命的过程中所追求的最终结果。战略目标的功能在于反映一定时期内经营活动的方向和所要达到的水平。它既可以是定性的描述，也可以是定量的计量。战略目标是否合理，对企业战略管理有着十分重要的作用。战略目标是管理者和组织中一切成员的行动指南，规定企业在特定时期内要完成的具体任务，从而使整个组织的工作能在特定的时期完整地融合成一体。如果设置得当、表述清楚，并使每个员工都能理解企业的总体发展方向、明确自己在企业中应有的地位和作用，就可以激发士气。反之，如果战略目标体系不尽合理，不能反映企业使命的要求与指导每个人的工作，那么企业规模越大，人员越多，出现冲突和浪费的可能性也就越大。

企业在表述战略目标时，必须要掌握战略目标的基本特点。一是差异性。这意味着不同的企业具有不同的战略目标、不同的使命。例如，化工、制药、电力等连续生产企业的战略目标在于控制成本和快速规模化，而快消企业则关注顾客响应速度和差异化战略。即使是同一类型的企业，因所处的环境、所拥有的资源与能力、价值观念等的不同，其战略目标也常常表现出很大的差异性。二是多元性。战略目标的多元性是企业适应内外部环境要求的必然结果，不同的企业有不同的战略目标，即使同一个组织中也存在不同性质的多个目标。例如，社会公众、政府、员工、股东、顾客对企业有不同的目标要求，企业为了获得生存与发展，就必须全面考虑各利益相关方的目标要求。如国有企业会把资产增值和维持稳定利润作为重要目标来考核，而民营企业则会把尽可能高的利润和最低成本放在突出的位置。三是层次性。战略目标是多层次的，管理者需要把战略目标分解为组织中每一个成员的行动指南，使企业中不同岗位的员工明确自己的职务特性与职责要求。四是时间性。战略目标不仅表明企业在未来一段时间内所要达到的目的，而且是随时间变化而变化的。

为了完整地理解战略目标的体系，还必须理解两个重要术语：目的与目标，及二者之间的区别。企业的目标体系应包括目的与目标两个层面。前者又可称为企业总目标，是企业希望实现的一种较为广义的目标，具有最终、长期的特性，可在持续不断的基础上增加新的内容。后者往往指具体目标，隶属于企业目的的总体框架，为企业与员工提供具体方向，有明确的完成期限。企业目的与企业目标是相互一致、相互支撑的（徐二明，1999）。目的必须根据企业既定的使命来制定，而具体目标必须支持企业目的（总目标）的实现。因此，最高层次的战略目标与企业目的（总目标）是同一含义，而战略子目标则需要根据战略总目标的要求进一步具体化。

为了使战略目标反映企业使命的要求且具有可操作性，必须统筹兼顾企业内外部环境动态发展和企业短期运作的不同要求，并贯彻结果导向的原则。任何一家企业的战略管理者，都必须掌握确定企业战略目标的基本技能和方法。企业目标的多元性要求管理者能协调处理好各类目标之间的关系，企业目标的层次性要求管理者实现多层次、多部门目标之间的协同，而企业目标的时间性则要求管理者在界定战略目标时应指明其时间区隔，并根据环境的变化及时调整与修改战略目标。因此，在具体表述企业战略目标时，管理者应根据企业使命要求，选定目标参数，体现多种目标之间的协调性，兼顾目标的可衡量性、可操作性、可分解性及其激励效果。目标表述的 SMART 原则同上述对战略目标表述的要求基本一致。因此，一般来说，战略目标，尤其是战略子目标（具体目标）表述应兼顾五个方面的基本要求，即 SMART 原则（见表 6-3）。

第一，具体性。所谓具体性，就是企业的战略目标表述必须是具体的、明确的、不含糊的。战略目标应该具有明确的

表 6-3　目标表述五要求：SMART 原则

具体性（specific）：具体、明确、不含糊
可衡量性（measurable）：结果可考核
可实现性（attainable）：可达到、有激励作用
相关性（relevant）：围绕使命、相互关联
时间性（time-bound）：有完成期限、可追踪

主题，应避免使用含糊不清、华而不实的抽象语言与毫无意义的空话，比如"成为本行业盈利能力最强的企业""成为勇于进取的开拓者"等。目标清晰明确，才有可能进一步具体化，分解成一项项具体的工作任务，并转化为企业中每个员工的行动指南。

第二，可衡量性。所谓可衡量性，是指战略目标应该进行相应的量化，并且可以准确地衡量，是可以在事后予以检验的。定量化是使战略目标具有可衡量性的最好办法，比如企业生产目标不应表述为"尽可能多地生产产品，减少废品"，而应表述为"到 2025 年，实现产品产量 4 万件，废品率降至 2% 之内"。因为目标只有具备数量特征和时间限制，才可操作，且易于检验。当然，有许多目标是难以量化的，时间跨度越长、层次越高的目标越具有模糊性。对于这类目标，应当用定性化的术语表达其达到的程度，既要明确目标实现的时间，又要详细说明工作特点。比如"本企业要成为研究开发领域的先驱与行业的技术领先者"，这一目标表述仍然过于宽泛，难以检验。若改为"在'十四五'期间，企业将继续引进能使电机设备能源使用效率提高的新技术与新设备，并在该领域中成为行业的领先者"，则更具有可衡量性。

第三，可实现性。可实现性是指战略目标必须适中、可行，既不能脱离企业实际定得过高，也不可妄自菲薄定得过低。从哲学的角度而言，就是要注意对目标的度的把握。目标过高，可望而不可即，必然会挫伤员工的积极性，浪费企业资源；目标过低，无须努力就可轻易实现，又容易被员工所忽视，错失市场机会，失去激励作用。因此，在考虑战略目标的可实现性时，要确保目标具有一定的挑战性，是大部分员工经过努力可以完成的，这样才能使战略目标对员工具有强大的激励作用。

第四，相关性。相关性是指战略目标是为达成企业使命服务的，它与企业使命相互关联，战略子目标与战略总目标相互关联，企业战略目标应围绕企业使命展开，低层次的战略目标应围绕高层次的战略目标展开。战略目标是为了让使命表述更加具体化，反映在达成使命过程中所要完成的最终结果。企业准备做什么所涉及的只是具体行动方案，而企业准备做成什么才是最终的目标。因此，在战略目标的设计与分解过程中，必须体现多层次、多部门的目标之间的相互关联性，战略管理者要使其形成一个"相互支撑的目标矩阵"。通过按层次或时间对企业使

命与战略目标进行分解，可构造一个战略目标体系，使企业的各个战略业务单元甚至每个员工都能明白自身的任务与责任。这样既能有效避免企业内不同利益团体之间的目标冲突，使战略目标之间相互联合、相互制约，又能使战略目标进一步细化为具体的工作安排，从而转化为实际行动。图6-3所示的战略目标体系表明，下一层次的目标是实现上一层次目标的手段，从而通过目标 – 手段链将总体目标分解为具体的、可衡量的、有层次的目标体系。

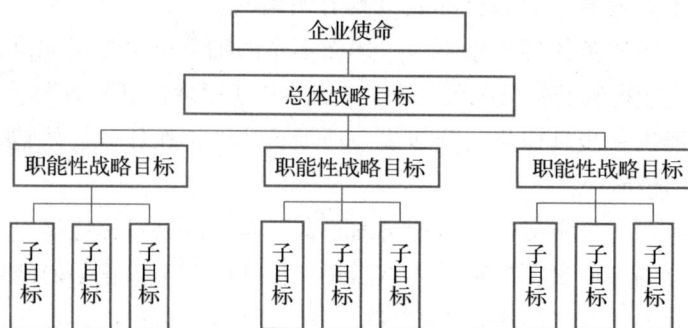

图 6-3   战略目标体系

第五，时间性。企业目标表述必须有完成时间期限，表明起止时间。首先，战略目标是要在一定时期内达成的，若没有提出相应的时间要求，就难以区分各项目标的相对重要性与紧迫性。其次，战略目标的时间性也意味着企业可以对各项任务按照时间段进行考核，而且一旦出现与预期不相符合的情况，也可以进行相应的追踪调查，追溯特定时间段相应的责任人。最后，战略目标是变化发展的，战略决策者应根据企业内外部环境的变化及时修正战略目标。

在战略目标表述中，还必须注意战略目标与财务目标之间的区别。一般而言，战略目标往往与企业长期发展相关或侧重于与同行竞争者的比较，如市场份额、成本效率、产品质量、顾客忠诚度、学习创新能力、行业排序等，而财务目标是有关短期业绩且侧重于企业纵向的自我比较，如投资回报率、销售增长率、边际利润、股价上升水平、收入增长率等。但这一划分是相对而言的，并无绝对的界定方法。就战略目标而言，可能涉及非财务或财务两个方面的指标，关键是如何使战略目标与财务目标之间尽量保持协调一致，不要相互冲突。

上述内容只是战略目标表述的一般性要求。然而，企业战略目标的设置与表述，与企业使命一样，并没有普遍使用的定式。有些企业并没有设定具体的目标，有些仅设定了几个很有限的目标，有些则仅仅将目标局限于经营业绩。一项对美国主要工业部门中400家最大的企业进行的调研表明：大多数企业有着书面、量化的多元目标；很多企业为自己的资本增长、市场份额、销售收入设定了指标，利润是它们关注的焦点，同时它们还非常注重资产负债表和现金流量表的分析。Y. K. 雪蒂经过对82家企业的研究，找出了一个很大的企业目标范围，得出的主要结论为：经济方面的目标占据最主要地位；产业不同，目标也各不相同，化学、药品厂商和电子、电器厂商提到"社会责任"的频繁程度分别为第二位和第五位；随着组织的成长，它面对的环境变得越来越无序，组织需要更快地对外部和企业利益相关者的变化做出反应。

目前，对企业特定的战略目标或关键成果领域所应包括的范围，不同的企业有不同的看法，众多研究者的观点也不尽一致。相对而言，彼得·德鲁克对企业目标领域的界定具有较大的参考价值，包含八个方面：市场地位、创新、生产率、物质和财务资源、获利性、管理者的业绩和发展、员工的业绩与态度，以及社会责任。企业可以把这些战略目标转化为事业部或分公司的目标，进一步细分为部门和单位的目标，一直到企业的最底层目标，从而把企业的使命与战略目标、个人目标连接起来。

总之，企业使命与战略目标表述既要高瞻远瞩，反映企业未来愿景，又要具有一定的明确性，以便更好地指引全体员工的行为；既要体现企业特色，突出企业家个性，反映企业核心价值观，又要结合经营环境与企业实力，提升企业对社会、股东、顾客和员工的意义；既要强调长期、全局的战略目标，又要兼顾长期与短期指标、财务指标与非财务指标相结合的具体的目标体系。就一家特定的企业而言，达成使命必须集中在有限的目标上，明确贯穿整个经营过程中的共同业务主线，并建立一个相互支持、环环相扣的目标体系。

6.4　顾客导向的目标

企业最终的回报来自顾客。企业在业务选择的过程中，需要从明确界定目标顾客群体出发，以顾客需要为中心，协调所有影响顾客购买行为的业务组合活动，并通过建立在顾客价值与满意基础上的持久顾客关系来赢得利润。按照顾客价值导向来看，波士顿咨询公司提出的产品组合矩阵（或称增长-份额矩阵），把企业产品划分为四种类型：金牛产品（低增长、高市场份额）、瘦狗产品（低增长、低市场份额）、明星产品（高增长、高市场份额）以及问题产品（高增长、低市场份额）。其出发点是产品导向，如果出于关注顾客关系的需要，还需分析各类业务对于加强顾客群体忠诚度的意义。假如企业放弃某些业务而导致顾客流失，对企业来说会非常危险。

在使命和目标的确定上，要考虑最根本的问题：企业的顾客在哪里？顾客需要什么？企业能为顾客提供什么？只有回答好上述问题，真正为顾客着想，提供顾客所需的产品或服务，为顾客创造超越竞争对手的价值，才能赢得并留住顾客的心。企业业务的选择是为战略目标服务的，战略目标能否有效实现最终取决于能否为顾客创造独特的价值，因此，企业所确定的使命和目标应有利于提高目标顾客的利益，能为目标顾客创造出卓越的价值。为了正确理解"顾客导向的目标"，必须明确顾客导向与市场导向之间的差异。在实际工作中，企业关注的往往是市场份额，而不是顾客。以下将从顾客与市场的概念、顾客份额与市场份额、顾客研究与市场研究三个方面的区别解释这两个导向的差异。

第一，顾客与市场是两个不同的概念。市场最初的概念是指买卖双方聚集在一起交换物品的场所。经济学上用"市场"一词泛指交易某类产品的买方与卖方的集合，而在管理与营销上，市场是指由具有相似的产品或服务需要的现有和潜在购买者构成的集合。市场的概念要求企业关注所有对企业产品或服务有需求的消费者，把更多的精力放在吸引新顾客上，采取竞争策略抢夺竞争者的客户，通过击败竞争者获得高市场份额来赢得优势，如此必然会引起竞争者的反抗，甚至导致价格战等多方受损的局面。

第二，在评价指标上，顾客导向的企业会关注顾客份额，而市场导向的企业则注重市场份额。顾客份额是指顾客对企业产品或服务的购买总数量占整个同类产品或服务的购买总数量的百分比，而市场份额是指在一定时期内，企业某种产品或服务销售量占该市场同种产品或服务销售量的比例。显然，随着企业与顾客关系的建立与维持，顾客份额必然会逐步增加，而企业维持与顾客关系的成本明显比争取新顾客的成本要低得多。此外，市场导向的企业如果只注意扩大自己的市场份额，而未注意某些重要顾客群体份额的减少，即使企业有很高的市场份额，也可能拥有的是没有盈利能力的顾客。相反地，也有的企业市场份额并不高，顾客却很忠诚，企业能获得自己目标顾客群体绝大部分的购买订单，而且通过与目标顾客群体增进关系，不仅能获得他们当前的购买份额，还能获得他们未来的购买份额。因此，在确定企业的战略目标时，应该更多地关注顾客份额而不是市场份额。

第三，在研究方法上，重视顾客的企业强调顾客研究，市场导向的企业则关注市场研究。顾客研究的目的主要有两个：收集有价值的顾客信息；加强与受调查的顾客之间的关系。重视顾客价值的研究会把顾客满意与忠诚作为出发点，比如收集包括顾客姓名、购买的产品或服务、购买频率、最近一次购买的时间与地点等非常个性化的数据，结合大数据提供个性化服务，而市场研究的目的往往只是局限于收集数据，严重缺乏个性化。

区别顾客导向和市场导向，有助于正确理解顾客价值导向理念的内涵，在业务发展与选择上，企业会把顾客价值需求作为目标考核和评价的中心，重视为顾客创造优异的价值；在考核指标选择上，会把员工为顾客创造价值作为关键评价指标，引导员工主动倾听顾客意见并做出及时的反馈。概括地说，顾客导向下企业目标的设立具有以下特点。

- 聚焦于顾客价值的创造。设立顾客导向的目标时要引导和培养员工识别、吸引、留住目标顾客群体的能力。企业业务发展、职能机构部署、人力资源配置要瞄准目标顾客群体的现有与潜在需要。
- 聚焦于利益相关者的需要。企业为顾客创造价值的过程要有良好的内外部环境支持，要关注股东、员工等利益相关者对企业的期望，从而使他们重视顾客关系与长期价值，使企业与合作者之间实现价值共享，为顾客提供更完整的解决方案。

- 聚焦于顾客忠诚度的培养。顾客导向的企业要持续努力提高目标顾客的忠诚度，通过忠诚顾客的引荐效应扩大顾客基础。这样做的企业会以全新的业务和服务为这些忠诚的顾客持续创造价值，而且一般不会招致竞争者的对抗行为。

- 聚焦于持续改进的精神。由于顾客需求会发生变化，因此为顾客创造价值的历程是永无止境的。每个员工都要有不断改进工作的心态，把价值创造工作做得更好，比如不断优化顾客价值创造流程，制订客户持续改进计划。

- 聚焦于绩效测评与控制体系。在管理上，企业要更加注重为顾客创造价值的优异程度，而不是取得这些结果所采用的技术与过程。对于员工的控制不是基于严格的规章制度，而是基于对员工绩效的评估。因此，企业应致力于为员工更好、更快地提供顾客对服务或产品的需求，创造出灵活适应的条件。

顾客导向理念的核心是为顾客创造卓越的价值，其目标是促进顾客的满意与忠诚。在树立顾客导向理念的过程中，促进顾客满意与忠诚之所以重要，是因为忠诚的顾客具有以下作用：重复购买企业的系列产品或服务；通过口碑提高企业形象与引荐新顾客；提高企业长期绩效；促进产品开发或工艺改进；可节省促销费用与时间；缩短购买周期；增进顾客关系，避免顾客流失；增强企业竞争力，实现企业长期目标。桑德拉·范达莫维（Sandra Vandermerwe，1996）指出，赢得顾客意味着成为个别顾客的首要选择，这些个别顾客希望企业成为他们的长期伙伴，因为与顾客保持良好关系的企业可以为顾客长期提供价值，满足顾客独特的、变化的需求。为此，企业必须从关注顾客满意度转移到关注顾客价值与顾客忠诚，把重复购买与引荐行为作为企业追寻的目标，只有这样才能改善顾客留存率，并增加利润。

总而言之，顾客导向理念要求企业在业务选择过程中，始终关注顾客真正的需求，创造顾客价值，促进企业与顾客的良好关系，提高顾客满意度与忠诚度。企业想要更好地创造顾客价值，就必须深刻理解顾客价值的内涵与顾客价值创造的基本要素，以及不同的顾客群体所关注的价值属性。

🧭 反思

数字经济时代的企业社会责任

企业要生存与发展，就必须了解并满足各大利益相关者的需要，只有这些利益相关者满意了，企业才可能完成自身的使命。然而，数字经济时代的到来，为企业如何履行使命以及履行什么样的使命提出了新的挑战和要求。

数字技术的引入首先是为企业的经济效率服务。例如，大数据的整合应用能帮助企业全面分析顾客需求，精准营销；机器人的使用能极大提升企业工作效率，将人类劳动者从不安全的工作领域转移出来，投入更需创造力的活动；算法的实行，便利了企业人才的招聘、选拔、监督和培养……

　　但是企业在运用数字技术时可能会有意无意地触犯某些利益相关者的利益，违背企业使命的初衷。首先，消费者虽然能自己产生数据，但是却没有数据所有权，他们的数据被企业商用的同时也被泄露了自身隐私。其次，机器人取缔了底层劳动人员，导致大量员工失业；久而久之，最终的话语体系将掌握在部分熟悉算法的人手中，逐渐挑战中高层管理者的权威，数据鸿沟愈演愈烈。最后，人工智能虽然作为一种客观的非人为系统被引入评价体系，但是事实证明它反而可能加剧偏见的传播，例如，招聘过程中对种族、性别、年龄的固有歧视被人为写进算法，经过不断的学习迭代，最终导致企业人才选择的失衡。

　　当然，数字技术在引发诸如此类窘境时，也提供了新的工具和方法，赋能企业创造新的使命和价值。例如，大数据的采集同样可以应用在精准扶贫上，通过识别贫困地区的具体位置、需求，提供更加直接有效的服务。更重要的是，数字技术赋能包括绿色创新在内的一系列创新活动，将后续弥补措施前置，从开源端主动节能减排、造福人类。

　　总而言之，数字技术在带来新的道德问题的同时，也为旧问题提供了新的解决思路。可以说，数字技术是企业使命的双刃剑，企业应当合理利用数字技术，规避其不利因素，发扬其优秀性能，共同为构建持续健康的人类命运共同体而努力。

本章小结

　　本章的内容逻辑结构如图6-4所示，　内容要点总结如下。

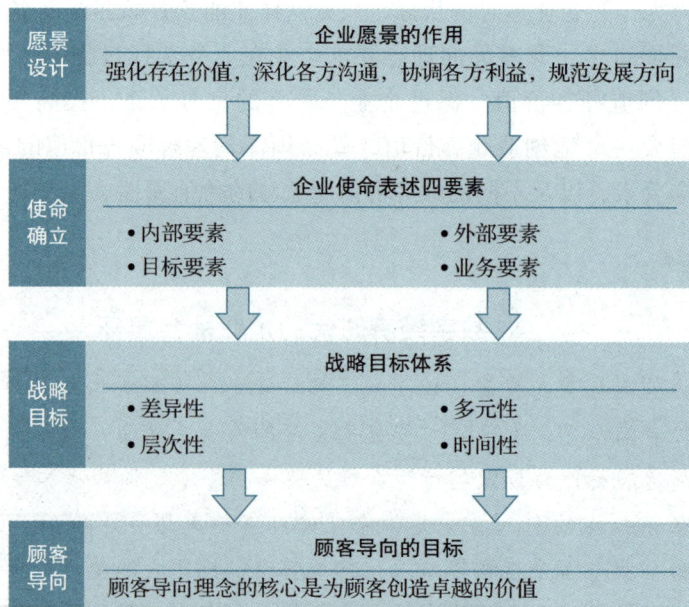

愿景设计	企业愿景的作用
	强化存在价值，深化各方沟通，协调各方利益，规范发展方向

使命确立	企业使命表述四要素
	•内部要素　　　　•外部要素
	•目标要素　　　　•业务要素

战略目标	战略目标体系
	•差异性　　　　　•多元性
	•层次性　　　　　•时间性

顾客导向	顾客导向的目标
	顾客导向理念的核心是为顾客创造卓越的价值

图6-4　第6章内容逻辑结构

- 企业愿景是企业的长期承诺和价值驱动，是企业希望长期恪守的经营范围和追求。
- 企业使命反映了企业的根本性质与存在理由。
- 战略目标是企业在战略管理过程中所要达到的战略地位与管理绩效。
- 战略目标表述的五项基本要求（SMART 原则）：具体性、可衡量性、可实现性、相关性以及时间性。
- 顾客价值导向是利益相关者分析的核心，是企业使命和目标确立的基础。
- 数字经济时代企业将迎来新的发展方向和挑战。

复习思考题

1. 在顾客理念上，有人认为"顾客是上帝"，要尽力满足顾客的一切需要；也有人认为"顾客是'傻瓜'"，要利用一切机会诱导他们购买产品，即使他们并不需要。结合这两种观点，谈谈你对顾客导向理念的认识。

2. 企业选择业务时，要考虑能否为顾客创造独特的价值，请利用"顾客价值是顾客认知价值与顾客认知价格的差额"的观点，结合某一企业的具体情况，阐述可通过哪些有效途径使企业创造出超越竞争者的价值。

3. 关于顾客、股东、员工、社会的"四满意"是作为一个有机整体提出的，反映了各方利益都要兼顾的思想。不过，在企业发展的不同阶段，各主体的相对重要性会有所不同。那么，如何在企业发展过程中始终贯彻"四满意"思想？

4. 麦格劳 – 希尔出版公司的企业使命为"通过收集、评价、生产与经营有价值的信息而满足全球需求，同时使我们的顾客、员工、作者、投资人及整个社会受益"。利用企业使命表述的四要素观点对这一使命表述进行评价。

5. 有些企业在界定企业目标时，提出了"成为行业中的领先者""2025 年增加 25% 的营销推广费用""增加销量与利润率"等说法，请用战略目标表述的五要求（SMART 原则）进行分析。

6. 请利用使命与战略目标表述的有关理论，为你所在的管理学院或单位设计一个 100 字左右的使命表述，并列出 3~5 个战略目标。

7. 请举例说明，随着数字经济时代的到来，企业的愿景和使命发生了怎样的变化。

总结案例

佳芝丰共富工坊：产业互联网平台赋能共同富裕的探索

请扫码阅读总结案例

第7章 公司层战略

企业是维持原状、收缩还是扩张，需要在整个公司层面做出决策和布局。公司层战略是指通过选取、协调和管理一组不同的业务来赢得在不同产品市场上竞争优势的行为。公司层战略关注两个关键问题：企业应该参与哪些产品市场和业务的竞争？企业总部应如何管理这些业务？对多元化企业来说，它们必须要确定参与竞争的业务，制定一个业务层面的战略。如何管理这些业务，公司层战略需要在一体化发展还是多元化发展、业务之间如何有效组合等问题上做出决策。本章将重点阐释集约化成长战略、一体化战略、多元化战略、平台化战略，为公司层战略的制定提供分析工具。

【学习目标】

☑ 理解公司层战略的发展路径与相互关系
☑ 掌握一体化战略的内涵和实施条件
☑ 掌握多元化战略的内涵和实施条件
☑ 理解企业发展过程中的业务组合方式
☑ 理解平台化战略的内涵、特征和构建

🔵 引例　　　　　　　　　　华为要不要造车

当下，汽车与手机这两个行业的互动越来越频繁，不少新能源汽车已发布自研手机，而手机企业也在通过各种方式进军汽车赛道。不同于直接下场造车的小米，华为选择以与车企合作的方式来拓展汽车业务。2019 年 5 月，美国政府对华为发起又一轮制裁，华为车 BU（智能汽车解决方案事业部）正式成立，明确"不造车，帮车企造好车"。2024 年 7 月，华为作价 25 亿元转让问界商标，重申"坚决不造车"。

● 华为的多元化战略：进军汽车业务

华为在通信设备与解决方案领域具备过硬实力，而智能汽车需要先进的通信技术来实现车联网功能，这恰恰是华为现有技术优势的自然延伸。此外，华为在 5G、人工智能、云计算等领域的技术积累可以与汽车制造相结合，提供智能化、网络化的汽车解决方案，创造新的增长点。

2013 年，车联网业务部由华为神秘的"2012 实验室"正式成立，并推出了车载模块 ME909T，华为的造车版图由此开始。十年间，华为投入的研发资金超过一万亿元。不同于整车制造思路，华为只聚焦于自己擅长的方面，根据市场发展和技术积累，逐步提高参与度。目前，华为与车企的合作有三种模式：标准化零部件模式、HI 模式（Huawei Inside 模式）、智选车模式。

2019 年，华为首次以 Tier 1 的角色参加上海车展，正式宣布将大举进军汽车领域。这一时期华为主要是作为零部件供应商的身份，向长安、北汽等整车厂提供电机、模组、激光雷达等超过 30 种智能化部件。2013—2019 这六年时间，华为从硬件到软件，持续开发造车需要的所有核心部分，不断积累技术深度。

2020 年 10 月底，华为发布了智能汽车解决方案品牌 HI，旨在以全栈的智能汽车解决方案与车企进行深度合作。在这一模式中，整车智能部件都由华为来负责，包括智能座舱、智能驾驶、智能网联、智能电动和智能车云服务等。因此，华为在整车产品的设计之初，就会参与其中。在该模式下，各车企分别推出了北汽的极狐阿尔法 S 华为 HI 版、长安阿维塔品牌车型等代表作，新车型使用车企品牌，并在车身上呈现 HI logo。这种与车厂绑定的 HI 模式的成功落地，让华为在加深造车参与度上有了更进一步的底气。

2021 年，华为与赛力斯汽车开创智选车业务（现升级为鸿蒙智行）。在这一模式下，华为全方位赋能车企，不仅提供智能系统，还参与到车辆的外观和内饰设计等方面，同时产品放入华为销售渠道进行营销和销售。这一模式侧重于生态整合与销售网络的共享，华为全程重度参与。

● 规避业务拓展的弊端：不造整车

尽管华为在汽车业务投入巨大且深度参与，但任正非始终坚持不造车。从外部环境看，美国对华为的制裁仍在继续，外部市场不稳定，坚持核心业务对华为来说更为重要。汽车产业是资本密集型产业，需要巨额投资和长期回报周期，以"蔚小理"为代表的造车新势力都在亏损中苦苦坚持，因此华为未必能冲出重围。华为目前已经形成三种良好的汽车业务合作模式，不直接造车就能够与更多车企建立合作关系，规避竞争风险。从内部环境看，华为的长期战略瞄准提供技术和服务平台，其庞大的全球销售网络和成熟的生态系统能够通过汽车业务得到提升和优化。

这种策略避免了直接进入汽车制造业的复杂性和风险，同时允许华为利用其技术优势，实现业务的多元化发展。

华为牢牢把握住了智能车"网络＋车"的核心，为我国整个汽车产业带来了更多能与欧美车企抗衡的实力，也支撑着未来更多优秀的造车力量在华为平台上生长。

讨论题

华为进军汽车市场采取了什么策略？华为为什么选择在汽车行业拓展业务？你认为华为要不要造车？为什么？

7.1 公司层战略路径

考察一家企业从小到大的业务演化发展过程，可以发现其中涉及从单点到多点或单线，再从多点、单线到多线甚至网状的多重战略抉择问题（见图 7-1）。在这里，所谓的"点"就是指企业将所有资源与能力集中于单一业务，如单一的产品、生产线、市场或技术领域等，以求实现企业发展，这通常被称为集约化成长战略。所谓的"线"就是指对点的连续拓展，通常被称为一体化战略（也称整合拓展战略），可分为纵向一体化与横向一体化两类战略。其中纵向一体化（也称垂直一体化），是指沿企业业务所在产业链的方向，向企业客户所在业务领域拓展，即"前向一体化"，或者向企业供应商所在业务领域拓展，即"后向一体化"。横向一体化（也称水平一体化），是指沿着与企业现有业务呈相互竞争或相互补充关系的活动领域拓展。所谓的"网"就是指在现有企业中增加新的产品或事业部，使企业能够向更为广泛的、非现有的业务领域拓展，这通常被称为多元化战略。此外，以构建生态系统为目标的平台化战略也引起了学术界和实践界的关注。随着数字经

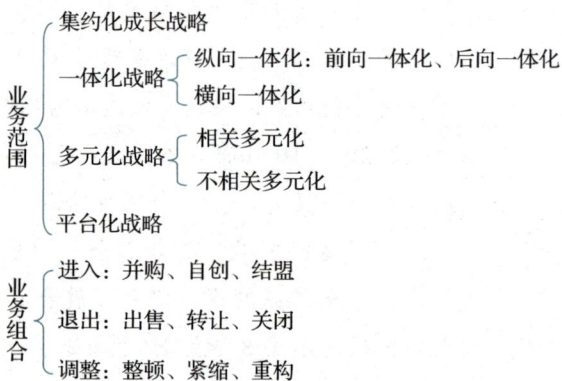

图 7-1 业务开展途径：点、线、网

济的到来，企业通过数字技术与供应商、最终用户等利益相关者组建更大的网状生态系统，实现资源共享，互利共存，共同维持系统的延续和发展，最终达到多方共赢，这种战略被称为平台化战略。

采取集约化成长战略，可以通过市场渗透、市场开发、产品开发等途径，将时间、精力、资源等集中到企业的关键产品上。对于小企业来说，为了应对强大的竞争者而采取的全面出击战略，有可能在某些局部领域建立起可与竞争者相抗衡的竞争优势；对于大企业来说，采取这样的战略，有助于强化职能部门和区域组织的专业化程度，提升企业的竞争优势。当然，集约化成长战略也存在局限性，将所有的资源与能力集中于单一领域，会使企业经营缺乏灵活性，在适应市场变化方面弹性不足，增加了企业经营的风险性。例如，一旦行业前景变差或者环境恶化，企业所拥有的单一优势丧失，就有可能陷入毫无退路的困境。

纵向一体化战略主要通过降低产业链上下游各环节之间交易费用的方式，加强企业在行业中的市场地位与竞争优势。这种战略对于企业经营的不利影响在于，较大的资本需求可能会引起企业财务资源紧张，较高的固定资产投资及退出障碍会造成设备更新困难甚至过时老化，企业活动涉及多个产业链环节之间的能力平衡协调问题等。横向一体化战略主要通过改善企业规模及范围经济的途径，增强企业相对于其他市场力量的竞争优势。由于横向一体化有助于提高企业的市场垄断力量，所以，有可能受到有关反不正当竞争法或反垄断法的诉讼。

就多元化战略而言，根据新增业务与现有业务相互联系情况的不同，可进一步分为相关多元化与不相关多元化两大类。相关多元化的主要特点在于，新增产品或事业部与现有产品或事业部多少存在着某种相互配合的关系，比如市场平台共享、客户资源共享、基础数据交互等。不相关多元化战略主要是指集团或整体多元化，即在企业中增加一些与现有产品或事业部几乎毫不相关、并不存在任何配合关系的新产品或新事业部。按照业务拓展"点""线""网"的比喻，相关多元化建立的是一张相互关联的业务网，而不相关多元化建立的是多张互不关联的业务网。

就多元化经营企业的业务状况来看，实行相关多元化战略的企业，其业务仍保持着某种共同的主线，在新旧业务或部门之间可能存在着多层面的协同作用。实行不相关多元化战略的企业，通常不存在单一的业务主线，多种业务线之间不存在协同作用，它们只关心各自独立运作的业绩。尽管从理论上说，只有不相关多元化战略才能够真正起到降低企业经营风险的作用，但在实践中尚未找到充分的证据，究其原因，可能在于不相关多元化战略会对整个企业的综合管理提出更高的要求，这种要求常常超出许多企业的实际能力。结果，许多企业在采取不相关多元化经营后，不但形不成类似"1+1＞2"的协同效应，甚至还有可能出现多种业务联合运行后的综合绩效不如独立运行时各业务绩效简单加总的情况。

以上讨论的关于企业业务组合和拓展过程呈现的点、线、网战略，从动态变化角度考察，可以分为由点到线、由线到网的进入新业务战略，由网到线、由线到点的退出现有业务战略，以及由点到点、由线到线、由网到网的有进有出与强弱对比的业务调整战略。就进入新业务战略而言，存在着并购外部现有企业、从头开始自创新企业以及与外部企业结盟开展新业务这样三种做法，分别简称为并购、自创、结盟。就退出现有业务战略而言，存在着在资本市场上整体出售、通过协商部分或全部转让、通过清产核资程序彻底关闭这样三种做法，分别简称为出售、转让、关闭。就有进有出与强弱对比的业务调整战略而言，存在着整顿内部混乱、应变环境紧缩、改变业务比例这样三种做法，分别简称为整顿、紧缩、重构。

具体来说，在进入战略中，并购一家现存企业是最通用的做法，可以帮助企业迅速进入一个全新的业务领域，这里的关键是要能够找到一家售价适当的企业以供并购。例如，2018年阿里巴巴集团蚂蚁金服集团和饿了么联合宣布，阿里巴巴和蚂蚁金服以95亿美元对饿了么完成全资收购。这一场互联网至今最大的一笔现金收购，是阿里巴巴对于本地生活服务体系的全新赋能，也是"新零售"战略的强稳施行。自创就是自己从头做起、创办企业，以此进入一个新领域，直至成为一个有实力的竞争者，这样做往往需要多年的努力，并有可能遇到企业成长过程中产生的各种不可避免的问题。以团购起家的美团在2018年上线的网约车业务备受瞩目，但各种投诉与反馈接踵而来，同时也面临着其他企业推出的"外卖跑腿"业务对于原有市场的抢夺危机。结盟能够实现风险分担、资源共享、市场同创，在国际合作领域中还有助于突破关税与非关税壁垒的制约。2019年，福特汽车公司与大众汽车公司联合宣布，将共同注资自动驾驶汽车技术平台公司，将自动驾驶汽车技术共同引入美国和欧洲市场，同时共享零部件技术以及公司平台。这里的关键是要处理好结盟双方在合伙人选择与控制权分配上可能产生的矛盾冲突。总之，进入新领域不仅要考虑快速启动的问题，还需要处理好业务启动后的日常管理运作问题。

在退出战略中，出售、转让、关闭这三种做法均涉及对于企业现有业务的部分或完全放弃，在不同的情况下采取这三种战略会面临不同的问题。若是由于经营不善被迫做出放弃决策，一般对当事人来说会比较痛苦，往往需要在其直接上级或者董事会的督促下才有可能下最后的决心。若是出于战略上主动的、有计划的行为，其决策过程就会更容易推进，例如许多从事战略投资的企业，在退出经营成功的投资领域时，往往会伴随着投资收获时的财务与精神上的成功与喜悦。如果做出这种退出战略主要是为了腾出企业比较紧张的财务资源，以便解决其他更有发展前途的领域对于资金的急需问题，在新项目的压力下，也许退出过程会进行得更快些。当然，采取退出战略客观上都会涉及退出成本及相关人员的安置等问题，对此必须事先考虑周全。

在调整战略中，整顿战略主要是针对企业经营不善的情况提出的。企业经营不善会带来技术、生产、市场等方面的危机，从而影响企业整体竞争优势的提升。实施整顿战略的关键在于找出企业经营不善的内部原因，采取有针对性的措施加以改进。紧缩战略则是企业为应对极端不利的环境变化而被迫采取的暂时退却与休整措施，通常情况下，一旦不利的环境情况有所改观，企业就会马上重新转入正常的业务运营状态。例如，三星面对笔记本电脑业务的下滑，采取了推动内部各个业务板块之间的竞争以刺激发展活力，并将资源向智能手机、平板电脑等移动业务倾斜的紧缩战略。重构战略主要是指企业根据战略三假设即外部环境、使命目标与内部实力的不断动态变化，对自身经营的各类业务的整体布局做出适应性调整，如调节业务组成及相对比例，甚至做出进入或退出某些业务领域的决策等。

7.2　一体化战略

7.2.1　纵向一体化战略的内涵与类别

纵向一体化战略涉及的是沿企业目前业务所在的产业链方向的业务范围确定问题，也就是企业"自制"与"外购"界限的划定问题。显然，这种战略选择主要受到交易费用的影响。简单来说，在通过市场交易行为无法有效地解决买卖双方互惠合作问题的情况下，需要考虑采取内部纵向一体化的做法，而在通过市场能够更好地解决买卖双方互惠合作问题的情况下，需要考虑采取外部市场交易的做法。例如，对大型钢铁企业来说，需要采取从铁矿石进入到钢材出厂的纵向一体化做法，否则在成本控制方面就不可能有效率，而对一家生产面包的小企业来说，显然就没有必要自己种植小麦生产制作面包所需的面粉原料。纵向一体化战略可以分为前向一体化战略和后向一体化战略。

前向一体化战略是指企业将业务向消费它的产品或服务的行业扩展，包括对自己的产品做进一步的深加工，控制其原属客户公司的生产经营活动，或建立自己的销售组织和渠道来销售产品或服务。前向一体化的实质是获得分销商或零售商的所有权或加强对其控制。当今越来越多的制造商（供应商）正在通过建立网站向客户直销来实现前向一体化；很多提供原材料或半成品的企业也根据市场需要和生产技术可能的条件，充分利用自己在原材料、半成品上的优势和潜力，决定实现前向一体化，由企业自己制造成品或与成品企业合并，组建经济联合体，从而促进企业更快成长和发展。例如，2006 年海正药业全资并购了在浙江医药商业公司中排名第三的浙江省医药工业有限公司，获得了其营销能力，完善了海正药业的制剂、药品在国内销售的产业链。推动前向一体化战略的一种有效方式是特许经营，特许经营是指特许者将自己所拥有的商标、商号、产品、专利和专有技术、经营模式等以特许经营合同的形式授予被特许者使用，被特许者按合同规定在特许者统一的业务模式下从事经营活动，并向特许者支付相应费用。在美国大约 50

个不同产业中，约有 2 000 家企业以特许经营的方式销售其产品或服务，每年以此方式实现约 1 万亿美元的销售额，占据了零售业的半壁江山。前向一体化特许经营的最大意义在于避免了分销商的不可靠性（如避免"水货"的出现、避免失去价格竞争力的控制等），由于成本和机会被分散到大量的个人身上，因此企业可通过特许经营的方式迅速扩展业务。

后向一体化战略是指企业向为它目前的产品或服务提供作为原料的产品或服务的行业扩展，包括自行生产原材料、自己形成配套体系等。后向一体化的实质是获得供应商的所有权或加强对其控制。如果感觉当前的供应商不可靠、讨价还价能力太强或不能满足企业需要，企业可以采取后向一体化战略，如钢铁企业拥有矿山和炼焦设施，服装企业拥有纺织厂等。后向一体化战略是企业的一种非常重要的发展战略，有利于深化分工协作，降低资源采购成本，提高运营效率，同时更好地控制质量，从而维持并提高竞争地位。企业常采取的策略是对为其提供原材料、半成品或零部件的其他企业进行投资自建、投资控股或兼并，即核心企业与其他企业是一种所有权关系。如美国某报业大王拥有一片森林，专为生产新闻纸提供木材。

🔗 实践链接

潍柴控股集团有限公司是山东重工集团旗下的全资子公司，也是内燃机研发、制造、销售的骨干企业。2014 年，潍柴营业收入达到 1 073 亿元，创历史新高。其中，作为集团核心的发动机板块实现营业收入 427 亿元，同比增长 7.3%。企业在重型卡车、工程机械、大型客车、船舶和发电等配套市场的占有率继续领先，行业领军地位依然保持稳固。纵观国际同行业企业的发展历程，潍柴认为单一发动机企业必然要走向行业垂直整合的道路。例如，以戴姆勒为代表的顶级中重卡制造商正全力向上游延伸产业链，进行资源的纵向整合。在行业垂直一体化整合的趋势下，潍柴选择了后向一体化战略，围绕发动机服务的主要市场，整合了产业链优质资源，探索并确立了以整车整机为龙头，以动力系统为核心的业务框架。

7.2.2   纵向一体化战略的实施

考虑到实现纵向一体化的企业要重新解构回各个生产环节相互独立的状态，在操作上并不十分容易，因此企业在决定是否需要采取纵向一体化或者纵向解构做法时，必须想清楚：纵向一体化或解构的条件是否具备？时机是否成熟？什么因素的变化将会对企业所在业务领域的纵向一体化或解构决策产生重大影响？（斯塔基、怀特，1997）一般来说，影响纵向一体化或解构的因素主要有五个，即纵向市场结构、买卖交易频率、行业竞争力量、产业发展状况以及管理操作可能。

从纵向市场结构来看，一般可以根据买卖双方相对力量大小的情况，分为四种情形来讨论。其一，买主与卖主的数量都很多，此时在市场上谁也控制不了谁，价格由市场竞争决定，相对比较稳定，市场很有效率。其二，单一卖主对众多买主，此时卖方处于垄断地位，市场由卖方控制。其三，单一买主对众多卖主，此时买主处于垄断地位，市场由买方控制。其四，买主与卖主的数量都很少，此时市场处于明显的双边寡头垄断状况中，双方存在着极不稳定的既合作又竞争的关系。显然，从市场的稳定性考虑，只有在出现第四种情况的时候，企业才有采取纵向一体化战略的必要。

🔗 实践链接

前些年，我国大型石化企业与大型化纤企业之间就存在着这样的一种双边寡头垄断竞争格局。当时，由于这其中涉及的双方企业都属于国有性质，双方对于交易价格等方面的争议，常常需要国家有关部门来协调。久而久之，为了回避这种经常性的双边谈判所带来的不确定性，石化企业提出自己投资搞化纤生产，而化纤企业则提出自己开办石化企业。这种思路对双方来说，无疑都是一种有助于降低交易费用的最佳选择。但考虑到我国整个国有石化与化纤企业的布局情况，如果从国有资产投资与管理的角度看，这却又是一种非常浪费资源的做法。对此，最好是采取双方结盟的办法，但即使如此，也不可能真正解决产业链上下游企业之间存在的利益分割矛盾，而只是将原来的外部市场冲突转化成了联合企业内部各环节的管理冲突。

从买卖交易频率来看，如果交易频率不高，则买卖双方不需要进行很多的交涉，尽管每次谈判比较费时，也还是可以利用市场机制来解决双方面临的产品或服务交换问题，而不必采取纵向一体化战略 。例如，对于通用性的产品或服务也许可以采取标准化合约的形式来解决，对于专门化程度很高的产品或服务可以采取一事一议的特别合同的形式来解决。而在交易频率很高的情况下，对于通用性的产品或服务，仍可以采取标准化合约的形式来解决，但对专门化程度很高的产品或服务来说，如果仍利用市场来解决，可能会面临经常需要费神谈判的局面，所以，可以考虑采取纵向一体化战略。

尽管从纵向市场结构与交易频率的角度考虑，在买主与卖主双方数目很少、交易频率很高且涉及的是专门化程度很高的产品或服务时，有必要采取纵向一体化战略，但对于采取纵向一体化战略的现实可行性，还须分析设备、投资等带来的设置成本的高低问题，以及出现交易不确定情况时双方通过合约进行协调和修改的可能性。这样，通过比较内部运作的初始投入、长期经营成本、技术可行性等与外部市场采购所涉及的交易成本及不确定性（如产品或服务的质量水平、生产条件等的不确定性），可以大致判定到底是否该采取纵向一体化战略。当然，在具体操作上，还涉及采取何种形式（如并购、自创、结盟）的纵向一体化战略的问题，这需要根据行业的竞争及发展状况而定。

⊙ 战略聚焦

曾有一家生产洗衣机的大型企业，随着其洗衣机产品市场销售量的不断上升，为了做到"肥水不外流"，它决定将原先依靠外部采购的洗衣机控制电路板改为由自己生产。为此，该企业专门引进有关技术人员，建立自己的研发队伍，开办自己的洗衣机控制电路板生产厂。但运作一段时间后发现，控制电路板生产领域需要许多相关知识的支持，技术人员只有在一家综合性的控制电路板生产公司里，通过与众多技术人员的跨专业交流，才能获得内在素质的不断提升。只在一家专门做洗衣机控制电路板的企业里，其技术人员的专业知识会很快退化，从而无法生产出在质量、性能、价格上具有竞争力的洗衣机控制电路板。最后，该企业只好决定将该生产厂的有关设备、人员等转让，仍然从原先给企业供应洗衣机控制电路板的一家计算机设备制造公司采购控制电路板。

从行业竞争力量来看，产业链上下游各环节之间存在不均衡的竞争力量关系，使得不同环节有着水平不等的盈利状况。有时，通过纵向一体化进入一个更盈利的业务环节，一方面可以增强企业竞争力量，从而打破买卖双方讨价还价能力的不平衡现象；另一方面能够直接为企业带来更大的利润空间。此外，这种纵向一体化的另一个效应就是，能够增加潜在进入者参与竞争的进入障碍。

🔗 实践链接

一家生产衬衫的企业，当其生产规模达到全国领先水平时，如果将原来委托外部生产的包装盒改为由自己生产，显然可以起到节约成本从而增加利润的作用。一家受到外部原材料供应制约的企业，如果能够自己生产部分原材料，那么无疑能够降低对原有原材料供应商的依赖程度，从而增强自身在与原供应商谈判中的话语权。

从竞争方面考虑，纵向一体化如果采取结盟的方式，还有助于企业突破市场进入障碍，开拓依靠常规做法难以进入的市场领域。例如，对于跨国公司来说，其全球化发展就会面临不同国家的当地文化习俗差异的挑战，更为严重的可能还会受到由民族抵触情绪所造成的对于外来产品排斥心理的影响，从而导致产品市场销售受阻。在这种情况下，采取合资、合作的形式，通过前向一体化就更有可能进入这些市场。

🔗 实践链接

空中网是中国领先的网络游戏开发商和运营商，致力于为中国及海外互联网用户提供高品质的大型在线游戏服务，同时为中国手机用户提供多元化的无线娱乐服务。2018 年，空中网旗下的空中信通信息技术（北京）有限公司与保利影业投资有限公司正式达成战略合作协议。双方将充分发挥自身优势，在资源上优势互补，提升合作竞争力，并将共同成立合资公司，基于城市购物商圈打造全新的线下娱乐综合体。空中网在进行线上线下新娱乐生态的探索和布局时，就是采取结盟战略的方式进入市场，完成了前向一体化布局的第一步。

从竞争角度考虑纵向一体化战略，除了需要克服进入新业务领域可能遇到的技术、投资、生产、品牌、市场等方面的障碍外，还需要关注由企业纵向一体化战略可能带来的产业链上下游企业间互动关系的改变。

⊙ 战略聚焦

曾有一个服装面料生产商，它生产的服装面料供应多家服装生产企业，后来为前向服装生产企业的较高盈利水平所吸引，决定采取前向一体化战略开展服装生产。当他开办了自己的服装生产厂后，却突然发现以前一直从他这里订购服装面料的客户，不再像过去那样到他这里大量订购服装面料了；以前当他向客户了解订购面料到底用于什么服装时，客户一般都很愿意如实相告，有时还会主动向他透露一些关于未来服装市场趋势的内幕信息，现在却显得有点吞吞吐吐了。这里的问题在于，他的前向一体化实际上将自己变成了原来客户的竞争对手，从而破坏了双方互惠合作的基础。最后，迫于面料市场的萎缩，该服装面料生产商只好做出放弃服装生产的决定。

从产业发展状况来看，在一个发展极不成熟的行业中，对于处于产业链某个环节的企业来说，仅仅做好自身工作显然是不够的，只有同时做好多个环节的工作，才能被顾客真正认可。例如，面对市场上存在的严重的假冒伪劣现象，一家品牌企业只有采取纵向一体化战略，自己开设品牌专卖店，才能防止被造假者钻空子。

⬤ 实践链接

在我国计算机需求市场形成之初，许多计算机企业为了突破客户对计算机的使用障碍，不仅举办免费的计算机知识普及培训班，还提供应用软件及其维护等一系列售后服务，否则就很难售出产品。目前，随着计算机普及程度的提高，计算机技能培训已成为一项独立的盈利业务，各种应用软件也形成了自己的市场，甚至还有企业以超低价格推出基本上不安装任何软件的裸机，这样也能在市场上卖得非常红火。

最后，从管理操作的可能性上看，纵向一体化企业的建立通常涉及众多产业链环节，要求采取相对集权的组织体系，以便统筹利用整个纵向一体化产业链体系内的资源。为了达到这一目标，一般需要较长的时间，有时甚至整个纵向一体化体系尚未完全磨合，市场环境的变化就已使整个体系过时了。正是由于这一原因，当前随着环境变化的加剧，不但越来越少的企业倾向于采取高度纵向一体化的做法，而且还有许多原先纵向一体化程度较高的企业，为了应付剧烈变化的市场竞争，对原有纵向一体化体系进行了解构，即将原先纵向一体化的大型企业，重新分解成一个个相对独立运作的市场主体。当然，还有另一部分企业，利用信息技术手段，在保持产业链各环节松散联系的同时，以虚拟化的方式实现产业链上下游的整合。这里应该引起注意的是，不论是否采取纵向一体化战略，已有越来越多的企业看到了最终顾客的潜在价值，开始关注顾客需求信息的开发和利用。

💬 实践链接

福特公司通过并购汽车快修公司实现了向终端客户的延伸。福特公司并购了英国汽车快修公司，并利用该企业的客户资料库推销旧车、保险和信贷业务，从而抓住了那些原来过了保修期或成为旧车使用者后与福特公司无缘的顾客。这种并购使得福特公司从仅仅将汽车零部件组装起来，然后销售给顾客的传统汽车制造商，向涉及从创意产生、生产组装到报废销毁等整个汽车生命周期每一阶段且较为适应消费者需求的服务公司转变。

7.2.3   横向一体化战略的内涵

与纵向一体化战略相对应的是横向一体化战略，又称水平一体化战略。横向一体化已成为当今战略管理的一个最显著的趋势，在很多产业中已成为最受管理者重视的战略。竞争者之间的并购及接管提高了资源与能力的流动，带来了规模经济，即通过扩大生产规模带来效益的增长。企业通过并购可以获取竞争对手的市场份额，迅速扩大市场占有率，增强自身在市场上的竞争能力。另外，由于竞争对手减少，尤其是在市场竞争者不多的情况下，可以增强议价能力，以更低的价格获取原材料，以更高的价格出售产品，从而提高企业的盈利水平。

横向一体化是指把价值链上处于同一环节的单位联合起来，形成集团，获得竞争者的所有权或加强对它们的控制，从而促进企业实现更高程度的规模经济和更迅速的发展的一种战略。该战略的实质是获得对竞争者的所有权或控制力。推动横向一体化的动因包括企业对市场份额、效率、行业主导权以及经济收益的追逐。经济全球一体化程度的加剧，法律法规限制的减轻，互联网等信息技术的飞速发展，电子商务的拓展以及股价高涨等因素，对横向一体化在全球范围内的迅猛发展起到推波助澜的作用。横向一体化的大量出现，说明企业的战略管理者对自身从事多种不相关业务的能力有所怀疑。同行业竞争企业之间的合并，相比业务不相关的企业合并来说更能产生效率。例如，阿迪达斯以38亿美元收购锐步，戴姆勒－奔驰和克莱斯勒公司的合并直接起到多项优势互补的作用。

7.2.4   横向一体化战略的实施

企业在关注同行竞争及产业发展对于纵向一体化影响的同时，还必须注意了解产业链上下游各环节的横向一体化战略及其相对竞争力量的变化情况。例如，在我国供不应求的年代里，许多大型家电制造企业具有很强的市场影响力。后来随着零售企业实力的增强，家电制造企业逐渐在谈判中处于劣势，致使家电制造企业纷纷采取前向一体化的做法，建立自己的销售渠道，结果似乎是哪家企业抓住了销售终端，哪家企业就有更好的市场基础。那些具有强大市场销售终端网络支持的家电整机生产企业，反过来对其上游的家电配套生产厂家提出了供货招标的做法，在竞争中处于较强的地位。但是，当每个家电企业均围绕自己的品牌形成纵向一体化产业链时，尽管通过相互竞争为最终顾客带来了物美价廉的产品，但似乎未使家电企业的利润增加。

为走出类似家电企业纵向一体化及其品牌大战的格局，企业可以采取横向一体化的做法。分析各企业通过纵向一体化建立起来的从设计、生产到销售终端的运作模式，可以看到，其中对企业来说最重要的资产是品牌，整个纵向产业链围绕品牌建设展开。这既是企业的当前优势所在，也是其未来劣势的根源。当前作为这种模式代表的企业产品销售终端，是围绕企业自己品牌且具有排他性质的品牌专卖店。正是这种排他性，限制了顾客购物的可选范围，增加了顾客购物的不便，从而也为这种模式的终结埋下了种子。

⚙ 实践链接

格力电器为维持自有品牌专卖店的经营，通过不断的产品系列化与创新，努力使多系列产品（除了空调，还有小家电、冰箱等）排队进入渠道，这样就能够通过自己的单一品牌满足顾客所有需求。但这种模式正面临挑战，因为顾客希望在比较多种品牌后选购。如果顾客发现各企业品牌产品内涵质量相差无几，售后服务成熟规范，在连锁大型家电市场可以得到良好的"无排他性的销售服务"，那么，横向一体化扩张反而会制约市场份额的提高。因此，格力电器长期还是聚焦空调产业，从而保持自有品牌专卖店的高品质，而有的老牌家电企业，因为过度横向一体化发展，反而成长更慢。

7.3　多元化战略

7.3.1　多元化战略的内涵

多元化战略的目的是有效利用现有资源。开展多元化经营可以规避风险，实现资源共享，创造更多的协同效应，产生"1+1＞2"的效果。多元化战略经营是现代企业发展的必由之路。

多元化战略又称多元化经营战略或者多元化经营，由著名的战略大师安索夫于 20 世纪 50 年代提出，是指企业为了获得最大的经济效益和长期稳定经营，开发有发展潜力的产品或者丰富产品组合结构，在多个相关或不相关的产业领域同时经营多项不同业务的战略，是企业为寻求长远发展而采取的一种成长或扩张行为。一般而言，多元化战略是指一家企业向不同的行业市场提供产品和服务，从而同时在两个或两个以上的行业中进行经营。随着经济的发展以及企业组织结构的变化，多元化经营的内涵已大大超出其最初的含义：一方面，它不仅是企业的一种经营方式，更是企业的一种成长行为；另一方面，多元化是具有长远性、根本性以及全局性的战略行为。

具体而言，多元化战略可以分为相关多元化战略和不相关多元化战略。相关多元化战略是指增加新的但与原有业务相关的产品与服务。近几年，西方国家兼并浪潮又起，一个最显著的特点就是以相关行业为主，尽可能追求业务的相关性。这里的相关性是指能够共享在市场、营销渠道、生产、技术、采购、管理、信用、品牌、商誉和人才等方面相关业务之间的价值活动。当企业将多元化经营建立在具有相关性的活动上时，其成功的机会就会变大。这样做之所以容易成功，主要是因为企业的竞争优势可以扩展到新领域，实现资源转移和共享，在新行业容易站稳脚跟，发展壮大。多元化经营战略的理性方式应是在核心专长与核心产业支撑下的有限相关多元化经营战略。相关多元化战略强调企业从内外搜寻、获取稀缺资源以支撑其核心竞争力。根据内部化理论，企业通过多元化经营不仅获得了稀缺资源，而且降低了交易费用，减少了不确定性，更重要的是，可以将稀缺资源置于企业的直接控制之下，从而更好地保证核心竞争策略的实施。相关多元化战略可以带来战略协同继而产生竞争优势，使企业在各业务之间保持一定的统一度，从而产生战略协同性，取得比执行单个战略更高、更稳固的绩效，使相关多元化产生"1+1＞2"的效果，成为竞争优势的基础。战略协同性产生的利益越大，相关多元化的经营优势也就越大。战略协同转化为竞争优势主要依靠两个方面：一是多种业务将总成本分摊后使得单个业务的成本降低；二是关键技能、技术开发和管理诀窍的有效转移与充分利用。不相关多元化战略是指增加新的、与原有业务不相关的产品或服务。只要该行业或业务有确定的和足够有吸引力的财务收益，企业就可以考虑采取不相关多元化战略，进入这个行业或业务，而寻求战略匹配关系则是第二位的。

🔗 实践链接

作为多元化布局的典型房企，绿地集团正在通过依靠大消费、大基建和大金融，将房地产的产业运营和城市运营相结合，试图撬开那一道商业密码背后的新逻辑。绿地在基建业务方面原本就有基础，也有品牌优势，通过主业带动无疑将很快做大。当大基建拓展以后，充分结合政府产业发展规划，这让获取土地的资源成本大幅降低，反过来又能带动主业。同时，发展大金融也是产业协同发展的需要，以打造产业竞争力的"标配"。绿地争取保险、银行等核心金融牌照，为打造产业协同"航母"带来更大的发展动力。"产业＋基建＋金融"的多元化协同发展道路，将开启绿地转型升级的全新蓝图。

7.3.2 多元化战略的实施

对于企业多元化经营时机的选择，有赖于企业对于新业务未来发展趋势的把握，并需要综合考虑企业自身竞争实力与现有业务市场增长潜力的情况。这意味着，关于多元化经营时机的决策，实际上是建立在企业对于市场前景及自身实力这两个假设基础之上的，在不同假设的指导下必然会有不同的多元化经营选择（见图 7-2）。一般地，如果将我国的许多企业放在国际市场环境下考虑，则这些企业在竞争实力与相对地位上都还很弱，还没有达到可以脱离"专精一业"以求更大发展的实力水平。在这种情况下，面对国际上大型企业的竞争，这些企业如果不集中精力扎实做好本地市场，贸然采取分散实力的多元化经营战略，那么结局只会是胜少败多；当然，这并不排除在某些局部的区域市场上，有些企业能够表现出较强的竞争实力，从而在现有核心业务市场已经饱和的情况下，可以考虑采取多元化经营的做法。

	强　　　　　　竞争实力　　　　　　弱	
高　潜在市场增长率　企业核心业务的　**低**	不宜多元化经营	不宜多元化经营
	优先考虑多元化经营	权衡考虑多元化经营

图 7-2　多元化经营时机的选择决策指向矩阵

由图 7-2 所示的多元化经营时机的选择决策指向矩阵可知，企业在不同的情况下有不同的选择。

- 不宜多元化经营。如果企业自身竞争实力很弱，即与同行相比在现有核心业务领域中竞争地位很靠后，一般情况下不宜多元化经营。在这种情况下，除非企业具有远见卓识，真正把握了新业务未来发展的趋势，找到了比现有业务更有增长潜力的发展机会，并且自身又正好具有抓住该新机会所需的实力，否则不宜多元化经营。
- 优先考虑多元化经营。如果企业自身竞争实力确实很强，在现有业务领域中与同行相比竞争地位也不弱，在这种情况下，当企业现有核心业务市场增长潜力不足，同时又能找到适当的新的业务增长点时，可以优先考虑选择多元化经营。
- 不宜多元化经营。当企业现有核心业务市场增长潜力很大，亟待进一步开发时，则应该首先考虑将精力集中在现有核心业务领域的开拓上，而不是急于发展多元化经营。
- 权衡考虑多元化经营。当企业现有核心业务市场增长潜力已基本穷尽，但尚未找到新的业务增长点时，应该考虑进一步积累竞争优势，积极寻找可做多元化经营的新的业务增长点。

关于多元化经营的思路及途径选择，需要分析企业拥有哪些专业技能，以此来确定其多元化经营的现实可能性。应该看到，任何企业所拥有的资源与能力都是有限的，而多元化经营必然会对企业提出新的资源与能力方面的要求，并与企业现有核心业务领域对于资源与能力的需求产生一定的矛盾冲突。特别是当企业试图进入与现有业务毫不相关的新领域时，此类多元化经营对于企业综合管理能力所提出的要求常常会超出企业现有的技能条件，一旦管理无法跟上，多元化经营的失败将成为必然。

有些企业在现有业务领域经营中通过长期的发展积累了包括企业文化、管理方法等在内的一整套成功做法，成为所在行业中的"状元"。过去的成功往往会使它们简单地得出结论，认为只要将这些做法拓展到其他任何新领域，就一定都能够取得同样的成功。在这种隐含的内心假设作用下，许多企业一旦取得初步成功，就容易盲目乐观，全面出击，并购扩张，其结果往往是以失败告终。毕竟"行行出状元"并不意味着"同一个人在每一行里都能当状元"，一家企业在某个业务领域的经营取得成功，并不一定能够保证该企业在任何一个领域的经营都会取得成功。更何况，不同领域与时期的经营所面临的战略环境是不同的，过去的成功经验不可能仅仅通过简单的移植就可作为指导新领域经营的法宝。

🔗 **实践链接**

乐视网于2004年在北京成立，是一家视频网站。在版权意识尚为薄弱的年代，乐视网先行一步，大量购买影视正版，并提出支持正版的口号，领先同行。2010年，上市后的乐视网提出"生态概念"，大力整合互联网视频产业链，形成"视频平台＋影视内容＋智能终端＋移动应用"的商业生态系统，随之发布的智能硬件等广受好评。受益于"生态"红利，乐视开始涉足体育、手机、影业甚至汽车等多个领域，意图打造出涵盖七大生态的超级生态圈。结局显而易见，顾此失彼引发的财务危机使得乐视网一蹶不振。

7.3.3　多元化战略与专精发展的关系

对于多元化战略，人们总倾向于将它与专精发展做比较，从而存在着这样几种比较形象的说法。如赞成多元化经营者建议，在企业逐步做大时，"不要将全部鸡蛋放在同一个篮子里"，认为这样可以做到"小钱集中，大钱分散""东方不亮西方亮"或者"东方亮了再亮西方"。赞成专精发展者认为，"与其把鸡蛋分散放进不同的篮子里，还不如把所有鸡蛋都装进一个篮子里，然后看好那个篮子"。之所以这样做，一是由于"装鸡蛋的篮子本身也需要钱"；二是由于"人们常常只知道把鸡蛋放在不同的篮子里，却不知道哪个篮子底下有洞"；三是由于"无法保证捡到篮子里的一定是好鸡蛋"。

实际上，这些说法基本上抓住了多元化与专精两种决策的几个本质问题，这就是：能否识别出优质业务？多元化经营的业务范围多大为宜？是否具备相应的资源与能力？从战略实践操作的角度来看，这三个问题实际上并不存在统一的答案，因为需要根据不同的环境、使命、实力组合情况采取不同的做法。一般来说，企业发展总要经历一个由"集约发展到多元化经营，再到专精发展，然后再进行多元化经营，再专精发展"的循环演化过程。显然，没有多元化经营就难以实现业务领域的突破，没有专精发展就难以形成企业特色。从这个角度出发，考察一些企业的实际发展历程，不能简单地得出结论：如果有企业从多元化经营转向专精发展，就一定意味着当初的多元化战略决策是错误的，是没有任何价值的。也许这种转向只是由于环境情况发生了变化，或者只是为专精发展探明了方向，更何况企业发展本身就是一个创新性的探索过程，也许这种失败经历本身就是企业及企业家个人学习成长过程的必要组成部分。

对于多元化战略与专精发展的选择，涉及的是经营业务调整与重构的战略决策问题，这在许多企业从小到大的发展过程中都会遇到。在现有业务的进一步发展受到限制时，如何对它进行改造从而再创辉煌？如何开拓新业务领域，重新构造多种业务组合从而求得新发展？进入新业务领域关键需要考虑哪些问题？影响多元化经营成败风险的因素到底有哪些？认真考虑这些多元化经营的战略决策问题，从根本上弄清多元化经营的时机、方法与关键所在，对于保证企业经营的长期健康发展至关重要。这里的关键是要结合战略环境，权衡利弊，最终做出业务取舍决策。

7.3.4　多元化战略顺利实施的六大法则

以上讨论涉及影响多元化经营成功的业务前景、经营实力等因素，这些因素的有机结合为企业多元化经营奠定了基础，而为使这些基础真正转化为成功的多元化经营，还必须考虑结合现实市场的竞争状况，从动态的角度考察多元化经营的战略选择问题。为此，这里特别给出企业多元化战略顺利实施的六大法则（见表 7-1），帮助企业厘清多元化经营方面所涉及的战略因素，从而有效解决企业在进行多元化战略决策的过程中所遇到的一些令人

表 7-1　多元化战略顺利实施的六大法则

基础稳：在当前市场上，比竞争者做得更好的是什么
进得去：为在新市场上取得成功，必须具备什么优势
站得住：进入新业务领域能否迅速超越其中的现有竞争者
无冲突：多元化是否会破坏企业现有整体战略优势
能取胜：在新业务领域中，企业是否有可能成为优胜者
有发展：多元化是否能为企业进一步发展打下基础

困惑的问题。尽管并不能简单地通过回答这些问题得出要不要进行多元化的结论，但能够帮助企业论证多元化经营方案的现实可行性。

一是基础稳：在当前市场上，自己比竞争者做得更好的是什么？ 企业需要思考在当前市场上自己比竞争者做得更好的方面到底有哪些。一家企业如果在现有市场上并不具备竞争优势，而又贸然采取多元化经营的做法进入新领域，则可能会导致遍地开花但均无结果的局面。在这里，需要考虑的不仅仅是企业目前在做

什么，能做什么，而是比竞争对手做得更好的是什么，比如企业是否有健全的核心业务，在资源及能力上能否为多元化经营提供坚实稳定的基础。只有这些才是企业竞争优势之所在，也是企业进入新领域参与竞争的可靠基础。企业只有在具备这种相对竞争优势之后，才可以考虑能否将它应用到其他领域，为进入新领域带来增值效果。

二是进得去：为在新市场上取得成功，必须具备什么优势？ 企业想要在新的业务领域中取得成功，必须具备什么竞争优势？企业开展多元化经营，首先应了解在拟进入的新业务领域中，想要参与竞争并保证取得成功，必须具备哪些竞争优势。然后，看看自己的企业是否完全具备这样的竞争优势，企业在现有业务领域的竞争优势能否被便捷地转移到新业务领域中去。这里需要强调的是，对于进入新领域所需的竞争优势，应该将它作为整体来理解，部分拥有并不能保证多元化经营的成功。

🔵 实践链接

对一个非常了解其顾客，具有丰富的营销经验、强大的品牌与销售网络的天然水公司来说，如果要进入优质葡萄酒生产领域，尽管可以说具备了保证新业务成功的绝大部分条件，但由于缺少核心的优质制酒能力，仍然很难取得成功。因此，如果企业现有竞争优势与新业务所要求的竞争优势不一致，则除非企业有能力重构在新领域竞争所需的优势，否则在新业务领域的经营中取得成功的可能性会比较小。

三是站得住：进入新业务领域能否迅速超越其中的现有竞争者？ 这里要回答的问题是：进入新业务领域后，企业能否迅速超越其中的现有竞争者，并在其中站稳脚跟？随着我国市场经济的深入发展，在市场上要找到一个从未有人涉足过的新业务领域的难度越来越大，而对于进入一个已有先占竞争者或有许多同步进入竞争者的业务领域，如果企业不具备从众多竞争者中脱颖而出成为其中优胜者的能力，那么要想长期在新业务领域中立足是很困难的。当然，对于资源与能力，企业应该用能动发展、动态可变的眼光去看待。尽管企业在进入新领域的时候，可能还欠缺某几个关键的成功要素，但在进入后，如果能够采取商业模式创新等措施建立后发优势，迅速赶超其他竞争者，那么还是有可能取得新领域经营的成功的。

🔵 实践链接

20世纪60年代早期，佳能公司从相机生产领域进入复印业时，面对强大的施乐公司对于高速复印市场的垄断，采取了改变竞争重点的做法，佳能公司利用经销商而不是直销，强调质量与价格而不是速度，瞄准施乐公司忽视的中小企业及消费品市场，结果在进入市场的20年里就成了行业的领先者。

四是无冲突：多元化是否会破坏企业现有整体战略优势？ 企业进行多元化经营发展时，如果在建立新业务的同时会破坏现有业务的竞争优势，则企业实际上面临的是业务领域的转换问题，这种多元化经营显然无助于企业业务的拓展壮大。通常，竞争优势是作为一个整体而存在的，其各个组成部分之间存在着相互补充、相互依存的关系。如果进入新业务领域经营，只需要现有竞争优势中的部分要素，则在做竞争优势的局部移植时可能会造成肢解现有竞争优势的后果。还有一点需要注意，竞争优势常常是与战略三假设相匹配的，因此，新业务领域必然面临三个新的假设，再加上局部移植，就更有可能出现不适应症。因此，在将竞争优势这一整体进行分解或随意组合时，必须通过战略协同，设法使它重新形成有机整体。

五是能取胜：在新业务领域中，企业是否有可能成为优胜者？ 企业只有在新进入的业务领域中具有竞争优势，并且这些优势能充分匹配、发挥作用，才能保证企业在新领域中经营顺利，但能否成为优胜者，关键在于企业在新领域中能否建立持续的竞争优势，比如具有满足"无法学、学不全、不愿学、不怕学、不敢学、难替代"准则的持续竞争优势。如果不能做到这一点，则意味着企业在该领域中只能成为一个普通的经营者，鉴于此，企业在决定进入新领域时，必须要有充分的考虑。例如，在考虑多元化经营的业务选择时，对业务发展前景把握不准，或者不顾市场需求及潜力大小，只要企业勉强能做，就盲目投产，其结果就很有可能出现这样的情况，即导致企业资源与管理精力分散，遍地开花却没有结果，以及现有核心业务"失血"。

六是有发展：多元化是否能为企业进一步发展打下基础？ 通过多元化经营进入新的业务领域，企业必然会有新的经历，进而学到许多新的知识、经验与技能，这些都有可能为企业的未来发展奠定基础。从企业长期战略考虑，如果能使这种新积累起来的东西，成为企业未来发展真正所需资源与能力的一部分，则可以认为这种多元化经营是符合企业战略需要的；否则的话，只能作为企业短期赚钱的业务来看待。认清这一点，对大企业的发展来说特别重要。企业发展必须走一步，看两步，想三步。有鉴于此，企业通过多元化经营进入新业务领域时，需要考虑所形成的新能力是否可被用来加强现有业务？所积累的经验与知识能否为企业业务的下一步拓展打下基础？新业务是否有助于提高企业整体的运行效率？

7.4　平台化战略

7.4.1　平台化战略的内涵与意义

新工业革命正在改变企业的生产方式和创新模式，平台正成为一种普遍的市场形式或组织形式，拥有一个成功的平台逐渐成为企业获得竞争优势的重要途径。平台具有一定的经济性，是具备范式特征的价值创造资产。在社交网络、电子商务、搜索引擎、包裹快递、信用卡、第三方支付、证券交易、在线游戏、地产开发及航空地铁交通等诸多领域，平台通过连接两个或更多的群体，让他们通过平台互动，从而满足彼此的需求。平台化战略是一个生态系统，指以组织和个人（商业世界中的有机体）相互作用为基础的经济联合体，具体是供应商、生产商、销售商、市场中介、投资商、政府、顾客等围绕生产商品和提供服务组成的群体。平台型企业需要设计出一个多方的联合行动计划，为系统中的每一方创造不同的价值，使多个用户群体，包括供应商、最终用户、广告商甚至平台企业自身等实现资源共享，互利共存，注重社会、经济、环境综合效益，共同维持系统的延续和发展，最终实现多方共赢。随着互联网、大数据和物联网等技术的快速发展，平台化战略为市场带来了巨大的变革与机会，日益显示出其强大的生命力和战略重要性。

腾讯、阿里巴巴、海尔等企业的成功发展无一例外都采用了平台模式。在过去的 20 年中，它们以惊人的速度横扫互联网及传统产业，形成了极具统治力和强大盈利能力的业务模式。平台型企业能够"赢者通吃"，掌控自己的商业生态圈。基于现有的竞争优势，平台型企业的包围战略还可以向其他产业渗透，如凭借庞大的用户数量和精确的用户数据，平台型企业可以进一步渗入其他产业，建立新的业务模式，从而使自己具有超级成本优势。因此，平台化战略逐渐成为企业在激烈的市场竞争环境中的新选择。

⊙ 战略聚焦

海尔通过构建平台型企业，一边聚集引领企业创新的用户需求，一边连接供应商资源和解决方案，形成创新生态系统，通过整合开放式资源，不断创造用户价值。在推进企业平台化发展的过程中，海尔员工实现自主创业和创新的价值，从传统科层制下的执行者变成平台上的自驱动创新者，创新支撑并不局限于海尔内部，而是由围绕平台形成的创新生态圈提供。如海尔搭建的"全球研发资源整合平台"，整合和配置全球创新资源，提供相应的解决方案。天樽空调就是这种新模式下的创新产品。天樽空调采用"圆洞"形出风口设计，在出冷风的同时，还会带动自然风的混合流动，所以空调运行起来温度宜人。海尔原本并不具备能完成此项设计的"射频技术"，但它充分利用和整合外部供应商资源，还有超过 60 万网友献计献策，因此一年内就完成了产品样机的设计。利用平台形式，海尔把员工、顾客、供应商之间的关系变成合作共赢的商业生态圈，从而共同创造市场价值。

随着互联网、大数据和物联网等技术的快速发展，平台化战略正日益显示出强大的生命力和战略重要性，改变了企业组织形态及一系列战略行为。

（1）平台化战略是企业的成长战略。平台化战略摆脱了传统思维模式，往往能够在产业的供给与需求之间的连接点上寻找新的赢利契机，发掘新的商业机会，创造新的产业模式。传统的产业链是单向垂直流动的，上游供应商制造并提供产品，下游买家则付费购买。传统出版业正是这样的线性产业模式，层层环节的利润最终都由读者来承担，而线上阅读平台的出现则打破了出版业的百年规则。以起点中文网为例，它在互联网上提供了一个虚拟平台，让热衷于写作的人们直接刊登各式各样的故事，读者能够立即选择自己感兴趣的故事来阅读。这样一来，原本处于传统产业链两端的作者群与读者群可以直接连接，作者产出的内容更加丰富多样，读者支付的价格也更加便宜，可见产业变革意义深远。

（2）平台化战略可作为传统企业的竞争战略。平台型企业不仅在相互渗透，还在深入和颠覆传统产业。平台型企业能够实现"赢者通吃"，但传统制造业企业并不甘心被平台型企业的生态系统所整合，从而丧失对行业的主导权，例如，互联网企业就正在对传统通信企业的业务造成威胁。作为传统家电制造业中的领军企业，海尔搭建了一个平台，通过与用户交互发现真正的潜在需求，并满足这些需求，同时吸引全球的高端资源，持续地产生颠覆性的创新，从而形成企业永续经营的动力。

（3）平台化战略能够有效促进创新。创新的困境是有很多好的创新技术、解决方案摆在那里，却无法实现商业化。同时，一些企业实施自主创新、埋头搞研发，却不知自己三五年都解决不了的问题，在别人那里早已有了解决方案。平台创新模式的优势在于，通过用户交互能够找准用户需求，通过整合资源能够找准满足用户需求的技术方案。在新工业革命背景下，企业创新的内容和形式快速变化，对市场和技术变化的反应更为敏感，可以在较短时间内以低成本整合各种技术资源，使创新具有很强的灵活性与开放性。互联网技术的普及，使得创新变得平民化、分散化，创新不一定由技术专家发起，也不一定集中在大企业内部。尤其在消费类电子产品行业中，互联网技术培育了适宜创新的"土壤"。通过构建平台型企业，海尔一边聚集着引领企业创新的用户需求，一边连接着供应商资源和解决方案，通过整合开放式资源，不断创造用户价值。平台型企业要跨界就需要知道新领域的分布，了解新领域的核心知识，进而寻找到资源整合的接口。

7.4.2　平台化战略的类型

依据功能不同，平台化战略可分为市场制造者平台化战略、用户制造者平台化战略和需求协调者平台化战略。

（1）市场制造者平台化战略可以吸引平台双方或者多方加入平台进行交易。平台一方种群成员增多，其需求也会随之增多，则市场的另一方种群就会随之加入平台，这是因为平台（如易趣、淘宝、雅虎、纳斯达克等）可以提高交易配对的成功率，减少交易配对的时间。

（2）用户制造者平台化战略主要连接的是观众、广告商等各种用户。平台首先以免费或者低价的商品和服务吸引用户加入，当用户数量增多并对提供内容中的广告做出有效的回应时，广告商就会看中平台带来的客户源；反过来，当有用的信息越来越多时，用户就会越来越依赖这样的商品或服务。例如，纸媒、网媒、电视频道都是依赖于广告支持的用户制造者平台。

（3）需求协调者平台化战略不同于市场制造者平台"出售交易机会"，也不同于用户制造者平台"出售信息"，而是通过提供产品或服务引起平台双方或者是多方的间接网络外部性。网络外部性也称为需求方规模经济，指的是当商品的价值随着消费者购买某种产品或者是其兼容产品的数量的增加而不断提升，而商品价值的提升又反过来促使更多的消费者购买。网络外部性效应依赖于商品的用户规模和网络规模，用户的规模越大，网络规模也就越大，网络外部性的效应也就越强。网络外部性可以分为直接网络外部性和间接网络外部性。直接网络外部性指的是消费者的规模越大，所购买的商品和服务越多，商品或者服务对于消费者的价值也就越大。例如，当用户注册邮箱加入邮件系统时，他所获得的效用依赖于系统中注册的用户数量。注册的用户数量越多，则新加入的用户所获得的效用就越大。此外，新用户加入的同时给老用户带来了正效用。间接网络外部性是针对互补性产品而言的，比如使用打印机的人数越来越多，其互补产品墨盒就间接地获得一种需求方规模经济。

7.4.3　构建平台化战略的基本原则

平台模式具有开放性的特征，平台化战略成功的关键在于能否整合外部资源与市场需求，把企业变成一个开放的创新平台和生态系统。随着企业资源的社会化，平台型企业可以把全球资源整合到创新体系中，围绕用户需求进行价值创造。开启用户与平台的共创、共生、共演，最终构建开放创新的平台生态网络。

共创（co-creation）是指在平台生态创建期，平台型企业与参与者松散地共创出一种新的价值主张。在生态创建期，平台型企业会提出一种全新但又相对模糊的价值主张，呼唤、吸引多元的参与者加入并共同探索。大量潜在参与者会保持观望，但部分会率先与平台型企业进行资源能力的对接和价值观的碰撞，尝试以松散合作形式创造出新的价值。如果平台中有成功的样板出现，生态参与者将瞬时涌入，推动平台的快速成长。

共生（co-specification）是指在平台生态成长期，平台型企业与部分参与者共同投入专用性资产、紧密协作，实现价值主张升级，同时处理好平台与参与者的价值分配议题。一方面，平台生态系统是由多个子生态构成的，在整体生态成长时，不同平台引领的子生态间竞争趋强，消费者要求升级，平台需要思考如何领导子生态构建差异化竞争优势，提升用户价值。平台型企业会选择生态系统建设不足或者消费者未来需求增长旺盛的领域，鼓励参与者加大投入。因此，平台为了"补短板"，需要与参与者共同投入专用性资产，例如智能仓库管理系统、智能家电的5G通信接口等。紧密协作开发出适应顾客需求的新产品和服务体验。探索构建共生的机制，例如共同拥有智能系统的财产权或专用协议，能够促进平台与参与者的相互依赖，既能帮助平台防止参与者的"搭便车"行为，又能保障参与者的回报，增强了参与者投入资源的信心。

共演（co-evolution）是指在平台生态进入成熟期后，平台与参与者决定是否共同探寻"二次曲线"增长机会，延续原有子生态的价值和构建新的子生态。平台希望与参与者继续在新的价值主张上再次加大投入共创，但此时参与者的资源、能力和地位与之前不同，参与者既可能选择相信平台"再升级"的愿景，也可能考虑"另谋新欢"。

🔗 实践链接

美创平台是由美的集团与浙江大学在 2015 年联合开发的开放式创新网络平台，旨在依托美的集团在资金、技术、场地、渠道等方面的优势资源为企业内外部创业团队提供从创意到市场的全流程孵化支持。美创平台主体主要包括众创平台、需求与解决方案、项目孵化三大模块。其中，"众创平台"模块主要用于汇集和利用大众的智慧促进创意的转换，即创客发布创意，由大众来评议完善，一经采用，创意发布者还有机会参与创意转化成产品的成果分享；"需求与解决方案"模块旨在充分利用全球的资源解决问题，即大众用户线上发布技术需求，创客线上提供技术

方案，精准匹配后线下进行资源交易；"项目孵化"模块主要用于全球范围内征求孵化项目，创客团队线上申请项目，美创平台提供资源，线下进行项目对接，通过为入孵项目提供孵化服务实现资源共享，互利共赢。从创立到现在，美创平台始终坚持"为改变传统的产品设计生产模式而生，致力于激活互联网上群体的创新力量"的理念，推崇开放式创新，鼓励用户参与产品创新、研发及测评全流程，打破限制科研人员创新的条条框框，通过多维度的技术共享与技术合作，推进以新时代互联网思维打造高销售量产品，实现多方共赢。

7.4.4　构建平台化战略的基本要素

平台化战略的核心价值是竞合。平台的竞合是指平台一方的种群在同一类经营活动中既有合作又有竞争。从平台化战略的整体看来，合作支撑着整个平台的架构，但是平台各方虽然因为同一战略目标走到了一起，但彼此仍然是独立经营的个体，在经济利益上必定存在冲突，所以说竞合是平台化战略的核心价值。如何通过竞合实现平台的永续发展是最需要思考的问题。因此，当企业开始一个平台化战略的时候，在建构阶段需要回答清楚如下问题：谁是使用者？使用者的需求是什么？如何利用网络外部性？如何促进交易？如何实现盈利？基于对这些问题的思考，这里将从以下七个角度分析构建一个平台的基本要素。

第一，定位多边市场。构建平台商业模式的首要步骤是定义双边（或多边）使用群体，即确定出不同的用户群体以及他们各自的需求。需求是产生交易的原动力，是一个企业战略的基本出发点。企业发现市场客观需求，精心按照市场需求

进行战略布局、组织经营，才能谋得企业的发展，因此寻找出有需求的群体才是目标。许多典型的平台型企业连接了两个不同的群体，如淘宝网的买家与卖家、起点中文网的作家与读者等。除此之外，还有更为复杂的平台，它们搭建的生态圈包含了三四个群体甚至更多。例如，谷歌不但拥有搜索引擎，而且汇聚了软件开发商、手机制造商、手机用户及互联网的文件处理工具需求者等群体。

第二，激发网络效应。网络效应也称网络外部性。当商品售出越多或预期售出数目越多时，商品的单位价值效用会随之增加。激发网络效应是平台构建自己的产业与服务群体的整套功能机制的关键所在。平台模式中的网络效应包括两大类：同边网络效应和跨边网络效应。同边网络效应指当某一边市场群体的用户规模增长时，将会影响同一边群体内的其他使用者所得到的效用。例如，使用PlayStation游戏机的人越多，新用户就会发现和朋友交流游戏或者在打联机游戏时找搭档越容易。跨边网络效应是指一边用户的规模增长将影响另外一边群体使用该平台所得到的效用。例如，在一些付费问答平台，提供知识方的流量越大，提问者就越愿意来到这个平台发布问题，问题的数量又成为吸引回答者的关键所在。效用增加称为"正向网络效应"，效用减少则称为"负向网络效应"。

第三，构建用户过滤机制。网络效应得到激发与拓展，带来的却不一定完全是积极的一面。例如，部分平台用户借助网络的遮掩污染平台环境，造成其他用户使用意愿的下降；或者部分进驻商家未完全履行平台机制。再如，部分租房网商家在用户订房后随意毁掉合约，也会使其他用户对于该平台避而远之。针对这类情况，平台采取的一个较为行之有效的方法便是构建用户过滤机制。过滤方式大体分为两种：建立使用门槛与彼此监督。第一种如淘宝网，商家必须实名注册并缴纳一定额度的保证金，如此一来不遵守规则便会面临处罚，在很大程度上保证了用户的行为端正。第二种如闲鱼平台，判断一个用户是否靠谱的依据是芝麻信用分数与评价。买卖双方对彼此的评价均会予以显示，如果一方投诉，核实之后另一方芝麻信用分数就会随之降低。这样彼此监督的过滤机制是极其有效的。特别地，如果一个企业平台在一开始就建立较为完善的配套机制，便可一定程度避免后期运营时不良用户增长带来的各类负面问题。

第四，设定"付费方"与"被补贴方"。平台型企业为一边市场提供费用上的补贴，借以激起该群体进驻平台的兴趣，则此群体称为"被补贴方"。反之，平台另一边的群体若能带来持续的收入支撑平台的运营，则此群体为"付费方"。淘宝电子商务平台的"卖家"就是"付费方"。卖家想要注册淘宝需要首先支付保证金，然后如果想获得让自己的商品出现在更显眼的地方等增值服务，则需要支付额外费用，此时，"买家"则是"被补贴方"。QQ音乐与之相反，发布专辑的音乐人为"被补贴方"，用户则为"付费方"。角色并非固定不变，例如问答平台的目标从引流转为盈利，咨询群体也从"被补贴方"变成了"付费方"。因此，补贴模式是平台的一种战略性抉择，也是激发网络效应的驱动力。许多平台型企业的竞争优势正是凭借创意性的补贴模式确立起来的。

第五，赋予用户归属感。如果一个平台能够唤起用户的归属感，会带来两大优势：第一，用户黏性在无形中大幅提升，而且效果往往比强制性的捆绑更有效；第二，这些拥有强大归属感的用户，很有可能成为"意见领袖"，并为平台带来更多新用户。要想唤起用户归属感，"赋予用户权限"的机制有着良好的效果，即赋予用户强大的权限，让用户对于平台产生责任感与归属感。例如，有的专门化品牌平台依靠用户的投票来确定上线产品，极大增强了用户话语权，帮助加强和巩固了用户对于品牌文化的认可。

第六，开放式策略和管制式策略的选择。这是平台设计硬性机制时的两种基本策略，开放式策略代表对"边"的进入不加以限制，而管制式策略则意味着有着严谨的过滤机制。例如安卓（Android）平台和苹果（iOS）平台。安卓提倡的是极高的开放式策略，硬件开放、软件门槛也极低，产生的优势就是在短短几年内迅速成为全球最受欢迎的操作系统。不过，现在安卓面临的问题是质量和用户体验的不统一。苹果则恰恰相反，硬件完全自有，对软件开发商也严格把关，其 App Store 软件商店的审核极为严格，未达标准的均被过滤掉。也正因此，无论付费还是免费的软件都有着优良品质，同其产品一样在用户心中打下了高质量的烙印。选择不同的设计策略，意味着不同的发展路径。

第七，决定关键盈利模式。盈利是企业的目标，也是平台长久运营的关键。对于平台来讲，有效的盈利方式通常包括两大方式。第一，平台商业模式的根基来自多边群体的互补需求所激发出来的网络效应。因此，若要有效盈利，必须找到双方需求引力之间的"关键环节"，设置获利关卡，如付费会员制。第二，平台型企业是价值的整合者、多边群体的连接者，可以通过有效挖掘用户的行为数据，进而获利。

⚑ 反思

数字经济时代的规模经济、范围经济与速度经济

第一，规模经济。数字时代，数据成为一种新型的生产要素，并可指导配置其他生产要素，创造了巨大的价值，改变了企业内外部供给端的规模经济。与传统的人力劳动、土地、资本等生产要素不同，数据作为一种新型生产要素具有固定投入较少、边际成本极低、规模报酬递增显著等特征，数据在数字经济时代更容易获得规模经济，同时也可以调控企业间的生产要素，帮助生态系统获得规模经济。进一步地，数字经济时代的网络效应更为突出，尤其是大量新兴的数字平台，数字平台通过利用互联网快速聚集一大批用户并协调他们跨空间和时间地进行交互，迅速获得网络效应带来的竞争优势，形成需求端的规模经济。

第二，范围经济。当企业将数字技术嵌入其运营模式时，企业的数字化水

平、AI水平将更高效地实现范围经济，随着用户数量或用户参与度的增长，企业规模及其创造的价值曲线也会实现更快的增长。基于数据等关键要素的共享和复用、数字化驱动新功能的开发和跨界，企业的用户溢出效应得以激发，进而导致"特定市场"的边界正在被打破，"赢家通吃"逐渐成为如今众多企业的生存法则。

第三，速度经济。从需求端看，消费者的需求呈现日益多样化和多维度的趋势；从供给端看，创新者的研发呈现日益分工化和分散化的趋势。需求端和供给端的这些变化是由数字技术的发展和广泛应用引起的。正是因为这些变化的出现，速度经济成为企业快速满足市场需求、区别于竞争者、以及实现比较优势的基础。

本章小结

本章内容逻辑结构如图7-3所示。本章从企业整体层面提出了战略发展的路径，包括集约化成长战略、一体化战略、多元化战略、平台化战略。集约化成长战略包括市场渗透、市场开发、产品开发等，一体化战略包括纵向一体化和横向一体化，多元化战略包括相关多元化和不相关多元化。本章分析了新兴的战略形态和平台化战略的内涵、基本原则及构建要素，由此提出了生态网络的战略逻辑，并对数字经济时代公司层的数字战略进行了讨论。

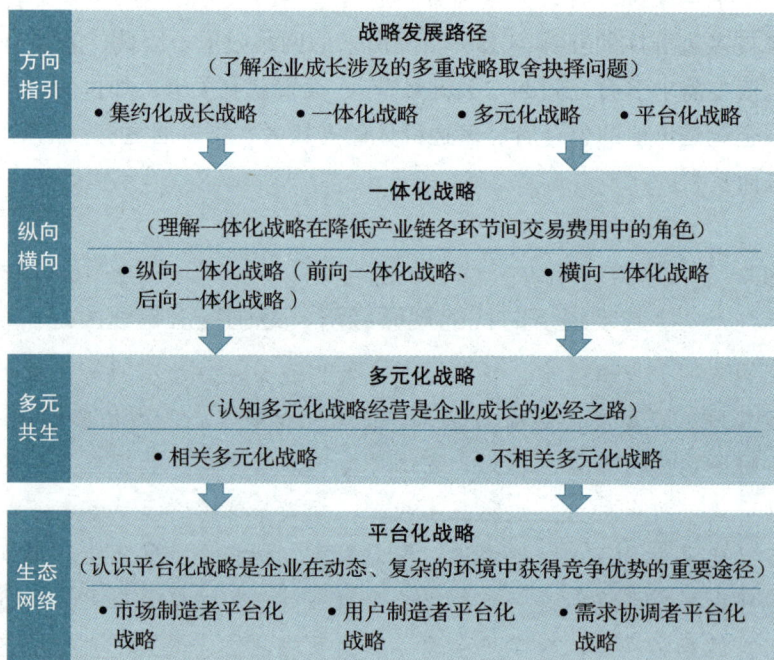

方向指引	**战略发展路径**
	（了解企业成长涉及的多重战略取舍抉择问题）
	• 集约化成长战略 • 一体化战略 • 多元化战略 • 平台化战略

纵向横向	**一体化战略**
	（理解一体化战略在降低产业链各环节间交易费用中的角色）
	• 纵向一体化战略（前向一体化战略、后向一体化战略） • 横向一体化战略

多元共生	**多元化战略**
	（认知多元化战略经营是企业成长的必经之路）
	• 相关多元化战略 • 不相关多元化战略

生态网络	**平台化战略**
	（认识平台化战略是企业在动态、复杂的环境中获得竞争优势的重要途径）
	• 市场制造者平台化战略 • 用户制造者平台化战略 • 需求协调者平台化战略

图7-3 第7章内容逻辑结构

复习思考题

1. 试分别举例简述集约化成长战略、一体化战略、多元化战略和平台化战略。

2. 集约化成长战略的实现形式有哪些？

3. 一体化战略的优势与风险有哪些？

4. 多元化战略的适用条件有哪些？

5. 构建平台化战略的基本要素有哪些？

总结案例

智能物联时代海康威视如何破局

请扫码阅读总结案例

第8章　业务层战略

业务层战略体现在事业部（分公司、子公司）层面，一般是以产品领域、市场领域或产业领域来划分的。业务层战略有时也被称为竞争战略，是在公司层战略的统领下制定的，服务于公司层战略。波特所提出的成本领先战略、差异化战略和聚焦战略都属于业务层战略，用于解决企业经营领域的竞争力和发展问题。本章在明晰业务层战略内涵和目的的基础上，阐述了顾客在业务层战略中的重要角色，明确了为顾客创造价值是业务层战略的根本目的，强调竞争优势的来源在于企业自身独特的、能为顾客创造价值的资源和能力，它们能够帮助企业比竞争对手更快、更好地满足顾客的价值需要。本章基于价值链、收入模式、价值网络三个方面介绍了业务模式创新的类型。最后分析数字时代顾客价值、业务层战略、业务模式创新三个方面的变化与发展。

【学习目标】

☑ 理解业务层战略的内涵、目的和核心
☑ 认识顾客价值与业务层战略的关系
☑ 掌握业务层战略分类及其基本内容
☑ 了解成本领先战略的动因和实现方式
☑ 了解差异化战略的动因和实现方式
☑ 了解聚焦战略的动因和实现方式
☑ 理解业务模式创新及其操作方式
☑ 反思数字时代业务层战略的变化

引例　　　　　　　　　　　　萝卜快跑的竞争战略

　　萝卜快跑是百度旗下的自动驾驶出行服务平台，于 2021 年正式发布，企业致力于通过先进的自动驾驶技术，将数字经济与传统产业深度融合，为用户提供安全、便捷、高效的出行服务。萝卜快跑提供中国首个自动驾驶商业化出行试点服务，并已在微信小程序、百度地图、萝卜快跑 app、百度 app 等多个国民级平台开启打车入口。萝卜快跑目前已于全国 11 个城市开放载人测试运营服务，实现超一线城市全覆盖。此外，萝卜快跑已经开始在北京、武汉、重庆、深圳、上海开展全无人自动驾驶出行服务与测试，2024 年将实现武汉全城覆盖，并计划投入 1 000 辆新一代量产无人车在武汉实现 7×24h 全无人运营。截至 2024 年 4 月 19 日，萝卜快跑在开放道路提供的累计单量超过 600 万，稳居全球最大的自动驾驶出行服务商。萝卜快跑获得竞争优势的关键主要有以下三条。

　　第一，依靠技术创新与应用。萝卜快跑秉承"创新驱动发展"的精神，依托百度 Apollo 平台，拥有先进的自动驾驶技术，包括高精地图、传感器融合、人工智能算法，以及强大的数据处理能力。这些技术使得它在自动驾驶领域处于领先地位。例如，萝卜快跑采用了最先进的传感器技术，包括激光雷达、摄像头和雷达等。这些传感器可以实时监测周围环境，识别行人、车辆和障碍物，确保车辆能够安全行驶。而萝卜快跑的自动驾驶系统采用了先进的人工智能算法。这些算法能够处理大量实时数据，进行复杂决策，如在复杂的城市交通环境中，根据实时交通状况选择最佳路线，避开拥堵路段，确保乘客能够快速到达目的地。此外，萝卜快跑还具备强大的自我学习能力。每一次行驶，系统都会记录下行驶数据，并通过机器学习不断优化驾驶策略。这意味着萝卜快跑的驾驶技术会随着时间的推移变得越来越智能和安全。萝卜快跑已经在 12 座城市开展了自动驾驶运营，每个城市的交通环境和政策法规都不尽相同，但萝卜快跑通过技术创新和灵活应对，成功在这些城市中站稳了脚跟。

　　第二，注重用户体验与反馈。萝卜快跑注重用户体验，通过智能化的车内交互系统和个性化的服务，为用户提供舒适、便捷的出行体验。车辆内部环境干净整洁，座椅舒适，车载屏幕显示行驶路线，提供了良好的乘车体验。自动驾驶汽车在行驶过程中非常平稳，车速适中，遇到红绿灯和行人时能够准确停下，确保了用户的安全和舒适。通过车载屏幕向用户展示自动驾驶的技术原理和安全措施，增强了用户对新技术的信心。企业还推出了多种出行方案，满足不同用户的需求。最后，用户可以在 app 上评价乘车体验，促使平台进一步提升服务质量。

　　第三，把握市场竞争与策略。首先，萝卜快跑采用成本领先战略，通过免费乘车政策吸引了大量用户。以深圳南山后海区域为例，免费乘车政策不仅让用户体验到了自动驾驶的便利，还大大提升了品牌的知名度和用户黏性。其次，萝卜快跑在不同城市采取了灵活的定价策略。通过合理的定价策略，萝卜快跑不仅能够覆盖运营成本，还能实现盈利。这种灵活的定价策略使得萝卜快跑能够根据不同城市的市场需求和竞争环境，制定出最优的运营方案，促进市场在资源配置中起决定性作用。此外，萝卜快跑还注重与地方政府和企业的合作。在北京、武汉、广州等城市，萝卜快跑积极参与当地智慧城市建设项目，与政府和企业共同推动自动驾驶技术的应用和普及，注重"协同发展"与"合作共赢"。这种合作不仅提升了萝卜快跑的品牌形象，还为它在当地市场的拓展提供了有力支持。

资料来源：根据互联网公开资料整理。

讨论题：

萝卜快跑的竞争战略有哪些具体措施？这些战略如何帮助萝卜快跑脱颖而出？

8.1　业务层战略概述

业务层战略（business-level strategy）是指企业在某一特定产品市场上以顾客价值为导向获得竞争优势的一整套互相协调的使命和行动。业务层战略指出了企业必须做出的关于打算如何在单一产品市场上竞争的选择。这些选择非常重要，因为与企业的长期业绩、公司层战略息息相关，但由于全球竞争环境的复杂性、客户价值需求的多样性、产业技术的动态性，要做出选择又是非常困难的。

差异定位是业务层战略的目的。业务层战略的出发点是使企业构建起与竞争对手的差异性。为了实现与竞争对手不同的定位，企业必须决定是否打算采取与众不同的行动，或者与众不同地采取行动。战略决定组织领导采取行动方向的路径，因此，企业的业务层战略是一项谨慎的选择，关乎如何体现价值链的优势以及支持产生独特价值的活动。事实上，在复杂的竞争环境中，只有在企业弄明白"为什么样的客户创造价值""创造什么样的价值"之后，业务层战略才可能对促进企业竞争优势的产生发挥作用。

顾客价值分析是业务层战略成功的基石。企业应把顾客价值分析作为业务层战略的起点和核心。当企业选择一个业务层战略时，就需要确定：第一，为谁服务；第二，满足目标顾客的哪些需求；第三，如何满足这些需求。选定顾客、决定满足他们的需求以及如何满足，是具有挑战性的工作。全球化的竞争为顾客创造了很多极具吸引力的选择，因此确定一个可以很好地为他们服务的战略变得非常困难。出色的全球竞争者能够识别出处在不同文化背景下、不同地域的顾客的需求，并且能够快速改变企业的产品或服务的功能以适应这些需求。

在发展过程中，由于企业面对的顾客价值需求在不断变化，就需要在业务层战略设计上，坚持持续的价值创新。价值创新意味着企业成长战略思想的变革，要求企业将战略思考的出发点从竞争对手转变为创造全新的市场或重新诠释现有市场。企业不需要争第一，但需要做唯一，要不断发掘看似饱和的市场的细分价值，突破市场边界的限制，为顾客提供创新性的价值。以价值创新的思维来认识竞争，围绕满足顾客未被满足的需求和给顾客增加价值来重新设计企业的商业模式，就能实现企业与顾客持续共赢的效果。

🔗 实践链接

面对工程机械巨头卡特彼勒（Caterpillar）遍布全球的销售与维修网络，以及极具震撼力的"在全球任何地点48h内提供维修服务"的承诺，日本小松（Komatsu）工程机械公司采取重新设计产品的策略，使产品零部件更少，损坏率更低，从而相对降低了卡特彼勒服务网络的价值。小松通过提供显著不同于卡特彼勒产品的产品，在工程机械市场上获得了可观的市场份额。

基于顾客价值导向的业务层战略，在服务企业的战略制定中尤为重要。企业通过创造独特的价值曲线实现服务创新，在为顾客提供非凡价值感受的同时获得自身的成功。在特定使用情景下有助于顾客实现目标和目的的产品属性、这些属性的实效以及使用的结果所感知的偏好与评价就是顾客价值。顾客价值中情感的、体验的成分能够放大独特服务的冲击力，从而产生顾客认同。开创蓝海的太阳马戏团就是一个绝佳的案例。该企业在保留帐篷、杂技等马戏基本元素的同时，将剧场表演中的某些元素融入马戏节目中，由此重新定义了马戏表演的价值。该企业在众多马戏公司中成功地脱颖而出，成长为全球最大的马戏公司。

要为顾客创新价值，关键在于对顾客价值的深刻理解和洞察，通过别具一格的价值曲线来引导顾客追随。一个典型的例子是美国"感恩而死"（Grateful Dead）爵士乐队。传统的爵士乐队大都通过发行唱片来获取收益，而该乐队独辟蹊径，主要采取各地巡演、收取门票的方式，通过与听众互动，打造与众不同的现场音乐享受。这源于乐队成员对爵士乐的独到理解：爵士乐是一种即兴创作的音乐，现场的互动将为爵士乐的即兴创作注入鲜活的元素，听众也会为这种独特的音乐体验支付更多的钱。

8.2　顾客价值导向的创新

8.2.1　顾客价值分析

企业竞争优势的实现，归根结底取决于产品或服务被顾客接受的程度。企业虽然具备了独特的、有价值的、不可模仿的资源和能力，但是如果这样的资源和能力不能转化为顾客所需要的价值，实际上就是对资源和能力的浪费。如果说资源和能力为企业创造竞争优势提供了内在基础，那么顾客价值导向就是业务层战略的出发点，是企业创造竞争优势的根本落脚点。企业通过把资源和能力运用于内部活动，创造出能满足顾客价值需要的产品或服务，进而为企业构筑出竞争优势。

顾客价值导向就是企业一切生产经营活动应围绕顾客的价值需求展开，不断向目标顾客提供能满足其价值需求的产品或服务。为此，企业在设计、开发产品或服务之前，要研究顾客真正需要什么。在现实操作中，了解顾客价值需求的较常用的方法是市场调查，比如通过问卷调查、随机采访、德尔菲专家调查等方法了解顾客价值需求。但在调查顾客价值需求时，经常会因为方法运用不恰当而给企业提供错误信息。

在进行顾客价值分析时，有时会出现顾客价值认知偏差。一般而言，导致顾客价值认知偏差的原因主要有三个。一是缺乏与终端顾客的直接沟通，不能得到真正的顾客价值需求特征。尤其是在长渠道分销策略中，产品或服务往往要通过中间商销售才能到终端顾客，如果仅仅通过中间商来获取顾客价值需求特征，真实信息往往会被过滤掉，导致生产企业难以掌握最终顾客的真实需求。二是企业只根据专业群体（如产品设计师、工程师、咨询专家）的建议来判断顾客价值，结果同样不能识别顾客的真实需求，导致决策南辕北辙。例如，在服装行业中，专业设计师认为材质好、工艺好的特性非常有价值，而顾客的关注点在设计感上，这就产生了对于顾客价值的认知偏差。三是没有认识到顾客价值需求的动态变化。由于顾客在重复购买行为中积累的经验，或由于竞争者提供了具有更大价值的产品，顾客的价值需求有可能产生变化，企业如果不能及时了解顾客需求的变化，就会掉入墨守成规的陷阱。

8.2.2 顾客市场细分

确定谁是企业打算用业务层战略服务的顾客是一项非常重要的决定。根据需求（后面将对需求做进一步讨论）的不同，顾客可被划分为不同的群体，这就是所谓的顾客市场细分。在这一过程中，按照相似的需求把顾客分成独特的、可识别的组群。几乎所有可识别的人类或组织特征都可以用来细分市场，使其在某一特性上与众不同。顾客市场细分基础见表 8-1。

表 8-1　顾客市场细分基础

消费品市场	工业品市场
1. 人口统计因素（年龄、收入、性别）	1. 终端用户细分（根据 SIC 编码分类）
2. 社会经济因素（社会阶层、家庭生命周期阶段）	2. 产品细分（以技术差别和产品经济学为基础）
3. 地理因素（文化、地域及国家间差异）	3. 地理细分（以国与国或地区与地区的界限来划分）
4. 心理因素（生活方式、个性特征）	4. 共同购买要素细分（融合产品细分与地理细分）
5. 消费模式（高用量、适度和低用量使用者）	5. 顾客规模细分
6. 感觉因素（利益细分、感觉定位）	

8.2.3 顾客认知价值

在确定了要服务的对象之后，企业应识别出能满足目标顾客群需求的产品或服务，增加其认知价值，成功的企业知道如何在恰当的时候将顾客所需要的价值传递给他们。从战略的视角看，顾客的基本需求是购买能为他们创造价值的产品。大多数产品或服务提供价值的方式是以低成本提供可接受的特性或以可接受的价格提供高度差异性的特性。最高效的企业通过不断努力可以预测顾客需求的变化，增加其顾客认知价值。如果不能做到这一点，企业将会由于竞争者为顾客提供更多的产品特性和功能方面的价值而失去顾客。

企业产品或服务是否满足顾客价值需求，可以通过对顾客认知价值和认知价格的比较来评价。顾客认知价值反映顾客对企业产品或服务所包含价值的认知，而顾客认知价格是指顾客获取包含认知价值的产品或服务实际支付的价格。显然，如果顾客的认知价格低于他们对产品或服务的认知价值，他们就会觉得该产品或服务"物超所值"。所超的"值"就是顾客得到的额外价值，这种额外价值越高，顾客就越可能产生购买行为。顾客价值的特性主要由五个要素构成，分别是质量、服务、便利、速度与创新。企业增加顾客认知价值的方式要从这五个要素入手。图 8-1 表示的就是顾客认知价值与顾客认知价格之间的关系，ΔV_1 和 ΔV_2 就是顾客在产品质量和服务两个方面得到的额外价值。

对顾客认知价值的评估可以从以下四个步骤来完成。

第一步：在对市场进行初步调查的基础上对市场进行细分，对企业自身的目标顾客做定位。在进行顾客定位时，要分析企业自身现有资源和能力基础，以及竞争者的市场定位。

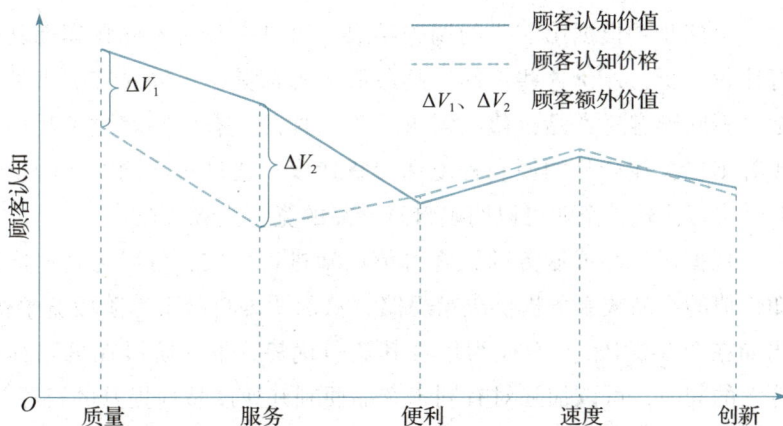

图 8-1　顾客认知价值与顾客认知价格之间的关系

第二步：进一步明确定位顾客的价值需求特征，从而界定顾客所需产品或服务的价值特性构成要素。如图 8-1 中的顾客价值特性构成要素为质量、服务、便利、速度和创新。具体在界定价值特性构成要素时，可以采用与终端顾客访谈的方法或问卷调查的方法，比如请顾客列出他对该产品或服务最关注的要素是什么。

第三步：进行顾客认知价值和认知价格评估。该步骤具体包括两个方面。一是认知价值评估。根据价值特性构成要素，请顾客根据自身体验和了解，对企业自身产品与竞争者产品的各个特性进行评价。评价时可以采用5分制、7分制或9分制，对各个特性进行打分。二是认知价格评估。此时需要对顾客购买这些产品或服务所愿意支付的价格做比较。在认知价值和认知价格评估的基础上，可以对企业自身产品或服务满足顾客价值需求的特点进行评价（见图8-1），也可以对企业自身和竞争者之间的产品或服务特性做比较分析（见图8-2）。在图8-2中，A企业的比较优势在于质量和服务，B企业的比较优势在于便利和速度，而C企业则明显处于劣势地位。

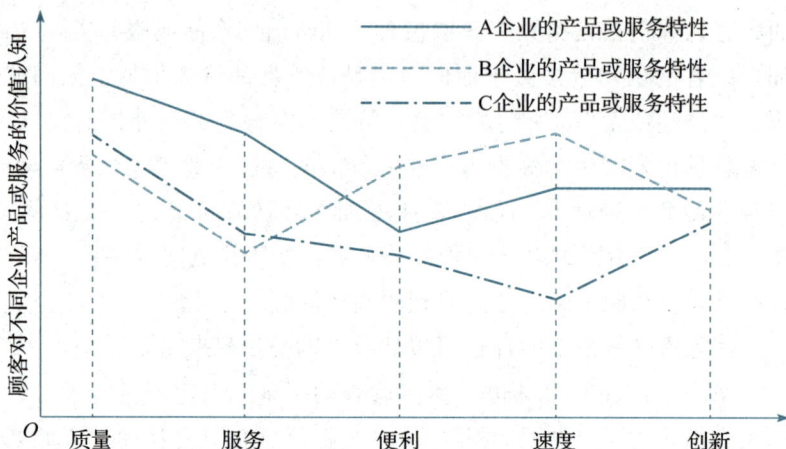

图 8-2 企业自身和竞争者之间的产品或服务特性比较

第四步：根据第三步的调查结果，可进一步对不同顾客及其价值需求特征进行比较分析，评价这些不同产品或服务特征满足不同顾客需求的程度。现实情况是，不同顾客对产品价值的需求是不一样的，有的顾客更关注质量和服务，有的顾客则更关注产品的便利程度和交货速度。通过对不同顾客的价值需求特征的重要性进行比较，企业可以明确自身产品的竞争优势所在。

根据对产品或服务的顾客价值认知进行比较，可以为企业向顾客提供更大认知价值的产品或服务提供决策思路，从而明确自身下一阶段竞争优势的培育方向。比如在图8-2中，A企业为培育其竞争优势，下一阶段在巩固其产品质量和服务特性的同时，可以加强对有利于产品便利和速度特性提升的资源与能力进行培育，或者强化顾客对产品质量和服务的价值需求，稳定现有的顾客。

8.3 业务层战略类型

创造特色是企业获取竞争优势的根本途径。前面已经提出，低成本和差异性属于产品的基本特色。从这样的思路出发，现在讨论三种基本竞争战略（见图8-3）。图8-3中的横坐标根据两个基本特色——低成本和差异性，把竞争优势类型分为低成本地位和差异性两类；纵坐标根据产品或服务的目标市场大小，将目标市场分为全产业范围、特定范围细分市场两种类型。由此，构建了三种创造特色的基本竞争战略。

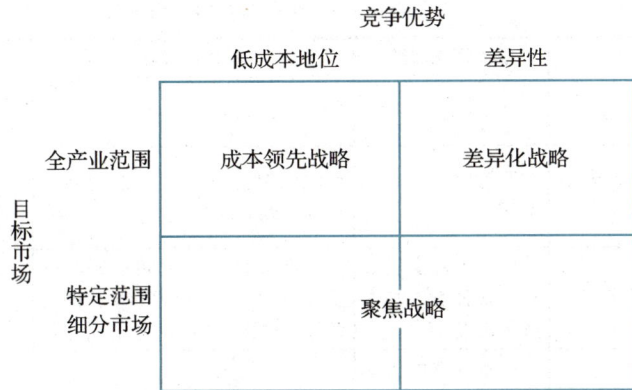

图 8-3　三种基本竞争战略

资料来源：波特. 竞争战略 [M]. 陈小悦，译. 北京：华夏出版社，1997.

成本领先战略（cost leadership strategy）是指向全部顾客（如全行业）提供低成本的产品或服务。前面提到，产品或服务的低价格本身就是一种特色，企业需要以低价格向顾客提供能满足他们基本价值需求的"可接受的"产品或服务，同样需要以其产品或服务比竞争者有更大性（能）价（格）比为基础。一家企业市场地位高低的最重要标志之一就是看它所提供产品的成本和价格是否比同行业竞争者更有竞争力。即使在产品具有差异性的产业中，竞争企业还是要设法把成本和价格维持在较低水平，从而保证顾客在购买企业产品时，在价值认知上战胜其竞争者。

差异化战略（differentiation strategy）是指向全部顾客提供与现有竞争者的产品或服务具有顾客认知差异性的特色产品或服务。当顾客的价值需求和偏好具有多样性，而且不能从标准化产品中得到满足时，差异化战略就成为创造竞争优势的有效选择。为成功实施全面成本差异化战略，企业需要深入细致地研究顾客的价值需求特征和购买行为，根据顾客的价值需求特征，提供相应的产品特征和价值，而且这样的产品特征应该是顾客能显著感知到的。一般来说，产品差异性可以体现在产品品味、特殊功能、超值服务、备用件供应、产品声誉、产品可靠性、技术领先等各个方面。

聚焦战略（focus strategy）可以分为基于低成本的聚焦战略和基于差异性的聚焦战略。具体而言，基于低成本的聚焦战略会瞄准有限的特定市场面，向顾客提供较竞争者价格更低的产品或服务。基于差异性的聚焦战略则是向目标市场顾客提供能满足其特别价值需要的产品或服务。这两类战略可以统称为聚焦战略。聚焦战略把目标顾客定位在有限的特定市场面上，这种特定市场面可以从地理特性、需求特性和产品特性等层面来界定。聚焦战略的目标在于向有限的目标顾客提供较竞争者更优的产品或服务。

表 8-2 对三种基本竞争战略的特征进行了比较。为简化起见，这里把基于低成本的聚焦战略和基于差异性的聚焦战略归结在一起与前两种战略做比较。

表 8-2　三种基本竞争战略的特征比较

特征	成本领先战略	差异化战略	聚焦战略
战略目标	全部顾客	全部顾客	顾客需求偏好与其他市场相比有显著差异的特定市场面
竞争优势获取依据	提供较竞争对手更低的成本	向顾客提供与竞争者产品或服务有差异的产品	向特定市场提供低成本产品，或满足顾客特别需求和偏好的产品
产品种类	提供可接受质量和有限种类的基本产品或服务	强调多种产品之间的顾客可感知性差异，为顾客提供较大的产品选择范围	满足特定目标市场专门性需求的产品或服务
生产重心	在不牺牲可接受质量的标准下寻求成本的持续下降	寻求为顾客创造差异性价值的途径，追求产品优质	适应特定市场需求特点
营销重心	设法避免那些可能会增加成本的产品特性	提供顾客需要的每一个产品特性，同时通过价格差向顾客收取提供这些差异性特征的成本	向特定市场的顾客传递企业能满足他们特殊需要的产品或服务的能力

8.3.1　成本领先战略

1. 成本领先战略的内涵

成本领先战略是通过采取一整套行动，与竞争者相比，以最低的成本提供具有某种特性的产品或服务，这种特性可能并不会减少顾客从产品中获得的价值。采用成本领先战略的企业会向这一产业的最典型顾客提供标准化的产品或服务。成本领先者的产品或服务必须具备有竞争力的质量，能够为顾客创造价值。采取成本领先战略的企业必须发现和开发具备所有成本优势的资源，努力将生产和分销成本降到最低，从而确保自己能够把价格定得比竞争者低。经过长期的成本竞争，低成本企业有可能将一般性企业赶出市场，从而扩大市场份额。总的来说，成本领先战略就是以大规模的生产和经营来降低成本，再以低成本所支持的低价格来赢得市场，增加收入，最终实现盈利。

成本领先战略是一种在相关市场上提供与参照产品相同或相近价值的产品，以较低成本和不明显包含相对溢价的较低价格赢得产量优势的竞争战略类型。"薄利多销"是对成本领先战略最好的概括，而规模经济则是成本领先战略最根本的经济学逻辑。在经营实践中，有许多企业通过采用成本领先战略取得了良好的绩效。

实践链接

零售行业的沃尔玛以及 PC 行业的戴尔等都是这一战略的杰出贯彻者。汽车行业的现代汽车公司也实施了成本领先战略，强调可靠性和低价，其定位是"有趣但不昂贵的汽车"。现代公司销售汽车的竞争力取决于其简约的设计风格和较低的制造成本。我国的格兰仕集团以低成本、低价格作为基本竞争策略，形成了极高的市场占有率，并有效阻止了竞争者进入市场，成为世界上第一大微波炉生产企业。

2. 成本领先战略的价值

从战略管理本身的角度看，有效地实施成本领先战略可以抵御各种竞争力量。

（1）成本领先企业具有较强的对供应商的讨价还价能力。成本领先战略往往通过大规模生产和销售建立起成本优势，较大的购买量使得这类企业对供应商往往具有较强的讨价还价能力，从而进一步增强了其成本优势。

（2）成本领先地位可以抵御竞争对手的进攻。低成本企业可以减轻来自对手的降价压力，能够有效地防御竞争对手的抗争，避开惨烈的价格战，从而有效地保护企业。

（3）强有力的顾客可能会索要低价或要求更高的质量从而对企业形成威胁，而低成本企业能对抗强有力的顾客，利用其弹性的利润空间保证自己能够获得一定水平的利润。

（4）为了争取顾客，成本领先者可以有更大的空间降低价格。足够低的价格可能会保持现有产品对于替代品的吸引力，从而有效应对来自替代品的竞争。

（5）成本领先战略有助于通过规模经济建立基于成本的进入壁垒，从而减少潜在进入者。由于格兰仕的成本地位和定价策略，微波炉行业的进入者远远少于其他家电行业。

3. 成本领先优势的来源

成本领先战略的重点和关键在于通过各种方式提高效率，降低成本，建立起相对于竞争对手的成本优势。从价值链的角度来看，低成本优势可以通过提高价值链管理效率、改造价值链、省略或跨越高成本的价值链活动获得。依据波特的价值链模型，企业内外价值增加的活动可分为基本活动和辅助活动（见图 5-1）。基本活动是指在产品的进料后勤、生产经营、发货后勤、销售和售后服务过程中能为顾客创造价值的一系列活动和任务。辅助活动是指为了支持基本活动而进行的活动或任务，涉及企业基础设施、人力资源管理、研究与开发、采购等。例如，在生产过程中努力实现规模经济和高效运营，或在后勤活动中采用商品运输和送货时间的低成本模式，都是获得成本优势的方法。

需要强调的是，企业的价值链不是孤立存在的，成本也渗透于从进料产出到售后服务的一系列环节和活动，因此，价值链管理应注重联系性，基于价值链的成本分析需要以各环节价值创造为追求目标，考虑链条上每个环节的成本及其相互影响。即一个企业的成本地位是企业价值链中各项活动综合作用的结果。

🔗 实践链接

小米公司内部设立了一条"红线"，即　　总的运营成本不得超过销售额的 5%。为了将成本控制在"红线"内，小米公司决心从内部价值链上"动刀"。企业从经营管理的各环节入手，将内部价值链的整合作为落脚点，明确了从内部价值链入手的全链条成本管控方向，通过降低各节点的资源耗费，达到降低成本的目的。小米公司通过对价值链上每一环节的作业进行分解，结合互联网经济下顾客追求新奇、便捷的心理，经过深入探究，最终确定产品研发与设计、品牌营销、销售等为增值作业，而生产制造、物流配送、仓储等为非增值作业，并希望通过内部价值链的整合尽可能减少非增值作业，同时提升增值作业效率，用最低的成本创造最大的顾客价值和最高的利润。

价值活动成本形成机制取决于成本的一些结构性因素，迈克尔·波特把它们称为成本驱动因素。若干成本驱动因素以及它们的相互作用结合起来，就可以决定一种既定价值活动的成本，即成本形成机制。不同行业的成本形成机制因产业结构的不同而各有差异。即使是处于同一产业中，企业如果采取不同的价值链活动，那么其成本驱动因素可能互不相同，因而不同企业的成本形成机制是有差异的。实行成本领先战略的企业不但要努力向经验曲线的下方移动，还必须探询成本优势的一切来源，看看是否存在值得持续改进的地方。

企业在某种价值活动中的相对成本地位，取决于其相应的重要成本驱动因素的地位，即决定成本发生的那些重要的活动或事项的地位，它可以是一个事项、一项活动或作业。迈克尔·波特提出了主要的成本驱动因素：规模经济效应、学习与经验曲线效应、生产能力利用率、纵向一体化、协同效应、资源共享、标准化、专业化和自动化、政策因素（政府规定、税收制度等其他政策手段）。在现实的经营实践中，以上各种成本因素交织在一起，综合影响着成本领先战略的相对吸引力。

4. 成本领先战略的风险

成本领先战略是一种有效的战略选择，但并非在任何情况下都是适用的。在实践中，实施成本领先战略时，要想取得好的效果，需要具备以下条件：能够实现大规模生产；市场是完全竞争的；产品是标准化或同质化的；产品具有较高的价格弹性；顾客具有很强的讨价还价能力。如果企业不能根据自身的实际情况而盲目实施的话，将会导致企业竞争地位的下降。以下是成本领先战略可能面对的主要风险和可能出现的主要问题。

第一，将注意力过度放在成本上，容易忽视顾客需求与偏好的变化。对企业成本的执着控制，可能会将企业经营的重点过分集中在成本上，而忽略价格以外的其他产品特征。成本领先战略内在地具有重视共性而忽视个性化需求的倾向。如果顾客转向高质量和创造性的性能特色、更快的服务或者其他一些差别性的特色，那么对低成本的热忱就有被放弃的危险。过分专注于降低成本，固守传统的成功做法，就容易忽视顾客需求的改变和差异化等其他竞争领域，进而可能产生严重的问题。

实践链接

福特在 20 世纪 30 年代以单一品种的流水线生产方式造就了 T 型车神话，但在第二次世界大战后这一模式受到严峻的挑战。通用汽车公司抓住 20 世纪五六十年代经济繁荣的契机——收入增长，崇高个性、自由成为时代潮流——以多品牌、个性化（分别推出高中低档的凯迪拉克、土星、别克、雪佛兰、庞蒂亚克等车型）为利器，击中福特的软肋，逐步推翻福特在汽车业中的绝对"老大"地位，坐上了头把交椅。

第二，技术变革的突破可能使企业过去的优势地位下降。产业技术上的重大突破可能会使过去的战略失效，或竞争者有可能采用更新的技术、更好的设备，具有更低的人工成本，形成新的低成本优势，使企业原有的优势不复存在。技术上的突破也可能为竞争者打开降低成本的天地，使得一个低成本领导者过去获得的在投资和效率方面的利益，顷刻之间变得一文不值。这类低成本企业易受到新技术的冲击，并且为使成本降低而投入的大量资本会使它陷入两难境地。"船大难掉头"，正是对这种现象的一种形象描述。石英表是一个很好的例子，很能说明突破性技术对原有优势企业的影响。

实践链接

钟表业一向是瑞士的传统产业，在 20 世纪 50 年代初，瑞士手表几乎占据世界手表市场份额的 80%。汝拉地区为瑞士手表的制造中心，大量的熟练技术工人在手工作坊中年复一年地生产出誉满全球的优质、精密的瑞士手表。然而，20 世纪 70 年代中期日本电子表的问世及迅速普及，改变了瑞士手表独霸天下的格局。日本精工株式会社推出了世界上第一款石英手表，与电子表和机械表相比不仅便于制造，而且方便使用。日本和新加坡对电子表的推动使得世界手表市场发生骤变，给瑞士的手表产业带来巨大冲击，使得 20 世纪 70 年代瑞士手表的出口量由原先占世界手表总量的 60% 迅速下降到了 33%。

第三，成本领先战略容易引起行业其他企业的学习模仿。产业的新加入者或者追随者通过模仿或者以其对高科技设施的投资能力，用较低的成本进行学习，使得整个产业的盈利水平降低。成本优势的价值取决于它的持久性，如果竞争者发现模仿领导者的低成本方法相对来说并不难或并不需要付出太大的代价，那么低成本领导者的成本优势就不会维持很长时间，也就不能产生有价值的优势。

实践链接

1991 年，英国航空公司将提前 30 天购买的机票价格下调 33%。三角航空公司和泛美航空公司随之跟进。环球航空公司为应付竞争，更将飞往伦敦的票价降低 50%。英国航空公司的策略遭到完全的模仿，从而失去了长久的竞争优势。

8.3.2　差异化战略

1. 差异化战略的内涵

差异化战略是指企业针对大规模市场，通过提供与竞争者存在差异的产品或服务从而获取竞争优势的战略。差异化战略是以了解顾客的需求为起点，以创造高价值的产品或服务、满足顾客的需求为终点。要使差异化战略能够持续成功，企业应不断地升级顾客重视的差异化特性，满足顾客与众不同的独特需求。成功的差异化战略能够吸引品牌忠诚度高且对价格不敏感的顾客，从而获得超过行业平均水平的收益。与成本领先战略主要用于提高市场占有率不同，差异化战略有可能获得比成本领先战略更高的利润率。

差异化战略是一种选择被目标客户所偏好的某些产品特点，通过非价格竞争减小交叉弹性，降低顾客对价格的敏感性，通过相对溢价从而获得价格收益的战略类型。因此，企业差异化战略是以顾客的需求为核心，这种差异性可以来自设计、品牌形象、顾客服务、技术、性能、营销渠道等各个方面。差异化战略的重点不是成本，而是不断地投资和开发顾客认为重要的产品或服务的差异化特征，但这并不是说差异化战略可以忽略成本。企业应当能够以有竞争力的成本生产差异化的产品，从而减轻顾客面临的支付价格不断上升的压力。企业只有深入理解目标顾客所需要的价值是什么、各种不同需求的重要性次序如何、他们愿意为哪种需求支付额外的价钱，其差异化战略才能成功。

2. 差异化战略的价值

从战略管理本身的角度看，成功的产品或服务差异能够降低环境威胁，利用环境机会。实施差异化战略，可以满足日益差异化的顾客需求；可以缓和竞争关系，实现"错位经营"；可以构成对潜在进入者的进入壁垒；还可以实现垄断，获得高额的垄断利润。此外，差异化战略还可以增强顾客对品牌的忠诚度，降低其对价格的敏感性。因此，差异化战略是使企业获得高于行业平均利润水平的一种有效战略。此外，企业采用这种战略，可以很好地防御行业中的五种竞争力量和行业中直接且激烈的竞争。例如，IBM 和卡特彼勒公司就分别在信息服务与重型建筑设备行业采取了成功的差异化战略。

⊙ **战略聚焦**

服装巨头 ZARA 可以说是时尚服饰业界的一个另类，在传统的顶级服饰品牌和大众服饰中间独辟蹊径地开创了快速时尚（fast fashion）模式，即以快速时尚服装为核心、以供应链全程控制为基础的商业模式系统创新。随着快速时尚成为时尚服饰行业的一大主流业态，ZARA 品牌也备受推崇，有人评价其为"时装行业的 Swatch 手表"。ZARA 成功的关键在于把握了个性化消费的潮流。在传统行业里，大规模生产的同质化产品只能依靠廉价来吸引顾客，赚取微薄的利润，但没考虑到顾客对于满足自己个性化的产品是愿意付高价的，而这正是 ZARA 瞄准的顾客群体。ZARA 以其"多款式、小批量"，创造了长尾市场的新样板。ZARA 有意识地在自己的产品中"制造短缺"。即使是畅销款式，ZARA 也只提供有限的数量，常常在一家专卖店中一个款式只有两件，卖完了也不补货。随着每周两次补充新货物，ZARA 使顾客养成经常来逛的习惯。ZARA 通过这种方式，满足了大量个性化的需求，培养了一大批忠实的追随者。"多款式、小批量"，使得 ZARA 实现了服装企业商业模式的突破。

3. 差异化的优势来源与实现途径

差异化战略的实施需要具备一定的内外部条件。从需求角度来看，需要存在大量的个性化需求，即顾客的需求是多样化的。从供给角度来看，需要存在创造差异的机会。当外部的需求条件得以满足之后，企业是否具备相应的能够满足差异化需求的能力就显得极为重要。因此，产品必须能够充分实现差异化，且为顾客所认可。差异化战略的重点和关键是塑造产品特色，为顾客创造价值，从而建立起相对于竞争者的差异化优势。此外，企业所在行业技术变革较快，创新成为竞争的焦点。要创造有效的差异化优势和有效地创造差异化优势，必须解决好以下三个基本问题：①建立什么样的产品差异；②在什么地方建立产品差异；③以何种方式建立产品差异。

一个好的产品或者一项好的服务可以在很多方面实现差异化。不寻常的特性、及时的顾客服务、快速的产品创新、技术上的领先、在顾客心中的声誉和地位、不同的口味、工程设计和性能的特殊性都可以成为差异化的来源。思想决定行为，因此差异化的发现与确认需要打破传统的思维定式，实施差异化首先要做的是树立差异化的思维。《孙子兵法》中讲："凡战者，以正合，以奇胜。""奇"在现代企业经营中，即"差异化"。迈克尔·波特认为："差异化源于企业进行的各种具体活动，以及这些活动影响买方的方式。"因此，价值链的基本活动和辅助活动，都可成为企业实施差异化的来源。基于企业价值链实现产品或服务的差异化具体包括两个途径。一方面，优化企业原有价值链中的各个环节，使之与竞争者形成差异化。比如在进料环节发展并维护与主要供应商之间的积极关系，确保获得高品质的供应（原材料和其他产品）；在销售环节与顾客建立强有力的积极关系，投资有效的促销和广告设计；在生产环节制造高品质的商品，这需要营销分析等活动对于顾客需求的深入挖掘，才能避免需求偏差；在售后服务环节由受过专门训练的单位提供售后服务，确保顾客的高满意度。另一方面，结合企业内外部环境，重新构建和组合企业价值链，使之区别于其他企业。

💬 实践链接

韩国餐饮公司爱味宏在原有的企业价值链基础上着力输入进料采购环节的精细化管理，与国外 20 多处、国内 50 多处生产地构建了稳固的产地直购关系，确定了 400

多个供应商，采取 e-Bidding 等多种多样的采购方法，保障合理的价格和最优的品质。在产品生产环节，该企业将产品开发与自身优势紧密结合，根据自身的原料优势和经营优势，设计出各类创新产品，满足顾客的不同需求。在服务环节，该企业通过利用财务数据等信息及时了解和快速响应顾客需求，并雇用工作经验丰富的员工，提高了企业的整体服务质量和效率。通过对产品和服务的独特性和差异性的感知，顾客的满意度显著提升，打造出了顶尖的韩国团膳事业。

　　总而言之，企业能为顾客创造物质价值或感知价值的一切行为都可以作为差异化的基础，差异化的最终目标是实现产品、渠道、服务、人员、形象、定位等的差异化。

　　第一，产品差异化。产品差异化可以体现在产品形式、风格、质量、耐用性、可靠性和可维修性等方面。以产品设计为例，因为它可以为顾客带来积极的体验，所以正成为差异化的重要来源。例如，苹果公司凭借杰出的创造力和设计能力推出的 iMac、iPhone、iPad 等创新时尚产品备受顾客欢迎。优秀的产品可靠性、耐用性及高性能的音响系统，是丰田汽车公司生产的雷克萨斯汽车的差异化特性。雷克萨斯的口号是"我们追求完美，因此您可以追求生活"，暗示了丰田将汽车的整体质量作为差异化来源的一种承诺。

　　第二，渠道差异化。渠道的选择同样可以体现差异化。当传统营销渠道被与顾客直接发生关联的"直复营销"取代，顾客因渠道方式改变而感受到巨大的便利时，这种营销模式就会成为企业的差异化优势。例如，戴尔的直销模式为其创造了最低成本优势，在 1998—2003 年，戴尔的平均投资利润率达到了惊人的 39%，这一数字远远领先竞争对手。

　　第三，服务差异化。服务的差异化优势可以通过方便的订货、快捷安全的交付、专业的安装、定期的顾客培训、周到的顾客咨询、及时维修保养等体现。例如，IBM 高度强调服务的重要性，甚至为了顾客利益，不惜向顾客推荐使用微软、太阳微系统等竞争者的产品，在这一过程中体现出的对服务的重视和关注，为 IBM 带来了大量忠诚的顾客。

　　第四，人员差异化。在不同企业文化的熏陶下，不同企业的员工特质是不同的。称职、谦恭、诚实、可靠、负责、沟通是衡量优秀员工的标准。员工是顾客直接感知企业的载体，相应地为差异化的实现提供了另外一种渠道。例如，海底捞的全方位服务、胖东来的人性化服务给它们带来了良好的口碑和竞争优势。

　　第五，形象差异化。企业形象应该是标志性的，可以通过企业观念识别、行为识别和视觉识别完成同其他企业的形象区分。例如，美国杜邦公司通过"用化学改进生活"的经营理念形成企业形象识别，麦当劳通过红色与黄色的搭配形成企业视觉识别，这种形象上的区分可以使企业实现差异化识别的目标。

　　第六，定位差异化。定位是通过对产品和形象进行设计，使它们在目标顾客心目中形成独特印象、占有独特位置，本质上体现为差异化。Swatch 手表名字中

的 "S" 不仅代表它的产地瑞士，而且含有 "second watch"（第二块表）的意思，表示人们可以像拥有时装一样，同时拥有两块或两块以上手表。Swatch 不仅是一种新型的优质手表，同时还将带给人们一种全新的观念：手表不再只是一种昂贵的奢侈品和单纯的计时工具，而是一种"戴在手腕上的时装"。这样，Swatch 手表以结合时尚的 "second watch" 为定位，与在走时准确、材质精良等方面进行激烈竞争的其他手表生产企业拉开了距离，形成了鲜明的差异化特色。

4. 差异化战略的风险

与其他业务层战略一样，差异化战略也不是没有风险的。当顾客没有感知到该差异产品所具有的独特价值，或者当这样的差异性很容易被竞争者模仿或超越时，企业就会面临企业产品的价格差不足以弥补成本增加而带来的风险。一般而言，差异化战略失败带来的主要风险包括以下几个方面。

第一，企业过度差异化，从而使得产品相对于竞争对手的价格过高。在这种情况下，企业所提供的差异化特征可能会超过顾客所需，超出顾客的承受能力或心理价位。此时，企业就很难经得起竞争者的挑战，因为竞争者提供的产品在性能和价格上更能满足顾客的需求。

第二，企业差异化的方式已不能为顾客创造更多价值，顾客不愿为此多付钱。如果竞争者的仿效使得顾客认为竞争者也能提供同样的产品或服务，而且价格更低，那么该企业的差异化优势就不大了。因此，可持续的差异化竞争优势取决于复制成本的高低，而复制成本又取决于差异化的复制难度。

第三，忽视差异化特征的有效传播，无法获得顾客的认可与青睐。在这个普遍供过于求的买方市场上，选择的多样化使得顾客的眼球和注意力越来越分散。"皇帝的女儿也愁嫁""好酒也怕巷子深"，若因宣传不力或定位不当而导致顾客不能感知到其产品的独特性和价值，则很难获得顾客青睐。

第四，企业未能准确定位顾客真正的需要是什么，无法形成顾客认可的差异化优势。企业所假定的差异化特征是从自身角度出发虚构出来的，而非顾客真正认可和接受的价值，这样的差异化注定会失败。此外，产品附加功能过多或变化过于频繁，会使顾客感到困惑或无所适从，所提供的产品特色或服务的独特性也并不能引起顾客的兴趣，那么，这种独特性就无法形成差异化优势。

第五，差异化产品的高附加值会引来众多的仿冒者。伪造产品的制造者（那些以极低的价格向顾客提供差异化产品的盗版厂商）的出现，使得差异消失，这已成为执行差异化战略的企业越来越关注的问题。

8.3.3　聚焦战略

1. 聚焦战略的内涵

聚焦战略，又称为集中化战略，是指针对某一特定购买群体、产品细分市场或区域市场，采用成本领先或差异化战略以获取竞争优势的战略。当企业想利用其核心竞争力以满足某个特定行业细分市场的需求而不考虑其他需求时，可以采用聚焦战略。聚焦战略目标市场的特定细分市场包括：①某个特定的购买群体，如老年人、年轻人或儿童；②某个产品线的一个特定部分，如专业油漆匠或自助用户使用的产品；③某个地理统计变量市场，如中国长三角、珠三角，或者上海、北京等。

聚焦战略一般是中小企业采用的战略，其要义是利用狭窄的目标市场与整体市场及其他细分市场的差别，其目的是比竞争者，特别是定位于更广泛市场范围的竞争者更好地服务目标细分市场的顾客。聚焦战略作为企业专为某一特定细分市场提供某一特定产品的一种高度专业化的策略，与其他两个竞争战略相比，目标集聚，使"小而精""小而专""小而强""小而特"成为可能，因而可以使企业在本行业中获得高于一般水平的收益。从实施聚焦战略的手段途径来划分，聚焦战略有两种形式：聚焦成本领先（focused cost leadership）和聚焦差异化（focused differentiation）。聚焦战略成功的基础是，要么能以比竞争者更低的成本服务小市场（即聚焦成本领先战略），要么能为小市场上的顾客提供他们认为更有特色的产品（即聚焦差异化战略）。因此，聚焦战略的本质是"对一个窄目标市场通过低成本或差异化为顾客创造价值的探索"。

聚焦成本领先战略通过向特定市场提供较竞争者更低价格的产品或服务来创造竞争优势。例如，世界各地的青年旅馆主要针对外出旅游的低收入年轻人，这种旅馆不讲究服务质量，设施也比较简陋，但能够赢得像大学生这类旅客的青睐。聚焦差异化战略则通过向特定市场提供较竞争者更具有特色的产品或服务来获取竞争优势。例如，世界著名的生产超豪华轿车的劳斯莱斯汽车公司，主要为世界各地的大亨提供至善至美的服务和超级豪华的享受，这种汽车似乎已经失去了作为交通工具的使用价值，更像是身份与地位的象征。

2. 聚焦战略的实施

聚焦战略适用于以下类似的情形：企业的资源和能力有限，难以在整个产业中实现成本领先或差异化，只能选定个别细分市场。企业能够在特殊的和独特的细分市场上通过聚焦成本领先战略或聚焦差异化战略为顾客创造价值。联邦快递（FedEx）在同艾玛利公司全线竞争失败后，专攻隔夜的小包裹业务，取得局部优势，直至将艾玛利公司赶出物流行业。聚焦战略在以下一些场合具有吸引力：①目标小市场有一定的规模，可以盈利；②目标小市场具有较大的需求空间或增长潜力；③目标小市场不是主要竞争厂家争夺的重点；④采用聚焦战略的企业拥有能有效服务目标小市场的资源和能力；⑤采用聚焦战略的企业能凭借它建立起来的产品声誉和顾客忠诚来防御挑战者。

🔗 实践链接

瑞典的宜家（IKEA）家居公司，是一　　家在50多个国家和地区有着分公司的全球家居产品零售企业，它采用了聚焦成本领先战略。该企业的经营理念是"提供种类繁多、美观实用、老百姓买得起的家居用品"。既讲究款式又要求低价的年轻消费者成了宜家的目标顾客。针对这些顾客，企业提供的家居产品综合了如下特点：设计美观、功能强大、可持续、质量上乘、价格实惠。宜家采用了不同的做法以使成本保持在较低水平。例如，宜家不依赖第三方生产商，而是由其工程师自行设计的低成本、可由顾客自行安装的模块式家具。尽管宜家是成本领先者，但它除了低价之外，还提供了许多对顾客极具吸引力的服务，包括独特的家居设计、店内的儿童游乐场、供顾客使用的轮椅以及营业时间的延长。因此，宜家的聚焦成本领先战略同样包含了其低成本产品的差异化特征。

采用聚焦战略的企业面临低成本和差异化的取舍。采用聚焦战略的企业多为规模较小的企业，因此采用聚焦战略时往往不能同时采用成本领先和差异化的方法。如果采用聚焦战略的企业想要实现成本领先，则可以在专用品或复杂产品上建立自己的成本优势，因为这类产品难以进行标准化生产，也就不容易形成生产上的规模经济效益，因此也难以具有经验曲线的优势。如果采用聚焦战略的企业想要实现差异化，则可以运用所有差异化的方法以达到预期的目的。与单纯的差异化战略不同的是，采用聚焦差异化战略的企业是在特定的目标市场上与实行差异化战略的企业进行竞争，而不在其他细分市场上与其竞争对手竞争。

3. 聚焦战略的使用条件与风险

聚焦战略是一种有效的竞争战略，特别适用于中小企业。在下列情况下，聚焦战略往往能够取得更好的效果：①具有完全不同的用户群；②在相同的细分市场上，其他竞争者不打算实行聚焦战略；③企业的资源不允许追求广泛的细分市场；④没有其他竞争者在相同的目标细分市场上进行专业化经营；⑤目标小市场具有很好的成长潜力，而且目标小市场足够大，可以盈利；⑥拥有有效服务目标细分市场的资源和能力。然而，企业在实施聚焦战略时，也可能面临以下风险。

- 如果聚焦厂商所聚集的细分市场非常具有吸引力，可能会刺激其他厂商模仿进入，寻找可与聚焦经营企业匹敌的有效途径来争夺该目标市场。
- 由于技术的创新、替代品的出现、价值观念的更新，目标小市场的顾客需求偏好可能会转向大众化市场或其他细分市场，从而导致顾客需求下降。
- 新进入者重新细分市场。竞争者从企业的目标市场上找到了可以再细分的市场，并以此为目标实施更集中的战略，从而使原来采用聚焦战略的企业失去优势。
- 目标细分市场与其他细分市场的差异可能过小，使得大量竞争者涌入细分市场，从而导致企业丧失顾客基础或竞争优势。

8.4 业务模式创新

8.4.1 业务模式创新的一般原则

无论是成本领先战略、差异化战略还是聚焦战略，都是竞争导向的，关注竞争者的做法，再根据自己的目标顾客选择符合本企业的战略方案。20 世纪 90 年代后期，有学者提出要聚焦顾客的价值而非竞争者，便提出了蓝海战略。"蓝海"意味着尚未得到探索开发的领域，蓝海战略也意味着全新的开拓。价值创新是突破竞争的战略思考，也是蓝海战略的基石。价值创新力图使顾客和企业的价值都出现飞跃，开辟出一个全新的市场。当企业行为对企业成本结构和顾客价值同时带来正面影响时，价值创新就得以在这个交汇区域实现。

基于蓝海战略的经营思路，业务模式创新是在通过剔除和减少产业现有的一些竞争元素降低成本，通过增加和创造产业现在未注重的一些元素开创价值。通过"剔除""减少"两个动作降低成本，通过"增加"和"创造"增加价值，其结果是产生价值突破，从而获得企业价值和顾客价值的同步提升。由于顾客价值更多来源于企业以较低的价格向顾客提供更高的效用，而企业的价值取决于价格和成本结构，因此价值创新只有在整个企业的效用、价格和成本行为正确地整合为一体的时候才可能发生。蓝海战略通常贯彻于企业的各个职能部门和操作部门。

业务模式创新可以依据"剔除、减少、增加和创造"的四步动作框架，创造新的价值曲线。四步动作框架对挑战行业现有的战略逻辑和商业模式而言至关重要，需要持续关注以下四个核心问题。

- 哪些在行业中被认为理所当然的因素应该被剔除？
- 哪些在行业中被认为理所当然的因素应该被减少？
- 哪些因素的含量应该增加到行业标准以上？
- 哪些在行业内从未提供过的因素应该被创造？

第一个问题促使企业考虑剔除在行业长期竞争中攀比的因素。这些因素通常是想当然的，但其实已不再具有价值，甚至降低了价值。有时候，购买者所重视的价值发生了变化，但企业只顾相互竞争，而没有采取任何行动应对变化，甚至对变化毫无察觉。第二个问题促使企业考虑产品或服务是否被过度设计。如果企业提供给顾客的超过了顾客实际所需要的，那就是徒然增加成本却没有任何收益。第三个问题能够促使企业发现哪些价值是顾客当下真正看重的。第四个问题能够帮助企业发现顾客价值的新来源，从而创造新的需求，改变行业的战略定价标准。前两个问题（剔除和减少）可以帮助企业将成本水平降低到竞争者之下。后两个问题（增加和创造）启发企业如何提升顾客价值，创造新的需求。总的来说，这四个问题能够帮助企业系统地探索如何超越现有行业边界，重组顾客价值因素，向顾客提供全新的体验，同时又能将成本结构保持在低水平。特别重要的是"剔除"和"创造"这两个行动，它们将企业推上了超越现有竞争、追求价值最大化的轨道。

接下来，这里将借鉴蓝海战略的四步动作框架，并结合具体的价值链活动，探讨基于成本领先与差异化的业务模式创新途径。

8.4.2　基于成本领先的业务模式创新

蓝海战略在降低成本方面直观地体现在遵循合理的战略顺序原则中，企业首先从它的战略性定价开始，然后减去它应该得到的目标利润，最后得出目标成本。为了控制目标成本获取利润，企业主要有两个方法可以采用：一个是流水线生产与成本创新，另一个是合作。建立在特殊效用、战略性定价以及目标成本控制之上的模式最终可以带来价格创新。

流水线生产与成本创新或者与其他企业开展合作的模式对于成本的控制均是通过对内部价值链的优化获得的，即对价值链生产环节进行改进。推广到整个价值链，可以采用以下三个步骤实现成本控制。第一，确定价值链，即企业通过对自身价值链的全面分析，了解自身的优势环节和薄弱环节。第二，根据蓝海战略的四步动作框架，思考哪些环节是可以剔除与减少的，打破原有部门职能界限，去掉或者简化企业经营中一些烦琐的业务流程。第三，思考哪些环节是可以增加与创造的，即对于分工过细的职务、工作，在剔除的基础上根据业务流程的性质重新组合，从而提高效率，使企业各个业务流程的各个步骤按其自然的顺序来进行。

◉ 实践链接

当来自日本和中国香港地区的廉价、高精度石英表（约 75 美元 / 块）在市场上占据主导地位时，Swatch 把其产品的价格定在 40 美元，在这一价格下，人们能购买多块 Swatch 手表作为装饰品。这一低价格使得日本或中国香港地区的企业在想要复制 Swatch 手表并削减其产品价格时根本没有任何利润空间。为了在此价格下直接销售 Swatch 手表而不提价，企业项目团队从价格入手，逆向研究如何达到目标成本，这一过程必须确保有足够的利润率，以支持市场营销的费用及实现盈利。在瑞士高昂的劳动力成本下，Swatch 要想实现这一目标，只能在产品本身和生产方法上做出根本性的改变。例如，Swatch 并不使用较多的传统金属或皮革，而是使用塑料。Swatch 的工程师大胆地简化手表的内部设计，把 150 个零部件简化为 51 个。最后，工程师还开发了一种新的、更便宜的集成技术，使用超声波进行焊接而不是使用胶水。在设计和制造方面的改变使得 Swatch 实现了对大众手表市场的"统治"。

8.4.3　基于差异化的业务模式创新

在企业竞争的过程中，如果一直持续价格竞争的方式，则极易导致企业现金流出现问题，从而引发企业危机。蓝海战略提出的重建市场边界、超越现有需求原则对于企业实行基于差异化的业务模式创新同样具备启发意义。在重建市场边界内，蓝海战略给出了重构市场边界的六项创新原则，提供了一种全新的视角来帮助企业跳脱惯性思维。

放眼替代性行业。企业可以研究功能与形式都不同而目的却相同的产品和服务，从而改进自身的产品，以求吸引客户。例如，咖啡馆和电影院的形式不同，但都可以为朋友聚会提供场所和服务，因此两者为替代性行业，可以进行相互研究。

放眼行业内不同的战略类型。企业需要突破狭窄视野，获取决定顾客选择的其他因素。大多数企业都专注于提高他们在同一战略类别中的竞争地位。例如，奔驰、宝马和捷豹汽车公司在豪华轿车领域你追我赶，而其他汽车公司则在经济型轿车领域展开角逐。但是，很少有企业会关注其他战略类型的企业在做什么。从不同战略类型中开创蓝海的关键在于突破这种狭隘的观点，去了解哪些是决定客户从一个业务类别转换到另一个业务类别的主要因素。

放眼顾客链。参与竞争的企业对于目标顾客的定义都大同小异。但实际上，产品和服务的购买者和使用者可能并不一致，在某些情况下，还存在与决策产生有关的关键影响者。比如企业的采购人员关心成本，产品测试人员可能更关注产品是否好用，而产品零售商希望生产商能够及时补充存货，这就构成了一条顾客链。通过对于购买者群体即顾客链的审视，企业可以产生新的思维，找到以往被忽视的目标顾客群体。

放眼互补性产品或服务。互补性产品或服务往往可能蕴含着未经发掘的需求，最简单的方法是分析顾客在使用产品前、中、后都有哪些需要。例如，公交车制造商发现市政府关注的并非公交车本身的价格而是其维护费用，公交车制造商通过使用玻璃纤维车身，提高车价但降低了维护成本，创造了与市政府的双赢。

放眼顾客的功能性或情感性诉求。一些行业主要通过价格和功能来竞争，关注的是给顾客带来的效用，他们的诉求是功能性的；其他一些行业主要以顾客感觉为竞争手段，他们的诉求是情感性的。随着时间的推移，功能导向型行业会变得越来越注重功能，情感导向型行业会变得越来越注重情感。这是一种行业认知刚性，如果换一个角度互为吸收，企业可能会发现新的市场机会。

放眼未来。在所有的行业中，企业的经营都会受到外部趋势变化的影响。例如，随着互联网迅速崛起，全球环保运动再度在网络空间复兴。如果企业能够正确预测到这些趋势，就可能找到新的机会。

⇨ 实践链接

航空业中最盈利的顾客群体就是商务旅行者。美国 NetJets 航空公司首先研究了目前的同类市场，发现当商务旅行者要出行时，主要有两个选择：要么选择乘坐商业航空公司飞机，要么自己购买专机。选择乘坐商业航空公司飞机只是为了节省成本，但是要排队去换登机牌和安检，要忙乱地去转机。相反，选择自己购买专机，要承担高额的飞机固定投资成本和变动成本，但可以避免商业航空公司中的各种时间成本。针对这种情况，NetJets 航空公司把飞机所有权分成 16 等份，由 16 个顾客共同拥有，每个顾客每年可以享用 50h 的旅行时间。顾客可以用最低 375 000 美元的价格来购买总价值为 600 万美元飞机的一定份额。也就是说，顾客付出了相当于商业航空公司机票的成本，但是得到的是私人飞机的便利，从而大大降低旅行时间，减少拥挤的机场带来的麻烦，使点对点飞行成为可能。在不到 20 年的时间里，NetJets 的规模超过了许多航空公司，它拥有 500 多架飞机，在超过 140 个国家和地区间经营着超过 25 万条航线。1998 年，它被伯克希尔–哈撒韦公司收购，如今 NetJets 已经是一家盈利达几十亿美元的企业，在 1993—2000 年，其每年的收入增长率都在 30%～35% 之间。

可以看到，不同于基于成本领先的业务模式创新主要对企业内部价值链的优化，基于差异化的业务模式创新更需要企业注重对于产业价值链以及竞争对手价值链的分析，扩大企业应当关注的顾客与竞争者群体。再从价值链的角度来看，在产业价值链的整个分析过程中，企业需要了解最终顾客整体的购买能力、支付能力，并对顾客的盈利水平进行分析，评估顾客价值链及其与企业价值链之间联系的合理性，并采取战略改进行动。对竞争者的价值链进行分析可以测算出企业同行对手的成本水平、构成、支出等情况，与自己进行全面比较，从而分析出自己与对手的差距，利用不同的优势选择不同的战略，扬长避短，争取更大的发展。经过对产业价值链以及竞争者价值链的审视，通过剔除和减少劣势，增加优势，从而创造新的价值。

▲ 反思

数字竞争战略

随着数字技术的迅猛发展，全球市场格局正在经历深刻变革。数字时代赋予企业无数机遇，也带来了前所未有的挑战。

首先是顾客价值重构。顾客不仅在乎产品的功能和质量，更注重整体的用户体验。企业必须从单纯的产品输出转向提供全方位的数字体验，才能真正满足顾客价值需求。数字技术的应用，让顾客价值的创造更加多元化和个性化。数字时代，通过大数据分析和机器学习技术，企业能够刻画用户画像，实现精准营销和个性化推荐，这远超以往任何形式的顾客价值创造。企业还可以通过数字渠道收集用户反馈，并利用这些反馈来优化产品和服务。从这个角度来看，数字技术不仅是工具，更是业务创新的重要驱动力。

其次是业务层战略演变。一方面，数字技术打破了传统行业的界限和地域限制，使得市场边界变得模糊；另一方面，企业能够通过数据驱动的决策更加敏锐地捕捉市场变化并迅速反应。因此在数字时代，业务层战略不再仅仅关注降低成本或提供独特产品，而是更多地聚焦于如何利用数字技术创造新的价值。例如，数据分析和人工智能可以帮助企业更精准地洞察顾客需求，云计算和大数据则能够提升运营效率和资源配置。而数字平台和生态系统的建设，也成了企业战略的重要组成部分，通过构建开放的数字生态，企业可以汇集更多资源和能力，共同应对市场竞争。

最后是业务模式创新发展。数字时代业务模式创新也获得了进一步发展，出现了平台型业务等新业务模式，利用数字技术构建开放平台，连接用户和供应商。例如，Uber和滴滴出行通过共享出行平台，满足用户出行需求，创造就业机会。

数字时代赋予企业无限可能，同时也要求企业具备更高的战略敏锐度和技术创新能力。企业应持续深化数字技术的应用，加强与顾客之间的互动，构建更加灵活和智能的业务模式与竞争战略。

本章小结

本章内容逻辑结构如图8-4所示。

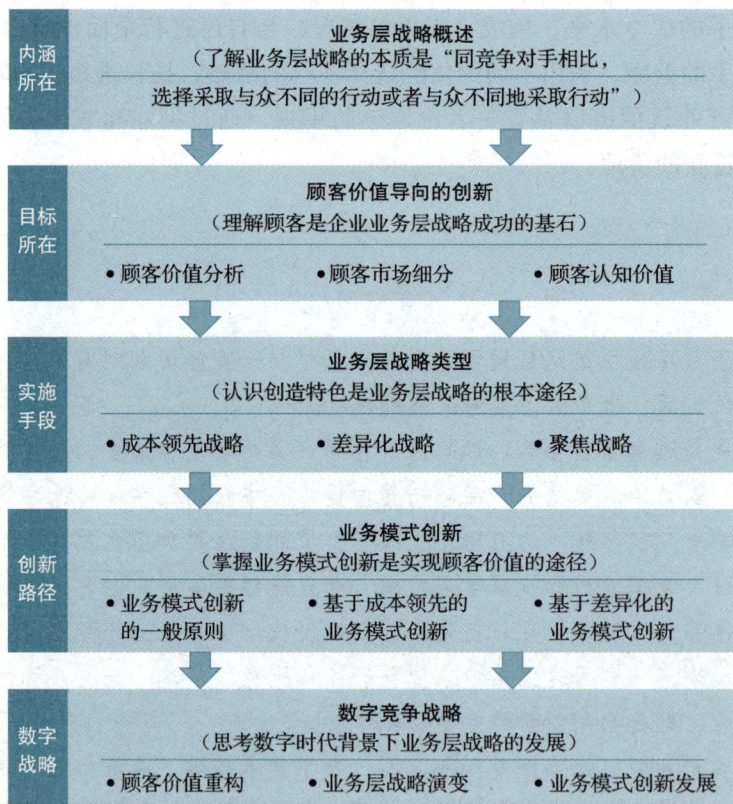

内涵所在	**业务层战略概述** （了解业务层战略的本质是"同竞争对手相比，选择采取与众不同的行动或者与众不同地采取行动"）
目标所在	**顾客价值导向的创新** （理解顾客是企业业务层战略成功的基石） • 顾客价值分析　　• 顾客市场细分　　• 顾客认知价值
实施手段	**业务层战略类型** （认识创造特色是业务层战略的根本途径） • 成本领先战略　　• 差异化战略　　• 聚焦战略
创新路径	**业务模式创新** （掌握业务模式创新是实现顾客价值的途径） • 业务模式创新的一般原则　　• 基于成本领先的业务模式创新　　• 基于差异化的业务模式创新
数字战略	**数字竞争战略** （思考数字时代背景下业务层战略的发展） • 顾客价值重构　　• 业务层战略演变　　• 业务模式创新发展

图8-4　第8章内容逻辑结构

本章知识点包括以下几个方面：提出了业务层战略的基本定位和内涵，提出了创造特色是业务层战略成功的根本途径，业务层战略具体可分为成本领先战略、差异化战略和聚焦战略，进一步分析了三个战略的内涵和条件。本章还分析了业务模式创新战略，探讨了如何通过基于价值创新的蓝海战略来实现低成本与差异化的业务模式创新。最后本章还结合数字时代背景，讨论了数字技术对业务层战略的影响。

复习思考题

1. 阐述业务层战略的内涵和目的，分析顾客价值创新与业务层战略制定的关系。
2. 业务层战略有哪些类型？请举例说明各自具备的特点。
3. 很多中国企业把降价甚至价格战当成低成本战略，你对此认同吗？请举例说明。
4. 请说明企业差异化优势的来源有哪些。
5. 请阐述在使用成本领先、差异化和聚焦战略时分别会面临什么风险。
6. 结合企业的不同市场地位，讨论企业应该采取什么样的业务模式创新。
7. 结合数字时代背景，探讨不同企业应该如何改进业务层战略与业务模式创新。

如何具体实施差异化战略？

总结案例

大数据时代同花顺这副牌该如何打

请扫码阅读总结案例

第 9 章　企业生态战略

　　在传统竞争观念的趋势下，一提到商业运作，人们往往会联想起"商场如战场"这句形容商业的传统语言。当数字技术发展为全新的生产力、数据要素进化为全新的生产要素，企业所处的战略环境极具动态性、不确定性、复杂性与模糊性时，以"求赢"为导向的企业战略很难适应数字时代下多层次与嵌套化的全新竞争范式。为了在数字时代构建竞争优势，企业的价值导向纷纷从"求赢"转向"共生"，它们会自主缔造或主动参与一个强大的生态系统，进而与生态系统内的其他参与企业实现互补协同、共御风险。然而，生态系统的诸多特性带来了企业间纷繁复杂的关系，它们既相互依赖、共创价值，又各自独立、频繁竞争，企业亟须制定生态战略，正确处理与生态内的其他参与主体竞争与合作的关系。对此，本章将重点解决三个基本问题：企业采取生态战略的可能性和必要性（从合作战略到生态战略）、作为生态领导者的企业应如何成功构建生态（生态构建战略）、作为生态参与者的企业应如何"从生态中获利"（生态参与战略）。

【学习目标】

☑ 正确认识竞争与合作的辩证关系和合作理念
☑ 掌握成功实现企业合作战略的 PARTS 模型
☑ 掌握企业得以成功构建生态系统的关键要素
☑ 了解企业实现"从生态中获利"的典型战略

引例 小米生态圈

早在 2013 年,小米的创始人雷军就预见了智能硬件及互联互通的物联网是继智能手机之后的又一大风口,因此在 2013 年小米手机业务取得突破之后,他果断做出了一个重要的战略决定——用投资的方式孵化 100 家生产智能硬件的企业,把小米从一艘大船变成一个舰队。凭借出色的供应链、工业设计、品牌热度和渠道体量优势,小米在短短 6 年时间内便快速搭建起以手机为中心的智能生活全品类生态圈,并凭借"生态链赋能生活方式"成功跻身《福布斯中国》发布的"2018年中国 50 家最具创新力企业全榜单"。全球第一的移动电源、空气净化器厂商、平衡车公司,以及中国市场排名第一的智能穿戴设备公司均来自小米生态的互补企业(也称"生态链企业")。

生态链企业之所以能够快速成长,很大程度上得益于与小米"结盟"后获得的组织背书与资源支持。从合作模式来看,小米主要采用投资的方式与互补企业达成利益捆绑。为了保持创业团队的激情和创造力,小米选择"参股不控股",投资比例一般在 20%~40%。其次,在小米内部有一支约 200 人的生态链团队,提供从产品规划、工业设计、质量管理到供应链资源的全方位指导,帮助这些企业做大,并在此过程中完成对生态链企业的价值观、产品观和方法论的传递。在小米擅长的爆品打法之下,保证产品的高品质尤为重要,因此小米及其互补者也在不断互动的过程中形成了统一的设计语言——好用的功能、极简的外形、极高的工艺品质,为生态链产品的成功商业化提供保证。按照约定,生态链企业以接近成本的价格把成品出售给小米,小米将产品冠以"小米"或"米家"品牌并通过电商平台和小米之家等渠道销售,所得利润按比例进行分配。小米庞大的顾客群和对需求的敏锐洞察力极大地提高了生态链"爆品"的概率,许多产品甚至走出国门,在国际市场上引起巨大反响。

许多互补企业借助小米生态圈红利迈过"从 0 到 1"的生存门槛,实现了爆发式的成长。一些生态互补企业通过并购、渠道合作和产品本地化等方式拓展国际市场,满足不同顾客的需求,从而在特定的时间与空间下寻求机会与资源能力的匹配,形成超越生态圈范围的全球竞争力。还有一批互补企业通过技术驱动和战略驱动大胆向生态主导者的角色转型,构建新的平台生态为顾客提供独特的价值主张,从而打开更加广阔的想象空间。

生态链企业之一的摩象科技的 **CEO** 李树欣表示:"生态链概念下遵循和谐统一的协调机制,并不是母公司管子公司的机制。小米为企业提供好的资源,各个企业努力找到适合自己的资源并和小米团队进行配合。双方并不存在管理的关系,而是怎么去配合。"生态互补企业通过投资关系和小米形成利益捆绑,由此接入资本、设计、供应链和品牌等生态资源,从而快速获得创业的第一桶金。同样地,生态互补企业的存在也增强了小米生态系统的稳定性和韧性。众多生态互补企业在小米生态系统内进行资源共享，形成协同效应，从而提升各自的品牌影响力并推动技术创新和产业升级。在外部环境变化或市场竞争加剧的情况下，这些企业能够与小米共同应对挑战、抵御风险，确保生态系统的持续健康发展。

资料来源：郭艳婷．"退可守、进可攻"？小米生态互补者的战略抉择 [J]．清华管理评论，2021，（Z1）：64-70.

讨论题：

1. 请结合以上案例，讨论小米生态圈得以成功构建的要素有哪些。

2. 请根据生态链企业的实践，分析新创企业参与小米生态圈的机会与威胁。

3. 通过分析文中案例，思考企业在数字时代应如何构建自己的生态系统。

9.1   企业合作战略的提出

纵观人类发展史，合作在推动人类社会进步方面起到了举足轻重的作用。不管是单个企业还是个人所拥有的资源和能力都是有限的，都离不开他人的帮助。我们不妨来看看波特的五种力量竞争模型。该模型对企业分析产业竞争强度和自身所面临的竞争环境非常有帮助，但是，波特提出该模型的前提来自组织经济学的竞争性假设，它强调竞争而忽视了合作。从该模型来看，如果一个企业环顾四周，发现它的上下游企业、替代品和潜在进入者都是竞争者，那么它需要以"隔离机制"来制定战略。每个企业都把自己看作"山寨王"，其结果是，整个产业中的每个企业都将注意力放在竞争上，很快就使得整个产业陷入红海中。

阿里巴巴与苏宁的联姻是互联网时代从竞争转向合作的案例。淘宝和天猫等电子商务巨头高速攻城掠地，不断侵蚀传统线下商业巨头的市场，为此，苏宁投入巨资发展苏宁云商，阿里巴巴和苏宁云商成为线上线下两大竞争对手。为了改变竞争导向的商业格局，阿里巴巴与苏宁云商通过股权置换和阿里巴巴战略注资的方式进行战略合作，实现了线上与线下商业的全面融合，进而实现了合作共赢。战略合作后的阿里巴巴和苏宁云商携手整合双方优势资源，利用大数据、物联网、移动应用、金融支付等先进手段打造 O2O 移动应用产品，创新 O2O 运营模式。从这个案例可以看出，竞争与合作都是企业发展的手段，两者是可以相互转化的。

合作战略的必要性，对于企业而言，根本上是出于利益的考量，具体涉及长远利益与短期利益的平衡、局部利益与整体利益的平衡、收益导向与风险导向的平衡，并通过资源和能力互补来实现。当然，时间跨度、合作范围和风险收益都是相对的，就像收益与风险是一个硬币的两个面，规避风险同时也是为了保障收益。图 9-1 给出了一种企业合作战略类型的划分方式，图中两个维度是为了说明类型的方便，提出的模式也仅仅是举例说明，并不涵盖全部合作模式。

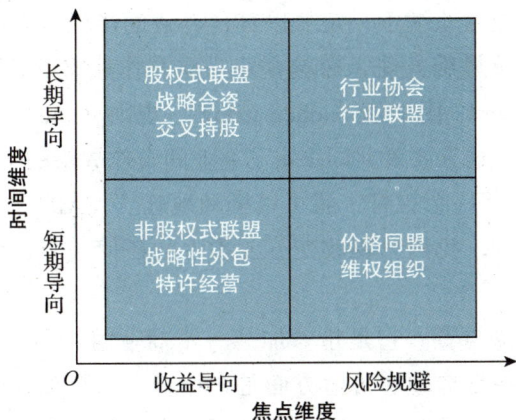

图 9-1　企业合作战略类型与典型合作模式

根据时间跨度和合作焦点可以把战略合作分为四种不同类型。一是基于收益导向的长期合作模式，如股权式联盟、战略合资、交叉持股等，一般是以资金为纽带的长期契约。二是基于收益导向的短期合作模式，往往表现为非股权式联盟、战略性外包、特许经营等，这些合作往往是为了解决特定时间内的利益需求，当使命完成后，这样的合作可能就解散了。当合作焦点是为了解决恶性价格竞争、恶性资源抢夺、侵权行为等风险规避需求时，也会产生战略合作。三是基于风险规避的长期战略合作模式，如行业协会、行业联盟，往往通过制定章程或共同约定的方式来保障合作契约。四是基于风险规避的短期合作模式，如企业间维权组织、价格同盟，一般是针对特定事件建立的临时性联盟，当风险事件消除后，这样的合作也就完成使命而解散了。在现实中，风险规避型合作模式经常通过非政府组织来协调。

在理解企业间合作互动的问题上，要处理好短期利益与长期利益的关系，把握好两者的平衡和协调。短期利益比长期利益更加明确和易于把握，人们往往会更注重短期利益。由于竞争往往源于当前的短期利益争夺，而合作则更多的是基于长期利益，需要双方的优势互补与利益共享。在现实经营实践中，众多企业尤其是我国企业在市场运作上存在的问题，就是始终关注竞争者，试图击败与超越竞争者，而忽视企业的生存、发展与赢利目标。对于任何一家企业来说，资源与能力都是有限的，如果一个企业过多地将自身的财力、物力、人力投入于阻击竞争者上，必然会忽视顾客、股东、供应商等利益相关者的需求，从而使企业的发展无法得到有效的外部支撑。对于想要维持长期持续竞争优势的企业来说，更需要的是如何与各相关利益者建立良性的竞合互动关系，改善顾客价值创造的流程，让顾客忠诚于企业，进而获得利润。

那么，企业如何采取合作战略呢？对此，布兰登勃格和内勒巴夫认为，可以将商业运作视为游戏进行讨论，但这种游戏并不是必须分出胜负的游戏，在这个游戏中可能有多个赢家。这就意味着，市场竞争不一定需要你死我活，一家企业取得良好的经营业绩不一定要以其他企业的惨痛失败为代价。以此为前提，按照博弈论的系统思维方法，影响企业采取合作战略的要素可归纳为"PARTS"，即参与者（player）、附加值（added value）、规则（rule）、战术（tactic）、范围（scope-space&time），这五要素共同决定了企业间合作战略的可能性和稳定性。阿基米德曾经说过："给我一个杠杆，我可以撬动地球。"PARTS 五要素就是我们撬动商业世界的五个杠杆，我们只要改变五要素中的任何一个，就可以改变整个市场环境的格局。

第一，参与者。它是指参加某一个商业对策行为的相关各方。从总体上看，各类参与者在创造顾客价值方面是合作者，而在瓜分顾客价值方面是竞争者。只要改变参与者，就可以达到改变商业运作体系的目的。物理学中的海森堡原理表明：你不可能进入一个系统而不使它产生任何变化。我们可以通过引入顾客、供应商、互补企业甚至竞争者来改变商业格局，同时也可以通过改变参与者之间的相互关系来改变企业的运作环境。在现实合作战略中，要学会团结一切可以团结的力量，为顾客创造更加卓越的价值，不仅要团结自己的合作伙伴，而且要寻找与竞争对手合作的机会。现实世界中常常出现这样的情景：在没有可做比较的竞争者的行业中，企业自身也很难经营，因为不存在企业生态，顾客失去了比较选择的基础，所以不能形成配套齐全的产业链。

第二，附加值。它是指在商业对策中各参与者的附加价值，即某个参与者为整个商业经营带来的价值。一个参与者的附加值是它参与时市场的大小与它不参与时市场大小的差值。如果企业能够处于垄断地位，当然会拥有非常高的附加值，但是在绝大多数情况下，总是存在激烈的竞争，这时更好的做法不是限制其他参与者的附加值，而是如何使自己做得更好，拥有更高的附加值。提高自己的附加值实际上就是需要企业建立和保持核心竞争力。但在此还需要强调：企业应该加强与顾客的联系，尽可能与顾客建立良好的关系，从而建立企业的忠诚顾客群，这样可以大大提高企业的附加值。在激烈的竞争中，几乎所有的做法都可以被竞争者模仿，但通过忠诚顾客群所获得的附加值非常特殊，即便竞争者模仿你的做法也难以限制你的附加值。

第三，规则。它是指商业对策中约束各参与者行为的各种规则。规则是由人制定并由人执行的，因此它也能够由人来修改或重写。我们所遵循的大多数商业规则都是完善的法律和习惯，它们有利于保证市场秩序的正常和规范，我们当然应该遵守这些规则。但是也有许多规则是可以合理地改变的，这些规则往往存在于合同和协议中。通过改变规则来改变商业游戏，企业可以采取一些做法来增强自身优势，如更好地利用现有规则、修改现有规则、创造新的规则等。这里的关键是，规则应以服务于顾客价值创造为目标，根据顾客需求变化适时做出调整。

第四，战术。战术实际上强调的是影响认知，即战术是指某些参与者影响其他参与者认知的行为。认知是无所不在的，不管正确与否，它总是在指导我们的行动。商业对策是在迷雾中进行的，参与者对商业格局和其他参与者等的认知会影响它在商业运营中所采取的策略，因而了解和影响竞争者的认知是企业战略中不可或缺的一部分。通过改变其他参与者的认知，可以改变商业游戏。有时需要采取一些战术来拨开迷雾，尽可能消除参与者关于对策的模糊甚至错误的认识，而有时则需要故意保留一些迷雾，还有时则需要有意增加一些让人捉摸不定的新迷雾。

第五，范围。它指的是商业游戏的边界，如空间、时间等界限。任何商业行为都不是完全独立的，与其他商业行为总是存在或多或少的联系，这种联系并非固定不变。我们可以通过加强这种联系、创建新的联系或是切断现有联系，从而扩大或缩小商业对策的范围，使对策向有利于自己赢的方向转变。通过改变范围来改变商业游戏的途径有很多，常见的有寻求"利基市场"。

⊙ 战略聚焦

试运用 PARTS 模型分析欧佩克 12 个成员的战略合作

1960 年 9 月，伊朗、伊拉克、科威特、沙特阿拉伯和委内瑞拉的代表在巴格达开会，决定联合起来共同对付西方石油公司，维护石油收入。同年 9 月 14 日，五国宣告成立石油输出国组织（Organization of Petroleum Exporting Countries，OPEC，简称欧佩克）。其总部自 1965 年 9 月起，由瑞士日内瓦迁往奥地利首都维也纳。

石油是第二次世界大战后全世界最主要的能源。战后初期，世界石油勘探、开采和销售几乎全部被控制在西方石油垄断财团手中。其后果是西方发达国家获得超额利润，第三世界主要产油国的经济利益却受到损害。欧佩克是为抗衡主要石油公司（大多为美资、英资和德资），消除有害的、不必要的价格波动，保证各成员在任何情况下都能获得稳定的石油收入，借以降低油价和生产者的负担，为石油消费国提供足够、经济、长期的石油供应而建立的。欧佩克最初只是一个非官方的议价小组，借以将石油减价销售至第三世界国家，这个组织的效果在 20 世纪 70 年代初期得以展露。后来，成员还包括阿尔及利亚（1969 年）、利比亚（1962 年）、尼日利亚（1971 年）、卡塔尔（1961 年加入，2019 年退出）、阿拉伯联合酋长国（1967 年）、安哥拉（2007 年，2024 年退出）、厄瓜多尔（1973 年加入，1992 年退出，2007 年重新加入，2020 年再次退出）、印度尼西亚（1962 年加入，2008 年退出，2016 年 1 月重新加入，同年 9 月 30 日退出）和加蓬（1975 年加入，1995 年退出，2016 年重新加入）、赤道几内亚（2017 年）、刚果共和国（2018 年）等。

9.2　数字时代生态战略的必要性

9.2.1　从合作战略到生态战略

20 世纪 80 年代以来，计算机行业的快速发展充分展示了模块化技术系统与托管业务生态系统相结合的强大功能，以 IBM 为代表的许多企业通过构建和控制生态系统而获得了成功，由此证明了这种合作模式的价值。"生态系统"的概念最初起源于生物学隐喻，它强调战略需要将考虑范围扩大到行业边界内的竞争对手之外的更广阔的范围。在 20 世纪 90 年代和 21 世纪初首次引起管理者和管理学者的关注，"生态系统"被定义为"一个由互动的组织和个体组成的经济共同体，包括供应商、生产商、竞争者、顾客和其他利益相关者等"。Moore（1993）认为："像生物生态系统一样，商业生态系统由资本、顾客兴趣和创新所产生的人才的原始旋涡凝聚而成，从一个随机的元素集合逐渐过渡到一个有组织的社区，就像成功的物种源自阳光、水和土壤养分等自然资源一样，各物种的繁衍生息取决于生态系统的有序运转。"

生态系统拥有大量的异质性参与者，这些参与者既可以是个体也可以是企业，它们的资源禀赋、知识结构、参与目标各不相同，在生态系统内自主进行资源交换和价值整合，彼此依赖又各自独立，并在这一过程中促进了共同价值目标的推进和实现。可以说，生态系统是企业合作战略的全新模式，其特殊之处在于，它既不是依靠正式契约带来的强制捆绑模式，也不是依靠市场交易形成的完全独立模式，而是一种介于市场和组织的中间形态的模式。

作为企业合作战略内容的补充和延展，企业的生态战略在"焦点"和"时间"两个维度上都更加强调共生性和动态性，具体内容如下。

首先，生态系统允许各类参与者在系统内自发地产生、发展、互动和协调，以更加紧密的方式相互交错并形成共生体。组织间形成的共生关系是构建生态系统的基础，也是系统实现价值共创的核心。不同于一般的组织间合作关系或联盟关系，组织间共生关系不局限于实现短期内的某一项目或业务，而是以共享为关键举措、以共存为基本前提、以共演和共创为发展使命的命运共同体。例如，海尔、阿里巴巴等企业与其利益相关者建立了长期稳定的共生关系，在促进其自身发展的同时也增强了共生参与者适应外部环境不确定性和行业无序竞争的能力，这种相互赋能所产生的倍增效应、乘数效应释放了更多的价值，在提升运营效率、增强顾客体验和优化产业链结构等方面发挥了重要作用，并极大地推动了行业发展速度和规模扩张，促进经济高质量发展。

其次，生态系统的发展由众多参与者及外部技术和市场环境的变迁共同决定，呈现相对平衡、动态稳定的循环过程。生态系统内的价值主体随时间发展呈现循环迭代的特点。生态领导者通过共享价值主张与创新资源吸引参与者，形成自下而上的生长景象。参与者自主加入，竞争合作，不断补充和扩展生态系统功能，为更多参与者创造生长机会，实现自我维持和强化的动态调整。生态系统内创新主体间的交互和关系演化促使整个系统从无序进化到有序，发展协同效应。除核心企业作为生态领导者外，各生态位参与者可能经历诞生到消亡的过程，并不断由其他参与者填补空缺，总体呈现循环迭代的特点。焦点企业无法像政府那样掌控系统发展，因此参与者只能接受自循环的命运。

9.2.2　生态系统的构成要素

生态系统的构成要素紧密交织，缺一不可，共同驱动着生态系统的平稳运行和持续发展。

一致性的结构安排。在生态系统内，各参与者扮演着明确的角色，并遵循着既定的价值创造流程，这种有序性构成了生态系统运行和发展的基础。尽管各行为体可能有不同的最终状态和目标，但这并不妨碍它们在短期内通过协同实现共同利益的最大化，即达到一种至少能让所有参与者都感到满意的帕累托最优状态。因此，一致性的深层含义远不止激励与动机的和谐一致，它更强调一种集体智慧，即行为主体如何共同塑造并优化整个系统的活动配置。这种优化过程要求行为体之间不仅要相互理解与支持，还要在策略与执行层面保持高度的一致性和灵活性。

主体间的多边合作关系。传统意义上，双边关系主要从交易成本经济学中的市场与层级结构选择、现代关系契约理论等方面进行深入探讨。区别于此，生态系统的本质特征在于其固有的多边性，这一特性超越了单一合作伙伴，可简单拆解为双边互动的范畴。对于生态系统而言，多边性不仅意味着多个合作伙伴，还意味着一组不能分解为双边互动集合的关系。例如，在涉及 A、B、C 三方的场景中，A 与 B 之间的成功合作因 A 与 C 之间合同的破裂而受到牵连，这体现了多边关系中的相互依赖与不可分解性。孤立地审视 A 与 B 的关系会忽视这种跨边界的相互影响，从而可能导致误导性的结论。

实现统一的价值主张。实现统一的价值主张是形成生态系统的基础前提，这意味着生态系统内的各成员共同致力于创造价值这一核心目标上的共识。这一目标虽然可能面临挑战，未必总能完全达成，但它是作为指引行动的普遍方向而存在的。换言之，核心企业与参与企业获取价值的前提是实现前置的统一价值主张。从反面来看，这需要我们考虑生态系统可以承受的分歧程度，即当不同的参与者可能对价值主张有不同的看法时，生态系统是否以及多大程度上可以继续维持。

一组参与者。生态系统是由一组相互依赖又各自独立的异质性参与者组成的集体社区，这些主体的关键特性在于，他们对参与生态系统应具有明确认知，即明确自己在某个时刻为某特定生态系统中的一员。此时，无论这些企业是否直接与核心企业存在关联，它们的参与对于推动生态价值主张的实现都至关重要，原因在于价值物质化的过程有赖于它们与其他参与者之间的互动。

⚌ 实践链接

从小蚂蚁到独角兽

蚂蚁科技集团股份有限公司（以下简称蚂蚁科技）起步于 2004 年成立的支付宝。2013 年 3 月，支付宝母公司宣布以其为主体筹建小微金融服务集团。2013—2014 年，蚂蚁科技先后推出余额宝、蚂蚁花呗等创新金融产品，并于 2014 年将支付宝母公司更名为蚂蚁金服。2015—2016 年，蚂蚁金服相继推出蚂蚁借呗、芝麻信用等产品，通过战略合作、投资并购等方式不断完善其金融业务版图，并完成 A 轮 120 亿元人民币以及 B 轮 45 亿美元的融资。2017—2019 年，蚂蚁科技基于 BASIC 技术框架进行大量基础技术布局，2019 年全年研发费用投入高达 106 亿元。同期，蚂蚁科技基于五大技术领域为企业输出完整的金融科技解决方案，推出定制化云计算服务、蚂蚁链服务、大数据安全平台、企业财务造假识别等金融产品。2020 年 7 月，蚂蚁金服正式更名为蚂蚁科技集团，并于 2021 年入选全球排名前十的独角兽企业。

经过十余年的发展历程，蚂蚁科技不仅为个人消费者提供了支付宝、余额宝、招财宝、蚂蚁聚宝、网上银行、蚂蚁花呗、蚂蚁借呗、芝麻信用等一系列满足普惠金融需求的金融产品，而且为中小微企业提供了基于云计算技术、区块链技术、人工智能技术的金融科技解决方案。回归初始，正是得益于阿里巴巴电商生态的资源优势，蚂蚁科技才能在短短十几年的时间内，从依附于阿里巴巴生态的支付功能模块提供者成长为独立于阿里巴巴生态的科技金融服务商，并在这一过程中成功打造了围绕科技金融价值主张的创新生态系统。

9.2.3　生态系统的运行逻辑

生态系统得以运行并最终发挥效能，本质上来源于异质性参与者围绕共同目标而形成的有机价值连接。而生态系统内核心企业与参与企业、其他资源提供者之间的多维协同也进一步推动了生态系统的形成和发展。具体体现在以下三方面。

资源协同。资源协同体现在参与者共同投入专用性资产，并通过紧密协作创造出新的价值。其中，核心企业作为生态系统的领导者和核心，为整个生态系统提供了初始资源（如基础设施、资金、人才等）和制度安排；参与企业、其他资源提供者等参与者的加入则能为生态注入新的资源与能力（如新技术、新产品）。通过资源协同，生态内的参与者得以实现资源价值的最大化。

市场协同。市场协同体现在核心企业与参与企业以提升用户价值为导向，围绕用户需求开展的一系列合作。其中，核心企业能为生态系统中的参与者提供用户基础，参与企业在捕捉用户需求和市场机会方面有着独特的优势，而其他资源提供者作为联结生态系统与外部环境的中介，能为生态系统带来第一手市场信息。不同主体之间的市场协同有利于更好地满足用户需求并创造用户价值。

网络协同。网络协同体现在企业与参与者为了实现扩大直接和间接效应，在网络关系方面展开的互动。生态系统本身就是一个松散耦合的组织网络体系，其中核心企业与参与企业、其他资源提供者之间都存在着复杂的、竞合并存的互动关系。对于核心企业而言，参与企业和其他资源提供者的创新活动能为它带来间接网络效应，通过网络协同实现生态系统网络的自增强。

此外，生态系统作为一个有机商业体，也会随着外部技术环境的变化不断演化和自我完善。在演化的过程中，生态系统的结构逐渐完善、主体规模和资源逐渐增多，价值产出能力也会随之提升。随着参与者之间的关系不断紧密以及外部资源的持续注入，生态系统会经历由初生阶段到加强阶段的升级；经历了加强阶段后，创业企业会创造出更多能够在系统内流动的新资源，此时生态系统进入弹性阶段；当生态系统受到冲击导致内部动荡、大量创业企业失败时，则迈入了衰退阶段。

生态系统的发展和演化是推动经济活动走向一体化的向心力与将经济活动拉向市场的离心力之间微妙平衡的结果。其中，向心力是指企业将经济活动整合到单个企业的力量，离心力则是指将经济活动拉向市场的力量。我们认为，技术创新和新的管理方式都可能改变整个或部分生态系统的向心力和离心力之间的平衡，当这些力量发生变化时，生态系统就会发生演化，可能推动生态系统的扩张，也可能引发其收缩。例如，在某些情况下，技术创新和管理整合可能促使生态系统发生收缩。以 20 世纪 80 年代的自行车传动系统行业为例，最初，该行业由众多企业共同组成，各企业专注于生产传动系统中的不同组件，形成了一个高度模块化的生态系统。但随着 Shimano 等企业的崛起（它们通过技术创新和市场整合，逐渐将各个独立的组件集成到一个统一、高效的传动系统中），导致生态系统中原有组件供应商的数量减少，生态系统的边界变得更为集中，最终形成了几家企业主导的市场格局。

可见，生态系统的运行是一个复杂而动态的过程，企业应与参与企业有机协同，引导生态系统的演化，实现合作与竞争的平衡，推动经济活动的整合与市场的适应。企业在生态系统中可以扮演不同角色。作为生态系统主导者时，企业可以通过制定行业标准、推广共同价值观等方式来增强向心力，促进生态系统内各个主体紧密合作。作为生态系统参与者时，企业可以与其他企业建立合作伙伴关系、共享资源和技术等，以此降低竞争成本、提高创新能力，在变化中寻求新的发展机遇。无论在生态系统中处于什么角色定位，企业都应保持灵活性，积极应对市场变化和技术革新的挑战。

9.3　企业自主构建生态系统的可能性

正如上文提出的，数字时代背景下产业组织间的竞争不再局限于单点企业间的竞争，而是逐步发展为以企业为核心的生态系统间竞争。换言之，在新战略情境下，企业获取竞争优势的关键不再取决于自身拥有多少宝贵、稀缺、难以被模仿的资源，而在于能否成功构建、维持有竞争力的生态系统，并深度撬动生态系统中参与者的互补性创新力量。此时，企业亟须突破认知范式的障碍，打破以往以"求赢"为战略导向的价值判断思路，转变为协同共生的生态价值取向。接下来，我们基于生态系统的核心特征与运行逻辑，介绍企业应如何成功地构建一个生态系统并发挥其预期效能。

9.3.1　提出一个有吸引力的生态价值主张

价值主张是指企业通过其产品或服务向顾客提供的价值，其主要功能是向顾客说明"为什么他们应选择本企业的产品或服务"而非竞争者的。对于那些致力于构建生态系统的企业而言，仅仅以企业为中心提出价值主张已远远不够，更重要的是将这种企业价值主张升级拓展为生态价值主张。生态价值主张是由生态系统内的核心企业提出并被参与者广泛接受的价值创造目标与收益承诺，被视为生态价值共创活动得以推进的基础，也是共创系统价值产出的必要前提。事实上，从企业价值主张到生态价值主张的转变是一个战略性的过程，生态价值主张的提出需要企业长期、全面且深入地了解市场需求，在此基础上探索具有不同利益诉求和知识结构的多边主体围绕"这一共同目标"投入资源与开展合作的可行路径。诺基亚的衰落提供了一个警示，尽管该企业的塞班操作系统一开始是移动电话领域的实际统治者，但它很快就被超越了，因为诺基亚只专注于自己的需求，最后导致被视为供应链可有可无的下属的应用程序开发者和其他补充者纷纷转向安卓，其生态系统也就此走向枯萎。生态价值主张的提出应注意以下两点。

第一，生态价值主张的提出应具有系统性。具体而言，生态系统强调在商业活动中构建多边协作的关系网络，涉及所处不同行业与不同功能定位的参与企业资源共享、能力互补与市场共拓。因此，在生态系统的情境下，核心企业不再是价值的唯一创造者，而是与生态系统的其他参与者一起工作，通过合作和资源共享实现价值的最大化，并确保所有参与者都能从中受益。例如，企业需要从关注自身产品和服务的视角转变为考虑整个生态系统的需求和机遇，这包括分析行业趋势、技术发展、政策法规等外部环境，以及识别生态系统中潜在的增值机会。因此，系统性的价值主张是吸引外部企业主动参与生态的关键，也是确保参与者理解和认同价值主张并开展价值共创的第一步。例如，Better Place 针对租赁电池和更换电动汽车推出了一个创新的生态系统解决方案，然而，在获得 9 亿美元资金支持的情况下，该企业依然在 6 年后倒闭，因为其价值主张缺乏系统性和整体性，导致企业无法说服领先的汽车制造商加入。

第二，生态价值主张的提出应具有动态性。具体而言，区别于传统企业价值主张的提出与更新过程，生态价值主张的构建过程具有两方面的独特性。其一，生态价值产出高度依赖各参与者的有效互动，因此生态价值主张并非核心企业独立开展的自我定义，而是多主体价值诉求的融合结果。因此，核心企业在凝练生态价值主张时，往往需要考虑多边参与者的知识基础、参与动机以及预期收益，确保各主体有效理解和认同其价值主张，从而形成共创意愿。其二，生态价值主张并非"一成不变"，而是"因时而变"的。核心企业需要根据共创主体及其交互行为来对价值主张的内涵进行持续更新，从而引导参与者持续开展价值共创。

⊂ɪ⊃ **实践链接**

海尔 HOPE 平台

依托"人单合一"的管理模式及"世界就是我的研发部"的开放创新理念，海尔在 2009 年搭建了海尔开放创新平台（Haier Open Partnership Ecosystem，HOPE 平台），并逐渐发展为一个以"共创、共赢、共享"为核心的创新生态系统。以促进开放创新和技术成果转化为价值导向，HOPE 成为为各个领域的创新提供各种资源对接和碰撞机会的开放式平台。

目前 HOPE 平台上聚集着高校、科研机构、大企业、创业企业等群体，覆盖了超过 100 个核心技术领域，超过 12 万名社群专家，100 多万个全球可触达资源。作为一站式创新服务平台，HOPE 跟踪、分析和研究与产业发展密切相关的超前 3～5 年的技术，同时推进这些技术的产业化转化。HOPE 把技术、知识、创意的供方和需方聚集到一起，提供交互的场景和工具，促成创新产品的诞生。其生态系统内聚集了一大批技术创新领域的专家、中小企业、创客、创业者，以及像海尔这样的传统企业。在 HOPE 中，技术需求方可以发布技术需求，寻找所需的技术；技术持有人则可以发布技术，使之得以更好地推广宣传，并寻找合适的需求，促成商业合作。通过平台上的多方交互，技术方、资源方、普通用户给予产品创意更多的建议和意见，以便开发者收集更多实际的、市场化的方向，并不断扩散产品影响力。经过多年的探索，HOPE 平台打造了相对成熟并具有中国特色的开放式创新模式，沉淀了核心方法论，在需求定义、资源评估、顾客需求洞察等创新服务的关键节点取得突破，解决了创新成果转化的瓶颈问题。

资料来源：根据 HOPE 平台官网资料整理而成。

9.3.2　激励互补创新的有效产生

"互补性"（complementarity）被视为生态系统成功构建的基础要素，指两种或两种以上资源相互适应进而产生协同效应的程度。在生态系统的情境下，Jacobides 等（2018）提出了"独特互补性"和"超模互补性"两种非通用互补性，并将它们用于定义生态系统内参与者之间关系。其中，独特互补性是指对于两种或多种产品/资产/服务，只有多方共同存在并同时发挥作用才具有价值；超模互补性则是指对于两种或多种产品/资产/服务，其中一方的数量或价值增加会导致另外一方的价值也随之增加。当企业的价值活动从"单枪匹马"走向"生态作战"时，企业的竞争优势在很大程度上就取决于生态内部的参与者能否持续和有效地产出创新。进一步地，当核心企业通过提供生态价值主张吸引了多方主体参与生态后，还需要参与者共同围绕这一价值主张贡献互补资源和能力，并推出具有创新性和不可替代性的互补产品和服务。由此可见，在构建生态价值主张的基础上，生态系统的有效运行还需要核心企业通过各种激励手段来诱导内部参与者投入大量的生态专属性投资，推出更具独特性与排他性的互补性创新产品，进而吸引更多顾客，获取市场竞争优势。

　　在组建生态系统阶段，核心企业一方面可以通过联结"自带光环"的互补主体参与生态，通过打造"示范效应"来带动生态内互补产品的规模化与多样化，进一步实现生态内参与者之间资源与能力的互补与协同。另一方面，核心企业也需要通过共享资源、物质奖励、开放界面等方式来有效激发参与者的互补创新动力。例如，苹果推出了"编辑推荐榜单"模块，以此来激励内部参与者的创新产出，即App Store的编辑团队通过各种形式主动向用户推荐优质的应用，而获得推荐的应用则往往能在极短的时间内获取显著的用户增长。这种用户的增长也会溢出到同一类别的其他应用中，以此带动整个生态系统的成长和发展。值得一提的是，那些处于新生期的生态系统往往面临着关键资源、核心能力、合法性等诸多方面的限制。此时，推动生态内部资源的互补化是一个可行的思路，即企业获取互补性资源的过程不再遵循"按图索骥"的基本逻辑，而是主动在生态系统内培育和构建具有潜在价值的互补性资源。这些互补性资源极有可能成为生态系统维持竞争优势的有力武器。

💬 实践链接

腾讯面向未来的投资

　　时至今日，腾讯已经成为中国最大的创投机构之一。在过去的10年里，腾讯投资了文娱传媒、游戏、企业服务、电商零售、本地生活、社交网络、人工智能、房地产、物流等23个板块。其中，文娱传媒、游戏和企业服务几乎始终是腾讯历年投资重点领域的前三强。

　　面对瞬息万变的商业世界，腾讯不想错失任何一个风口。作为一个战略投资者，腾讯坚持将"在业务里打造一个开放和公平的平台"作为自己最重要的责任，而这种多元的投资布局无疑也为腾讯提供了诸多向新领域扩张的机会。例如，2005年的一笔收购奠定了腾讯如今的战略基础。彼时的腾讯认为，互联网增值服务以

及移动和电信增值服务将保持高速的、长期的增长。因此，腾讯持续加大对互联网工具的投入，时任腾讯首席战略投资官的刘炽平当时在接受媒体采访时提到，腾讯仍会积极寻求收购一些在技术、业务及内容上与腾讯相结合，以及能增加企业盈利空间的对象。2005年3月，腾讯宣布收购Foxmail。Foxmail软件和有关知识产权，连同Foxmail创始人张小龙及其研发团队20余人也一并并入腾讯。而这一团队也在2011年1月21日正式上线了微信的第一个版本。10年之后，微信已然成为数字世界的交通枢纽之一，也使得腾讯成为最赚钱的互联网企业之一。

9.3.3　赋能参与者的价值创造活动

　　在核心企业构建生态系统的过程中，"激励"与"赋能"两种行动相辅相成、缺一不可。前者侧重于关注企业"激发"参与者进行互补创新的动力；后者则关注

企业"赋予"参与者进行互补创新的能力。对此，企业可以撬动自身的资源禀赋与核心位置，为参与生态的多边主体进行"减负"。通过赋能参与者，核心企业可以夯实和增强生态内参与者的能力基础，使生态内的参与者达到同核心企业或者其他参与者高效协作的要求，从而维持生态运转效率，也能进一步提升该生态系统对潜在参与者的吸引力。简言之，赋能参与者的意义在于让参与者发展得更好，他们发展得越好，生态的价值越大。典型的例子是苹果、谷歌等技术平台的移动应用开发者，既可以是拥有强大资源基础的大企业，也可以是由几人组成的初创企业，甚至可以是学习过计算机编程语言的在校高中生。原因在于，不同创业者均可以受益于苹果所开发的多样且高效的开发者工具，将他们心中的奇思妙想转化为能够改变世界的数字产品，进而反哺苹果生态竞争优势的可持续性。

对参与者的赋能存在业务合作、资源投入等多种形式，核心企业应该根据整个生态系统的要求或者针对参与者的具体情况进行合理选择，"投其所好"才能更高效、更精准地赋能。其中，业务合作是指核心企业优先将协作开展某类业务的机会分配给特定参与者，使他们能够以"在干中学"的方式通过反复参与某些业务积累经验，建立起关于特定活动的能力。资源投入则要求核心企业将财务和市场等资源直接投放给一些参与者，使他们快速建立起关于特定业务的能力与资源。

其中，考虑到生态参与者在资源禀赋、战略目标、能力诉求等方面均存在较大差异，而核心企业显然无法定制化地满足海量参与者的个性需求，我们进一步提出，核心企业赋能参与者的关键在于有效识别企业在生态内互补创新过程中的"共性"需求，以此达到"四两拨千斤"的效果。例如，核心企业可以为参与者开发创新的互补性产品或服务提供设计资源、研发资源、技术资源等创新条件，以及云计算、数据管理、成本管理等一系列"通用性"的支持服务，这些基础性的底层技术能够促使参与者"自主发挥"，通过高效转化生态的赋能来开展各类可能的探索性创新活动。

9.3.4　推出行之有效的生态治理机制

为了持续激励与精准赋能参与者的互补价值创造，核心企业还需要推出一系列行之有效的治理手段来保证生态系统发展的健康性与持续性。这一点至关重要，因为治理机制本质上是核心企业通过制定一系列规则和规范来协调、整合、激励整个系统中参与者的关系与行为，从而保障生态价值主张的有序实现以及系统价值产出的最大化。对此，核心企业在设计治理机制等过程中需要着重考虑以下两方面。

第一，中立身份的有效塑造。生态内协作伙伴之间的信任是培育创新活动的土壤。信任缺失会对释放生态创新潜力造成极大阻碍。首先，具有较强创新潜力的参与者会担心生态内的核心企业或其他参与者在获取自身知识后会构建相似的能力并与其形成竞争关系，出于对专有知识的保护，参与者倾向于减少价值共创过程中的知识分享。其次，生态系统创新要求拥有不同知识和能力的生态伙伴之间通过优势互补、紧密协作来完成价值共创，但对潜在伙伴资源和能力的信心不足也可能会打消参与者开展协作创新的热情。对此，核心企业一方面要处理好"做蛋糕与分蛋糕"过程的潜在矛盾，从集体利益出发，制定生态内参与者交互规则的控制权、决策权与利益分配权，有效保障各方参与者的核心权益。另一方面，核心企业也要避免在生态内既做"裁判员"又做"运动员"，遵循公开、公平、公正的原则，主动承担起监管和治理生态内机会主义等不当行为的责任。

第二，动态响应与即时更新。生态间的竞争日趋激烈，具有颠覆性的全新生态系统在产业实践中随时涌现。为了留存现有的参与者、推动生态竞争优势的有效构建，核心企业要密切关注参与者的需求变化，这十分重要。对于这一观点，我们可以从两个方面理解。首先，生态价值主张的不断变化需要核心企业采取动态更新的治理机制，确保现存的参与者准确理解全新价值主张的丰富内涵，也需要吸引潜在的参与者认同全新的生态价值主张并加入生态。另一方面，生态价值活动的不断变化也需要核心企业动态更新生态边界。需要说明的是，生态治理机制的推出往往具有高昂的成本，最优的治理往往是最简单的，并且能够通过最低的成本达到整个生态系统的目的。因此，生态治理的设计必须要考虑治理模式与生态系统的结构、关系、功能、不同发展阶段的匹配。只有当选择的治理模式和机制与生态系统的结构、关系、功能和发展阶段相匹配时，才能够实现治理目标，否则就会导致生态系统的崩溃和失败。

9.4　企业的生态参与战略

对于大部分企业而言，自建生态往往需要极高的成本投入与极强的市场号召力，一旦失败就会使企业面临快速衰亡的威胁。因此，为了从生态中获利，许多企业选择加入一个已有的生态系统，成为该生态系统的参与者，从而实现高效的价值创造与持续的价值获取。值得注意的是，企业参与了某个生态系统并非意味着就此驶入了"快速道"，它与生态构建者（即核心企业）之间并不受正式合同契约的限制，双方的价值共创活动往往是"松散耦合"。换言之，双方可以并肩作战、"共同做大蛋糕"；与此同时，核心企业也可能出于扩张领土的需求，对"具有潜在竞争力"的小企业发起竞争，从而"分得更多蛋糕"。由此可见，对于参与者而言，如何参与生态价值活动、如何从生态中持续获利的问题至关重要。从这一逻辑出发，我们接下来介绍三个典型的企业生态参与战略。

9.4.1　多栖战略

多栖战略（multi-homing strategy）是指企业进驻多个生态系统，为不同生态系统内的参与者提供同样的或差异化的互补产品或服务，从而增加其可能选项的一种商业战略。这种战略的核心在于通过减少对单一生态的依赖，分散经营风险，并利用不同生态的优势扩大市场覆盖范围和增强竞争力。具体而言，鉴于不同生态所覆盖的市场范围与顾客偏好存在显著差异，企业可以通过多栖战略有效扩大市场范围，以低成本触及更广泛的顾客群体，更快捕捉到顾客偏好且更有效地迎合市场需求的异质性，提升顾客对企业产品或服务的满意程度。此外，多栖战略显著降低了企业对单一生态的依赖性，为参与者提供了一种策略上的灵活性，使它在面对特定生态内核心企业治理机制的调整或市场饱和状况时，能够迅速转向其他生态以维持业务的持续增长，从而分散了潜在的市场风险。

例如，魔筷科技依托快手平台乘势而上，成为直播电商的独角兽企业，回顾其成长之路，魔筷一路"披荆斩棘"，三遇瓶颈，三次进化，在多数同行面临甩尾危机的情形下，魔筷却一路高歌，这都得益于其审时度势，及时做出战略决策。在快手不断加强其自营电商平台的建设，推出与魔筷"S2B2C"模式较为同质化的"好物联盟"业务后，魔筷作为外部服务商提供的供应链与运营服务不断遭到侵蚀。面对此情形，魔筷选择实行多栖战略，魔筷在保持快手生态内合法性地位的同时，依靠平台资源构建了新的业务模式"快品牌"，形成了专属魔筷的资源网络，减弱了快手平台对其的控制和约束。同时，魔筷接受了腾讯抛来的橄榄枝，将其商业模式衍生至腾讯生态，并进行定制化的升级和改造，使它与腾讯旗下各平台属性进行适配，进一步减弱了快手平台业务包络的影响，实现了"完全"独立。

但需要注意的是，多栖战略在为企业带来诸多优势的同时也伴随着一定的风险。具体而言，相较于单一生态，同时维护多个生态系统的运营需要投入更高的成本，协调管理多个生态系统是十分复杂的，这需要企业具有高度的执行力与良好的管理水平；不同生态系统往往有着不同的规则和利益诉求，企业在多个生态中的活动可能会引发平台间的竞争和冲突；此外，核心企业往往也会出于提高生态竞争优势的战略需求而主动设置"生态迁移壁垒"，限制参与企业的多栖性。例如，多家电商平台会与具有较高流量和较强市场号召力的主播和商家群体签订"二选一"等排他协议，限制企业多栖于多家生态。因此，企业在决定是否采用多栖战略时，需要综合考虑自身的资源、能力、市场环境以及长期目标，从而确保这一策略能够带来预期的效益。

9.4.2　瓶颈战略

瓶颈战略（bottleneck strategy）是指企业通过控制或占据那些对整个生态系统运行至关重要的、有限的、难以替代的关键资源、技术或位置（即"瓶颈"），从而在价值创造和分配的过程中发挥决定性作用，进而保障获取生态内的有效价值的一种战略。采用瓶颈战略的前提条件是，企业能够快速且准确地识别出它所在生态的关键瓶颈。在此基础上，企业需要对内部资源、技术优势、市场地位进行综合考量，进而评估自身能否有效地控制和占据这些瓶颈。

需要说明的是，生态系统中的关键瓶颈并非"一成不变"，它会随着生态系统所处内外环境的变化而转变，瓶颈转变是一个充满挑战与机会的时期，参与者需要有较高的瓶颈敏锐度，只有准确预见并灵活应对瓶颈转变，才能抓住机会而不被抛弃。此外，在实施瓶颈战略后，企业还需要通过加大专属性投资、加强在生态内的创新或合作，从而进一步维持、提升和创造核心企业和其他参与者对其所占据的瓶颈资产的依赖性，这种依赖性会转化为企业在生态系统中的讨价还价能力和影响力，从而进一步加大其竞争优势。

蘑菇街的例子就很好地展示了参与者是如何在生态系统中运用瓶颈战略构建其竞争优势的。鉴于所依托的淘宝平台亲自下场发展社区导流、大量企业加入社区电商领域的情况，蘑菇街快速识别出"导流"是它所处生态系统的关键瓶颈。蘑菇街原本就既是社区运营商又是导流服务商，它在导流服务领域拥有之前积累的资源与经验；同时蘑菇街的创始人陈琪本就是阿里巴巴的员工，他又聘请了大量来自阿里巴巴的人才，获得了来自阿里巴巴的技术和产品。得益于对淘宝的产品、技术和规则全方位的掌握和熟悉，蘑菇街才有能力去控制"导流"这一关键瓶颈。果不其然，利用这些"优势"，蘑菇街定制化地设计产品，通过聚焦女性用户、孵化社区内的"达人"等潮流领袖，使用户形成了先看蘑菇街的推荐，再到淘宝购买商品的习惯，这一举措极大提升了用户对于蘑菇街的依赖。此外，蘑菇街不断加大技术投入，让自己的导流能力远超淘宝平台自建的导流社区，淘宝又十分需要利用蘑菇街强大的导流能力来帮助自己在日渐激烈的平台竞争中获取优势。自此，蘑菇街成功占据了"导流模块"这一关键瓶颈，它在导流服务商中形成了寡头垄断，淘宝生态有10%的外部流量来自蘑菇街。

然而，瓶颈战略的实施同样具有较大的不可控性。原因在于，核心企业会出于价值获取或降低潜在威胁的战略需求，对于这些占据了瓶颈位置的参与者发起潜在限制，其主要做法是直接投资并购这些参与者，抑或是自主开发，将这些参与者挤出原生态位。对于那些前期进行了大量生态专属性投资的企业而言，这种限制所带来的负面影响十分显著，曾经辉煌一时的"明星"企业也只能沦为"为他人作嫁衣"的结局。例如，掌握淘宝生态10%外部流量的入口的蘑菇街的快速发展引起了淘宝平台的警惕，2013年9月，淘宝平台停止了蘑菇街的接入，同年11月，支付宝单方面停止了对蘑菇街的服务，蘑菇街无疑受到了巨大的影响，这也导致它不得不进行战略转型。

9.4.3　集体行动

集体行动（collective action）是指生态中的多个参与者形成一种共同协作的战

略性联盟，联合起来增强它们相对于核心企业在生态内的讨价还价权的一种战略。这种"斗地主"的战略逻辑源于生态内核心企业与参与者之间所存在的"N 对 1"的权力非对称关系。

实施集体行动战略的必要性在于，核心企业通常拥有庞大的用户基础、丰富的数据资源和对关键技术的控制，这种生态"中心"位置导致它在生态系统的价值创造和分配过程中拥有决定性的主导权、强大的市场力量和规则制定能力，核心企业既可以借助数字技术和算法来"主观"选择推广哪些参与者，也可以"单方面"修改潜在规则。而作为参与者的企业群体往往在资源、能力等方面处于劣势地位，只能依赖核心企业提供的基础架构和价值传递渠道，通过提供价值支持要素来实现互补产品或服务的开发与迭代，从而为用户创造价值。因此，参与者往往面临着一种"特定生态的不确定性"，即参与者无法预测生态内的核心企业下一步的战略举措及其是否会侵占自己的价值。此外，生态内的核心企业往往能从参与者的价值创造中获得显著的收益，两相比较下，参与者的收入通常较少且并不透明公开。同时，在面对内外部环境风险时，生态主拥有更加强大且坚韧的风险承担能力，它也可能将某些风险转嫁给处于被动地位的参与者，这对本就羸弱的参与者而言更是雪上加霜。因此，生态中的参与者往往通过成立行业协会、寻求法律保护、联合关键互补者等集体行动的方式，共同应对生态内核心企业带来的价值侵占威胁。

但需要注意的是，参与者之间交流和互动的"公共空间"往往归核心企业拥有和控制，核心企业可以在这些空间内施加影响，阻碍集体行动的实施，但更为常见的情况是，集体行动能够使生态主重新考虑其规则和战略布局的合理性。

🔺 反思

生态系统：数字时代下企业间合作的全新范式

进入数字经济时代，社会分工主体和协调整合范围均发生剧变，数字平台、在线社区等新组织形态不断涌现，个体在组织中的角色从"固定功能的螺丝钉"转变为"自由行走的花"，企业与市场的关系从封闭交易走向开放融合，"去中介化"和"去中心化"使整个组织由封闭的系统变成开放的、可以整合全球资源的生态系统，企业所面对的经营环境正在发生一场巨大的变革。苹果、谷歌、阿里巴巴、字节跳动等企业，利用数字技术颠覆了工业化时代的传统产业组织形态，创造了前所未有的全新市场互动模式与就业形态；另一方面，以海尔、吉利为代表的一些优秀的传统理性系统组织，敏锐捕捉到趋势，基于自身行业的客观特点开展大刀阔斧的组织转型改革，跨行业招揽和吸引生态合作伙伴，以求通过新的组织机制激活更大的生产力，避免中长期组织的系统性风险。不断有人告诉我们：单打独斗的准则不再奏效，史无前例的巨大变革正在进行着。我们经常可以听到这样的谈论：企业要走向平台化、生态化，否则就是"死路一条"。

根据企业间价值共创目标与价值产出的形式差异，产业实践中存在创新生态系统、创业生态系统、知识生态系统、数字生态系统、平台生态系统等多种生态系统的细分形态。不同类型的生态系统在不同程度上相互重叠、交叉和渗透。其中，"基于平台的生态系统"展现出爆发性的成长速度以及巨大的创新活力，它天然融合了商业生态系统、创新生态系统、创业生态系统等多种类型生态系统的特征。例如，当生态系统内参与主体的互补创新产品等开发是基于一个稳定的核心"平台"而展开时，该平台就成为该生态系统产生和运行的基础。在此情境下则可将"基于平台的生态系统"视为创新生态系统的子集。再或者，以 Nambisan 为代表的学者提出，数字平台正在成为创业活动的新场景，越来越多的创业活动正在围绕平台企业展开，而平台企业不仅能够提供数字基础架构和标准化接口，还可以为创业企业提供相应的生产、营销、分配等资源和能力，赋能创业企业在生态内的商业化和专业化过程。由此，当新创企业的产生和发展依托于生态系统内的核心平台时，这种"基于平台的生态系统"就可以被理解为是一种"平台企业主导的创业生态系统"。

在数字技术和数据要素的叠加作用下，大型数字平台企业在激烈的市场竞争中逐步具备了重组产业链的颠覆性创新能力，通过数据集成、用户驱动、生态协同、赋能创新等路径来扩大资源流动范围、提升资源配置效率、优化消费者需求、赋能产业链上下游企业加速创新。由此可见，基于生态系统的企业合作战略已然成为数字时代下企业成长发展和塑造竞争优势的必然选择。

本章小结

工业时代，产品和服务的生产过程以标准化和规模化为主要特征，企业依靠科层权力结构、强制分工协作来保障生产过程的稳定。当数字技术发展重塑产业竞争格局时，组织形态会逐渐呈现出生态化特征。由此，市场主体的竞争活动由原来的个体间竞争转变为平台间、生态系统间的竞争，并呈现出多层次和嵌套性的特点。在这一背景下，企业竞争优势的实现则取决于能否成功构建或参与有竞争力的生态系统，并撬动生态内互补者的创新力量。此时，缘起于工业时代的企业合作战略逐步演化为数字时代的生态战略，即企业通过构建或加入一个生态系统，实现与生态内其他参与者的价值共创与风险共担。区别于传统合作战略的 PARTS 框架，生态战略的实施对象从"既定的特定主体"演变为"随时涌现的异质主体"，战略的核心目标从"提升自我核心附加值"演变为"促进集成创新价值"，合作规则的制定主体从"多方主体共同商议"演变为"核心企业单方完成"，合作范围的设定边界从"事先确定"逐渐走向"动态缩减和扩张"。对此，本章在明晰企业合作战略的可能性与合理性的基础上，提出数字时代企业制定生态战略的必要性，并从"生态构建"和"生态参与"两个维度出发，进一步解析了企业实现"从生态中获利"的关键要素与典型模式。本章内容逻辑结构如图 9-2 所示。

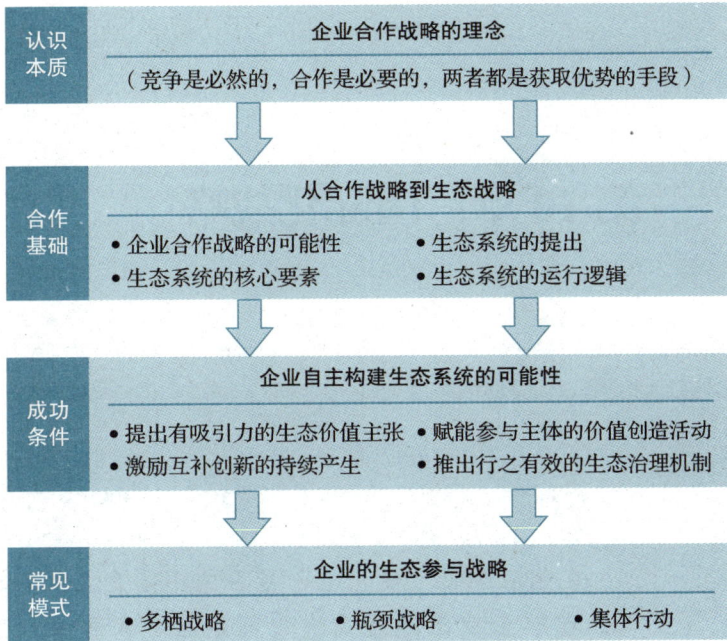

图 9-2　第 9 章内容逻辑结构

复习思考题

1. 有人认为，数字时代的生态系统与工业时代的传统供应链逻辑并无二致。也有人认为，生态系统是一种全新的组织形态，几乎重构和颠覆了传统供应链的基本逻辑。你怎么看待两种观点？

2. 请结合产业实践思考，什么样的企业更有可能成为生态系统的构建者？

3. 请运用 PARTS 模型，思考生态系统内不同企业之间、不同生态系统之间合作的可能性。

4. 请结合产业实践以及生态系统的运行逻辑，思考为什么有的生态系统可以"长盛不衰"，而有的生态系统迅速消亡。

总结案例

从一枝独秀到全面开花：江丰电子如何构建产业生态

请扫码阅读总结案例

第 10 章　国际化战略

　　在响应国家"走出去"号召的中国企业日益增多的大背景下，理解企业国际化战略的重要性不言而喻。企业实施国际化战略的主要动因包括扩大市场规模、提高投资回报率、产生规模经济和范围经济、构筑区位优势以及获取战略性资产。企业层国际化战略包括多国战略、全球性战略和跨国战略，有必要了解不同战略的特点及其适用条件。业务层国际化战略通常是建立在一个或多个母国竞争优势基础上的，其选择需要考量生产要素、需求条件、相关配套行业、企业战略模式、结构和竞争等多个因素。企业进入国际市场的方法包括出口、许可、战略联盟、并购、建立新的全资子公司等。国际化的多样性会提供更广阔的市场、更强大的范围经济和学习效应，但也会增加协调成本和风险。

【学习目标】

☑ 正确认识企业实施国际化战略的动因
☑ 系统理解企业国际化战略的基本类型
☑ 深入把握企业国际化进入的主要模式
☑ 整体了解企业国际化战略的多重风险

🔵 引例　　　　　　　　　　　小米"西游记"

当地时间 2015 年 4 月 23 日下午 4 点，小米在印度新德里举行新品发布会，推出了首款针对海外消费者的手机小米 4i。这是小米的首次境外发布会，只有 1 600 张门票却收到了超过 1 万名印度"米粉"的申请。威丹塔·曼查达在当天下午两点赶到现场，虽然提前了两个小时，但他前面已经排起了长队。他说："我原以为自己来得够早了，等到了这儿一看，前面已经排起了长长的队伍。"大群的印度"米粉"不顾正午时分的炎热，只为一睹小米 4i 手机的真容。

在随后举行的发布会上，《华尔街日报》记者记录下了现场粉丝的尖叫——"苹果这次要完蛋了！""我死也要买小米！"而这款旗舰手机 12 999 卢比（按当时的汇率换算约合 200 美元或 1 272 元人民币）的定价也让粉丝惊呼不可思议，"（这价格）我不知道他们怎么能挣到钱！"《纽约时报》则冷静地指出，200 美元的定价虽然远低于三星、HTC、摩托罗拉和苹果的旗舰产品，但还有更便宜的，印度本土企业 Micromax 的旗舰手机价格是小米 4i 的一半。

世界这么大，小米为何去印度

2014 年见证了中国国产手机的崛起，联想、华为、小米跻身全球五大智能手机之列，其中，小米手机的销量总数为 6 211 万部，位居全球第五。2015 年，小米更是雄心勃勃，雷军将销售目标定为 1 亿部。不过，随着中国智能手机市场的逐渐饱和，2015 年国内的手机销量出现下降，市场竞争更加激烈。小米已经占据了国内智能手机市场上的最高份额，要想取得更大突破非常困难。要想实现销售 1 亿部手机的目标，加码国际市场成为必然选择。

小米在 2014 年早些时候就进军新加坡，开始了全球化进程，首次进军印度市场是 2014 年夏天。2014 年 7 月，小米开始在印度销售低端手机，凭借高性价比大受欢迎，不到 5 个月时间就在印度卖出了 100 多万部。当时，虽然小米已经在中国出售小米 4，但小米 3 仍然在印度市场销售火热。据观察者网 2014 年 8 月报道，小米 3 首轮开卖仅用了 38 分钟 50 秒即宣告售罄；7 月 29 日第二轮，5 秒钟宣告售罄；第三轮备货 15 000 部，仅用 2 秒钟就宣告售罄。最初进军印度时，小米与印度最大电商 Flipkart 独家合作销售。之后协议终止，小米同亚马逊和印度电商 Snapdeal 签署协议，在二者的平台上出售小米手机。小米印度负责人马努·贾因（Manu Jain）介绍说，小米手机每周在印度的销售量为 5 万～10 万部。最初，公司依靠大量不同航班运送货品，如今则依靠公司的包机。

根据 Canalys 发布的 2024 年第二季度的印度智能手机市场报告显示，小米手机以 670 万台的出货量和 18% 的市场份额，成为印度智能手机市场的领导者，而印度也早已成为小米最大的海外市场。印度是世界上人口最多的发展中国家。由于经济改革开始较晚等原因，印度过去 20 年来的经济增长率不像中国一样耀眼，但是也远远超过世界平均水平。进入 21 世纪的第二个 10 年后，印度的移动互联网市场开始进入了高速发展期。2015 年，印度的智能手机普及率只有 10% 左右，未来的发展潜力巨大。彼时的全球几大主要智能手机市场已经相继饱和、进入了成熟期，而 2015 年的印度就像是一块尚未充分开发的肥沃辽阔的土地，令人垂涎欲滴。

"印度有点像多年前的中国"，《纽约时报》这样猜测小米进军印度市场的原因。据知名调研公司 IDC 当初的预测，印度 2015 年将消费 1.11 亿部智能手机，2016 年将消费 1.49 亿部智能手机，其消费量未来预计将超越美国。除小米以外，联想、OPPO 等中国品牌也在开拓印度市场。在此之前，一度"笑傲"印度市场的是三星，不过三星的智能手机市场份额随后被印度本土智能手机厂商 Micromax 超越。Micromax 智能手机的市场份额在 2014 年第二季度由刚开始不到 1% 一跃升至40%，反超三星。印度市场的风云突变可见一斑。相比于三星，Micromax 提供的智能手机主要是低端机型，售价大多不超过 200 美元。Micromax 的智能手机基本都是由深圳的代工厂生产的，这让中国手机厂商看到了机遇。

当时外国媒体分析认为，印度对小米来说是理想的市场，因为它和中国有很多相似之处。两国人均收入都比较低，是价格不足 200 美元廉价手机的理想市场；两国人口都超过 10 亿，市场潜力巨大；两国刚建立的高速 4G 网络也非常适合智能手机的使用。

小米如何深耕印度市场

雷军表示，考虑到印度高端机型市场占比很低，小米在印度将继续主推两个系列的产品：一是面向中端市场的产品，采用国际化的产业链，总体设计相对均衡；二是面向低端市场的红米系列产品，优先采用中国本土的产业链，带动中国产业发展。小米当时在印度的顾客主要是"发烧友"和精英阶层，小米不断争取让工薪阶层接受小米产品。小米复制了在中国的成功经验，努力在 3～5 年内做到印度市场份额第一。为此，小米设定了一个 5～10 年的本土化长期战略，小米印度团队全部是印度员工。小米还在印度开设体验店，设立研发团队，组织产业链和生产线，建立生态系统与品牌影响力。

当时的小米宣布，2015 年将在印度开 100 家体验店，帮助印度顾客"体验"小米产品，而不会在这些店里销售产品。这些服务体验店的面积为 500～1 000SF $^\ominus$。

与此同时，小米在班加罗尔设立了一个印度研发基地，这是它在海外的首个此类设施，工程师基于安卓的操作系统对小米手机做出本土化定制。雨果·巴拉说："我们想要在这一市场进一步投资。我们想在这里搞很多研发项目，不光为了

$\ominus$ 1SF ≈ 0.092 9m^2。

印度，也为了世界其他地区。"

除此之外，小米还在印度多个地点考察设厂条件，并与当地合作伙伴和政府洽谈，但这绝非易事。最不利的地方在于供应链不在印度。一部手机至少有127～147个部件，就算少了其中的一个螺丝钉，整个生产线都会被迫中止。但是，印度大多数智能手机的生产商其实只是组装中心，在那里工人将国外生产的零部件进行组装。印度工厂使用未加工原料生产智能手机零部件的能力十分有限（缺乏零部件供应商）。面对这一情形，在印度市场投资开设工厂成为小米一项复杂的决策。雨果·巴拉说，整个过程至少需要一年时间。好在印度总理纳伦德拉·莫迪提出了"印度制造"的口号，政府通过激励性的政策吸引企业投资办厂。如果此举得以吸引众多零部件供应商投资印度，那么小米实现在印度生产手机的设想就会容易很多。

资料来源：根据互联网公开资料整理。

讨论题

小米手机进入印度市场是出于哪些方面的动机？这种选择符合小米的战略目标吗？小米手机进入印度市场采用了何种进入模式？这种进入模式有哪些优缺点？小米未来的进入模式会发生变化吗？如果小米要在印度投资设厂，你认为应当组建合资公司还是全资子公司？如果是设立全资子公司，那么应当采用"绿地投资"的形式还是收购的形式？

10.1　中国企业的国际化历程

我们先简要回顾一下中国企业的国际化历程。事实上，改革开放以来，中国企业的国际化经历了"走出去""走进去""走上去"三个阶段。第一阶段，从改革开放初至21世纪初，中国企业利用成本和劳动力的综合优势，充分开拓国际市场，抓住机遇，将基础生产制造业务领域融入国际市场的大环境中，实现对海外先进企业的技术诀窍和制造经验的学习和积累。在这一阶段，中国企业主要通过引进海外资源进行相互学习、产品出口并伴随着产品生产线的引进，表现出技术引进基础上的国际化学习特征，OEM（original equipment manufacturer，代工厂）作为一种有效率的合作方式，已经成为我国制造企业进入国际价值链体系、参与国际市场的一个主要途径。我们称这一阶段为"走出去"阶段，即"出口导向－技术引进"型阶段。"走出去"的重点在于帮助中国的后发企业通过学习逐步累积必要的知识基础，然而也存在承接技术转移带来的"低成本、低附加值、高能耗、高污染"的早期制造模式。由于创新动力弱化，对国外技术的依赖和锁定、创新管理因素管控不足等问题显现，中国企业陷入了"引进－落后－再引进－再落后"的恶性循环。

于是，从2000年前后到2008年前后，借着中国加入WTO的春风，中国企业开始正式进入"走进去"这一阶段，重点开始进行融入国际市场的努力，特别是通过实施技术导向的海外收购和整合，与外部合作者建立创新伙伴关系，或者在海外建立创新基地。这个目标的实现，把焦点企业与上下游创新伙伴（如顾客、生产商、高校、科研机构、总包商、分包商）放到一个整体利益格局里考虑，做到双赢和多赢，把自身发展和各合作方的力量有机融合。在这一发展阶段，伴随着海外投资的增加和海外生产需求的不断涌现，海外并购和深度合作创新成为全球化创新"走进去"的主要方式。我们称这一阶段为"走进去"阶段，即"制造导向 – 技术集成"型阶段。这一阶段以并购为核心，关键的难点和挑战在于并购后的企业治理和组织协同问题。中国企业对海外被收购企业核心业务的承接不仅要"吞得下"，更要好好"消化吸收"，切实提升企业技术创新能力和经济效益。

2008 年前后的全球金融危机为中国企业的创新全球化带来了一定的威胁，但更为重要的是带来了真正"走上去"的机遇，从 2008 年前后至今，中国企业逐步开始主导进行技术含量高、附加值高、项目生命周期长、人力和装备投入少的高端市场的开拓和高端技术的研发。这是中国企业在创新活动中坚持特色化、差异化、规模化、高端化，最后成为真正国际一流企业的最终体现，也是最高层次的创新国际化行为。我们称这一阶段为"走上去"阶段，即"品牌导向 – 技术引领"型阶段。这一阶段的重点在于内外两大要素的有机协同。一是利用先前积累的技术知识和能力基础开始在国外建立研发机构，整合和控制海外研发中心，逐步强化自身技术基础并主导海外市场的伟大目标。二是随着经济全球化程度的日益加深，发达国家的跨国公司正在改变以母国为技术研究与开发中心、以海外为生产中心的传统布局，提升了对新兴经济体国家在人才、科技实力以及科研基础设施上快速崛起的重视程度，积极促成与新兴经济体企业在科研机构设立、新产品开发、新技术研究方面的深入合作。

10.2　国际化战略的动因

回顾中国企业的国际化历程，可以发现不同的企业选择国际化战略的动因是不一样的。国际化战略是指企业在其母国之外的市场通过销售产品或服务而获利的一种战略。实施国际化战略的根本原因是市场蕴含潜在的发展机遇。这些机遇包括扩大市场规模、提高投资回报率、产生规模经济和范围经济、构筑区位优势、获取战略性资产等。

1. 扩大市场规模

企业通过进入国际市场来扩大潜在市场的规模。特别是当国内市场趋于饱和时，国际化战略是一个很有吸引力的选择。随着经济全球化的发展，不同国家的顾客在需求偏好和消费习惯上有趋同的倾向，使企业有可能将产品和服务推向更广阔的海外市场。

2. 提高投资回报率

实施国际化战略可以提高投资回报率，主要原因有两个：一是企业可在海外市场寻找更优质和更低廉的原材料、劳动力和技术等资源，从而降低生产成本，提高投资回报率；二是随着市场规模的扩大，企业研发投入的积极性增加，进而形成更多的新产品和新工艺技术，有助于企业获得产品和服务的溢价，降低成本，从而提高投资回报率。当前，新产品过时的速度加快，因此企业需要更为快速地开发新产品和新技术。但由于不同的国家有不同的专利法律，竞争者也可能模仿这些新技术。特别是通过逆向工程，竞争者能够通过拆解一件产品来学习新技术，很快就能以相对较低的成本生产类似的产品。因此，在国际化发展的背景下，企业的压力越来越大，需要更迅速地补偿新产品的开发成本，而进入国际市场扩大了企业的市场规模，可以更好地补偿重大研发投资，有助于提高企业研发投入的意愿。

3. 产生规模经济和范围经济

通过在国际市场上进行制造运作的扩张，企业可以实现规模经济。通过跨国制造标准化产品、使用相同或相似的生产设备，以及关键资源的协调功能，企业能真正实现最优经济规模。例如，企业可以通过与另外一个国家的网络合作伙伴共享资源和知识，从而在国际市场上建立核心竞争力。这种共享产生的协同作用，有助于企业生产更优质的产品或以更低的成本提供服务。此外，企业通过把握不同国际市场上的实践机会，获得新的学习机会，从而实现不同市场经验的共享，产生范围经济。

4. 构筑区位优势

国际化战略通过在其他国家建立分支机构来获得区位优势。所谓区位优势，就是指一个特定区位给所在地企业带来的天然优势。例如，特定的区位可以供给低成本的劳动力、能源和其他天然资源。或者，特定的区位由于产业集聚，使得企业可以非常便利地获取关键供应商和顾客，同时分享知识溢出的好处，得到最新的技术信息。

不同企业在实施国际化战略的过程中设定的目标是不同的。有的为了获取自然资源，有的为了获得市场，有的为了提高生产效率、降低成本，还有的为了获得最新的技术和产品创新信息。也正因为如此，企业要基于战略目标来选择特定的区位，从而使战略目标与特定区位的优势匹配起来（见表 10-1）。

表 10-1　战略目标与特定区位的优势的匹配关系

战略目标	特定区位的优势
寻找自然资源	拥有自然资源和相关交通、交流的基本设施
寻找市场	强烈的市场需求和顾客的购买意愿
寻求效率	规模经济和低成本因素
寻求创新	充足的创新者、企业和大学

资料来源：J. Dunning, 1993.

5. 获取战略性资产

许多来自新兴经济体国家的企业会通过跨国并购等国际化的方式迅速获得有

价值的无形资产，从而提升创新能力和国际竞争力。例如，吉利汽车通过并购沃尔沃迅速获得了汽车制造相关的核心技术和沃尔沃这一世界知名高端汽车品牌。

⊙ 战略聚焦

把工厂设到美国去

2014 年春节将至，科尔集团（Keer Group）的董事长朱善庆格外盼望这个重大节日的到来，因为节后科尔设立的第一家海外工厂即将在美国破土动工，这也是中国纺织企业在美国建立的第一家制造工厂。这家总投资额高达 2.18 亿美元的海外工厂设在美国南卡罗来纳州兰开斯特县。南卡罗来纳州近百年来一直是美国的老牌纺织工业基地，也是美国的主要棉花产区，但从 20 世纪 90 年代后期开始走向衰落，从某种程度上来说，中国纺织业的崛起和廉价的纺织工人间接造成了南卡罗来纳州纺织工人的大量失业。现在，风水又转回来了。科尔集团在美国的新厂面积为 15 万 m²，占地 800 多亩，新厂计划在接下来的 5 年内在当地招募 501 名员工。

科尔在美国的投资得到了当地政府的欢迎。南卡罗来纳州政府除了掏出一笔 400 万美元的赠款用于基础设施的建设之外，还提供了一系列的财税优惠政策。南卡罗来纳州在美国东南部 10 个州中连年保持最低的企业所得税税率（5%），另外企业还可通过多种渠道抵扣州企业所得税。利用这类税收优惠政策，有的企业获得的抵扣额甚至超过了它们所需缴纳的企业所得税，最高可享受长达 10 年的免税待遇。

什么因素驱动了中国企业把工厂设到美国？这里有本明白账可算。众所周知，中国之所以能够成为全世界的"制造工厂"，拥有大量廉价劳动力是主要优势。如今，中美之间的劳动力成本差异正在急剧缩小，而中国工业用地的平均地价和电力、天然气等能源价格却在不断上升，甚至比美国的某些州高出几倍，因而近年来中国私营企业特别是一些高能耗企业，开始着手在美国设立工厂。

就以科尔为例，在国内每个纺织工人每年的成本在 5 万元左右，在美国则需要 25 万元（已折合成人民币），但国内劳动力成本在以 15%～20% 的速度逐年上涨，而美国因极低的通货膨胀率，这个工资水平已经维持了近 20 年。每个工人需多支付 20 万元，即将在美国设立的新厂需要 501 名工人，那么科尔在工人工资上将多支付 1 亿元成本。然而，根据科尔提供的数据来看，国内平均每吨棉价要高于美国棉价 5 000 元，科尔每年棉花用量在 15 万吨左右，单棉花原材料成本一项就可以省下 7.5 亿元，大大超过了需多付的美国工人工资。再来看工业土地的价格，中国的土地价格近年来迅速升值，全国平均为 63.2 元 /SF，而美国南卡罗来纳州的土地价格大约为中国平均土地价格的一半。此外，美国部分州 0.3 元 / 度的低电价和 0.8 元 / m³ 的天然气价格也吸引着中国的纺织、化工、塑胶等高耗能企业。与之相对的是，中国浙江省的非居民用电电价最高为 1 元 / 度，中国天然气全国平均价格为 1.95 元 / m³。

除了低廉的原材料、土地及能源价格，还有另外一个决定性的因素吸引科尔不远万里将工厂设到美国。南卡罗来纳州拥有的查尔斯顿港是全美港口生产效率最高的港口，也是美国东南部和墨西哥湾最大的集装箱港口，仅直达中国的货运航线就有 8 条。但是，科尔把工厂设到美国的最终目的并不是想把低价纱线运回国内加工成布匹和成衣，因为目前中国的棉纺织行业正面临市场需求不振、订单不足的困境。科尔真正的意图是直接拓展广阔的美洲市场。几十年来，对进口的纺织品包括纱线、布匹和成衣在内，美国一直对外征收 5%～20% 的关税。但是，根据《北美自由贸易协定》，美国、加拿大、墨西哥及加勒比海诸国为自由贸易区，这几个国家间的贸易是免征关税的。从查尔斯顿港运往墨西哥湾等中美洲国家再方便不过了。从一家出口商的角度看，还有什么比免关税更让人高兴的事呢？

10.3　国际化战略的选择

在确定国际化的目标和动因之后，企业可以通过多种手段进入全球市场来寻求发展和开发核心竞争力，在这一过程中，虽然面临着许多新的机遇，但同时因为国界、文化差异以及地理距离，企业也会遇到不同的问题、困难和威胁。因此，希望进行全球化经营的企业要利用这些全球商机形成有效的战略。

如图 10-1 所示，企业应在两个层面做出国际化战略的选择，即公司层国际化战略和业务层国际化战略。可选的公司层国际化战略包括多国战略、全球性战略以及跨国战略。在业务层面，企业可选择通用的战略，包括成本领先、差异化、聚焦成本领先、聚焦差异化及整合成本领先和差异化。要想创造竞争优势，每种战略的运用必须基于稀有资源和难以模仿的能力。

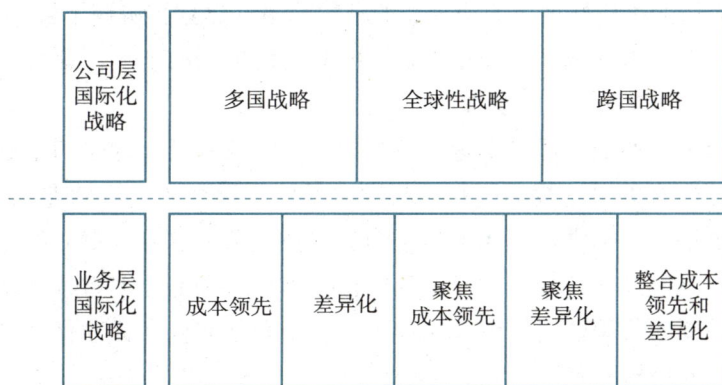

图 10-1　两个层面的国际化战略

1. 公司层国际化战略

公司层国际化战略重点通过产品和地理分布的多样化关注企业业务运作范围。当企业在多个行业和多个国家、地区运营时，在国际层面设计发展战略是十分必要的。根据全球一体化的需要和当地响应的需要，公司层国际化战略分为多国战略、全球性战略和跨国战略（见表 10-2）。

表 10-2　多国战略、全球性战略、跨国战略的战略导向和资产能力配置

	多国战略	全球性战略	跨国战略
战略导向	通过强烈的、多样的、创业型的国家运作，响应不同国家的差异化需求	通过集中化和全球规模的运作来建立成本优势	建立全球高效性、灵活性和持续学习能力
资产能力配置	分权化和国家自给	集中化和全球运作	分散化、互相独立和特殊化

资料来源：Bartlett, Ghoshal, Beamish, 2008.

多国战略，也叫本土化战略，即让每一个国家的战略业务单元自主决策，通过产品定制化来响应当地市场。这个战略假设市场有所不同，可以按照国家边界来进行细分。掌管一个国家或区域业务的跨国公司子公司经理，具有定制企业的产品以满足当地顾客的特殊需求的自主权。因此，多国战略会倾向于最大化地对特殊需求采取积极响应。多国战略通常会扩大企业在当地的市场份额，然而不同的战略往往会基于国家响应当地市场的差异被不同程度地采用，这种战略导致跨国公司作为一个整体具有更多的不确定性。从本质上讲，多国战略通过"量身定制"来满足不同国家或区域市场的需求，因此成本更高，形成规模经济也相对较为困难。

全球性战略，也叫全球标准化战略，本质上就是在全球范围内通过标准化的产品或服务赢得市场。相对于多国战略，全球性战略趋向于集中控制和母国总部控制。战略业务单元在每一个国家都可能是相互关联的，但母国总部要整合这些业务单元。全球性战略允许企业在不同国家的市场上提供标准化的产品。因此，这个战略寻求全球范围内的生产效率，强调规模经济，同时提供更多的机会利用在其他市场上形成的创新与发展。在这种战略下，由于决策权和控制权集中在总部，因而能够较好地协调跨国界的资源分享、建立与协调子公司之间的合作关系。当然，由于强调全球标准化，缺少适应当地市场的产品，这种战略可能会迫使企业放弃本地市场的一些特殊发展机遇。

跨国战略是将追求全球效率和响应当地需求结合起来的企业国际化战略。全球日益增多的对手提高了竞争程度，不仅要求企业通过标准化的生产降低成本，而且要求企业提供定制化产品来响应日益复杂的、寻求专业产品的当地市场。由于文化和制度的差异，企业还需要根据当地市场环境调整其产品和经营方法。上述情境要求跨国公司将标准化和本土化结合起来，在标准化与定制化两个方面之间做出取舍与平衡。

2. 业务层国际化战略

在业务层国际化战略中，在母国建立的资源和能力通常允许企业在其他国家的市场上遵循这样的战略。因此，母国运作往往是国际化发展中最重要的竞争优势的基础。迈克尔·波特的模型所描述的各个因素有助于企业在全球占据产业优势并在相关特定的国家或地区的环境中构建优势，这些因素包括生产和需求状况、相关和支持产业以及企业战略、结构和竞争等。如上所述，从业务层面来说，企业可选用的战略同样包括成本领先、差异化、聚焦成本领先、聚焦差异化、整合成本领先和差异化。

10.4 国际化进入模式

国际化扩张往往伴随着出口、许可、战略联盟、并购以及建立新的全资子公司。对这些模式的选择随投入国际市场的资源数量和对国际活动的控制水平的变化而变化（见图 10-2）。每种模式都具有不同的优缺点（见表 10-3）。为进入国际市场而选择的模式或路径，对企业在相应市场上的绩效有重要影响。

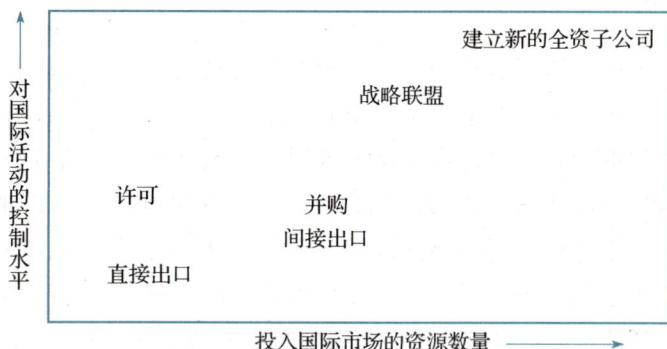

图 10-2　进入国际市场的模式

资料来源：Bartlett, Ghoshal, Beamish, 2008.

表 10-3　国际化进入模式的优缺点

进入模式	优点	缺点
直接出口	• 集中在母国生产具有规模经济效应 • 对分销商进行更好的控制	• 笨重产品的运输成本高 • 与顾客的销售距离大 • 贸易壁垒
间接出口	• 生产资源集中 • 不需要直接操作出口过程	• 对分销商的控制较差 • 不能学习如何海外运作
许可	• 开发成本低 • 海外扩张的风险低	• 对技术和营销的控制差 • 可能会造成竞争 • 不能参与全球协调
战略联盟	• 分担成本和风险 • 获取合作伙伴的知识和资产 • 政治上可接受	• 合作伙伴间在目标和利益上存在分歧 • 有限股权和经营控制 • 全球协作的困难
并购	• 与"绿地投资"一致 • 快速进入	• 与"绿地投资"一致 • 并购后整合的问题
建立新的全资子公司（"绿地投资"）	• 完全股权和运营控制 • 技术和专门技能的保护 • 全球协调的能力	• 潜在的政治问题和风险 • 发展成本高 • 进入速度较慢（相对于并购）

10.4.1　出口

出口产品或服务到其他国家是许多产业的企业在开始国际扩张时通常会采取的国际化进入模式。具体而言，出口可分为直接出口和间接出口。所谓直接出口，就是企业自身与海外市场沟通信息，实现产品或服务的交易。间接出口则是指企业通过专门的外贸代理机构实现产品或服务的海外销售。出口企业往往会建立渠道进行销售或分销产品，并与东道国企业签订合同协议。出口常常涉及高运输成本和一些进口产品的高关税。出口商对其产品在东道国的销售和分销控制较少，并且不得不依靠东道国的分销商。因此，通过出口来提供定制化的产品是很困难的。

10.4.2　许可

许可贸易协议会授予一家外国企业购买权利，这种权利使得购买企业能够在一个或多个东道国制造和出售企业产品。许可方一般会针对每一单位产品的生产和销售收取版税，而许可证持有者则承担风险并在产品或服务的制造、营销和分销的设施上进行货币投资。因此，许可形式也许是国际扩张形式中成本最低的。然而，由于销售所得需要由许可方和许可证持有者分享，还存在国际企业在许可证到期后学到技术并进行生产和销售相似的具有竞争力的产品问题，因此，许可形式会降低企业对自己的产品在别国制造和销售的控制力。

10.4.3　战略联盟

战略联盟是多种企业间的合作协议的总称，这些合作协议包括从共同开发到正式的合资企业和少数股权参股等。战略联盟使得一些企业在进入国际市场时能够互相分担风险、共享所需资源。战略联盟还可以促进新的核心竞争力的发展，从而构筑持续竞争优势。国际战略联盟大部分是与一个理解本国竞争格局、法律、社会规范、文化类型的东道国企业结成的，从而能够帮助企业增强其产品或服务在制造和销售上的竞争力。新兴经济体中的企业常常也想要与其他发达国家中的企业形成国际战略联盟，从而获得并学习许多新兴高端技术。

⮑ **实践链接**

"雷诺－日产"战略联盟

1999 年 5 月 28 日，雷诺以 54 亿美元收购日产汽车 36.8% 的股权，而日产以 22 亿欧元收购雷诺 15% 的股权。由此，两家企业通过交叉持股的方式结成了命运共同体，组建了"雷诺－日产"联盟。为了形成一个强有力的执行机构以使双方都获得盈利并实现均衡发展，"雷诺－日产"联盟开始了战略整合。通过搭建战略领导平台，双方联合分解战略任务，成立联合工作小组、功能性任务小组，设立专门的战略协调工作部门等方式实现联盟协同。

在组织协同的基础上，雷诺和日产在以下五方面实现了实质性的合作。第一，联合采购。联盟在 2001 年 4 月 2 日组建了"雷诺－日产"采购组织（RNPO），并由它负责为两家企业采购零部件、物料和服务，节约了采购成本。第二，共享全球的生产能力。例如，自 2000 年以来，日产在墨西哥库埃纳瓦卡（Cuernavaca）的车厂生产雷诺风景，从 2001 年年底开始在阿瓜斯卡连特斯（Aguascalientes）的车厂组装雷诺克丽欧（Clio）。第三，雷诺和日产采取"平台共享"策略，使用共同的组件，建立一个可供同一平台车型使用的"动力传动配件库"，使工业生产流程趋同，从而共享生产能力。第四，相互交流，学习最佳实践经验。例如，雷诺向日产提供了在采购成本以及与供应商建立伙伴关系方面的经验，而日产则帮助雷诺推进新产品质量计划（ANPQP），从而保证产品质量。第五，加强销售合作。自 1999 年以来，双方在欧洲市场上建立了一系列共享的结构从而减少销售成本、分摊固定成本、加强销售网络的竞争力并支持日产的发展。

"雷诺－日产"联盟协议签署五年后，联盟取得了有目共睹的成功：2004 年，"雷诺－日产"联盟的销量达 5 785 231 辆，比 2003 年增长 8.0%。日产和雷诺的销量分别为 3 295 830 辆和 2 489 401 辆。"雷诺－日产"联盟的全球市场份额为 9.6%（雷诺为 4.1%，日产为 5.5%），在销量上成为全球第四大汽车制造商。

然而，在联盟中，技术知识的转移需要伙伴之间的信任。许多联盟失败的主要原因是伙伴间的不相容以及随之产生的争端。伙伴间的信任十分重要，并且会受到关系的初始条件、达成协议的谈判过程、伙伴间的互动以及外部事件等因素的影响。同时，信任还会受到联盟伙伴的国家文化的影响。当环境处于高度不确定性状态时，或当合作伙伴需要共享知识时，亦或当战略柔性被强调时，联盟往往更有利。

⊙ 战略聚焦

娃哈哈与法国达能"离婚案"

1987 年，宗庆后带着两名退休老师，依靠借来的 14 万元起家。到了 1996 年，怀着"市场换技术"美好愿望的宗庆后选择战略性引入世界饮料巨头达能，同年，娃哈哈与达能公司、中国香港的百富勤公司共同出资建立 5 家合资企业，生产以"娃哈哈"为商标的包括纯净水、八宝粥等在内的产品。娃哈哈持股 49%，亚洲金融风暴之后，百富勤将股权卖给达能，达能跃升至持有 51% 的股权的控股地位。

尽管达能持有合资企业 51% 的股权，但整个娃哈哈集团经营、生产的决定权都集中在宗庆后手里。在与达能合作近 10 年的时间里，宗庆后凭借自身在娃哈哈多年的威望、强硬的工作作风，一直牢牢地掌控着娃哈哈的控制权。达能曾派驻研发经理和市场总监，但都被宗庆后赶走了。在与达能合作之初，宗庆后与达能的"约法四章"就是宗庆后强硬作风的最好体现：第一，品牌不变；第二，董事长的位置不变；第三，退休职工待遇不变；第四，45 岁以上的职工不许辞退。

当时，达能立刻提出将"娃哈哈"商标权转让给与其合资的企业，但遭到国家商标局的拒绝，因此后来双方改签了一份商标使用合同，娃哈哈在事实上同意了达能提出的主张。让宗庆后没有想到的是，合同中一项看似不经意的条款，却让娃哈哈在后来陷入被动。合同上有这样一条："中方将来可以在其他产品的生产和销售上使用（娃哈哈）商标，但这些产品项目需提交给娃哈哈与其合营企业的董事会进行考虑⋯⋯"这就是说娃哈哈使用自己的商标生产和销售产品，需要先经过达能同意或者与其合资。10 年来，娃哈哈相继又与达能合资建立了 39 家企业，占娃哈哈下属企业总数的 39%。

合资以后，双方的合作并不愉快，在投

资建厂等诸多问题上，达能与娃哈哈意见相左。例如，为了响应国家号召，也为了完成企业产品在中西部地区的布局，娃哈哈的决策层希望能够参与西部大开发、对口支援革命老区、国家贫困区、三峡库区建设等项目。但达能因为顾虑这些地区的消费能力，不愿意进行投资。双方产生了尖锐的矛盾，而当时，达能却收购了娃哈哈最大的竞争对手乐百氏。这让宗庆后隐隐约约感觉到了不安。在意识到与达能的合作不仅不能产生积极的意义，甚至还限制了娃哈哈的发展之后，1999年，宗庆后和中方决策班子商量决定，由职工集资持股成立的企业出面，建立一批与达能没有合资关系的企业。这些企业大多建立在西部、对口支援的革命老区、国家贫困地区以及三峡库区等当初达能不愿意投资的地区，并取得了良好的经济效益。到2006年，这些企业的总资产达到56亿元，当年利润达到10.4亿元。

或许是良好的业绩让达能"眼红"了，几年后，达能突然以商标使用合同中娃哈哈"不应许可除娃哈哈与达能合资的企业外的任何其他方使用商标"为由，强行要求以40亿元人民币收购这几家由娃哈哈职工集资持股建立的、与达能没有合资关系的企业。

2006年12月，达能与娃哈哈就收购其他非合资企业签署了合同。但3个月后，宗庆后反悔了。宗庆后对外宣称，与达能的合作事实上并不愉快，当初合资的初衷是用市场换技术，但现在看来不仅技术没有换来，市场也要失去了，而且完全陷入了达能的"陷阱"。没等达能方面做出反应，娃哈哈方面就接二连三地发动攻势，宗庆后在媒体上的姿态简直可以用"悲壮"来形容。他声称，他现在最坏的打算是带领整个娃哈哈团队出走，另创一个品牌。之后不久，"娃哈哈全体销售将士"、全国经销商等纷纷发表声明，声援宗庆后，部分地方政府也声明支持宗庆后的立场。

2007年4月5日，达能方面宣称，根本就不存在所谓的"达能强购娃哈哈"的事情，这完全是个误会。4月8日，宗庆后做客新浪网，掀起声讨达能的浪潮。4月10日，娃哈哈职工、经销商也投身战团，"口水战"一度达到高潮。这场"强行并购"的核心内容是："法国达能公司最近欲强行以40亿元人民币的低价并购杭州娃哈哈集团有限公司总资产达56亿元、2006年利润达10.4亿元的其他非合资企业51%的股权。"当天，杭州娃哈哈工会委员会以全体职工代表的名义发表声明：从1996年确立合资关系以来，外资（法国达能）没有给合资企业任何技术、研发等方面的支持，关于员工工资奖金的要求也多次遭到达能委派的董事会成员的反对。4月11日，法国达能亚太区总裁范易谋在上海的新闻发布会上表示，法国达能已给双方合资企业的董事发了一份"最后通牒"，如果30天内法国达能提出的问题得不到回应，那么法国达能将以双方合资企业的名义，向合资企业之外的娃哈哈销售公司提出法律诉讼。

2007年5月，达能正式启动对娃哈哈的法律诉讼。此后，双方进行了数十起国内外官司战，但达能几乎无一胜诉。2007年12月—2008年4月，在两国政府的协调下，双方中止了法律程序，进行和谈。"达娃之争"于2007年10月1日终于定论，双方和平"离婚"。达能和娃哈哈当天宣布，双方已达成友好和解，达能同意退出——将它在各家双方合资企业中51%的股权出售给中方合资伙伴。和解协议执行完毕后，双方将终止与双方之间纠纷有关的所有法律程序。

10.4.4 并购

当自由贸易持续在全球市场上扩张时，跨国并购也在显著增多。在企业的战略缺少足够的柔性，或者交易被用来维持规模经济或范围经济的情况下，选择并购方式进入国际市场更为合适。相较于其他方式，并购常常能够提供最快、最大规模的初次国际扩张。尽管成功的概率与时间在变动，但跨国并购还是能够带来可观的协同效应。这些协同效应或许来自消除重复功能、共享运作活动和共享设施所带来的成本缩减，或许来自通过新渠道销售产品、开拓新产品销售空间所产生的创新收益。

图 10-3 总结了并购战略下的协同效应。从时间维度看，短时间内，企业会通过共享运作活动和共享设施达成并购预期绩效，但从长期看，并购更加注重新渠道的产品销售和新产品销售空间的开拓。从成功的可能性看，活动层面的整合成功概率较渠道层面、新产品层面的整合要高。

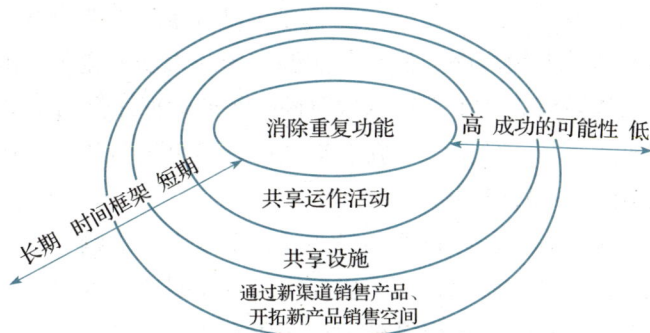

图 10-3　并购战略下的协同效应

资料来源：Yeung, Xin, Pfoertsch, Liu, 2011.

尽管并购风靡一时，但是并购产生的绩效未必如我们所愿。在国际并购过程中，存在很多问题和风险。表 10-4 总结了并购过程中可能产生的问题。特别是在全球化背景下的国际收购，会涉及复杂的国际谈判过程，费用很高，往往需要债务融资。有趣的是，并购方在那些腐败严重的国家往往会进行较少的并购。然而，一旦他们这样做了，他们就愿意为在这些国家并购目标企业支付较少的溢价。国际并购一定会涉及目标企业所在国的法律和规章要求。并购方必须获得适当的信息以进行协议谈判。并购企业不仅要处理不同的企业文化问题，还要处理潜在的社会文化和实践问题，从而更好地进行合并后的整合，获取潜在的更具挑战性的协同效应。

表 10-4　并购过程中可能产生的问题

阶段及后果	所有并购的问题	跨国并购的问题
并购前：对目标企业的超额投资	• 高估了并购企业创造价值的能力 • 不恰当的并购前蓝图 • 战略不匹配	• 对外国文化、机构和商业体系的熟悉程度不够 • 不恰当的投资数额 • 国内对外国接管者的忧虑（政治和媒体层面）
并购后：整合失败	• 组织间不匹配 • 无法实现多个股东集团的利益需求	• 国家文化冲突下的组织文化冲突 • 国内对外国接管者的忧虑（企业和员工层面）

资料来源：Peng，2006.

10.4.5　建立新的全资子公司

新的全资子公司的建立被称为"绿地投资"。建立这样的企业的过程通常很复杂且代价高昂，但是它能够为企业带来对技术、营销和子公司产品的分销等方面最大限度的控制。当企业拥有专利技术时，通过设立全资子公司获得控制权尤为重要。特别是对具有无形资产能力的企业的国际化扩张，建立新的全资子公司最能带来超过平均水平的回报。然而，由于在陌生的国家中建立新的业务运营的成本很高，所以"绿地投资"相关的风险也会随之变高。企业也许不得不通过雇用那些很可能来自竞争者的东道国居民，或者那些咨询价格高昂的咨询顾问，获取必要的知识和专门技术。此外，企业必须建造新的制造设备，建立分销网络，学习和实施合适的营销战略，使自己能够在新的市场上竞争。因此，当在一个国家经营具有高风险时，为了管理这些风险，企业偏向于通过合资而不是建立新的全资子公司进入市场。然而，对在东道国已有不少经验的企业而言，建立新的全资子公司也不失为一种好的选择。

企业选择进入国际市场的模式受许多因素的影响。一家企业常常通过出口进入一个国际市场，而出口不需要外国的专业制造技术，只需要在分销活动上进行投资。许可形式同样能促进外国市场所需的产品增多。战略联盟使得企业与在目标市场上具有经验的伙伴产生联系，从而通过分担成本降低风险。这三种模式适用于早期的市场发展。

然而，为保证企业在国际市场上能顽强地生存下来，并购或建立新的全资子公司可能更合适。如果新兴经济体中的知识产权没有被很好地保护，行业内企业的数量增长很快且全球化整合的需求紧迫，企业可能也需要建立全资子公司。并购或建立新的全资子公司有可能在国际化扩张的后期出现。当进行国际化投资的企业拥有宝贵的核心竞争力时，这两种战略更可能获得成功。

从以往企业进入国际市场的过程看，以上各种形式的进入模式的选择可能按顺序发生，从出口开始，以并购或建立新的全资子公司结束。企业可能在不同的市场上采取许多不同的进入模式。进入模式主要基于行业的竞争格局、国家的形势和政府政策，以及企业的特有资源、能力和核心竞争力来选择。

10.5　国际化战略风险控制

随着企业国际化管理能力的提升，企业的回报会迅速增加。因为潜在的规模经济、地理区位优势以及不断增加的市场规模等因素都会帮助企业降低运营成本。特别是当国内市场萎靡的时候，企业更可以通过全球网络，使用更灵活的市场战略，采用更具柔性的管理模式来提升企业的绩效，但实施国际化战略同样也有消极的一面。国际化企业所面对的环境较之国内企业更为复杂，所涉及的影响因素更多，风险也更大，因此，这些企业必须加强风险控制。在实施国际化战略的过程中，第一类风险是国际环境的不确定性和多样性带来的风险，主要包括政治风险、经济风险、文化风险和货币风险。

（1）政治风险。它主要指东道国政治局势的稳定性。外国企业要关注东道国政治局势的稳定性以及可能的不稳定性对它们的投资带来的影响。例如，母国和东道国之间的文化冲突、国际关系冲突会给企业带来风险。在实施国际化战略的过程中，很重要的环节就是处理好与东道国的关系，随着国际化程度的加深，很多国内政治问题和民族冲突问题会给企业带来不可预料的风险。因此，企业需要制定预警系统和策略，从而避免国际化发展中可能出现的各种关系冲突。

（2）经济风险。它包括知识产权风险等，东道国宏观经济周期的变动也可能给国际企业带来风险。

（3）文化风险。有时投资方和东道国之间客观存在的文化差异和宗教差异，使得投资扩张行为受到整个文化与制度系统的限制。如果处理不好，随着企业国际化程度的不断增加，从国际市场的有效运营中获得的收益也会荡然无存。

（4）货币风险。货币风险是企业在东道国和投资国之间的货币价值变动以及东道国货币贬值等带来的风险。东道国的货币价值发生波动会产生投资收益的差异和波动，进而会影响企业在全球市场上的竞争力。因此，政府对国家经济和财政资金的监管与控制不仅会影响当地经济活动，还会影响外国企业在该国的投资。

第二类风险与企业自身的战略选择有关。由于贸易壁垒、后勤成本、文化多样性及国家差异，国际化战略的实施极为复杂，不同企业在实行国际化战略方面的多元化管理能力不同，从而带来了沟通协调与风险控制上的高成本。当企业在地理上接近、文化上相似的国家发展时，所遇到的产品和渠道方面的协调与磨合问题较少，因此，国际化发展需要权衡客观存在的经济行为协调问题所可能带来的风险。特别是当企业进入海外市场较多、地理多元化的水平达到一定程度的时候，企业面临的风险加大，绩效可能会下降。因为高度分散的地理位置会增加各单位和产品分销之间的协调成本，增加资源配置，导致更多的外部债务，从而给企业运营带来风险。

> ▲ 反思
>
> ### 数字平台与国际化战略
>
> 基于数字技术的高流动性、可延展性、可重塑性等性质，数字平台能够轻松跨越国家边界，世界各地的人们都可以基于相同或相似的需求，聚集在平台上进行价值创造。例如，全世界的开发者都可以在 android 平台上开发 app；全球用户都可以在 YouTube 上发布和观看视频等。因此，相比于传统企业，数字平台企业更容易通过国际扩张，利用不同的扩张路径抓住国际市场机会窗口。
>
> 数字平台企业进行国际扩张的方式包含了领先市场战略、底层包抄战略、高维攻击战略与"区块链＋平台"战略等多种战略，其中临近市场战略与领先市场

战略是两种最典型的扩张思路。

（1）临近市场战略。跨境电商平台 Shopee 是一家新加坡公司，聚焦于东南亚各国这一临近市场，在基础设施、本地化营销渠道、本地化人才方面做了大量投入，最终成了东南亚最大的电商平台之一。这一战略的关键在于找到临近市场的本地化特征，针对这些独特点进行大量投入进而获取市场。

（2）领先市场战略。数字平台企业可以选择影响力强的领先市场优先进入，领先市场意味着企业在国际化进程中能掌握"主动权"。利用欧美等领先市场的影响力，加之数字平台的顾客价值创造作用，平台可以将具有全球性潜力的创新大规模应用，并在其他市场推广。

例如，抖音的母公司字节跳动的国际化策略就是临近市场战略和领先市场战略的组合，并通过该方式 2017 年逐步在日本、东南亚等临近市场攻城略地。同年，字节跳动出资 10 亿美元收购 Musical.ly（LiveMe、Live.ly 等 app 的母公司，主要用户在美国和欧洲），进而获取欧美等领先市场的影响力，之后逐步拓展全球市场。

需要注意的是，数字平台在寻求国际扩张时需要仔细考虑网络效应的范围，在登陆海外市场后，数字平台可以通过添加新功能来创建或加强本地网络效应，嵌入目标国家主流网络。例如，视频游戏平台可以通过添加多人游戏功能以及借助国际"电子竞技"游戏锦标赛的赞助，扩大潜在顾客的接触范围，在海外站稳脚跟。

本章小结

本章内容逻辑结构如图 10-4 所示。

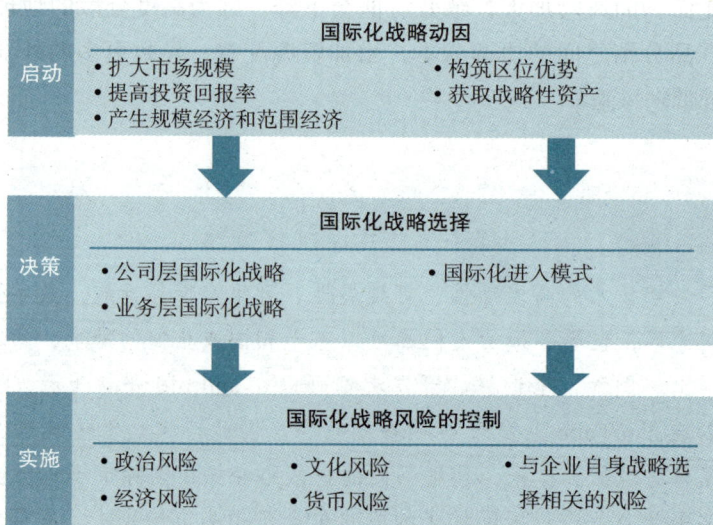

图 10-4　第 10 章内容逻辑结构

复习思考题

1. 企业实施国际化战略的动因有哪些？本书概括的动因能完整解释中国企业国际化的动因吗？

2. 中国企业"走出去"的战略目标有哪些？如何选择与之匹配的进入区位？

3. 主要的公司层国际化战略有哪些？请分析不同战略选择的异同。

4. 请结合我国企业的案例，谈谈如何选择企业层国际化战略，并分析战略选择的影响因素。

5. 业务层国际化战略包括哪些具体选择？哪些因素决定了业务层国际化的战略选择？

6. 什么是国际化进入模式？具体有哪些类型？不同类型的进入模式有何优劣势？

7. 战略联盟的本质是什么？它包括哪些具体的类型？运用战略联盟的方式进入海外市场对国际企业而言有哪些利弊？

8. 实施国际化战略将会遇到哪些类型的风险？这些风险是由哪些主体造成的？

总结案例

吉利的国际化战略

请扫码阅读总结案例

第11章 战略执行体系

　　企业制定了科学合理的战略并不一定意味着可以取得战略成功。战略执行关系到企业战略能否成功实施并取得理想的实效。然而，在实践中不少企业常常遭遇战略执行的困境，使精心设计的战略落空。战略执行是一个复杂的行动过程，涉及多个方面的因素。近年来兴起的战略地图是战略执行的重要工具，它从财务、客户、内部流程、学习与成长四个层面构成了战略执行的具体目标和内在逻辑，使企业可以对目标实现情况进行评估和改进。本章将重点介绍战略地图的含义、作用及使用方式，具体描述四个层面的目标该如何设计、评估和实现。

【学习目标】

☑ 了解利用战略地图来实施战略的意义
☑ 掌握战略地图各层面的目标及其评估
☑ 理解战略地图四个层面的内在逻辑
☑ 学会根据六大步骤实现战略地图四个层面的连接

🔵 引例   SHEIN 的战略执行

2020 年 6 月的某天，从事跨境服装电商的 SHEIN 公司（以下称为 SHEIN）在企业内部会议上宣布，当年的销售额已经突破 400 亿元大关，即将向千亿元发起冲击！截至 2023 年，SHEIN app 的下载量已超 2.29 亿次。在超过 20 个国家的购物 app 中，其 app 的下载量位列榜首，超过了全球著名跨境电商平台亚马逊。在美国，谷歌上关于 SHEIN 的用户搜索量已经超过 ZARA 3 倍，并仍在持续上升。此外，SHEIN 的营收预计将在 2025 年翻一番，达到 585 亿美元，这一体量将超过 H&M 和 ZARA 的年销售额总和。

SHEIN 成立于 2008 年 10 月，由许仰天与两位合作伙伴共同创立，最初以南京点唯信息技术有限公司的名义运营，专注于线上外贸业务。作为一位追求卓越的创始人，许仰天利用自己在搜索引擎优化方面的专业知识，不断进行大规模的用户测试，数量多达上万次。他坚持将企业的营销成本控制在至少比同行业低 70% 的水平，展现出对成本效益的严格要求和对业务精益求精的态度。

然而，快时尚潮流女装这条赛道上早已站满了各类企业，前有 ZARA、H&M、ASOS 和 Top Shop，后有一众细分领域的大中品牌，正是一片"血雨相争"。随着企业间竞争加剧，"快时尚"概念也在不断进化：20 世纪 90 年代初，以 ZARA 为代表的欧洲时尚先锋兴起；21 世纪初期，ASOS、Boo Haa 等 DTC 快时尚平台发展火热；2012 年左右，H&M、ZARA、优衣库等快时尚品牌更是风光无限。

放眼全球市场，许仰天深知自己一手打拼出的 SHEIN 尚不够强大，无法与传统快时尚品牌进行资本和资源的竞争，如果 SHEIN 想要在这一领域中成功破局、开创一番天地，必须要走出新路、打造自身独特优势。随着数字化时代的来临与发展，SHEIN 选择利用数字化赋能企业整体战略，把数字能力整合到企业的运营、组织、融资以及绩效等管理职能中，在财务层面、用户层面、内部流程层面、学习与成长层面等多个层面持续发力。

在财务层面上，在提高销售收入的同时控制营销成本。SHEIN 主要有四点财务层面的核心要素：加快资金流转、提高结算效率、减少附加费用和增加毛利率水平。

在用户层面上，通过数字营销打通消费者认知。SHEIN 将数字化赋能营销，通过网红营销推广积累用户及数据，自营网站和 app 做大用户体量、提升回购率，一方面可以比服装同行得到更多更快的实时反馈数据，另一方面也有利于在营销传播中不断强化与最 IN 时尚相联结的品牌形象，加深企业竞争护城河。

在内部流程层面上，调整组织架构，打造数字化柔性供应链。一方面，SHEIN 在 2019 年进行了组织架构调整，搭建了围绕业务线的扁平化组织框架，使各个团队分工明确，承接战略拆解目标，并稳定提升组织效率；另一方面，SHEIN 通过搭建一套"准确而及时反应信息和数据"的供应链管理信息系统，用数字化盘活整条生产供应链，涵盖了针对商品中心、运营中心、生产部等九个不同部门的十套子信息系统，大大降低沟通成本，为供应商创造了一个稳定的生产链路。

在学习与成长层面上，数字化赋能下的绿色发展。SHEIN 用数字化赋能全产业链，提升生产效率。在设计环节，利用数字化工具获取流行趋势来打造爆款；在生产环节，使用统一数字化 IT 管理系统；在仓储物流环节，用大数据反馈减少库存压力。所有这些变革方式，既满足企业降低成本、提升效率的要求，也符合"双碳"背景下鼓励企业走绿色发展之路的期待。

讨论题

SHEIN 与传统快时尚巨头有何异同点？SHEIN 为何能够在快时尚这片竞争红海中异军突起？SHEIN 构建的供应链体系有何独特之处？它为企业和用户分别带来什么价值？SHEIN 的数字化能力如何赋能其发展战略？

11.1　战略地图的基本思想

企业战略描述了企业如何持续地创造价值。第一，企业必须精准而全面地描述战略，仅从财务、质量管理或人力资源的单一视角描述既不充分也不完整。只有全面的战略描述，才能使管理者和员工对企业战略达成一致的认识，进而有效促进管理者与员工对战略的沟通与交流，启发企业产生新的战略，从而应对内外部环境的变化。第二，企业必须基于战略描述来有效地执行战略。然而，现实世界中大部分企业未能成功地执行战略，使得前期的一系列战略努力难以得到回报，甚至还会产生对战略管理价值的质疑。

平衡计分卡创始人罗伯特·卡普兰与大卫·诺顿提出，在企业管理中无法描述的就无法衡量，无法衡量的就无法管理。平衡计分卡能帮助企业有效实现战略的直观描述、目标细分和成功实施。他们提出三个要素，即通过战略地图描述战略，利用平衡计分卡衡量实施战略，建立战略中心型组织管理战略，从而取得战略的突破性成果。

平衡计分卡的使用范围不断扩大，它不仅被用于运营层面，还被视为战略执行的有效工具，用于衡量一系列战略驱动的管理活动。平衡计分卡阐述了企业设计、实践、跟踪、实现战略目标的整个过程，从四个层面对战略目标进行分解，提出具体的业绩目标，列举出为实现目标而采取的相关行动方案，还提出衡量目标完成情况的相关指标。平衡计分卡为企业衡量战略执行提供了有效而直观的指标和标准，有助于企业对战略执行效果形成清醒的认识，继而不断审视执行方案的效果并及时有效地调整战略执行方案。

平衡计分卡通常包括四个层面的目标，即一个财务层面的目标和三个非财务层面的目标。非财务层面的目标包括客户层面、内部流程层面和学习与成长层面的目标，体现了企业将具有杠杆效应的无形资产转化为财务层面成果的要求。战略地图将平衡计分卡四个层面的目标有机结合并系统阐述,是直观表示各战略要素间因果逻辑关系的方法。战略地图的一大特色在于能够系统刻画出企业价值创造的流程,即企业通过运用人力资本、信息资本和组织资本等无形资产(学习与成长层面),进行创新活动和建立战略优势与效率(内部流程层面),流程的有效开展促使企业将特定价值主张有效传达给市场(客户层面),最终实现股东价值(财务层面)。图 11-1 展示了基于战略地图的价值创造模型。

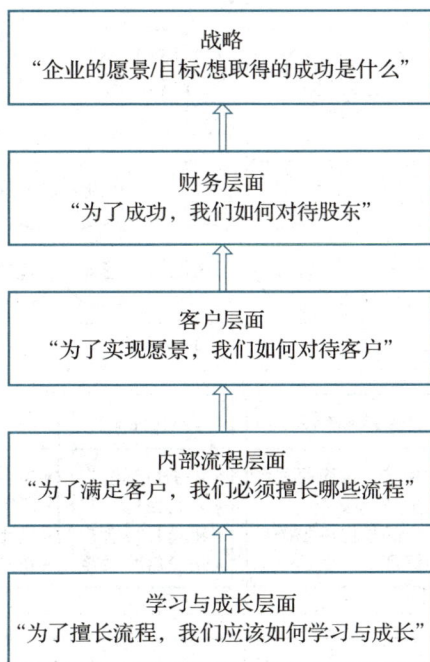

图 11-1　基于战略地图的价值创造模型

资料来源:卡普兰,诺顿.战略中心型组织 [M].上海博意门,译.北京:中国人民大学出版社,2008.

战略地图创造性地提出了全面描述企业战略的框架,使企业目标得以通过具体指标进行衡量和管理,在企业战略制定和战略执行之间建立起桥梁,帮助企业系统而全面地审视战略,为企业有效执行战略提供坚实的基础。图 11-2 描述了战略地图的基本模型框架。

战略地图包含四个层面的目标。财务和客户层面提出了企业战略的期望成果和目标,包括企业达成期望目标成果的手段及对客户价值主张的把握等。内部流程层面和学习与成长层面的目标厘清了对战略而言最为关键的无形资产,确定了组织所需的人力资本、信息资本、组织资本,从而支持在内部流程层面进行价值创造。四个层面的目标形成紧密的因果联系,必须相互协调一致才能成就绩效突出的战略成果,具体分析如下。

(1)财务目标。战略地图将企业利润最大化作为最终的财务目标。财务目标衡量了战略执行是否有助于改进企业的财务绩效。为提高财务表现,企业经常利用两种基本手段：一是实施收入增长战略，增加收入机会和提高客户价值；二是实施生产率战略，优化成本结构和提高资产利用率。这样，财务目标可以分为长期财务目标（收入增长战略）和短期财务目标（生产率战略），成功的战略需要协调长短期目标之间的冲突。

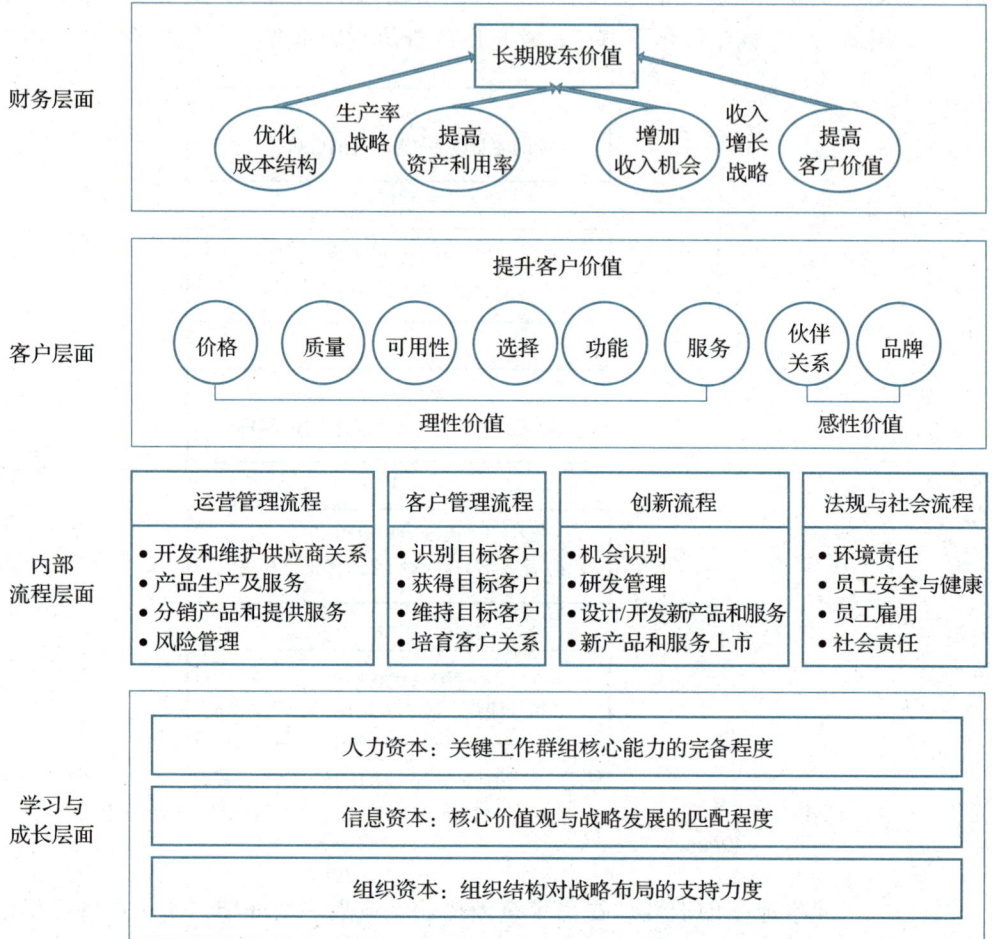

图 11-2　战略地图的基本模型框架

资料来源：卡普兰，诺顿．战略地图：化无形资产为有形成果 [M]．刘俊勇，孙薇，译．广州：广东经济出版社，2005．

（2）客户层面目标。客户层面的目标包含八个典型指标，这些指标的共同作用是能向客户传达积极的信号，表明企业希望完成的目标将超越竞争对手。客户层面的目标体现战略执行的一个原则，即清晰的价值主张是战略的关键维度，战略执行需要实现目标客户的价值主张。

（3）内部流程层面目标。内部层面通过对运营管理流程、客户管理流程、创新流程、法规与社会流程四个流程的管控和优化，实现特定的客户价值主张，从而实现财务目标。内部流程层面描述了企业如何通过内部流程的管理与创新来实现战略。企业价值是通过内部流程创造的，协调一致的内部流程决定了企业的价值如何得以创造和延续。

（4）学习与成长层面目标。学习与成长层面界定了企业的无形资产，并强调了无形资产在战略中的重要意义。企业的无形资产可以分为三类：人力资本、信息资本、组织资本。只有将这三类无形资产进行整合统一，使之与企业战略协调一致，才能有效持续地改进内部流程，才能真正将无形资产转化为有形成果。

11.2　战略地图的构成要素

11.2.1　财务层面

创造股东价值几乎是所有企业战略追求的目标。财务业绩可以衡量企业战略对企业价值的提升是否有促进作用。企业在实践中采用的财务衡量指标有很多，但企业财务层面的战略相对简单，主要通过"开源"（增加销售收入）和"节流"（减少开支）来实现，即收入增长战略和生产率战略（见图 11-3）。收入增长战略和生产率战略的侧重点不同，通常生产率战略会比收入增长战略获得更快的成效。处于短期财务的压力下时，企业倾向于采用短期财务战略。但是，一味关注短期指标可能使企业错过长期成长的机会。因此，企业必须平衡两种战略，从而保证企业在降低成本时不失去未来的发展机会。

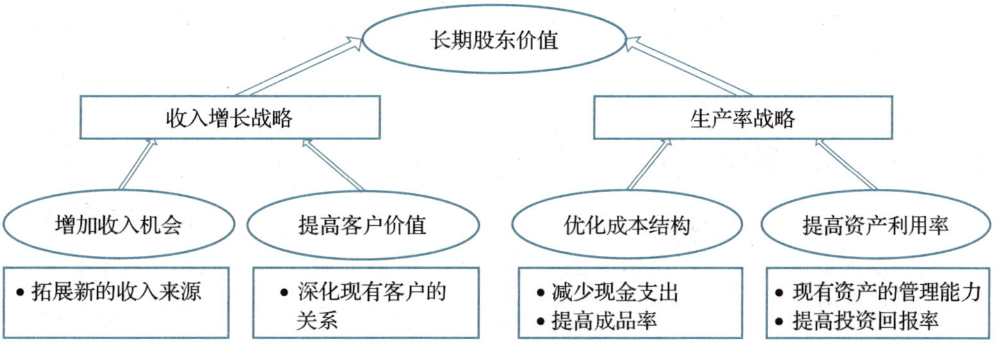

图 11-3　财务层面的战略地图

资料来源：卡普兰，诺顿. 战略中心型组织 [M]. 上海博意门，译. 北京：中国人民大学出版社，2008.（作者对原图进行了改动。）

1. 收入增长战略

收入增长战略主要通过增加收入机会和提高客户价值这两种策略来实现。

（1）增加收入机会。收入机会需要从新的市场、新的产品、新的客户中挖掘。企业通常通过销售更多种类的产品来分散销售风险和降低运营成本，或进入利润空间较大的市场并获得更大的市场份额，或与更多新客户建立长期商业关系来保证稳定的收入。开发新的收入机会通常是长期战略，需要企业做出重大改变，并且往往会耗费较多的时间和成本，甚至会改变企业的盈利模式与资本结构。例如，小米公司除了在国内销售手机，还扩展到印度等海外市场，同时也开始销售彩电、空气净化器等家用设备来构造"小米生态系统"。这不是短期内可以实现的，必须经过长期的深耕。

（2）提高客户价值。提高客户价值通常要求企业扩展并深化与现有客户的关系，使企业能向特定客户销售更多的产品和服务。企业可根据客户的需求为其定制产品和服务，提供全面一体化的解决方案。此外，企业须强调深化客户关系的流程，如交叉销售。这一战略是一个中期战略，讲求客户信任的建立和关系的维护。例如，银行通常为在本行有贷款业务的企业办理员工信用卡，覆盖该企业的一切业务，从而获得更多盈利性收入增长。

2. 生产率战略

生产率战略强调优化成本结构和提高资产利用率。

（1）优化成本结构。优化成本结构可使企业花费更少的人力、物力、财力，生产同等数量甚至更多的产品，主要通过降低直接或间接成本和与其他业务模块共享资源的方式来降低产品成本。例如，沃尔玛超市减少中间采购环节，与生产商直接对话，从而降低商品采购成本；超市实行部分商品自产自销，直接压缩了商品成本。

（2）提高资产利用率。企业可通过科学的运营管理、财务杠杆等手段，提高资金周转率和固定资产效率。例如，丰田公司采用精益生产的运营管理技术，大大提高了汽车零部件的生产效率和组装效率，使每辆汽车的生产周期缩短到原来的 1/3。

11.2.2 客户层面

企业战略的核心功能是为客户提供清晰的价值主张。在战略地图的客户层面，要求企业为客户提供特殊的价值主张。价值主张是企业提供给客户的产品、服务、关系和形象等一系列有形、无形的资源集合。特殊的价值主张可以使企业明确其目标客户群，阐释将通过何种方式为目标客户持续创造差异化的价值增长。市场包含不同需求的客户，不同企业满足着不同的客户需求，进而形成了不同的企业战略导向。当一家企业瞄准了一种价值主张，并在该主张上努力争取更优的绩效表现时，该企业事实上已经选择了特定的目标客户群。波特认为："战略就是做什么和不做什么。选择不做什么和选择做什么一样重要。"通过战略地图强调价值定位，衡量与目标客户的关系，战略得以直观而明确地呈现。

在客户层面，通常有六个经典的客户层面指标，即客户满意度、客户保持率、客户获得率、客户获利率、市场份额及客户份额（见图11-4）。这些指标的达成预示着成功的战略实施成果。这些经典的客户层面上的指标构成了有序的因果关系。通常，一家企业的差异化价值主张能获得目标客户的青睐并逐渐转化为客户满意度，持续的客户满意度将使客户产生路径依赖，从而增加企业的客户保持率。

增强与老客户的关系，企业有机会开发一批新客户，客户获得率会得到有效提升。同时，维持一个老客户的成本远低于开发一个新客户的成本，从而降低了企业的运营成本。在与新老客户的商业往来中，企业的客户份额得以增加，其利润也可能得到增加。

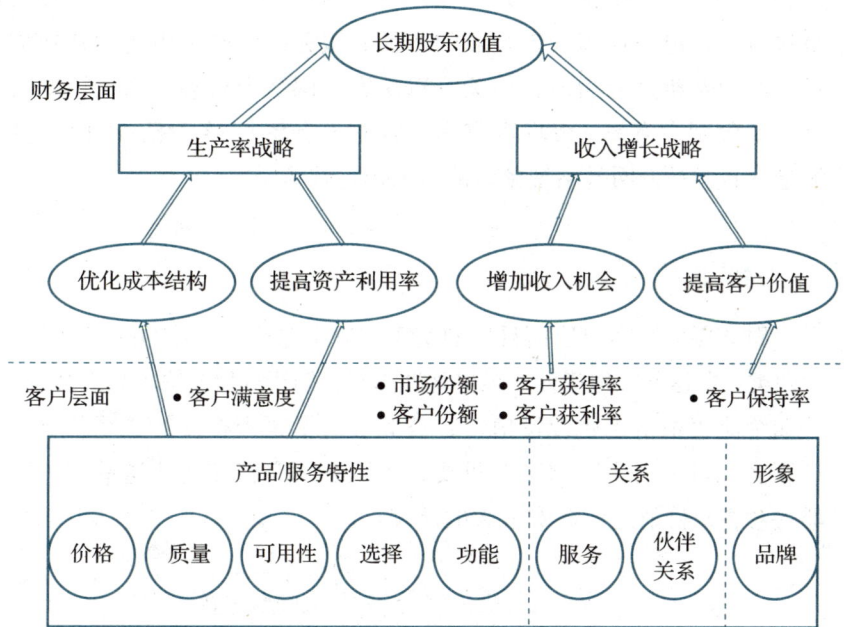

图 11-4　客户层面的战略地图

资料来源：卡普兰，诺顿. 战略地图：化无形资产为有形成果 [M]. 刘俊勇，孙薇，译. 广州：广东经济出版社，2005.（作者对原图进行了改动。）

企业一般采用四种类型的价值定位战略。

第一种是总成本最低战略。总成本最低战略的目标客户是那些对价格具有高敏感性、渴望购买高性价比产品的客户。实行这种战略的企业应该强调有竞争力的低价，致力于提高生产率，缩短库存周转率和提供方便的购物体验。丰田、沃尔玛等企业是成功实施总成本最低战略的典范。

第二种是产品领先战略。产品领先战略的目标客户是那些追求品质和性能，愿意为此付出高价的客户。实施该战略的企业通过不断创新和改进产品，向市场提供领先于行业水平的新产品，建立起行业领头羊的地位。产品领先战略的衡量指标通常是产品更新的速度、尺寸、准确性或其他被客户看中的性能指标。奔驰、索尼等企业是产品领先战略的成功典范。

第三种是全面客户解决方案战略。采用该战略的企业需要在充分了解客户需求的基础上为客户提供量体裁衣式的定制化产品和服务，为客户提供全面的解决方案。例如，IBM 曾涉足 PC 服务领域，创造出 ThinkPad 品牌的辉煌，其战略并非像苹果或戴尔公司那样致力于提供创新、时髦的电脑产品，而是反其道而行之，将 PC 业务打包出售给联想，致力于为目标客户提供信息技术咨询和全面解决方案等服务，包含 IT 战略咨询、软件编写、现场服务、IT 培训、教育等。IBM 和甲骨文等企业是成功实施全面客户解决方案战略的典范。

第四种是系统锁定战略。该战略通常被处于行业主导地位的企业所采用，企业通过先发优势获得极大的客户群网络，或掌握独特的核心科技来塑造独有的产品和服务，从而使企业成为行业标准和标杆。企业往往拥有极强的客户黏性和网络效应，客户一旦离开该企业的产品和服务，将产生极高的转换成本。因此，买卖双方均希望维持当前合作关系以从客户网络中获益。系统锁定战略需关注的指标主要包括占有率（市场占有率、客户占有率）、客户活跃度、交易发生次数等。淘宝网和亚马逊网是系统锁定战略的出色代表。

11.2.3　内部流程层面

财务层面和客户层面目标的实现依赖于完善、高效的内部流程。内部流程可分为四类，即运营管理流程、客户管理流程、创新流程及法规与社会流程（见图 11-5）。这四个流程根植于企业价值链，彼此形成了紧密相连的关系。每个流程对财务目标和客户目标的实现都至关重要，组织必须完善和优化这些流程，并且重点关注那些对客户价值定位影响最大的流程。

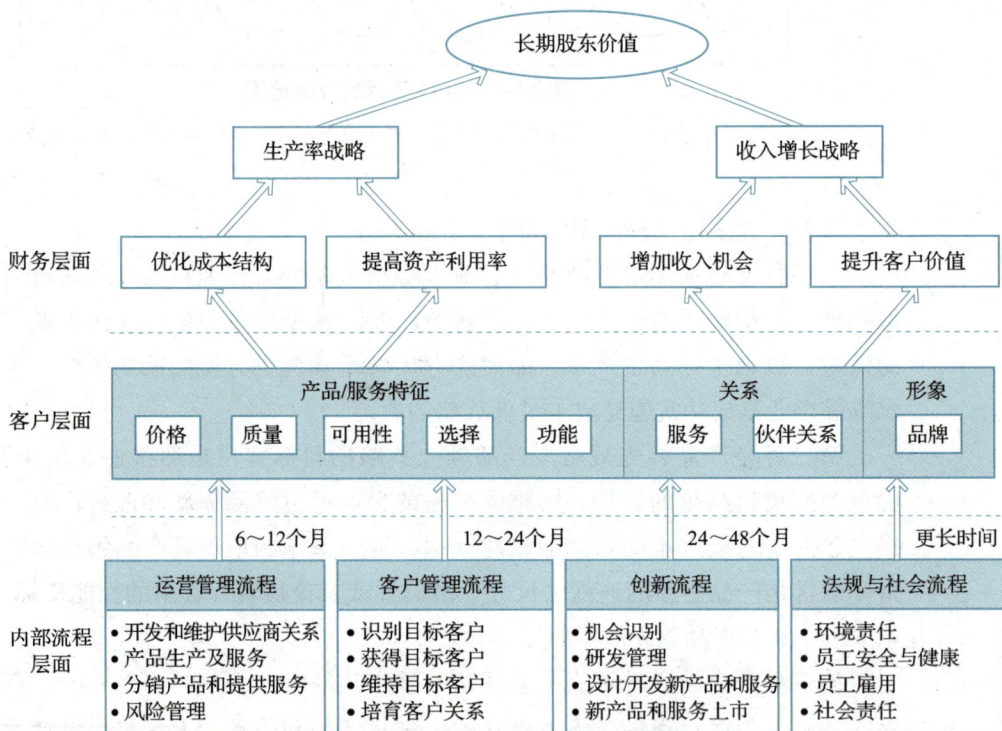

图 11-5　内部流程层面的战略地图

资料来源：卡普兰，诺顿．战略地图：化无形资产为有形成果 [M]. 刘俊勇，孙薇，译．广州：广东经济出版社，2005.（作者对原图进行了改动。）

1. 运营管理流程

运营管理流程是生产产品和提供服务的环节，是企业战略执行的中心环节。企业对关键运营流程进行再造和持续改进，可以提高质量、降低成本、快速响应客户。从价值链的视角来看，运营管理流程包括四个有机组成部分，即开发和维护供应商关系、产品生产及服务、分销产品和提供服务，以及风险管理。

一是开发和维护供应商关系。一方面，良好的供应商关系有助于企业以较低的价格购买原材料，有利于企业通过电子订货、电子付款等方式与供应商建立交易关系，节约时间成本；另一方面，良好的供应商关系有助于确保供应商的及时性和质量。企业在将非核心业务外包的同时，也给自身带来了供应商管理难题，因此，管控外包业务流程也是运营管理的一个重要目标。此外，良好的供应商关系有助于企业从供应商处获得创新理念，实现与供应商的协同创新。

二是产品生产及服务。产品生产及服务是运营流程的核心。如何设计并执行高效的运营流程是困扰很多企业的问题。以日本企业为代表的大批企业运用业务流程再造、持续改进、全面质量管理等技术获得了高质量、高效率、快速响应的运营流程。

三是分销产品和提供服务。分销产品和提供服务主要包括企业以何种方式、何种价格、何种利润水平将产品及服务交付到客户的手中，主要关注的是降低销售成本、提高质量、缩短交付周期等。

四是风险管理。企业运营过程中可能会出现各种风险，如财务风险、运营风险及技术风险，这些风险需要有效的管理。其中，贷款经营、税率变化、外汇波动、利率波动等金融风险更不容忽视。常用的风险管理方法包括多样化的投资组合、降低负债水平、购买保险等。

作为重要的内部流程，运营管理流程需要与其他战略层面有机连接，否则难以实现其功效。①与客户层面的连接。客户往往希望获得物美价廉的产品。企业通过执行优秀的运营管理流程可以降低生产及服务成本，提高产品质量，同时，提高客户服务的及时性和准确性。因此，企业需要通过高效的运营管理流程来尽量缩短期限，为客户快速及时购买产品和服务提供可能。企业除了根据自身的价值定位为客户提供产品和服务外，还应不断完善价值定位，从而提升顾客的满意度。②与财务层面的连接。当企业通过改进业务流程提高生产率时，企业能获得较低的成本、较高的产品质量和更优的交货流程，能获得更多的客户并夯实现有客户关系，从而争取更多机会来增加收入。③与学习和成长层面的连接。企业必须通过关键员工的技术和工艺来改善业务流程。信息技术能大大提高生产率和产品质量，为客户提供可跟踪的物流体验，降低客户间交流沟通的成本。某个部门运营的最佳实践得到有效推广，可以建立起高效的组织。

2. 客户管理流程

客户关系对企业战略有着举足轻重的作用，能否建立和维护良好的客户关系决定了企业产品满足市场需求与企业创造收入的能力。客户管理流程包括四个，即根据企业价值定位识别目标客户，通过营销等手段获得目标客户，通过产品和服务维持目标客户，通过不断满足客户需求培育客户关系。

一是识别目标客户。企业进行客户管理的第一步是识别目标客户。企业首先要对市场上的客户进行细分，识别出符合企业价值定位的客户。这种市场细分通常根据人口统计学因素、地理因素、利益诉求等标准进行。企业还须在细分客户群中识别自己的目标客户。企业的战略、资源能力决定了它能否识别出最优质的客户。

二是获得目标客户。在识别目标客户之后，企业需要获得目标客户。企业需要通过各种营销手段、客户渗透等方式向细分市场的新目标客户传递企业的价值定位，宣传产品及服务。在现实中，企业常常通过让利甚至亏本的手段使客户感受到企业的能力与合作的诚意，进而与新客户建立长期良好合作的关系。

三是维持目标客户。忠诚的客户常常为企业带来长期的订单和合作，能提供长期的利润，降低企业业务人员付出的成本，从而为企业节约资源。因此，企业除了要持续地向客户传递其价值主张外，还应通过维持和提高产品质量、增强客户参与、积极采纳客户的建议等方式来维持客户忠诚。

四是培育客户关系。在维持已有客户的基础上，企业还需要深入挖掘客户的价值。企业可以通过与客户进行交叉销售、与客户建立起伙伴关系、根据客户的需求开发新的产品和解决方案等建立深度合作，将企业与客户紧紧地绑成一个整体，提高客户价值，增加客户的转换成本，从而培育良好的客户关系。

有效的客户管理流程需要与其他战略层面实现有机连接。①与财务层面的连接。识别和获得客户可以为企业提供新的收入来源，而客户保留和客户增长则会提高客户价值，增强企业的盈利能力。有效的客户管理还能通过高效的销售手段提高效率和降低销售成本，从而改进财务绩效。②与学习和成长层面的连接。客户管理通常由具有较强分析技能、执行力与沟通技能的销售和客服人员进行维护，因此，企业需加强与关键人员的联系，防止人才流失带走关键客户。信息技术为客户关系管理提供了便利，使企业可以根据已有的客户数据和资料科学地分析客户需求并进行客户价值定位，进而开发出满足客户需求的产品与服务。客户管理流程需要企业强调以客户为中心的企业文化，建立客户中心型组织，员工需要围绕客户需求进行努力。

3. 创新流程

创新是企业持续发展的必然要求。因此，为保持其核心竞争力和竞争优势，企业需要强化创新流程管理，面对市场需要的变化趋势，优化现有流程，不断开发出新产品和服务。成功的创新可以为企业赢得更多的客户，有助于提高客户的忠诚度，进而改进财务绩效。企业如果缺乏创新，就会难以与竞争者进行有效区分，客户转换成本将会较低，导致企业间的竞争主要依靠价格竞争，企业利润水平难以有效提升。从时间维度看，创新流程主要包括四个，即机会识别，根据现有资源和能力进行研发管理，设计或开发新产品和服务，推动新产品和服务上市。

一是机会识别。企业的创新意识可以来自企业内部，也可以来自企业外部。通常，企业的创新想法是在过去的技术积累和流程中产生的。同时，企业也能借助外部力量来识别创新机会。例如，中国高科技企业往往与高校、实验室进行联合创新，嫁接先进的研发技术为企业创新注入新的增长点。

二是研发管理。企业有了创新的想法后，会依据企业自身的资源和能力来识别哪些是符合企业战略、值得发展的创新机会。企业从评估流程到获得产出是一个组合计划，包括需要确定投资项目组合、拟实现的具体目标、所需的内外部资源及其来源等。

三是设计或开发新产品和服务。根据客户需求设计或开发新产品和服务是产品开发的核心流程，通常包括一系列程序：首先，企业进行概念设计，为新产品确定可行性和功能、特征基础；其次，确定产品开发计划，通过模型、试验等做出产品的雏形；最后，进行流程工艺开发，为产品制定完善的生产规范，实现产品创新的目标。

四是新产品和服务上市。在这一流程中，企业开始尝试将创新的成果投入批量生产，最终进入商业流通环节。这一流程的关键在于，新的制造流程是否能够满足功能和质量标准，从而生产出满足客户需求的产品，甚至开发出新的客户需求。在此流程中，销售和营销部门开始向市场与细分客户推广企业的新产品，从而实现既定的销售目标。

作为企业竞争优势的关键来源，企业的创新流程需要与其他战略层面有机连接。①与客户层面的连接。优秀的创新流程可以向客户传达企业的价值定位，将企业的产品与竞争者进行有效区分，明确阐述清楚企业在质量、性能、服务等方面相比于竞争对手的优点，并将企业的快速响应能力传达给客户，使客户可以更快地分享新产品所带来的效用。②与财务层面的连接。创新性的产品和服务，可以为企业带来较好的收入和利润增长。一方面，如果企业能够在竞争者之前向市场推出新产品和服务，则可以利用先动优势获得更强的议价能力，以高价来获得超额利润，并实现更高的销售收入；另一方面，研发和生产工艺流程的创新，可以提高企业的生产率，降低相关的研发和生产成本。③与学习和成长层面的连接。第一，特定的内外部人力资本有助于企业创新。企业只有拥有善于创新的生产和研发人员，才能实现创新。企业积极与高校等外部机构人员接触可以获得创新灵感。第二，信息技术促使企业各部门能更高效、更低成本地就新产品的想法、构思、经验等展开沟通，促进开发新产品，同时，信息技术会促使企业向行业最佳实践学习，更有效地开展创新活动。第三，具有创新氛围的团队往往可以激发出好的创新点。创新型组织文化使得企业活动围绕创新展开，从而增强企业的创新能力。

4. 法规与社会流程

上述三个流程都是企业围绕战略而发起的自发行为，而法规与社会流程则是企业采取的符合外部法律及标准的行为，往往带有一定的强制性特征。有关员工利益、环境保护、商业道德等层面的国家和地方法律法规，是企业需要遵循的最低标准。有些企业希望在法律规定的基础上有更好的表现，从而提升企业的名誉与声望，帮助企业吸引和保留更多的高素质人才。有些企业认为在减少安全事故、保障员工生产环境等方面的努力，有利于提高企业的生产效率和降低运营成本。企业通常从以下四个维度对法规与社会流程进行管理：环境责任、员工安全与健康、员工雇用、社会责任，具体如下。

一是环境责任。近年来，我国的环境保护法律日渐完善，环境执法力度不断加强，企业的环境责任意识也在逐步提高。企业通过承担环境责任，可以降低企业成本，实现产品差异化，进而增强竞争优势。

二是员工安全与健康。关于企业对员工安全与健康应尽的责任与义务，各国各地通常都有较明确的法律条文规定。因此，企业通常采取与法律条文相对应的指标对员工进行管理，确保员工的安全和健康。

三是员工雇用。在人才竞争日益激烈的当今社会，雇用和发展员工已经成为企业获取核心竞争力的关键。好的员工雇用规范和方法，有助于企业稳定员工情绪，增强员工归属感和激发员工创造力。企业可以通过提供更多的员工福利、增加带薪假期、建立工会等手段来完善员工雇用准则。

四是社会责任。越来越多的企业认识到社会责任对于企业持续发展的重要性。许多企业希望以向社会捐款、资助非营利组织、建立发展基金会等方式来履行企业的社会责任，营造良好的社会形象，提高企业声誉，进而增加企业产品和服务在客户及大众心中的好感度、美誉度。当然，也有企业认为捐款还可以节税，是非常有效的财务策略。

⊙ 战略聚焦

如家快捷酒店

创建于 2002 年 6 月的如家快捷酒店（以下简称"如家"），从创建到第 100 家连锁酒店开业，仅用了 4 年零 2 个月的时间。那么，如家为何能够取得如此迅速的成功呢？

清晰的客户价值定位是如家快捷酒店快速发展的关键。在如家之前，中国酒店主要分为高档酒店和低档酒店。四星级以上的酒店被认为是高档酒店，这类酒店干净、豪华，价格只有消费能力处于中高级以上的旅客才

能接受。低档酒店，如家庭旅馆，不干净、不卫生，但价格十分低廉。如家瞄准其中的空档，洞察到中小商务人士和消费能力中等或偏下旅客的需求，清晰界定了自己的目标顾客，针对性地设计出了"二星级的价钱、三星级的棉织品、四星级的床"这样的客房标准，将如家与其他两类酒店（高档和低档酒店）进行了有效的市场区隔。为了满足这一目标客户的需求，如家一方面强调提升客房的

质量，努力为旅客提供家一般的感觉；另一方面通过去除一切不必要的服务（如游泳池、歌厅、餐饮服务等）来节省成本。

有了明确的战略定位和目标后，如家采取一系列措施进行落实。在财务战略上，如家通过在各省市增加分店等方式提高客户价值，给客户提供更多和更便利的选择，同时，如家注重提高品牌的辨识度。从成本战略看，如家主要通过去除非必要的服务、缩短服务环节等途径实现。为了实现财务层面的战略目标，如家实施了三类客户战略：一是为客户提供舒适的居住体验；二是形成良好的品牌形象；三是提供性价比高的服务。这三类客户战略主要通过干净卫生的环境、选址于交通便利的地方、统一的风格、经济的价格等措施来实现。

为了支持客户层面和财务层面的战略，如家设计了有助于企业快速扩张的内部流程：一是统一进行顶层设计，对酒店的发展目标和路径等做出明确的战略规划，这得益于如家优秀的管理团队的丰富经验和理念，是其他酒店难以完全模仿的；二是实施标准化的操作规范，如将酒店装潢、卫浴产品购买等环节标准化，使得如家酒店的每一个分店都有统一的标准。标准化有助于有效实施和严格控制内部管理流程，也有利于增强如家的品牌度与辨识度。

为了支持企业战略实施，如家在学习与成长层面进行了一系列努力。一是培养和储备了有能力的店长与员工，不断提高管理层人员的规划与整合能力，提升店长的分析、解决问题能力以及员工的服务水平；二是采用高效的网络化信息系统，建立中央预订系统与如家自主版权的酒店管理系统软件，定期维护和升级，极大地提高了工作效率，有效地降低了运营成本；三是建设以客户为导向的组织文化，提高员工的服务意识。

如家酒店的内部流程设计如图 11-6 所示。

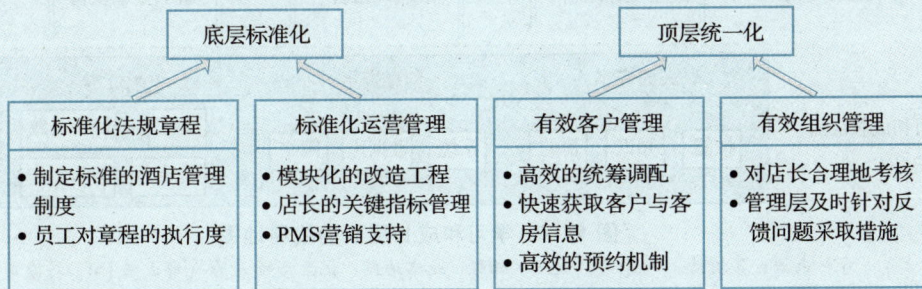

图 11-6　如家的内部流程设计

资料来源：卞艳艳，张蕾，张洁瑛．平衡计分卡与战略地图应用研究：基于如家快捷酒店案例分析 [J]．中国商贸，2012（07）．（作者对原图进行了改动。）

11.2.4　学习和成长层面

在当今社会中，无形资产是企业获取持续竞争优势的重要资产。在战略地图中，学习和成长层面包含人力资本、信息资本、组织资本三种无形资产，具体包括技能、知识、价值、系统、数据库、网络、文化等。无形资产往往需要组织有意识地积累和发展。企业战略的有效实施，需要以强有力的无形资产加以支持。企业内部流程为企业设计了价值创造的关键流程，如果上述三种无形资产与内部流程的目标一致，则可以促进内部流程的有效运行。在此过程中，无形资产与内部流程之间主要通过三种方式实现协同：建立战略工作群组、设计战略 IT 组合、推进组织变革议程（见图 11-7）。

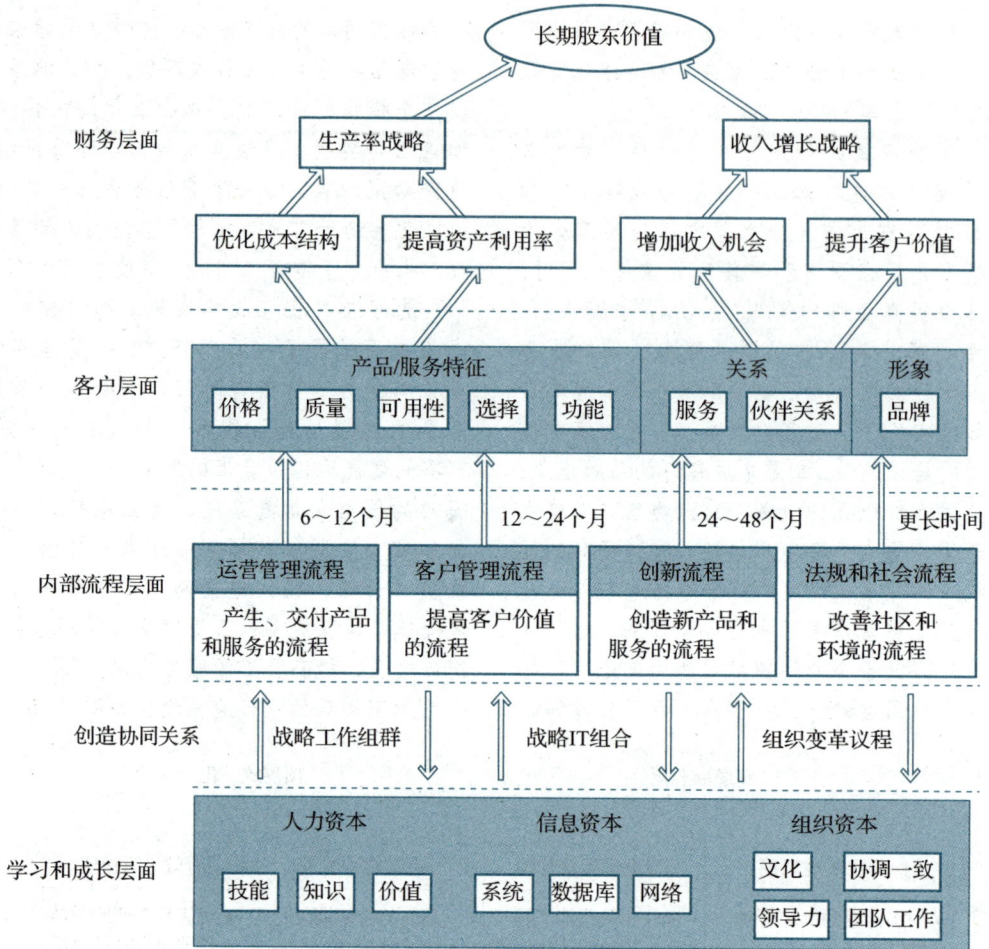

图 11-7　学习和成长层面的战略地图

资料来源：罗伯特·卡普兰，大卫·诺顿.战略地图：化无形资产为有形成果 [M].刘俊勇，孙薇，译.广州：广东经济出版社，2005.（作者对原图进行了改动。）

无形资产对战略的支持度（战略准备度）越高，企业越具有将无形资产转化为有形成果（如业务流程及财务绩效）的能力。战略准备度包括人力资本准备度、信息资本准备度和组织资本准备度。

1. 人力资本准备度

人力资本准备度反映了企业员工拥有的与内部流程运作相关的知识、技能和方法，综合反映了员工的业务能力。较强的业务能力能够有效促进关键内部流程的运行。为了促进内部流程的有效开展，企业需要做到如下几点：确定战略工作团队、细化能力需求、评估当前准备度以及设计人力资本开发计划。

一是确定战略工作团队。从创造价值的角度看，企业往往在一些特定的价值链环节上创造价值，因此，企业需要确保和提升在这些关键环节上的价值创造能力。为此，企业首先需要科学识别出其关键性战略活动，在此基础上识别并培养出能胜任关键性战略工作的人员，组建优秀的战略工作团队，发挥战略工作团队在战略执行中的核心作用，增强企业对关键活动的战略执行程度。建立的战略工作团队需要与企业战略主题核心相匹配，聚焦于开发具有较强战略执行能力的员工，从而确保人力资本与企业战略协同一致。这与建立部门不同，因为企业部门的建立是以工作内容为标准来设定的，部门工作具有鲜明的专业属性，而战略工作团队的工作具有明确的战略导向属性。

二是细化能力需求。战略执行需要企业拥有特定的能力与之匹配，但是能力是一个较为模糊和内隐的概念，企业需要进一步细化每个岗位及其员工所需要的能力特征。这样做一方面能使企业管理者和员工对岗位的工作要求更加明确；另一方面有助于企业成功培育出匹配每个岗位需要的特定战略能力。较为流行的方法是用能力图解的方式来细化岗位和员工的能力要素。能力图解可以为企业招聘和员工培训等提供参考。

三是评估当前准备度。企业需要通过评估员工能力来判断人力资本准备度水平，高人力资本准备度意味着企业具备实施战略的人力资源能力。在实践中，一般采用 360 度考核或者自我评价与上司评价结合的方式来评估员工的能力状况。通过这种能力评估，一方面可以把企业的战略思想有效地传递给员工，让员工对企业目标有更加深入的理解；另一方面有助于员工对自己的能力有更加清晰的认识，为企业培育和提升员工能力提供参考。

四是设计人力资本开发计划。一旦企业对当前的人力资本准备度有了充分的评估，就知晓了战略执行所需要的人力资本能力要求以及当前的匹配水平，进而需要制订出开发和提升人力资本的计划，并配置相关资源来挖掘和增强人力资本，为实现绩效发展提供支持。这里需要平衡总体人力资本和关键性人力资本的差别和重要性，一方面，企业需要整体提升人力资本水平，否则较低的人力资本水平会降低人力资本对战略实施的支持；另一方面，企业需要提升关键人力资本的水平，突出关键性人力资本对战略实施的引领性作用。因此，人力资本开发计划需要强调关键性人力资本的培育和提升，并明确具体的开发目标及其实施路径和策略。

2. 信息资本准备度

信息资本在当前企业发展中发挥着越来越重要的作用，因为信息技术有助于企业提升产品质量、改进业务流程、提高员工能力、提高生产率，进而改善企业的财务业绩。与人力资本一样，企业必须在战略导向下培育和增强信息资本，实现信息资本与战略的协同，具体需要做到以下三个方面：科学描述企业的信息资本；客观评估现有信息资本的准备度；保持信息资本与战略协调一致。

一是科学描述企业的信息资本。信息资本通常包括技术基础设施和信息资本应用程序两个方面。企业必须根据企业战略来发展所需的信息资本，管理战略实施所需的信息资本。战略地图为信息资本目标提供了直观的描述，企业可以根据相关目标来确认最佳方案。例如，在实践中，制造型企业通常采用客户关系管理（CRM）、供应链管理（SCM）、物料需求计划（MRP）等运营管理系统来改善生产环节。企业管理往往采用 ERP 系统等，为人力资源、财务等职能部门提供高效的管理工具。

二是客观评估现有信息资本的准备度。战略执行需要一定的信息资本来支持。信息资本准备度可以衡量企业当前所拥有的信息资本程度，是衡量战略匹配的重要依据。在实践中，企业可以对每个程序中信息资本的重要性打分。通常，这是一种主观的评价方法，由负责信息资本开发项目的经理来把控。

三是保持信息资本与战略协调一致。战略执行需要得到企业内外部的支持。在组织内部，战略工作团队之间的横向跨部门交流非常重要，可以整合每个团队的力量来落实战略目标。信息资本在此过程中可以发挥积极作用，因为信息技术往往便于交流和协同。此外，企业需要在整体提升企业信息资本的基础上发展关键性信息资本，以此支持关键性战略活动的高效进行，并及时改进已有系统和放弃效率低下的信息系统。

3. 组织资本准备度

在战略执行中往往需要进行组织和流程变革，所以组织资本对于有效执行战略至关重要。动员和维持变革流程的组织能力是组织在战略变革指引下成功开展变革的关键因素。组织资本通常包括四个组成内容：企业文化、领导力、协调一致及团队工作。如果企业拥有较高的组织资本，则意味着企业拥有战略导向的组织文化，有助于企业内部开展高水平的知识共享和创造，确保员工对企业战略的具体情况有清醒的认识，增强员工之间的深度合作以共同推进战略目标的实现。

按照平衡计分卡体系的思想，企业应该建立战略中心型组织来管理和执行战略。因此，组织资本的培育和发展也需要依照平衡计分卡的思路，整合与调动各种组织力量，将无形资产转化为有形成果。组织资本的四个组成部分对战略执行水平的影响如下。

一是企业文化。企业文化是组织资本的重要组成内容。企业文化是企业各成员的共同认知和态度，包括企业的愿景、使命、价值观等，对于引导企业发展具有核心作用。文化转变是组织变革的辅助基础，可以帮助员工更好地适应变革。然而，企业文化转变也可能是一把双刃剑，当企业文化无法转变时，尤其当企业进行并购，两种不同的文化难以融合时，企业文化会成为阻碍企业变革的关键因素。因此，在实施战略时，企业需要清楚地了解企业文化的特点。对企业文化价值的衡量一般采用员工调查的方式，也可以采用企业文化组图的方式来衡量企业文化价值，刻画出员工对具体态度和行为的情况。

二是领导力。管理者的领导力是促进企业变革的重要力量，对企业建立战略中心型组织具有关键作用。通常，企业采用管理者开发流程和领导力模型两种方法来确立领导力的战略地位。管理者向员工阐明企业的使命和价值观，利用责任心将企业战略与个人表现紧密相连并达成一致，与团队成员保持紧密而有效的沟通，带领团队成员围绕战略目标开展工作。企业内部员工通常从组织内上下级关系中获知管理者的信息，因此，企业通常利用 360 度考核的手段来量化领导力（主观衡量的方式也是可行的）。

三是协调一致。协调一致通常分为两个步骤：第一，管理者利用各种方法使员工理解和把握企业的战略目标；第二，管理者必须设计出具体的目标和激励策略来激励个体员工，使个体的局部目标与企业的战略目标达成一致。在实践中，管理者可以通过多种方法与员工加强沟通，增强员工对企业愿景、使命、价值观的理解。这种个体与组织协调一致程度，通常采用"个人目标与平衡计分卡联结的员工百分比"来衡量。

四是团队工作与知识共享。团队工作能最大程度地发挥组织成员的力量，达到"1+1>2"的效果。这种效果主要是因为团队工作可以产生知识共享，而知识共享可以降低企业员工对知识的习得成本，加强员工对知识的理解。因此，很多企业利用知识管理系统来促进知识共享，利用部门间的沟通合作促进知识的迁移和转化。尤其当团队成员具有不同的知识背景时，团队工作带来的知识共享程度将更加明显，有助于增强企业的创新能力，进而改进企业的财务业绩。

11.3　战略地图四个层面的连接

对战略执行而言，将战略地图四个层面连接起来更加重要，只有这样，一个体系化的战略地图才会发挥真正的作用，才会真正将无形资产转化为有形成果。当战略地图中的各种要素及其因果关系被清晰地描述出来时，通过量化目标、设立时间线、选择行动方案等把战略地图的四个层面立体地结合在一起，其间体现出的内在逻辑正是战略地图的独特之处。

在客户层面，战略地图将客户价值战略分为四大类：总成本最低战略、产品领先战略、全面客户解决方案战略和系统锁定战略。由于每一类客户战略所关注的重点不同，企业需要关注的关键内部流程也不同。这些关键内部流程是为企业创造价值的重要环节，具有战略性的意义，所以也被称为战略主题。这个战略主题需要渗透和贯穿于战略地图的四个层面，使战略执行严格围绕战略主题展开。企业需要根据自身资源与能力来选择战略主题，给企业准确定位，从而把战略直观地转化为战略地图和平衡计分卡。一般而言，每个战略主题都有一两个具体的战略目标，每个目标各有自己的衡量指标和目标值。为了实现企业战略，企业必须制订相应的战略行动方案，并分配资源，具体包括以下六个步骤。

第一步，确定股东价值差距。企业战略往往是利用现有资源努力达成一个更大的目标。因此，企业战略管理的第一项任务就是确定战略目标。管理者必须提出符合现实但又适当挑战现状的目标。如果目标过高，可能会使员工丧失工作的信心，导致员工工作效率降低、军心不稳，甚至造成大批员工离职。如果目标过低，也就失去了战略管理的真正意义。确定股东价值差距需要完成三项工作：确定高层的财务目标（或使命）和指标，确定目标值和价值差距，以及把价值差距分配到增长和生产率目标上。

第二步，调整客户价值主张。在财务增长层面的两个战略中，生产率改善的目标是短期的，相对切实且容易衡量。这是因为该目标往往聚焦于现有业务和内部流程的改善，此时现有经验可以发挥较好的作用。相比较而言，增加收入的目标的确定就不太容易，因为收入增长要求明确关注目标客户的价值主张，需要将企业行为调整到识别和满足客户需求上来。确定客户价值主张需要完成的工作主要包括：阐明目标细分客户，阐明客户价值主张，选择客户价值测度指标，使客户目标和财务增长目标相协调。

第三步，确定价值提升时间表。一旦明确了客户需求，企业就需要设定满足客户需求的时间表，需要通过不同的内部流程在某个时期内创造相关的价值。企业需要将财务目标值分解为内部流程的目标值，并设立时间维度，使企业所有员工对战略目标都有清晰的认识。确定价值提升时间表需要完成两项工作：设定成果获得的时间线和把价值差距分配给不同的战略主题。

第四步，确定战略主题。企业有很多流程，但并不是所有流程都是关键流程，需要把有限的精力和资源投入少数关键活动中，因此，企业需要确定少数关键的价值创造流程（战略主题）。这些流程需要对客户价值主张和财务效率目标产生极大的影响。这一步至关重要，因为明确战略主题可以使关键内部流程与财务目标、客户目标的目标值保持协调一致，从而避免企业流程偏离企业战略。确定战略主题需要完成两大方面的活动：确定有最大影响的关键流程（战略主题）以及设定指标与目标值。

第五步，提高战略资产准备度。少数关键内部流程能否得到有效运行，其重要基础在于企业对学习与成长层面目标值的设置。学习与成长目标主要在于提升企业的人力资本、信息资本、组织资本，较多的无形资产创造了较高的战略资产准备度。只有提升无形资产的准备度，企业才能拥有达成战略目标的最坚实的基础。企业提升战略资产准备度需要做好三个方面的工作：确定支持战略流程所需要的人力资本、信息资本和组织资本，评估支持战略的资产准备度，确定指标和目标值。

第六步，确定战略行动方案及资金保障计划。平衡计分卡为企业战略确定了具体的指标和目标值。管理者需要建立起实现目标所需的行动方案。行动方案为企业战略执行提供了执行路径，是成功执行战略的基础。行动方案需要建立在企业资源的基础上，充分考虑企业的员工、资金和能力状况。企业确定战略行动方案以及资金保障计划需要完成两个方面的工作：确定支持流程和开发无形资产的具体行动方案，以及阐明和保障预算需求。

⏺ **反思**

数字经济时代的战略执行

数字化快、广、变的特点使得企业更易组成不同类型的合作生态并快速演进，企业要在数字时代做好战略执行，就需要在职能层面落实数字战略思维，将战略思维转化为具体的职能行动。数字经济时代的战略执行不只是数字部门的工作，也是核心关键的研发职能机构面临的挑战。在数字经济时代，数字领导力的作用是不容忽视的，数字颠覆的特殊需求需要管理者做出变化并发展新技能，从而带领企业更好地发展。因此，如何更好地落实数字化研发、搭建数字化架构、构建数字化领导力是数字经济时代企业战略落地和执行的关键。

数字化研发： 在传统的研发模式中，企业研发往往是偏封闭的，涉及固定资产和企业惯例的研发流程一经固定就很难改变，研发的产出不能灵活快速地响应市场，难以满足客户的柔性需求。而在数字化研发模式中，数字技术的自生长性增强了技术、资源、流程之间的连接，使得研发环节更加透明，研发过程之间的边界逐渐模糊，诸多衍生创新得以迭代实现。与此同时，数字技术还改变了研发组织架构，使它形成更加灵活、柔性、扁平化的组织架构模式。数据技术使得信息可以在组织不同层级之间快速、有效、真实地传递和共享，加强了信息的沟通与反馈，降低了时间与管理成本。

数字化架构： 为了使组织边界更具渗透性，管理者必须调整或改变以前的竞争战略和组织形式，在瞬息万变的商业环境中抓住机遇，快速响应客户需求。数字经济时代的企业组织架构开始呈现出整体扁平化、内部决策权分散化和边界模糊网络生态化的特征。根据对现实的观察和归纳总结，数字化的组织架构主要有以下四种常见类型：战术型组织架构、支撑型组织架构、通用型组织架构以及常态型组织架构。

数字化领导力： 数字化极大地改变了企业的游戏规则。越来越多的企业努力开发新的数字能力、利用新的数字资源，组织文化、战略制定过程和人才管理工作都发生了重大变革。数字化领导力在这些变革过程中发挥了总舵手的作用，强有力的数字化领导力能够适应颠覆性时代的要求，帮助企业实现数字化转型的破局。具体来看，数字化领导力又可以分为两个层面的领导力。一是个体层面的领导力，对于企业来讲，就是企业管理者如何带领企业进行数字化转型，如何利用数字资源和数字资产实现企业成长，以及管理者组织变革的领导力。二是组织层面的领导力，即组织作为一个整体，尤其是作为数字生态中的关键参与者，对生态内的其他组织的影响和协同的能力。

本章小结

战略执行是战略管理的关键内容，是战略管理帮助企业创造价值的重要环节。战略执行需要以体系化的方案作为依据，战略地图则为战略执行提供了较好的方法：一方面战略地图可以直观地将企业战略（包括愿景、使命、价值观等）传递给企业员工，另一方面战略地图可以使企业的各个部门、岗位及其员工知晓自身在战略体系中的地位和责任。本章首先介绍战略地图的核心思想、战略地图与平衡计分卡的差别与联系；其次，深入介绍战略地图四个层面的内容，即财务层面、客户层面、内部流程层面、学习与成长层面，分别阐述四个层面的内涵、目标与评估指标；最后，在此基础上阐述战略地图四个层面之间的内在逻辑关系。战略地图可以使企业将战略管理的理论与实践有机结合，企业可以按照绘制战略地图的六大步骤来设计适合自身特点的战略地图，为战略执行提供参考依据和行动方案。本章内容逻辑结构如图 11-8 所示。

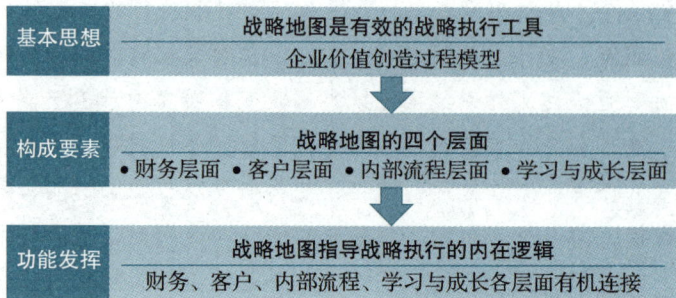

基本思想	**战略地图是有效的战略执行工具** 企业价值创造过程模型
构成要素	**战略地图的四个层面** • 财务层面 • 客户层面 • 内部流程层面 • 学习与成长层面
功能发挥	**战略地图指导战略执行的内在逻辑** 财务、客户、内部流程、学习与成长各层面有机连接

图 11-8　第 11 章内容逻辑结构

复习思考题

1. 为什么可以采用战略地图的方法来执行战略？
2. 战略地图与平衡计分卡的关系是什么？
3. 战略地图由哪四个层面构成，这四个层面的逻辑关系是什么？
4. 财务层面有哪两种战略，这两种战略对财务结果有何影响？
5. 内部流程层面包括哪四个主要流程，具体的流程目标是什么？
6. 什么是战略准备度？请举例说明。
7. 客户层面有哪四种类型的价值定位战略？

总结案例

华为的战略地图设计

请扫码阅读总结案例

第 12 章 资源组织优化

　　企业战略制定后，需要通过资源配置、组织结构优化、组织学习能力提升使其实现，解决制度环境和企业文化等的制约。组织能力是战略实施的基本保障，本章首先明晰推动战略行动落地的组织体系建设流程。其次，重点阐述在资源有限的前提下，要保证战略实现，企业进行战略资源配置和组织结构优化的重要性，并从操作层面为实现总体战略和资源配置提供了系统建议。再次，基于组织学习能力和企业文化对组织的影响，分析了组织结构演变、组织结构特征，并特别就如何建立学习型组织提出了操作性指南。最后，还讨论了数字化转型背景下企业资源组织优化的新变化。

【学习目标】

☑ 全面洞察战略行动议程的推进过程
☑ 正确理解战略导向资源的配置方式
☑ 系统把握学习导向组织变革的类型
☑ 深刻掌握组织动态学习文化的核心
☑ 充分认识数字时代组织资源的发展

⬤引例　　　　　　　　　　　　　海尔的人单合一

海尔集团是全球第一大家电零售品牌，在过去的几十年里，海尔核心家电业务的毛利润每年增长 22%，业务收入每年增长 20%。同时，海尔在新业务的探索中创造了超过 20 亿美元的市场价值。无论是在国内还是国外市场，任何一个竞争者都无法与之比肩。

海尔的成功源于对传统管理模式的全面改革。这场脱胎换骨式的改革由海尔原董事局主席兼首席执行官张瑞敏亲自挂帅，主要聚焦于三大目标：人人都是创客实现；员工与客户之间的"零距离"；把企业变成不断扩展的、以网络为中心的生态系统中的动力节点。海尔这一系列目标体现为"人单合一"的模式，即将为客户创造的价值与员工获得的价值紧密联系起来。

自主经营体是承接企业战略目标，有着明确客户价值主张，可以端到端全流程满足客户需求，并且可以独立核算共赢共享的经营团队，也就是海尔"人单合一"模式创新探索的落地和实践载体。海尔将企业内部划分为众多自主经营体，每个自主经营体都是一个独立的经营实体，对自身的业务结果负责，拥有自己的业务目标、预算和利润责任。其绩效考核主要基于客户评价和市场反馈。客户的满意度和订单的完成情况直接影响自主经营体的绩效评估。自主经营体的利润与员工的收入直接挂钩，员工通过实现客户价值和创造业务成果来获得相应的收益，这种机制激发了员工的积极性和创造力。

随着移动互联网和大数据技术的发展，海尔开始利用科技手段为"人单合一"模式提供平台化支持。2015 年，海尔推出了 U+ 智慧生活开放平台，为自主经营体提供了强大的平台支持，包括资金、技术、市场等资源，同时又不干预具体的运营。自主经营体可以利用这些资源进行自主创新和市场开拓，借助海尔内部建立市场化资源配置机制，还能通过内部市场购买和交换资源，提升资源利用效率。

此外，海尔还打通了客户、供应商、合作伙伴之间的连接：为客户提供了多种互动渠道，包括智能设备的远程控制、个性化服务的定制、客户反馈和评价等，增强了客户体验和满意度；通过打通供应链上下游，实现了供应商、制造商和销售渠道的无缝连接，提高了供应链的协同效率和响应速度；吸引了大量的合作伙伴，共同打造智慧生活生态圈，形成了共创、共享、共赢的合作模式。

资料来源：根据互联网公开资料整理。

讨论题

海尔在"人单合一"模式下是如何进行资源组织优化的？

12.1　战略行动议程推进

将一个战略定位、设计和执行好，需要不同的管理任务和技能。成功的战略决策取决于业务愿景的确立、行业和竞争环境分析、资源能力水平，更重要的是如何去实施战略。成功的战略实施有赖于做好一系列具体工作，如领导、工作合作、资源分配、管理措施、战略决策的贯彻、核心业务活动与战略执行的匹配等。成功的管理者都认识到，提出一个响亮的战略比执行并实现它容易得多，非常精彩的战略规划如果没有组织的支持推进也会失败。因此，如何建立战略行动议程和推进措施，如何完善支持战略实现的制度环境、企业文化，成为战略实施阶段的重要任务。

战略实施是一个动态的、复杂的过程，受到实施过程中各种不确定因素的影响，所以随着战略实施的推进，必须施以有效的实施措施保证战略实施到位，保证企业战略的成功。无论企业所处的情境怎样，以下几个方面是企业在战略实施中必须面对和做好的管理任务：①训练推进战略实施所需的战略领导；②建立战略导向的、具有竞争力的组织；③为关键战略活动分配足够的资源；④建设支持战略的政策；⑤为持续推进制订最好的方案；⑥构建有效的信息沟通系统和操作系统；⑦制定有效的报酬和激励系统；⑧建设与战略匹配的工作环境和企业文化。这八个方面的任务可以概括为图 12-1 所示的战略行动推进议程。

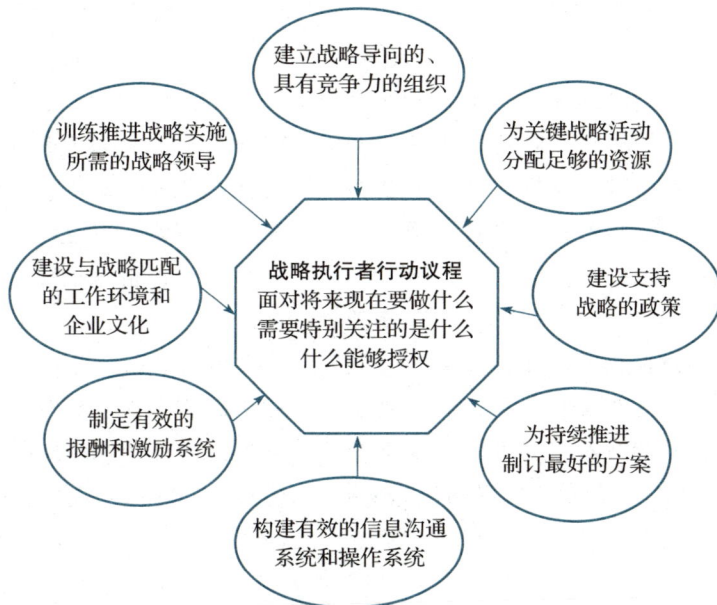

图 12-1 战略行动推进议程

12.1.1 训练推进战略实施所需的战略领导

战略实施的成败主要取决于领导执行过程的好坏。不同类型的领导在推进战略执行过程中的表现也不相同，有的表现为活跃的、主张变革的角色，有的表现为沉稳的、主张稳定的角色；有的主张集权决策或民主集中制决策，有的主张更大程度的授权。领导的战略执行风格主要与以下几个方面的因素相关：一是他们的管理经验和业务知识；二是进入这一领域的时间长短；三是他们在组织中与其他人的关系网络；四是自身诊断、解决问题的技能；五是所授予的权力；六是个性化领导风格；七是他们的角色意识。正是由于不同管理人员之间存在很大的差异性，很可能产生管理思路、方式、风格的不一致性，从而阻碍战略的顺利推行，因此训练推进战略实施所需要的战略领导是实施战略的第一议程。

◉ 实践链接

战略领导助诺基亚涅槃重生

诺基亚曾经是全球销量第一的手机品牌，但智能手机的问世让诺基亚的命运急转直下，苹果的 iPhone 和使用安卓系统的手机迅速占领市场。尽管诺基亚后来也推出智能手机，但市场表现不佳。2014 年 4 月 25 日，经过漫长的谈判后，微软宣布，将以 37.9 亿欧元收购诺基亚几乎所有的终端设备与服务部门，同时以 16.5 亿欧元收购其专利组合，共计 54.4 亿欧元，约折合71.7 亿美元。根据协议，收购后诺基亚品牌仍将得以保留。诺基亚原总部大厦转给了微软，诺基亚新总部设立在诺西通信园区。诺基亚的辉煌时代结束。

作为一家没落的百年企业，诺基亚在经受过企业内部重组、业务分离和转型后，对于其员工、高层和客户来说，都需要一个信任重建的过程。对此，诺基亚董事长李思拓提出了"创业式领导力"，全新的诺基亚需要创业精神，需要有质疑先例

的勇气，并在此后多次的业务收购、剥离中，总结出了"4×4"方法论，即谈判时推开律师、银行家等外部影响，谈判双方的董事长、CEO、首席财务官、首席法务官各自配对，组成谈判四重奏。基于"创业式领导力"的战略领导方式，最终帮助诺基亚实现了业务转型。2015 年 3 月 5 日，诺基亚与法国电信设备供应商阿尔卡特－朗讯在巴黎进行首次正式谈判。同年 4 月 15 日，诺基亚宣布以 156 亿欧元收购阿尔卡特－朗讯，与爱立信、华为逐鹿全球通信设备市场。从 2012 年到 2016 年，诺基亚的企业价值增长了 20 多倍，成功涅槃。在 5G 通信设备的竞争中，诺基亚又以黑马之姿入场。公开数据显示，截至 2019 年 10 月，诺基亚已经与全球 16 家运营商达成合作，签订了 30 份 5G 合同，仅次于华为签订的 50 份，数量超过最先布局 5G 的爱立信。

12.1.2　建立战略导向的、具有竞争力的组织

建设有竞争力的组织要特别关注三个方面的组织建设活动。一是选择与战略相配称的组织结构。企业应综合考虑各种组织结构特点，通过价值链分析和业务流程重组，使组织更好地适应战略需要。企业从实际出发对自身的组织流程进行重组时，要既能满足战略需要又简单可行，不要盲目追求形式上的完美。

二是选择与组织核心能力、管理才能和技术专长相配称的核心团队。选择并

配备适应关键战略岗位的人才是组织建设的首要条件。在进行战略性人才配备时，要注重领导团队的建设，战略执行者要建立核心团队并确定核心成员来执行战略，关注核心团队的接班人队伍建设，及时吸收有技能、经验和领导才能的新成员加盟到管理团队中来，从而适应新的形势。

三是让有才能的成员融入组织。仅有一个好的管理团队是不够的，要让有才能的成员深入到组织中去。诸如微软、麦当劳等企业都在极力寻找它们所需要的有才干的人才，并为他们设计职业生涯发展计划，使他们通过各个层面的锻炼，真正融入组织。

● **实践链接**

联想集团锻造"斯巴达克方阵式"团队计划

所谓"斯巴达克方阵式"团队是指不为小胜而轻狂、不为挫折而气馁的坚定团队，这种团队具有以下特征。一是充分发挥员工的能动性，引导员工做出不平凡的业绩。没有什么比不平凡的业绩和自我实现感更能鼓励员工、吸引员工，进而形成强大的团队向心力。二是员工有被提供认同的机会和施展其才智的空间。三是树立员工的自信、信任，营造创新的团队氛围。了解员工，熟悉员工，积极主动地响应员工的需求，帮助员工解决工作上的困难，肯定员工的进步，激励员工成长，培养创新精神，创造良好的工作环境。良好的工作环境包括整洁的办公环境、良好的员工工作习惯和严谨、完善、合理的工作流程三个方面，它们是工作效率的保证。

12.1.3　为关键战略活动分配足够的资源

这里从三个方面就如何为关键战略活动分配资源提供建议。一是人力资源的分配。为关键战略活动配置人力资源，具体体现在企业的人力资源管理过程中，首先要根据关键战略活动需要确定特定的人力资源计划和人才需求特征；其次是吸引、招募和选拔符合需要的独特人才；再次是为新入职的员工提供培训，开发他们的潜力，让他们为完成将要承担的工作做好准备；最后是为战略性人力资源提供富有竞争力的报酬，加强对人才工作绩效的管理，创造一种积极的工作环境和员工关系。

二是为关键性战略活动分配独特技能和能力。组织建设一方面要获取和配备具有特殊才能、技能和技术专长，并能为企业构筑基于独特价值链的竞争优势的人员队伍；另一方面要建立有竞争力的胜任组织，构筑竞争者无法模仿和难以模仿的竞争优势基础。要实现后一个目标，就应该根据组织的价值链分析，寻求构筑独特价值链的关键战略环节，然后给这样的环节配置竞争者无法匹敌的技能和才能、核心能力与专有技术。

三是培育和强化核心能力。企业要培育持续竞争优势就要把独特的资源和能力配置到能构筑核心能力的要素中去，就如微软之于莲花软件，丰田之于汽车发动机技术等。在具体做法上，可分为：①培育组织做事的能力，选拔有必需技能和经验的人员，提升与扩展必要的个体能力，努力建设合作的团队，提升组织能力；②经验建设，如使组织能够以可接受的成本完成活动，并将这样的活动转化为优势能力；③精细化和深化组织的技能与技术，如通过持续的人力资源培训和再培训，使组织在人员方面拥有具有潜质和差异性的竞争能力。

12.1.4 建设支持战略的政策

企业实质上是由股东、员工、客户及供应商等利益相关者组成的社会组织，在经营管理过程中，相当多的管理矛盾、冲突和问题都是制度性问题。建设支持战略的政策主要有两点。一是要优化内部制度，战略管理者应该考虑制定什么样的制度规则才能使组织中成员的努力与报酬呈正相关，使之追求个人预期利益最大化的行为结果与给定的组织目标相一致。二是完善自身的组织文化、产品、观念等，使其与习俗、传统、社会责任相吻合，为战略目标服务。

制定制度的目的不在于控制人，而在于控制企业发展，在于引导人的行为，激发人的潜能，实现自我管理。具体在制度建设上，企业应注意以下四个问题：①制定的政策程序应能提供自上而下的指导，能让管理者和员工明白什么事情需要做，什么行为是期望的，做事的规则是什么，等等；②政策和程序应能帮助规范组织活动和行为，能对独立活动的个体和群体施加必要的限制；③政策和标准化运营程序应能强化特定的关键战略活动在不同区域单元分散执行时的一致性，消除不同区域单元实施同一活动时的显著差异性；④当需要以新的制度替代原有的政策和程序时，要以改变内部工作气氛和企业文化为核心，从而产生与新的战略相匹配的企业文化。

12.1.5 为持续推进制订最好的方案

一项新战略的实施往往伴随着企业的变革。根据变革的范围和连续性，可以把变革分为两种类型：渐进性变革和激进性变革。渐进性变革是指线性连续的变革，它并不意味着组织成员在世界观方面的改变或者组织战略方面的根本性改变，它是第一层次的变革。激进性变革是多维度、多层次、不连续的变革，通常会涉及组织的重新建构、组织所处环境观念的重大改变，并以此引发企业核心价值观的重新认定，这是第二层次的变革。

在企业变革中，变革推动者扮演着非常重要的角色，可以是组织内部的管理者或非管理者，也可以是组织外的顾问干预者。比如，当企业为了使自身价值链活动更加有效而有力时，就会跟踪、探究行业最佳者和全球最佳者的行为与方式，这时，基于标杆管理就成为非常有效的寻找和采取最佳实践从而把内外实践整合为有效实施措施的工具。

12.1.6　构建有效的信息沟通系统和操作系统

企业战略的实施或执行，离不开大量业务运行支持系统。例如，如果没有信息化服务系统，没有精准、快速的反应系统和强有力的空中维持系统，一些国际大型航空公司就不可能提供国际水准的服务。再如，现在准时制生产理念在许多企业得到采纳，如果没有运作高效的供应链管理体系、先进的信息沟通系统和操作系统，这也是不可能实现的。

随着计算机系统、网络技术的发展和普及，电子商务成为企业发展必须掌握的工具，越来越多的企业正在推进 ERP 系统，或者推出更新的资源管理与沟通的系统，而 IT 企业提供的问题解决方案，使得为企业服务的系统更加个性化，针对性更强，操作更便利。所有这些系统都离不开信息系统和操作系统的支持，当企业战略被实施时，有效的信息沟通系统是必须考虑的，它不仅提供了系统、高效的运作工具，而且有助于提升企业的组织学习文化氛围。

12.1.7　制定有效的报酬和激励系统

成功的战略实施者能够激励员工为组织发展做出自己最大的努力。为了达到这个结果，要求组织能够建立一套高效的激励机制，如把每个员工编进对应的团队和工作群体，允许员工参与决策，鼓励员工自主地从事工作，激发员工的工作兴趣和满意感等。微软会把新招聘的员工编入 3～7 人的团队，在有经验的人的指导下开发微软项目的下一代产品。为实现团队的目标，项目团队成员以每周 60～80h 的投入时间开展工作，因为他们相信微软能够决定未来行业的走向，在微软工作能使他们共享激情、挑战和顶级工作报酬。总的说来，建立起支持关键战略目标实现的激励系统，就是要建立与战略绩效相关的报酬系统，并从长期与短期相结合、过程导向和结果导向相结合的角度设计针对战略性人力资源的激励系统。

12.1.8　建设与战略匹配的工作环境和企业文化

每家企业都有自己特定的文化、经营哲学和原则、解决问题方法、做事方式、禁忌和宗教信仰等，这些内容构成了其独特的文化，企业文化对战略的制定和实施起着非常重要的作用，例如沃尔玛的文化基石是客户满意度，热衷于追求低成本，以及强烈的工作道德规范；麦当劳的管理层坚持强调质量、服务、清洁环境、价值观等，这些因素已经成为企业的战略资源要素，也是整个企业共享和认同的核心价值体系。随着这些文化因素的积淀，它们已成为组织环境的重要组成部分。

在大型组织中，不同的下属组织之间存在组织制度、区域文化、地理环境、产品特点、人员背景等方面的差异性，导致下属组织中出现亚文化。如果在下属组织的亚文化中，企业的核心文化仍然占主流，则建立与企业整体战略相匹配的文化环境相对比较容易，但如果整个组织没有主流文化，则会使得不同部门由不同的亚文化指导，企业就难以建立与整体战略相匹配的工作环境和文化。因此，大型企业，尤其是跨国公司，应建立正式的共同价值观，使企业文化成为引导、塑造全体员工行为的有力工具，同时，不断优化亚文化，支持各个组织子战略的实现。这方面比较典型的是麦当劳的文化，无论麦当劳连锁店设在世界上的哪个角落，其主体文化都是一致的，但各地连锁店自身又可以适应不同区域的亚文化，因此，主文化和亚文化便可共同支持企业战略的实现。

12.2　战略导向资源配置

12.2.1　战略导向资源配置的意义

为关键战略活动配备足够资源是战略行动推进的重要一步。企业资源是决定企业可做什么、要做什么的基础，一旦企业决定了做什么，就需要合理的资源配置来保证战略目标的实现。其中，战略资源的配置状况直接决定战略目标能否实现。企业资源是指企业用于战略行动及其计划推行的人力、物力、财力等资源的总和，而战略资源是指其中稀缺的、具有独特价值性、不可模仿的那部分资源，主要是指知识、信息等无形的资源。战略导向的资源配置之所以重要，主要有三个原因。一是因为战略目标的实现取决于有关战略资源的流向和流动速度的战略规划决策。二是企业中可支配的战略资源总量和结构的变化具有动态性和不确定性。在战略实施过程中，资源稀缺程度和结构会发生各种变化，比如随着科学技术的进步，可能原来的稀缺资源会变得不稀缺，当然，也有的会更加稀缺。三是无形资源对战略实施的影响程度难以预测。比如，企业信誉资源对企业获取公众支持和政府帮助会产生很大的影响，但是，究竟影响程度如何是非常难以评价的，因此合理配置该资源就比较困难。

合理配置企业战略资源的目标要围绕战略重点和战略目标，把有限的资源进行有效的整合利用。战略资源重新配置通常要把资源从一个领域向另一个领域调整，比如，将某些部门的人员和资金投入转移到对战略成功更为关键的部门和机构中去，甚至为了发展某个项目和活动而取消另外一些项目和活动等。概括地说，战略导向的资源配置就是要实现战略与资源的动态组合。随着企业的发展，一方面战略资源得到不断积累，另一方面根据战略需要应对积累的资源做必要的、合理的调整，这样就形成了企业中战略与资源之间的动态组合过程。比如，根据不同阶段的战略发展特点，企业内部对战略取得成功作用最大的那些价值活动会发生变化，根据这样的变化，在进行资源配置规划时，就需要对这些关键价值活动倾斜性地进行资源配置。

12.2.2　战略导向资源配置的类别

企业战略资源配置通常在两个层次上进行：第一个层次是公司层，即从整个企业层面考虑资源配置规划，在各种职能部门、分部或独立事业部之间分配资源；第二个层次是职能部门、事业部等中间层，是在组织的一个部分或部门内部调配资源，从而实现经营单元战略或职能战略。

公司层的战略资源规划主要是在企业内部不同部门和组织之间进行资源分配，这些组成部分可能是企业职能部门（如营销部、财务部等），也可能是业务分部、地区性分部或独立事业部。根据企业总体资源的变动情况，分为三类资源配置方式：第一类是企业整体资源没有变化情况下的配置方式；第二类是企业整体资源有所增长情况下的配置方式；第三类是企业整体资源有所下降情况下的配置方式。

1. 整体资源没有变化情况下的配置方式

如果某组织或部门在支持企业战略实现的过程中，不需要在资源总量或配比上做任何变化，可以采用公式化分配方式或讨价还价分配方式。

- 公式化分配方式。它是指组织使用一个公式作为分配的出发点，例如广告预算可能是销售额的 5%；在公共服务组织内部，收入水平可能会按每人多少来分配。公式化分配方式主要存在以下一些不足。一是在公式的适用性或公正性问题上常常会出现一些分歧。解决这个问题的常见措施是修正公式，如引入加权方法或新的要素等，但这样会使分配更复杂，极少能真正解决分歧，而且还会使问题更糟，因为这种类型的公式总是具有一定程度的任意性。二是资源分配方法太严格。当组织要对战略做逐步调整时，这种方法不能有效地适应这种变化，如随着市场竞争状况的变化，需要追加广告预算，但由于公式化的分配已经限定了资源数量，要调整公式的系数就会非常困难，因此该方法难以适应变化的环境。

- 讨价还价分配方式。它是接近零基预算的分配方式，即企业总部和部门、分部之间通过讨价还价来确定资源配置额度。这种方式在变化程度很低时比较有效，因为一旦讨价还价确定了结果后，高管人员不愿轻易改变配置方案，否则，一个微小的变化都可能会把高管人员卷入讨价还价过程中。此外，由于资源总量没有大的变化，一个组织的资源配置增加就会导致另一个组织或部门资源的减少。正因为资源配置的刚性，该方法同样会降低组织的灵活性。

要避免上述局限，企业在进行资源配置时，就需要适度放松项目规划预算，给有关部门或分部设定一个可控范围内的自由度，在可控范围内给分部或各部门更多自由，而企业从整体层面对战略实施控制。但这又涉及对自由度的理解问题，因为它决定资源分配的方法。在实际操作中，对于防御型组织，可能会在靠近企业底线的范围内经营，通过发展那些要求资源配置变化较小的战略使组织面临的变化最小化；对于开拓型组织，则可能会积极寻找那些破坏现状的资源分配制度，从而创造各种新的机会。

2. 企业整体资源有所增长情况下的配置方式

当组织需要实施资源配置变动很大的战略时，需要采取资源变动型的配置方法。在资源有所增长的情况下，企业常常以相对变动的形式进行资源再分配，即在不减少企业中任何一个部门或组织资源的前提下，将新增长的资源有选择地在组织内进行分配。这具体分为三种分配方式：①集中划定优先领域，由组织总部进行资源分配；②组织总部通过公开竞争分配资源，即组织设立内部投资中心，下属各部门或组织从这个投资中心竞价求取额外的资源；③处于增长期的大多数组织会选择处于这两种方式之间的一条中间道路，可以将这种方式描述为有约束的竞价，即在这种方式下，各个组织或部门可以竞价要求额外的资源，但要在组织制定的标准和约束的范围内进行。

3. 企业整体资源有所下降情况下的配置方式

总体资源量下降情况下的配置方式与增长情况下的配置方式有许多重要差别，因为在这种情况下要减少某些领域的资源配置，从而维持其他领域的资源供给或支持新领域的发展。解决资源下降情况的再分配问题有许多种不同的方法。第一种是简单地由上级指定来实现再分配，如决定关闭某些工厂。第二种是以公开竞争的方式实现再分配。例如，让组织内的员工自由更换，当岗位空缺时，通过公开竞争把岗位分配给最需要的单位。此外，还有一种中间形式，即对资源实行有约束的竞价。在这种情况下，资源会从一个领域转向另一个领域。为了做到这点，企业经常将组织用于再分配的总资源的一部分分配给新的业务。

12.2.3　战略导向资源配置的实施

以上三类资源配置方式可以概括为图 12-2 的分配思路。当战略调整程度较高，企业总部对资源配置的控制程度较高时，企业会采取指定战略优先级的配置方式；当战略调整程度较低，企业对资源控制程度较高时，则会采取公式化的配置方式；当战略调整程度较低，企业对资源的控制程度也低时，则会采取讨价还价的配置方式；当战略调整程度较高，企业对资源配置控制程度较低时，则会采取公开竞争的配置方式。

		战略调整程度	
		低	高
资源控制程度	高	公式化	指定战略优先级
	低	讨价还价	公开竞争

图 12-2　战略资源分配思路

目前，许多大中型企业在改制过程中都遇到了资源再分配的问题，在组织资源整合实践中常常采取以下几种变通性的重新配置方法：一是将相关的领域或活动合并，从而减少资源的使用量，企业常以"消除重复利用"或"规模经济"来解释这种做法的原因；二是在企业正式结构之外设立新的组织单位（这一单位的资源是从其他领域中得到的），再将这一单位合并到主体结构中，通过这一过程完成资源的再分配；三是通过一个公开的过程进行资源再分配，如简单地关闭组织的一部分，这种集中分配的极端形式常常在组织面临生存危机的情况下使用。

以上分析是建立在资源配置在组织内不能共享的基础上的，而事实上，企业在战略资源配置的过程中应该考虑资源的共享性问题，如果战略资源不能为整个组织所共享，则往往是资源的浪费，这是公司层战略资源配置面临的最大困难之一。因此，企业内不同组织、不同部门之间需要以多种不同的方式进行资源共享，如部门间共享服务、两个事业部之间共享生产能力或公共销售网络等，从而实现共享性资源配置。为了使不同部门和组织之间具有战略协作意识，需要企业总部在资源分配上提供更直接的集中指导。然而，如果各个部门或子公司之间的独立性很强，企业总部就很难提供有效的控制，这是目前事业部组织结构存在的最大问题之一。

当存在资源可以共享或重复使用的情况，但部门分享意愿不强时，以下策略可能会比较有效地解决问题：一是由总部到分部、部门间接地征收管理费用，从而解决资源共享；二是由部门直接向那些共享该部门服务资源和管理资源的部门与组织征收服务费；三是直接将管理责任委托给一个指定的分部，然后由这个分部向其他部门和组织收取享受该资源的费用。对于第二种和第三种直接收取服务费的办法，需要将资源管理的责任和计量放在同一个部门内，但这又会产生新的管理收费系统官僚化的危险，因此，许多组织将这些收费限定在两个主要的领域：能真正按供应商 – 顾客关系建立的内部服务，如可通过横向服务协议来进行收费；管理费用能真正明确的主要项目，这类项目应鼓励分部、部门更多地从战略上考虑资源共享问题。

12.3　学习导向组织变革

12.3.1　企业组织结构的演化

建立学习导向的具有竞争力的组织是战略执行的基本保障，也是完成上述资源分配的重要前提。随着技术的变革和经济规模的扩大，企业不断向纵向以及多样化方向延伸业务领域。这种业务领域的延伸对管理的要求越来越高，需要新的管理技术、新的信息沟通与控制系统以及新的组织结构来适应更复杂的管理。因此，如何根据战略发展的需要来变革组织形式，成为支撑战略实现的又一个关键。企业组织结构的变化是战略发展的客观要求。从纵向的历史角度考察，现代企业出现了两次组织结构的重大突破：一次是 19 世纪后期职能制的出现，当初铁路公司由于在地理上的扩张而率先以职能划分组织，从而实现专业化分工管理；另一次是 20 世纪 20 年代事业部制的出现。事业部制最早由通用汽车公司采用，它的最大特色是划分了管理层与业务层的职责范围——管理层负责战略管理与协调，而业务层负责具体产品的经营运作，由此实现了组织集权与分权的协调，达到组织效率的最大化。表 12-1 描述了近现代企业组织结构的演化历程。

表 12-1　近现代企业组织结构的演化历程

时间	环境影响	战略变化	组织结构变化
19 世纪早期	当地市场运输及通信不便，劳动密集型生产	专业化，强调当地市场	管理及财务系统简单，没有中间管理层
19 世纪后期到 20 世纪早期	电路、电报、机械的出现使生产及分销的规模扩大	地理范围的拓展、全国范围分销产品线的拓展、前向一体化	职能制组织出现，企业最高管理层负责各职能部门协调，会计系统、管理信息系统发展
20 世纪 20 年代	分销系统的发展、资金融通的便利、对成长的渴望	多元化战略	职能部门协调困难，管理层负担过重，事业部制出现，战略管理职责与运营职责分开，战略企划部建立并向下属单位提供服务

企业组织结构不断演化，逐步衍生出以下六种形态：职能化或流程专业化、组织区域化、业务部门化、战略业务单元化、矩阵结构以及横向型结构。这六种形态既是企业组织演进的历程，也大致反映了企业发展不同时期所采用的组织结构形态的演变，企业组织结构随着企业的发展过程不断地推演、创新，从而逐渐趋于最佳状态。

特别是在 20 世纪后期，随着科学技术的迅猛发展，知识资源在组织资源中的重要性越来越突出，出现了大规模定制的新模式，范式变化使得对企业整合的要求越来越高，对知识的要求也越来越高，企业的组织结构呈现出新的发展趋势。这里主要对目前最新发展的组织结构形式做介绍，由于传统的简单组织结构、职能式组织结构、事业部制组织结构、矩阵式组织结构在其他很多文献中都有论述，这里不再进行讨论。

12.3.2　柔性化组织结构

美国学者迈尔斯·斯诺在 1986 年提出了"新竞争组织"这个概念，这种组织的核心是运用计算机信息系统技术，与企业内外部建立广泛的联系，并应用市场机制糅合一些主要职能，以求实现更为广泛的战略目标。后来，人们从这样的组织形式中延伸出柔性组织的概念。所谓柔性，同适应性一样是指连续性地做出临时性调整。由于组织建立在个人、群体和组织内部子单位之间的动态合作以及与外部环境功能互补的基础之上，因而柔性已成为组织在不确定环境中生存、发展不可缺少的因素。总体来说，柔性组织体现在结构小型化和简单化方面，如有些文献所说的"小的是美的"。他们认为，组织结构如果过于复杂庞大，则不符合人的本性，而组织小型化更能使人感到与工作关系密切，使个人的作用与贡献发挥得更完备，便于领导下放权力且不易引起混乱局面，既有利于调动下属的积极性又便于控制。

组织柔性可以使组织成员活动方式由刻板正规向灵活多变转化。在过去的组织中，人与人之间等级分明，人的活动受到严格控制；而在新的组织中，对组织成员的任务不做严格的规定与说明，对工作程序不做明文规定，通过开放机制及社会心理机制来调动人的积极性。人与人之间的等级差异较小，权力由集中走向分散，沟通显得更加重要。

12.3.3　混合型组织结构

混合型组织结构是另一种新型的组织结构形式。现代组织结构演化趋势，一方面是下放权力，另一方面是将战略计划和决策机制集中于企业总部，形成高度集权与高度分权相结合的混合型组织结构。这种结构常常以模拟分权制和超事业部制相结合的形式为代表。彼得斯和沃尔曼认为，实现集权与分权良好结合的组织结构必须符合以下三个标准：有适当的方式来对付重大威胁，从而增强企业对外在环境的灵活应变性；组织稳定，富有效率；具有不断创新的企业家精神。为达到这三个标准，他们设计了以"三支柱"为框架（见图 12-3）的组织结构。

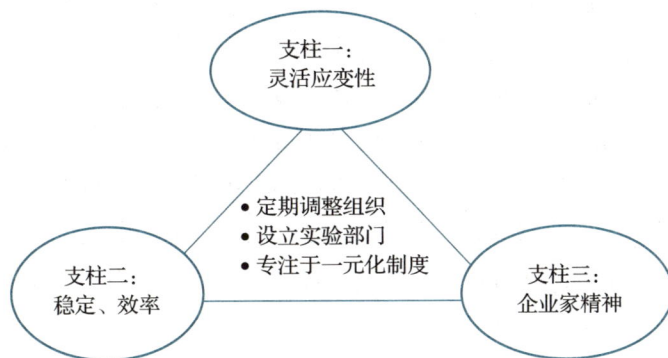

图 12-3　"三支柱"框架

12.3.4　网络型组织结构

第三种发展趋势是网络型组织结构。随着科学技术的不断发展，企业组织结构也在向着网络型组织结构转化。它包括两层组织：管理控制中心和柔性立体网络。前者集中了战略管理、人力资源管理和财务管理等功能；后者以合同管理为基础，根据需要组成业务班子，而合同则是机构间的联系纽带。网络型组织结构具有以下特点。一是整个组织分为技术性与非技术性两大类部门。技术性部门包括研发、生产等；非技术性部门包括战略、营销、人力资源和财务等。二是网络中技术、资金、信息三个要素相互分离。三是网络组织的控制是间接控制，而且保持单向的责任权力，一个中心只有一个经理，通过合同管理，避免多头领导。四是具有更大的灵活性，使高效率得以保证。五是有利于经营协调和合作，便于调动每位管理者的积极性，而且有高附加值的保证。

12.3.5 基于团队的组织结构

第四种是基于团队的组织结构。这种组织为部门化结构，跨度扁平，正规化程度较低，对不同工作程序具有一致的责任感，组织层次很少，存在广泛的横向沟通。这种组织结构是以团队为基础构建的，整个大的组织成为多个团队的集合，也有人把这种组织结构称为基于团队的链式结构。这种结构具有以下特点。一是以自我指导的工作团队取代传统组织内部的个人作为组织分支。二是团队围绕工作流程开展工作。例如，在为特定顾客群提供特定的产品或服务时，通过建立团队平台从事从新产品设计到销售服务整个流程的活动，每个团队平台包括一个设计工程师、一个制造领导、一个采购领导和一个营销领导。三是组织内有很扁平的层级，通常不多于两个或三个管理层次。四是结构正规化程度很低，几乎每天所有的决策都由团队成员做出而不是由远离团队的管理层做出。关于如何组织团队工作的规定限制很少，每个团队都被分配了结果目标，从而鼓励它们利用有利的资源和自己的创造力达成目标。

基于团队的组织结构既敏感又灵活。团队对员工授权降低了他们对管理层级的依赖，从而降低了成本。一个交叉职能的团队结构促进了跨界沟通和协作，使做出决策的速度更快，考虑得更周全。比如，一些医院从职能部门化转变成交叉职能团队结构，由护士、放射医生、麻醉师、医药代表、临床医生和其他专家委员会等共同组成一个合作体，使工作更加有效，减少时间耽误和工作失误。

在基于团队的组织结构中，由于需要不断对人与人之间的沟通技巧做培训，团队维持成本比较高，所以，在团队发展早期，团队工作需要更多的时间进行协调；员工在角色模糊时，可能会遇到更多压力；由于冲突发展、职能权力缺失和职业生涯发展路径不明确，团队领导也要承受很大的压力。

⊙ **战略聚焦**

微软的网络型和基于团队的组织结构

微软是一家较早采用网络型组织结构的企业。它采用网络型组织结构主要有两个方面的原因。一是由历史原因导致的。微软早期是由比尔·盖茨和十几位电脑黑客组成的，当时企业内部没有什么正规的组织结构，完全是由程序员相互协作共同完成软件开发。二是由产品特性决定的。生产系统软件不同于生产轿车，生产轿车的过程可以分解为零件的生产过程和随后的总装过程，各个过程可以相互独立进行。系统软件虽然也可以分解成许多特定的功能，但是各项功能间必须

保持兼容，并且可以相互调用。所以，各程序员的工作需同时进行，而且应能够及时了解其他程序员的工作进展。经过十几年的磨合，微软内部已经形成了一套以计算机网络为基础的网络型组织结构。

在微软内部还留有行政职位，然而与科层制下由行政级别产生的职务权威不同，在微软，权威来自个人的技术能力。微软将内部的人员分为若干个技术级别，刚毕业进入微软的大学生是9、10级，特性小组组长一般是11、12级，开发经理一般是13、14级，

在整个企业里达到 15 级的只有五六个人。在微软，由 14、15 级的设计工程师组成的"智囊团"对企业的产品开发与经营活动有绝对的权威。微软在挑选管理人员时，首先考虑的因素是技术能力，只有拥有相应的技术级别的人才有资格担任管理职务。

为开发一个新的系统软件（如 Office），往往需要几千名技术精英的通力协作。在新产品开发过程中，微软针对新系统中的每一个功能组成一个"特性小组"，每个小组中的人数视程序开发难度而定，一般不超过十个人；又为每个特性小组配备一个人数相等的测试小组，从而检验源代码的正确性。编程工作开始后，每个程序员须将自己当天编写的程序在每天的某一个固定时间输入中央主版本，由计算机合成新的代码。程序员在第

二天开始编程前，先从中央主版本上拷贝下更新的源代码，然后在此基础上编写当天的程序。这样通过每天的构造过程，几千名程序员同时工作，并且能够及时了解其他特性小组的编程情况，在需要的时候加以调用。每个"特性小组"有一名小组长，整个项目有一名项目经理，他们的职责不是监督程序员的工作，而是协调各小组间的同步与兼容，同时他们还要负责编写系统中最难解决的部分。在微软内部，员工有很强的流动性，编写 Word 的程序员可以去编写 Excel，程序管理经理可以去做产品策划，测试人员也常常有机会加入程序员的行列。由于微软内部实行的是技术等级而非行政等级，这使得人员在部门中的流动不会导致人事上的障碍。

12.3.6 学习型组织的特征

以上四种形式是最近在不断发展的组织结构形式，其根本思想就是提高组织对环境变化的适应能力和学习能力，这样的组织被称为学习型组织。这些组织是为培养弥漫于整个组织中的学习气氛、充分发挥员工的创造性思维能力而建立起来的一种有机的、高度柔性的、扁平的、符合人性的、能持续发展的组织，它们具有持续学习的能力，从而实现整体绩效高于个人绩效总和的效果。概括地说，这些组织具有下面几个特征。

一是以学习观念为先导，倡导终身学习。组织决策层、管理层、操作层都能全身心投入学习，养成终身学习的习惯和良好的学习气氛，促使员工在工作中不断学习。尤其是经营管理决策层人员，他们是决定企业发展方向和命运的重要管理者，更要注重学习。其他员工则应把自己的学习行为贯穿于组织系统运行的整个过程之中，实现边学习边准备、边学习边计划、边学习边推行的效果。

二是以共同愿景为基础，倡导求同存异。组织的共同愿景源于员工个人愿景而又高于员工个人愿景，是组织中所有员工共同愿望的描述，能将不同个性的人凝聚在一起，使他们朝着组织共同的目标前进，同时又强调员工的个性，能让员工的个性在这样的组织中得到充分发挥。

三是以人本精神为指导，创造宽松的环境。人本化的组织能够不断为员工创造愉快的工作环境，正确界定好组织和个体之间的关系，让员工从谋生变成"乐生"。组织成员可以自己发现工作中的问题，选择伙伴组成团队，选定改革、进取的目标，进行现状调查，分析原因，制定对策，组织实施，检查效果以及评估总

结。对整个组织而言，则应建立以人为本的组织氛围，比如让员工丰富的家庭生活与充实的工作生活相得益彰，不断弱化工作与家庭之间的界限，从而提高员工的生活质量，使他们实现家庭与事业之间的平衡。

四是以机制制度为保证，构筑开放系统。通过不断建立和完善激励制度、管理制度、职业生涯设计制度、自主管理制度等机制制度，让员工积极参与组织内部与外部等各个层面的学习交流，消除学习的组织边界，促进组织要素与外部环境要素之间的互动，提高整个组织的快速反应能力和对环境变化的响应能力。

五是以知识共享为核心，促进信息交流。通过团队构筑和团队绩效考核，建设知识共享平台，建立跨组织、跨功能、跨团队的信息沟通机制，使知识在组织内部得到最大程度的应用，实现知识从个人资产向组织资产转换。

六是以生命价值为理念，实现两个转变。组织倡导个体追求生命的价值，使员工对工作的态度从工具观向精神观转变，即从把工作作为达到目的的手段转变为寻求工作内在价值和生命价值；对组织的认知则从机器观向生命观转变，即从把企业看成从事投入、产出转换的机器转变为把企业看成具有自组织功能的生命体。

🔗 实践链接

全球第一大石膏板公司北新建材前董事长宋志平在 1995 年便提出一个口号，"像办学校一样办企业"，意思是管理即教育，企业不仅要出产品，还要出人才。宋志平认为，管理不是无师自通的，管理水平的提高源于坚持不断地学习，抓管理就要有管理的制度，学习用管理的语言来对话。只有具备了持续学习的能力，拥有足够的专业知识、管理知识，才能进行高质量的沟通，团队才能进步。为此，宋志平把人力资源开发放在头等重要的位置，把工作分为两个层次。第一个层次是充分发挥人的专长和潜能。先对整个企业的人员分工进行彻底了解，再将企业的工作分类，通过整合劳动组织，解决人力资源浪费的问题。企业要实现人尽其才，一是领导干部要心中有数，熟悉整体人员情况，真正做到知人善任；二是要破除旧的观念，真正发挥员工的聪明才智。第二个层次是对现有人员的培养，包括在职培养和技能培训。在职培养主要是针对管理干部和技术干部，技能培训主要是针对岗位工人。

于是，宋志平决定将北新建材打造成一个学习型组织，以"岗位读书、技能培训"为口号，鼓励员工在职学习。企业改建培训中心，建立语音室、计算机房、图书馆，举办企业文化与现代化管理、市场营销、财务管理等专题培训……通过一系列的努力，员工普遍接受了市场经济与管理知识的熏陶。1997 年北新建材上市时，市场这样描述北新建材：北新建材是一所大学校，企业董事长是在读博士，管理团队是一个硕士群，这是一家管理良好的企业。后来，宋志平把"管理即教育"的理念带到中国建材集团，集团多年来结合实际，采取分级、分类的方式弹性开展培训，为企业快速成长奠定了坚实的人才基础。

12.4 组织动态学习文化

组织文化是影响组织方方面面活动的重要因素，组织战略作为组织宗旨和价值观的反映，具有深刻的文化烙印。优秀的组织文化可以指导组织形成有效的战略并成为组织实现战略的重要驱动力。构建学习型组织，关键在于组织动态学习文化的形成。组织动态学习文化是支持企业核心能力转化为顾客价值需要的必要条件。具有组织动态学习文化的企业，能够快速、持久地向顾客提供较竞争者性价比更高的产品，从而维持其"超级竞争地位"。今天，企业的成功越来越依赖对快速变化的顾客需求的迅捷反应，通过快速应变能力建立起企业在关键性活动和技术能力上的持续相对优势。那么，企业应该如何培育动态学习文化呢？这里从战略基础构建、学习氛围培育、制度内审和外向审计四个方面提出对策建议。图 12-4 展示了这四个方面对构筑学习型组织、提高持续竞争优势的作用过程。表 12-2 则列出了从这四个方面培育组织动态学习文化的策略及其具体操作。

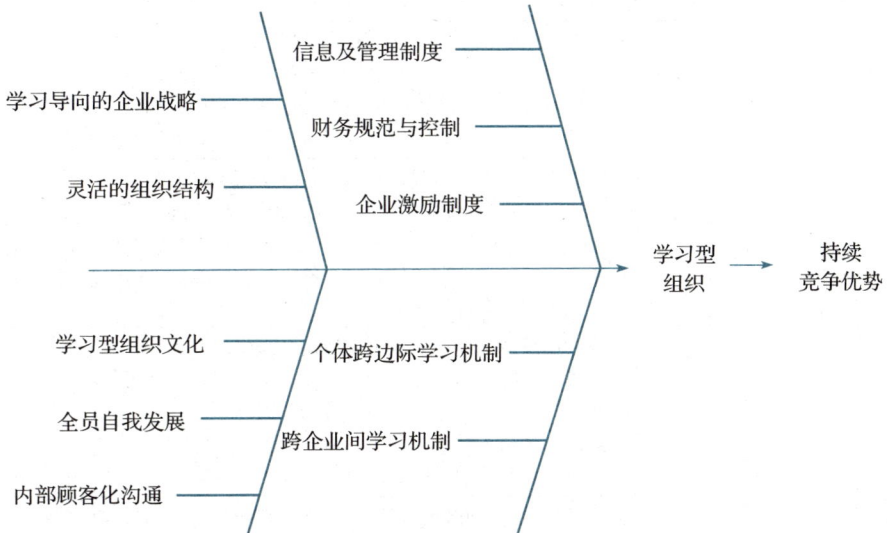

图 12-4 组织动态学习文化操作策略分析鱼刺图

表 12-2 培育组织动态学习文化的策略及其具体操作

方面	策略	具体操作
战略基础构建	学习导向的企业战略	• 企业要根据内外部环境的变化动态地调整战略 • 管理行为的目标导向性 • 战略和策略的制定过程是一个结构化的学习过程 • 战略制定过程是一个不断反馈和提升的过程 • 每个员工都参与战略和策略的制定 • 企业政策反映了全部员工的价值观，而不仅仅是高层管理者的意志 • 评价机制和员工发展计划的讨论有助于战略实现的组织愿景
	灵活的组织结构	• 灵活安排员工角色和岗位，满足他们在技能积累、适应和发展等方面的需要 • 认同是比物质奖惩更有效地推动员工学习的机制 • 部门之间或者其他组织间的边界应该看作适应外部变化的临时性结构，而不应被看作刚性的结构 • 组织需要规则和程序，但当这些规则和程序不合适时，应及时加以修改

（续）

方面	策略	具体操作
学习氛围培育	学习型组织文化	• 当工作面临困难时，你可以从周围得到帮助和支持，从他人处学习新知识 • 员工主动花时间去琢磨工作中碰到的问题，在干中学 • 员工想办法主动寻求更好的工作方式，通过自我学习实现持续改进 • 新老员工、不同岗位的员工，都能够相互交流，取长补短，共同提高
	全员自我发展	• 员工有自我发展过程中学习和培训的建议权，并能得到资金支持 • 鼓励那些技能水平较高的员工去承担责任 • 自我发展性资源也能够为外部利益相关者享受 • 内部有较多的机会和资源可提供给员工，使他们在一个开放的平台上学习 • 员工个人学习需求的把握是企业考核、评估和职业生涯设计的中心
	内部顾客化沟通	• 每个企业的员工都有义务收集和反馈关于外部变化的信息 • 善于与外部顾客、供应商、社区成员进行建设性沟通，了解他们的期望 • 企业内部建立了支持员工与外部沟通的程序和条件 • 企业内部会议上常规性地对经营环境的变化做审计 • 企业能常规性地得到关于外部经济、市场、技术发展和社会政治事件对自己经营状况影响的分析性报告
制度内审	信息及管理制度	• 信息机制的建立在于促进相互沟通，而不是信息垄断 • 员工能随时获取关于自己及本部门行为及其效果的信息 • 信息系统的建立是为了更好地促进信息的积累和沟通，帮助员工学习 • 信息系统能为员工提供信息交流机会，从而更好地理解企业战略和发展愿景
	财务规范与控制	• 建立完善的会计、预算和审计系统从而支持组织学习 • 会计和财务人员不但要承担记账、预算和规划等职责，还要做决策者的顾问 • 财务系统应鼓励各部门和个人作为风险资本的风险承担者 • 让每位员工认识到自己是组织的一员，要为自己的资源负责 • 从顾客导向设计和建立控制系统
	企业激励制度	• 企业报酬系统设计非常强调对团队合作的激励 • 在激励系统的制定过程中，企业让员工参与政策的制定 • 企业分配制度强调以业绩考核为基础 • 强调以正向激励为主、负向激励为辅 • 物质激励和精神激励的有机结合
外向审计	个体跨边际学习机制	• 内部不同部门间以内部顾客为理念就产品质量、成本、交货期等进行沟通 • 无论是给予支持还是提出批评，部门间能够自由、坦率地交流意见 • 每个部门在考虑整个企业利益的基础上向其他部门提供顾客化服务 • 管理者的作用在于推进内部沟通、谈判和合作，而不是进行自上而下的控制
	跨企业间学习机制	• 经常与竞争者交换一些关于市场、技术变化的信息和看法 • 企业员工经常与供应商、顾客和竞争者等利益相关者保持接触 • 企业通过与供应商、顾客和竞争者合作的方式开发新产品与新市场 • 企业运用基标法等策略学习其他企业的经验和做法

第一，战略基础构建主要包括两个方面：一是建立学习导向的企业战略；二是建立灵活的组织结构。所谓学习导向的企业战略，最根本的一点就是强调战略的动态性，这样的动态性建立在企业各个组织和个体主动学习的基础上。第二，企业的学习离不开学习型文化建设。它包括学习型组织文化、全员自我发展和内部顾客化沟通三个方面的策略。第三，制度内审是指企业需要动态地对企业内部的信息及管理制度、财务规范与控制、企业激励制度等进行优化，从而适合企业

战略的需要。第四，外向审计则强调组织内部应建立个体跨边际学习机制，组织外部则应该建立跨企业间学习机制。这些机制制度的建立和完善，可以促进个体与组织向外部学习，提升企业适应环境变化的能力。

实践链接

微软的动态学习文化

微软提出学习是自我批评的学习、信息反馈的学习、交流共享的学习。为此，微软提出了四个原则。第一，系统地从过去和当前的研究项目与产品中学习。第二，通过数量化的信息反馈学习。第三，以顾客信息为依据进行学习。第四，促进各产品组之间的联系，通过交流共享学习成果。微软的重要理念是通过交流学习实现资源共享。微软为了交流共享，采取了三个措施。①成立共同操作、沟通系统。微软这个庞大的系统需要高效的沟通。②开展相互交流活动。③开展"东走西瞧"活动。比尔·盖茨要求员工工作时间在各产品开发组之间多走一走，看一看，起到沟通、交流、相互学习的作用。

反思

数字化转型

在数字时代和数字化转型的背景下，企业的资源配置、组织结构优化和组织学习能力发生了显著变化。

一是资源配置方面。数字化转型需要大量投资新兴技术，如云计算、大数据、人工智能和物联网。这些技术可以提高资源利用效率，促进业务的智能化和自动化。合理的战略导向资源配置在这种背景下显得尤为重要。利用数据分析和智能算法进行资源配置，可以提高决策的科学性和效率，优化供应链管理、顾客关系管理和生产过程的效率。灵活的资本配置也是数字化的一大优势。通过数字化平台融资和众筹平台募集资金，企业可以更灵活地调整资本从而应对市场需求。

二是组织结构方面。数字化推动组织结构朝更加扁平化的方向发展，减少管理层级，提高信息传递和决策的速度，从而使企业能够更迅速地响应市场变化和顾客需求。此外，数字化转型常常需要跨职能团队的合作，汇集不同部门的专业知识，促进创新和复杂问题的解决。数字工具如协同软件和视频会议工具的使用，使得远程工作和虚拟团队成为可能，增强了企业的灵活性和员工的工作满意度。

三是组织学习方面。数字化加速了知识的更新换代，企业必须鼓励员工进行持续学习和知识分享。利用在线学习平台和社交媒体工具，可以实现知识的快速传播和实时更新。为了有效应对数字化转型，企业应引入知识管理系统，确保知识的收集、整理、共享和应用更加高效。定期组织线上线下培训、技术研讨会和知识分享会，提升员工的综合素质和应对新技术的能力。此外，设计激励机制，鼓励员工主动学习、创新和分享知识。奖励在数字化项目中表现突出的团队和个人，从而激发员工学习的积极性。

总结来说，数字时代带来的技术变革和市场环境的变化，对企业在战略制定和实施过程中的资源配置、组织结构和组织学习等方面提出了更高要求。同时，数字化也为这些方面的优化提供了强有力的工具和方法。企业需要积极适应变化并抓住机遇，才能在数字时代保持竞争力。

本章小结

本章内容逻辑结构如图 12-5 所示。

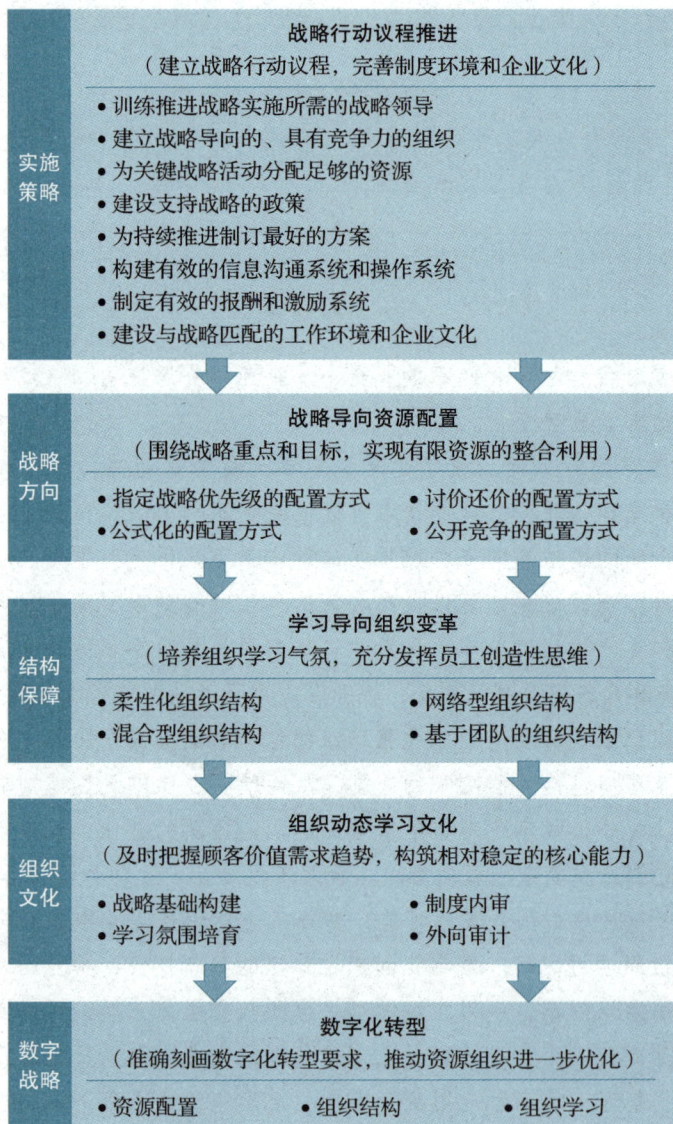

实施策略

战略行动议程推进
（建立战略行动议程，完善制度环境和企业文化）

- 训练推进战略实施所需的战略领导
- 建立战略导向的、具有竞争力的组织
- 为关键战略活动分配足够的资源
- 建设支持战略的政策
- 为持续推进制订最好的方案
- 构建有效的信息沟通系统和操作系统
- 制定有效的报酬和激励系统
- 建设与战略匹配的工作环境和企业文化

战略方向

战略导向资源配置
（围绕战略重点和目标，实现有限资源的整合利用）

- 指定战略优先级的配置方式
- 公式化的配置方式
- 讨价还价的配置方式
- 公开竞争的配置方式

结构保障

学习导向组织变革
（培养组织学习气氛，充分发挥员工创造性思维）

- 柔性化组织结构
- 混合型组织结构
- 网络型组织结构
- 基于团队的组织结构

组织文化

组织动态学习文化
（及时把握顾客价值需求趋势，构筑相对稳定的核心能力）

- 战略基础构建
- 学习氛围培育
- 制度内审
- 外向审计

数字战略

数字化转型
（准确刻画数字化转型要求，推动资源组织进一步优化）

- 资源配置
- 组织结构
- 组织学习

图 12-5　第 12 章内容逻辑结构

复习思考题

1. 在战略决策中，高层决策者最关心的问题是什么？

2. 在推进战略实施的议程中，你认为最关键的任务是什么？为什么？

3. 战略实施过程中资源整合优化要考虑哪些因素？请分析战略导向资源配置的主要思路。

4. 组织管理的柔性化趋势的特点是什么？柔性化组织结构有哪些，各有什么特点？

5. 如何培育与战略相匹配的组织动态学习文化？

6. 如何更好地利用数字技术优化组织战略资源配置和组织结构？

总结案例

正泰集团：传统制造企业的数字化转型之旅

请扫码阅读总结案例

第 13 章　战略实施过程控制

　　战略管理实践呈现出战略制定、实施和控制的融合趋势，战略实施的过程也就是控制的过程，因此，战略实施过程的控制系统应包括事前控制、事中控制和事后控制。本章注重战略实施的全程控制，包括战略领导意识控制、战略实施进程控制、战略绩效标准控制、战略导向激励控制等。战略领导意识控制强调对战略主体的明确定位，分别从战略信息意识、战略思维意识和战略行动意识入手进行先导性控制。战略实施进程控制要求管理者对整个战略实施做全过程的流程性控制，纠正战略实施进程中的偏差，确保战略目标实现。战略绩效标准控制要求企业完成好确定评价内容、建立评价标准、衡量实际绩效、进行差异分析和纠正战略偏差等任务，确保企业战略目标的实现。战略导向激励控制要求管理者通过有效的激励手段促进员工高效地执行战略，包括工作任务设计激励、绩效评价方法激励、薪酬体系设计激励和企业文化建设激励。

【学习目标】

☑ 理解战略领导意识的先导性控制及其三个方面的意识
☑ 掌握战略实施全过程的进程监控及其基本控制点
☑ 掌握战略绩效标准控制及战略绩效标准设计
☑ 掌握战略导向激励的引导性控制及激励手段的完善

引例　　　　万向的全方位动态管控

万向始终笃信"先进的技术不能弥补落后的管理，先进的管理可以弥补落后的技术"。从改革开放初期产权制度改革到配套的组织机制演进，从集团化到国际化组织治理，万向的管理模式一直因势而变、因时而变，支撑着企业在"三创"实践中持续发展。

制度基础：产权制度改革

产权制度安排是企业经营管理机制和组织结构安排的基础和保障。企业产权制度安排归根结底是"利益和责任归谁"的问题。不同的产权制度安排对这些问题给出了不同的答案。万向在企业制度上的探索大致可以分为承包责任制、股份合作制、股份制和集团股份制四个阶段。

经过一系列调整，万向集团形成了较为科学、合理的现代化管理模式，做到了"三个符合"：符合新机制，即符合转换后的企业经营机制的要求；符合新制度，即符合有中国特色的现代企业制度的要求；符合新体制，即符合社会主义市场经济体制的要求。

机制基础：激励机制改革

如果说产权制度改革解开了经营的束缚，那么激励制度则进一步激发了员工潜力，为创新的涌现创造了良好环境。万向经过十余年的探索，总结出了一套分配机制上的优化经验。

万向在中国企业中率先实行了联利计酬浮动工资制，按照员工的贡献度和效率进行分配。此外，万向遵照"按劳、按绩、按职"和"三个不平等"（各企业之间因资产实绩不同而产生的不平等、经理和员工的不平等、职业化与专业化的不平等）原则，对企业高级经营者、高级管理者、高级决策者采用年薪制，或在投资者可分配总额中提取一定比例进行分配。对完不成目标利润数或违反了企业有关规定的高层管理者，万向只保证其最低收入。

通过持续调整激励机制，万向在企业和员工之间构筑了风险共担、利益共享的桥梁，不断激励员工迈出创新步伐。

财务管理：划小核算体系

"小核算体系"的核心思想是将内部组织进行最小化切割，按最小单元进行独立核算。此外，通过在内部组织单位之间实行市场化交易结算，企业经营者不仅可以将经营目标更直接地传导至下属单位，还能更准确地把握下属单位的物资流转与经营发展状况。

财务目标管理体制将外部环境和内部条件作为预测决策的依据，把企业财务计划与市场竞争紧密联系。运用这一核算体系，万向对市场的敏感度大幅提升，为资本经营奠定了良好基础。

集团化治理：集权与分权

1992 年 12 月 21 日，鲁冠球正式宣布机构改革方案，决定将万向节总厂与万向集团分离，进行以放权为中心的企业改组。主要做法是以承包合同为经济纽带，采用"三管、三不管"（管外部不管内部，管宏观不管微观，管结果不管过程）的办法，逐步放权，同时把经营决策权和把握市场的责任全部压到各位厂长、经理身上，鼓励他们成为一个名副其实的企业家。

从万向的集体治理实践看，鲁冠球始终坚持以灵活手段调动"决策与权力"的管理轴线。

国际化治理："三三模式"

依据信任度和技术相关性的高低，海外子公司的员工定位可以被划分为子弟兵、雇佣军和特种兵。针对三种不同类型的子公司，万向采取了三种本地化治理方式，由此形成万向本地化发展的"三三模式"：（1）对子弟兵海外子公司采用完全本地化治理；（2）对雇佣军海外子公司采用有条件的本地化治理；（3）对特种兵海外子公司采用框架式的本地化治理。

文化治理：主人翁意识

在鲁冠球看来，一个人只有把他的一切融于事业之中，才能实现人生真正的价值。因此，他不仅以身作则，还提出"人人都是老板，员工是企业的主人"。鲁伟鼎在万向创业五十五周年会议上提出，万向的价值实现需要每个万向人承担起责任，对从事的岗位负责，对所在的企业负责，对自己的事业负责，对个人的时间负责。

为了培养员工的主人翁意识，万向鼓励员工入股，积极采纳员工建议，提供公平竞争环境让每一位员工都切身体会到自己在企业里可以发挥的优势，从而产生"我是企业的一分子"的意识。有了这样的意识，员工自然而然就会有强烈的责任感，并且为企业全心奉献，让企业越来越好。企业发展蒸蒸日上，员工的收入也就变多了。

资料来源：魏江.鲁冠球：聚能向宇宙 [M].北京：机械工业出版社，2019.

讨论题

万向的战略管控模式有何特点？

作为战略管理的重要环节，企业战略实施过程的控制在很大程度上决定了战略的成败。传统的战略理论和实践常常把战略控制视为战略制定、实施之后的一个独立阶段，导致过去的战略过程控制成为一种实质上的事后控制，这显然是不正确的。在战略环境高度动态性的趋势下，战略制定、战略实施和战略控制是融为一体的，因此，把战略实施与控制作为整体思考和安排，已成为理论界与企业界的共识，即战略实施过程控制实际上包括事前控制、事中控制和事后控制三个环节。本章将从战略领导意识控制、战略实施进程控制、战略绩效标准控制、战略导向激励控制四个方面来探讨企业战略控制的基本问题与总体框架，以期为企业战略控制提供具有理论性和操作性的指导思路与解决方案。

13.1　战略领导意识控制

战略是高度动态的，源于顾客需求的高度差异性和多变性、竞争者的超竞争性、技术的高度动态性和商业模式的快速迭代性。产生于 20 世纪中期的战略管理理论建立在外部环境相对稳定的基础上，而自 21 世纪以来外部环境的高度不确定性，迫使企业战略管理实践中的战略制定、战略实施和战略控制这三个阶段越来越融合在一起。因此，企业决策层的战略前瞻和动态调整，已经成为新常态。企业要想保证战略实施过程控制的效率，加强对战略领导意识的控制变得日益重要。事实上，对任何一家企业而言，战略领导意识都是保障企业战略实施过程控制效率的最重要条件。

所谓战略领导意识，是指企业管理者在战略实施过程中，为提高实施过程控制效率、保证实施过程控制质量而必须具备的对企业内外部环境信息、战略实施基本问题、实施过程控制行动等方面的敏感性和洞察力。它包括以下两个方面的基本内涵：一是战略领导意识主体的明确定位，二是战略领导的角色分析。

战略领导意识的主体是企业高层管理者。乔治·斯坦纳曾对 250 多家企业进行深入研究，他让企业高层管理者按作用大小排列出 85 个有助于企业成功的因素，结果，前四个因素都与战略领导主体的培养和提升有关，具体包括：吸引和保留高质量的高层管理者；为持续经营培养未来经理人；激发出管理者获取利润的强烈愿望；最高管理层的判断力、创造力和想象力。该研究表明，企业战略能否取得成功与高层管理者的战略领导意识密切相关。

对战略领导的角色界定，就是明确战略领导者在战略制定与实施过程中所起的关键性作用，而且战略领导者在不同的时间和空间需要扮演不同的角色，承担不同的责任。一个战略领导者需要扮演多种角色：幻想家、企业家、战略家、主管、战略执行者、文化建设者、资源获取和分配者、能力建设者、流程组合者、教练、风险解决者、任务控制者、发言人、谈判代表、鼓动者、仲裁人、政策制定者、政策强化者、指导者甚至啦啦队队长等。这就需要企业战略领导者在不同的时间和场合，扮演好自己的角色，出色地完成自己的职能和责任，为企业战略实施过程控制提供有力的保证。

从战略领导意识的概念和内涵可以看出，战略领导者需要很强的战略信息意识、战略思维意识和战略行动意识，只有具备了这些彼此相关且互补的能力，战略领导者才能有效地进行实施过程控制。

13.1.1　战略信息意识

战略进入实施阶段，战略领导者的角色从战略设计者转为结果控制者。如果战略实施效果与预定目标不一致，就会造成战略失效。按照战略失效在实施过程中出现的时间段不同，可分为早期失效、偶然失效和晚期失效三种。在战略实施初期，如果战略没有被员工理解和接受，或员工对新的环境还不适应，就可能导致较高的早期失效率。战略平稳发展阶段也可能有不可预测的因素，使战略出现偶然失效。当战略推进一段时间后，由于战略制定时对环境的预测与现实情况之间的差距越来越大，战略的晚期失效率一般会比较高。战略失效率与时间的关系如图 13-1 所示，由于曲线形似浴盆，故称"浴盆曲线"。

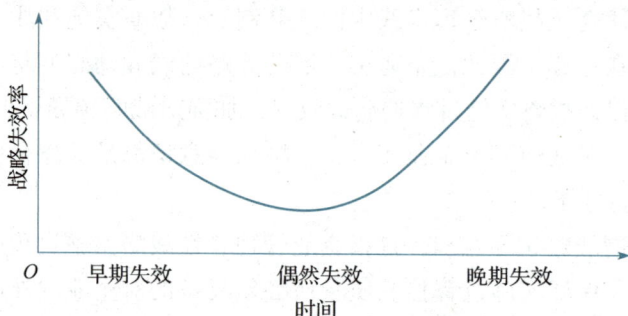

图 13-1　战略失效的"浴盆曲线"

造成战略失效的原因有很多，主要包括：①最高管理层对真实情况缺乏了解，落后的情报系统不能给管理者提供准确判断组织现状所需的消息；②高层管理者自我欺骗，对组织现状不了解，还自认为是一个团结紧密的集体，对竞争者、顾客和员工的看法墨守成规；③既得利益的管理者热衷于维持现状，不愿鼓励人们提出挑战性问题；④高层管理者被日常具体工作束缚，没时间考虑长远问题；⑤组织昔日的成功蒙蔽了高层管理者，使他们无法看清未来趋势，抱着过时的旧战略不放；⑥出现组织惰性，高层管理者对企业为什么取得成功缺乏清晰认识，只要企业不至于走到失败的边缘，仍将维持现状；⑦内部缺乏沟通，战略未能为全体员工所接受，成员间缺乏协作愿望；⑧战略实施所需要的资源条件与现实条件之间存在较大缺口，难以保障资源配置等。战略领导者要尽量避免战略失效，必须积极主动地根据内外部环境变化及时对未来做出预判，检测预期与实际情况之间的偏离程度，采取切实有效的措施做出应对。

🔗 实践链接

战略实施过程中的战略失效信号

以下是战略实施过程中可能会暗示战略失效的一些信号表征，当高层管理者遇到这样的信号时，往往需要对战略实施过程和可能的绩效进行诊断。

- 业绩突然出现严重滑坡，需要高层管理者重新评估现行战略的可行性。

- 主要竞争者发起突然袭击，而且出乎常规，需要高层管理者做出分析判断，并决定是否采取反应行动。
- 企业出现重大丑闻，比如中层管理队伍的强烈抵触、顾客的大规模"逃离"、财务上的严重危机等，迫切需要高层管理者重新评估现状。
- 新成员加入高层管理团队，可能会导致现有战略实施过程与管理风格的改变，需要战略领导者做好沟通与协调工作。
- 重要投资方突然要求企业拿出一份令投资者满意的经营计划，否则，有可能会出现资本抽离，这需要高层管理者尽快做好衔接和协调。
- 企业被另一家企业接管，需要提交正式的计划和预算，促使高层管理者做出快速且有效的反应。

13.1.2 战略思维意识

高层管理者的战略思维意识也是战略领导意识的一个重要因素，因为企业战略的制定与实施是一个融合迭代系统，需要根据内外部环境变化动态调整。彼得斯和沃特曼提出的"战略实施要素 7S 模型"强调战略实施过程既要考虑企业整个系统的状况，也要考虑战略、结构和体制 3 个硬因素，还要考虑作风、人员、技能和共同价值观 4 个软因素（见图 13-2）。只有这 7 个要素很好地进行协调，企业战略才能获得成功。因此，所谓战略思维意识是指战略领导者必须系统思考和整体把握企业所面临的现实与潜在问题，全方位谋划指导思想与行动框架。

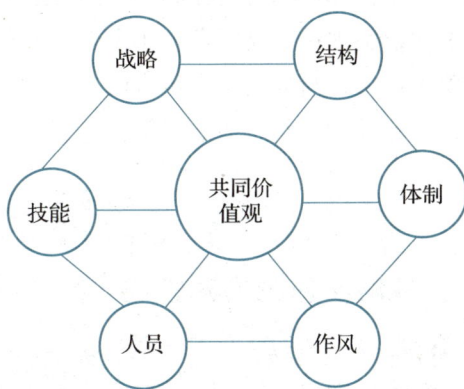

图 13-2 战略实施要素 7S 模型

13.1.3 战略行动意识

如果说战略信息意识是战略领导意识的基础，战略思维意识是战略领导意识的关键，那么战略行动意识就是战略领导意识的结果。彼得斯和沃特曼的《追求卓越》一书归纳了卓越企业的 8 大特征，其中第一大特征就是强调行动，而且是领导团队指导下的全员行动。现实中最常见的问题是，战略实施缺乏强有力的领导团队和组织结构，很多好的理念或想法无法付诸行动。战略行动意识就是要组建起一支高效的战略领导团队，建立起有效的组织结构。

🔗 实践链接

组建战略领导团队的基本要求

- 配备核心领导。选择合适的核心领导，使其在战略实施过程控制中发挥核心作用。
- 核心领导组阁。由已经确定的核心领导确定领导团队的其他成员，并建立相应的监控机制，保证战略领导团队的正常运行。
- 能力互补。战略领导团队内部成员的能力应相互补充、相互匹配。
- 团队合作。要选择富有合作精神的人员进入领导团队，从而增强领导团队的凝聚力并提高工作效率。
- 优化组合。选择最佳或最满意的人员搭配方案从而满足能力匹配的要求，保证战略领导团队的高效性。

　　组建起战略领导团队后，需要设计战略实施的组织结构和人员支撑，建立内部战略支持系统。因此，企业始终都应将建立有效的组织结构、培养优秀的人才队伍当成战略实施过程控制的重要工作。与战略实施相关的组织结构建设主要包括以下三个方面：一是设计或变革与战略相匹配的组织结构；二是培育或开发战略实施所需的资源与能力；三是为企业关键岗位配备合适的人才。

　　每个企业都要根据自身实际情况和内外部环境条件，构建富有特色的内部组织结构，并创造良好的环境来支撑战略行动。所谓良好的环境，至少有以下三个方面的内涵：一是要求企业各个部门以及全体员工具有强烈的投入意愿和取得预期结果的必胜信心与决心，这就需要企业战略领导者通过动员、激励以及对良好业绩及时回报等途径来加以实现；二是要求企业形成一个有利于全体员工共同投入的企业文化，努力实现企业文化与战略的同步协调；三是要树立结果导向与追求卓越的精神，创造一种具有建设性工作压力的气氛。

⊙ 战略聚焦

建立战略实施的内部管理支持系统

　　要建立适合战略实施所需的内部管理支持系统，主要需要做好以下三个方面的工作。

- 明确企业政策与程序。战略实施通常需要对企业内部运作过程与管理方式提出适当调整的要求，战略领导者需要通过政策再优化，不断改进操作规程，推动战略实施进程，克服存在的障碍，消除抗拒因素。
- 建立内部管理信息系统。在战略实施过程控制活动中，不仅需要通过非正式渠道收集企业经营现场信息，还要求从正式渠道收集与获取关键战略信息。
- 发挥战略实施的领导作用。需要有人承担重要的管理职能，运用各种管理理论与方法，发挥战略领导者的核心作用，带领全体员工做好战略实施过程控制。

13.2　战略实施进程控制

战略实施进程控制是指管理者按照战略目标衡量战略实施的阶段性进程状况，纠正战略实施进程中的偏差，确保战略目标的实现。这里主要介绍四个方面的内容：战略实施进程控制类型、战略实施进程控制步骤、战略实施进程控制方法和战略实施进程控制途径。

13.2.1　战略实施进程控制类型

战略实施进程控制侧重于对已发生或将发生战略问题的重要部门、项目、活动进行的控制，关注长期经营绩效，保证内部各项活动以及内外部环境之间的平衡，改善企业的市场地位。战略实施进程控制在不同时间和空间有着不同的要求，因此，可以按照时间和空间，分别对战略实施进程控制进行分类。

根据控制所涉及的层次和范围可以分为三类，即战略控制、业务控制和作业控制。战略控制是指战略管理者及战略实施者根据战略目标和行动方案，对战略实施状况进行全面评审，及时发现偏差并纠正偏差。战略控制以高层管理者为主体，以企业整体运营流程为对象，关注与外部环境相关的因素和企业内部绩效。业务控制以战略经营单位的高层管理者为主体，以战略经营单位的整体运营流程为对象，关注的是战略经营单位在实现各自战略目标时的工作绩效。作业控制是对具体负责作业的工作人员的日常活动控制，关注的是履行职责及完成作业性目标任务的绩效。显然，无论是在控制层次上，还是在控制范围上，战略控制、业务控制和作业控制之间都有着明显的不同（见图 13-3）。

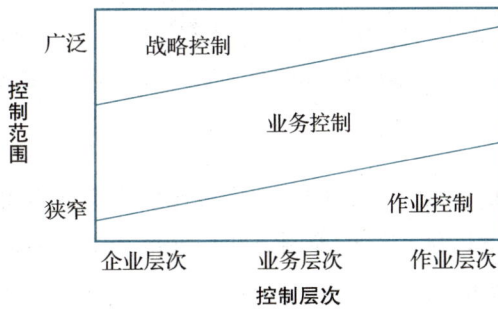

图 13-3　战略实施进程控制类型

战略实施进程控制的目的是通过在战略实施全流程中做好信息反馈、发现偏差、分析原因、采取措施纠偏等活动，保证战略目标的实现。在实际进程控制过程中，由于"时滞信息"的存在，在信息反馈和采取纠偏措施之间常会出现时间延迟，因此，需要做好事前、事中和事后控制。

1. 事前控制

事前控制是指在活动成果尚未实现之前，对那些作用于系统的输入量和主要扰动量进行观察，分析它们对系统输出的作用，在产生不利影响之前及时采取纠偏措施予以消除。事前控制的一个重要特点是克服了"时滞信息"所带来的缺陷，采取预防式控制措施。事前控制往往是对问题产生的原因而非结果进行控制。因此，它相当复杂、难度很大，不仅要输入各种影响战略实施的变量，还要输入影响这些变量的各种因素，以及那些无法预料的或意外的因素。

⊂⊃ 实践链接

事前控制方法

事前控制的一个关键问题是，如何在活动成果产生之前判断未来结果是否偏离战略目标或绩效标准？可以采用预报因子分析法。所谓预报因子，是指那些能够预测未来业绩成果的因素。美国管理学家威廉·纽曼提出了三类预报因子。

● 投入。投入因素的种类、数量和质量将影响活动业绩。

● 早期成果。依据早期成果预测未来结果。

● 内部环境和外部环境，以及它们的变化趋势。这是因为内外部因素对战略实施进程乃至战略目标会产生重要影响。

图 13-4 展现了事前控制、事中控制与事后控制的关系。

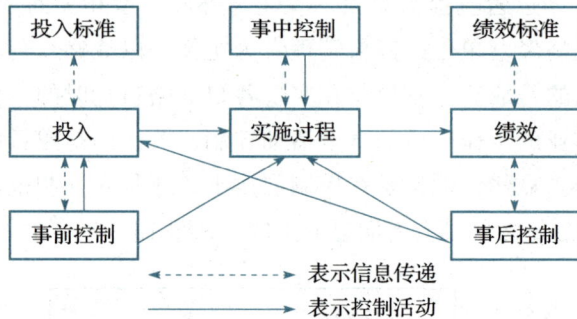

图 13-4　事前控制、事中控制与事后控制的关系

2. 事中控制

事中控制是指在战略实施进程中，按照既定绩效标准检查战略行动，及时发现偏差并采取纠偏措施。这种控制方法，就像开关的开启与关闭一样，能够及时确定进程继续或停止。

⊂⊃ 实践链接

事中控制方法

● 直接指挥。管理者亲自监督、检查、指导和控制下级的活动，及时发现偏差并采取纠偏措施。

● 自我调整。执行者通过非正式沟通，自行调整自己的行为，与协作者默契配合。

● 过程标准化。对规范化和可以预先编制程序的工作制定出操作流程、规章、制度等，间接控制和指挥执行者行动，实现整体行动的协调。

● 成果标准化。只规定最终目标，不规定

达到目标的具体手段、方法、途径和过程，如果成果符合标准，那么个人行动就符合战略目标要求。

- 技能标准化。对从事某些专业性较强的工作所必备的知识能力、技术、经验等做出标准化规定，定期检查，确保实现

控制目标。

- 共同信念。它是组织成员对战略目标的一致性认识，具有共同价值观和信念，能够使组织成员在战略实施过程中表现出一定的方向性和使命感，从而达到和谐一致的效果。

3. 事后控制

事后控制是在战略实施过程中，对行动结果与期望标准进行衡量，然后根据偏差大小及其发生的原因，对行动过程采取纠正措施，使最终结果符合既定标准。事后控制的主要特点在于控制监测对象的行动结果，并根据行动结果总结经验和教训，指导未来的行动，将战略进程控制在正确轨道上。事后控制既可以控制最终结果（如产量、销售收入、利润等），也可以控制中间结果（如工序质量、半成品质量、月份检查、季度检查等）。

🔗 实践链接

事后控制方法

- 联系行为。联系行为就是战略进程控制同员工的工作行为直接联系起来，通过总结性述职、工作指导等方式，引导员工行为对接战略进程步骤。
- 分配引导。根据战略导向的行动评价，

合理地分配资源，强化员工的战略意识。

- 目标导向。让员工参与战略行动目标、工作业绩评价等政策制定，使他们直接认识到个人行为对实现战略目标的价值。

13.2.2　战略实施进程控制步骤

战略实施进程控制是一个相当复杂的系统工程，涉及战略实施全过程中的各种因素，因此，战略实施进程控制必须遵循适度控制原则、适时控制原则和例外控制原则。

（1）适度控制原则。它是指对战略进程控制宽严适度，既严格又有弹性，切忌过度频繁，要尽可能少地干预实施进程中出现的问题，否则，控制过多会导致创新活力和自主性严重不足。

（2）适时控制原则。它是指要掌握适当时机进行战略修正，尽量避免在不该修正时采取行动，而在需要修正时没有采取行动。

（3）例外控制原则。它是指进程控制还需应对准例外事件的发生，在实施进程中出现偏差很正常，要有容偏范围，要特别关注那些非常态的例外事件，采取控制行动。

根据以上原则，企业在实施战略进程控制时，可以采用以下基本步骤：①明

确评估对象；②建立绩效标准；③测定实际绩效；④评价工作成绩；⑤采取纠偏措施。战略实施进程控制的步骤如图 13-5 所示。

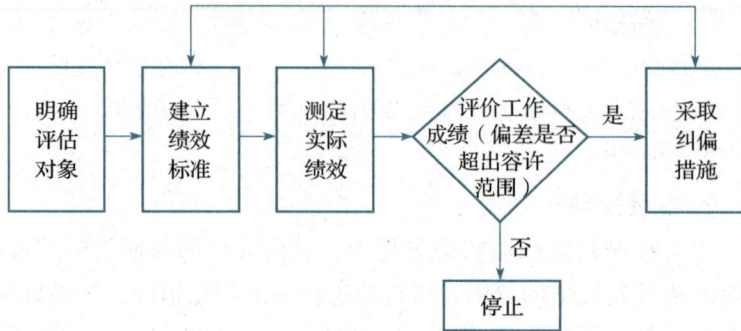

图 13-5   战略实施进程控制的步骤

第一步，明确评估对象。首先应确定需要对哪些生产经营活动及其结果进行测定。这些活动的过程与结果应当是实现企业战略目标的重要环节和因素，并能以比较客观和连续的方式来测定或评估。

第二步，建立绩效标准。标准是测定可以接受的业绩成果的尺度。一般地，每项标准需要设定一个容许范围，而且标准不应只关注最终产出，还要关注过程。

第三步，测定实际绩效。根据标准，按照预定时间和频率对战略实施成果进行实际的测定，并注意发现问题。

第四步，评价工作成绩。这就是用实际绩效与预定的目标和标准进行比较，确定是否存在战略偏差。在做成绩评价时，管理层要谨慎，要避免因主观性而影响企业战略控制过程的有效性。当评价结果是正偏差时，表明实际绩效优于预定目标；当偏差很小时，表明实际绩效与预定目标基本一致；当评价结果为负偏差时，表明实际绩效没有达到战略预定目标，进而需要判断偏差是否超出容许范围，如果是，就必须采取纠偏措施。

第五步，采取纠偏措施。根据发现的问题以及建议方案，采取必要措施予以纠偏。这时需要考虑以下问题。①偏差是否只是临时性波动？②战略执行是否有误？③是否因外部环境的重大变化导致目标偏离？如果偏差是随机偶然因素导致的，那就可以暂时不做反应，静观其变。如果偏差是因为某些做法不正确或操作失误，甚至根本没有按照战略要求去做导致的，那就必须重新建立共识，改进运作方法。如果偏差是因为内部环境发生变化而导致的原有战略的不适应，那就需要对战略进行再设计。

13.2.3　战略实施进程控制方法

常用的战略进程控制方法有避免型控制、跟踪型控制、开关型控制和反馈型控制四种。

（1）避免型控制。它是指采取适当手段消除不适当行为产生的条件和机会，达到不需要控制就能避免不适当行为发生的目的。具体做法有：一是把各管理层的权力集中在少数管理者手里，避免分层控制造成的矛盾；二是利用计算机实现自动化，使工作保持稳定，并始终按照企业的预定目标自动进行；三是与其他组织（如保险公司）共同承担某些岗位的行为风险，即使这些岗位出现不适当行为，也不会产生严重影响；四是通过发包转移或完全放弃某项战略活动，将潜在收益与相应风险一同放弃。

（2）跟踪型控制。跟踪型控制又称事前控制，是指在战略行动尚未实现前，对战略行动的结果趋势进行预测，并将预测值与既定标准进行预先比较，如发现可能出现的战略偏差，则提前采取预防性纠偏措施，使实施进程始终沿着正确的轨道运行。

（3）开关型控制。开关型控制又称事中控制，是指在战略实施进程控制中，要对战略行动进行检查，对照既定的标准判断是否可行。如果发现不符合标准的行动，随时采取措施纠偏。这种方式类似开关的开启和关闭控制，因而得名。

（4）反馈型控制。反馈型控制也称事后控制，是指在战略结果形成后，将战略行动的结果与既定的标准进行比较和评价，根据战略偏差及其原因，对后续战略行动进行调整与修正。

13.2.4　战略实施进程控制途径

战略实施进程控制可以通过战略规划、财务控制、战略控制三种途径进行。这三种控制途径并非截然分开的，而是相互联系、相互渗透的，只不过这三种控制途径各有侧重点而已。一般情况下，企业是通过三种途径的组合来完成战略实施进程控制的。

1. 战略规划

第一个途径是战略规划，可以分为五步。

步骤一：决定谁来负责组织的战略规划领导。权衡并决定是选择专职的人员 / 小组，还是由临时人员来从事这项工作。

步骤二：决定战略职能本身的性质。组织需要它做什么来满足适应性挑战的需要？这最多能实现到何种程度？

步骤三：决定所需的系统方法，以便组织能够评价和理解其利益相关者的价值，识别已经存在或可能产生的利益相关者的冲突。

步骤四：评价有可能被采纳的可供选择的战略规划方法，制定一种能满足组织短期至中期需要的方法。

步骤五：在战略规划人员和其他成员之间策划并推广适当的战略报告和反馈方法。

2. 财务控制

第二个途径是财务控制。战略实施进程控制必须要有相应的预算才能完成，组织为了有效履行战略方案必须配备足够的人员和资金。战略执行的好坏与预算分配紧密相关，太少的资金会降低组织战略的执行力，太多的资金又会因浪费组织资源而降低财务绩效。因此，一个成功的企业在战略执行过程中，很少需要对财务预算做大量的调整，若要调整也往往是针对例外情况，比如企业需要建立新的核心能力或开发新产品和新业务。3M、GE 和波音公司的财务预算调整都基于对新产品、新业务的支持，通过强调产品创新和财务支持的匹配来帮助新项目快速成长。

⊙ **战略聚焦**

杜邦公司的财务控制系统

美国杜邦公司的财务控制系统是在国际上得到广泛认可的财务控制工具（见图 13-6）。

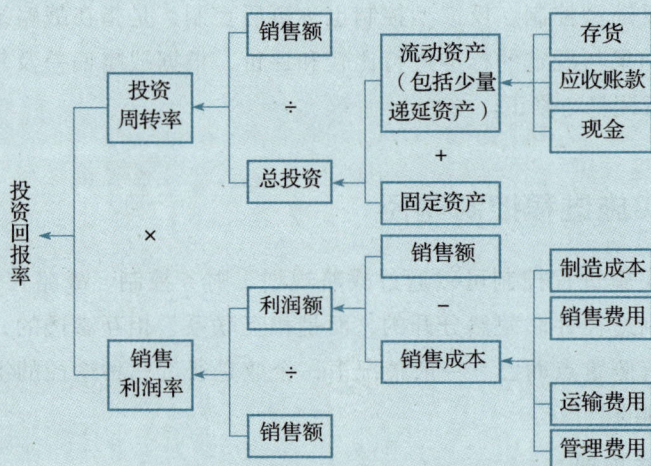

图 13-6　杜邦公司的财务控制系统

在图 13-6 中，杜邦公司的财务控制主要分为两大方面：一是投资周转率，是由销售额除以总投资得出的（总投资＝流动资产＋固定资产）；二是销售利润率，是由利润额除以销售额得出的（利润额＝销售额－销售成本）。最后，投资周转率乘以销售利润率，即得投资回报率。因此，图 13-6 中的控制含义可以用如下公式表示：

投资回报率＝利润额/投资额
　　　　　＝（销售额/总投资）×
　　　　　　（利润额/销售额）
　　　　　＝投资周转率×销售利润率

式中，投资额＝流动资产＋固定资产；利润额＝销售额－销售成本。

3. 战略控制

第三个途径是战略控制。战略控制是面向企业系统整体而不是局部的，是以高层管理者为主体去具体执行的。战略控制非常重要，通过高层管理者的阶段性战略会议，研究外部环境和内部环境的变化，在保持战略相对稳定的前提下，注意战略的灵活性和适应性。

要做好战略控制，需要把握好三个原则：第一，战略控制是一个复合的控制过程，需要在战略规划的指导下进行；第二，不论是何种形式的战略控制，都必须建立评价标准、测定实际绩效和采取控制措施；第三，把握好适应性纠偏和稳定性纠偏的关系。适应性纠偏是企业根据外部环境的变化，对战略规划中的内部资源配置进行不同程度的调整；稳定性纠偏通常是企业根据内部环境的变化，侧重对战略规划中的外部环境因素施加不同程度的影响。

13.3　战略绩效标准控制

战略绩效标准是战略目标的具体化产物，是测定可以接受的业绩成果的尺度。每项标准一般都设有一个容许范围，在此范围内的业绩则视为可接受。标准不只限于最终的产出，对于战略活动过程中间阶段的产出以及过程的投入，都需要建立标准。

战略实施过程控制的最终目的是确保企业战略目标的有效实现。战略绩效标准控制的基本任务包括：确定评价内容、制定评价标准、评价工作成绩、进行差异分析和纠偏等。这些基本任务如图 13-7 所示，其中，前几项任务被称为战略评价，后几项任务被称为战略控制，它们相互联系不可分离，共同构成战略控制体系。

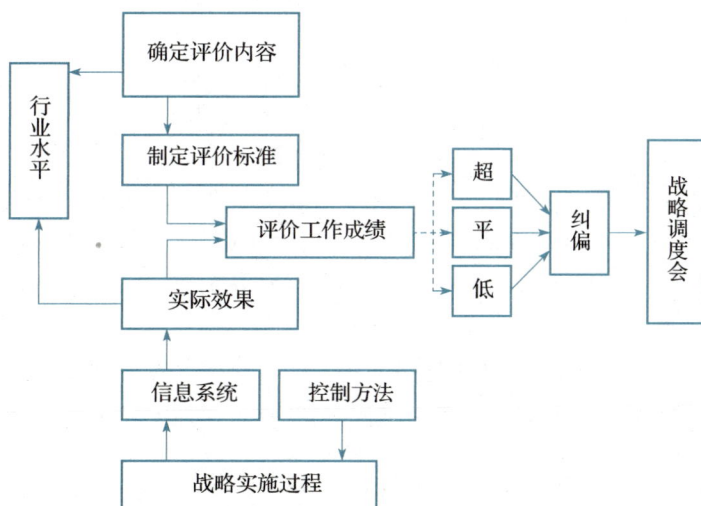

图 13-7　战略绩效标准控制体系

战略绩效标准的建立是战略实施过程控制顺利进行的保证。在战略实施过程中，企业往往会首先制定一系列绩效目标。一套有效的绩效考核标准体系应该具备考核内容、考核目的、绩效标准、考评重点、考评方法以及考评时机六大要素。

1. 考核内容

确定考核内容必须依据考核目标而定，由于战略绩效是一种多维的复合变量，是科技水平、制度安排、营销整合、市场环境等一系列组织内外部因素耦合作用的结果。考评对象有员工个人绩效、团队绩效和组织绩效，不同对象具有不同的任务和不同的绩效体现方式，因此，考核内容也应不同。表 13-1 是不同绩效维度考核指标的设计举例。

表 13-1　不同绩效维度考核指标的设计举例

绩效维度	考核指标
工作成果量	产量、市场占有率、销售额、利润额、获专利数
工作效率或效益	单位产品原材料消耗量、资金利润率、日接待顾客数
工作行为表现	出勤率、完工及时性、典型事件、发生事故数
工作主观能动性	态度是否认真、组织责任感强弱、协作意识、合作能力

2. 考核目的

考核目的必须明确，否则考核工作会缺乏针对性，最终导致考核失败。考核目的主要包括战略导向、绩效提高和资源开发三个方面。

3. 绩效标准

绩效标准必须具有战略一致性，与组织战略要求相匹配。绩效考核标准的最主要和最直接目的是检验组织战略实施的有效性以及激励机制的有效性。通过考核和改进工作业绩，激励员工，进行人力资源的开发与优化配置。

🖢 **实践链接**

绩效标准设计要点

绩效标准设计是非常困难的，应同时具备科学性和适用性。其中，科学性要求选择和设计的相应评价体系具备准确性、可靠性和灵敏性。

- 准确性。它要求评价指标的含义和传达的信息要明确，能与评价目的挂钩，使人们能够判断什么结果是组织所期望的，要求考评标准与实际业绩高度重合。

- 可靠性。它要求考核标准的指标之间相互衔接且保持较高的一致性，评价指标与对象的绩效反映维度要高度契合。

- 灵敏性。它要求绩效标准能够甄别员工实际工作的差异，对组织关注的绩效考评差异信息做出灵敏的反映。

- 适用性。它要求绩效标准评价指标具有经济合理性、接受性和操作的可行性。

4. 考评重点

考评重点要放在那些对企业最具决定性影响的因素上。对于那些十分重要又很难定量评价和衡量的因素，绝不能将它们排除在外，也不能用其他可量化的内容替代，而应该想方设法对它们加以适当衡量。企业应将运行中费用支出比例最高、出现问题最多的领域作为战略评价的重点。

5. 考评方法

绩效考评标准的制定还需确定有效的考核程序与方法，要回答"谁来考评""何时考评""考评后怎么办"等问题。首先是考评的主体与客体，这要看考评的目标和情况，通常与考评内容相关，可分为上司对下属的考评、下属对上司的考评、同事之间的考评、自我考评、外部相关人员考评以及专家委员会考评等。其次是考评的程序和方法，这需要根据考评的主体和客体以及考评的目的等来选择，下面的"实践链接"专栏罗列了几种常用的绩效考评方法。最后是考评后的纠偏，先根据评价标准和实际工作需要确定评价结果，而后更重要的是根据评价结果进行纠偏，并通过战略调度会重新设计资源的分配方式。

🔗 实践链接

企业中常用的绩效考评方法

在企业实践中常用的考评方式有：360度绩效考评法、BSC 法（平衡计分卡法）、KPI 法等。

- 360度绩效考评法。由于工作绩效具有多维性，而且上司、下属、同事、外部人员的视角不同，因此采用360度绩效考评法更加全面、客观，在绩效反馈环节上有助于员工的自我认知和发展。但在操作上很复杂，尤其是在人际关系复杂、文化氛围不宽松的组织中更加不宜。
- BSC 法。BSC 法也称平衡计分卡法，是突破了个人绩效的局限而基于组织整体

战略性激励的绩效考评体系，将企业内部流程与外部市场环境以及组织创新发展等统一纳入和整合到企业绩效考评体系中，建立四维综合平衡的绩效考评体系。平衡计分卡法的理念是将企业看成利益相关者的契约组织，通过满足利益相关者的需要获取竞争力。

- KPI 法。该方法是对战略实施过程中关键成功因素的提炼和归纳，由此形成绩效沟通和量化标准或行为标准体系，是对部门和个人工作目标具有导向作用的引导性指标体系，常常应用于目标管理体系中。

6. 考评时机

考评时机的选择要与考评目的相一致，并且以激励为目的的考评周期应与激励期限相契合，在奖酬兑现之前完成考评工作。如果是以改进下一阶段工作为目的的考评，则应根据工作性质与生产经营的周期而定。一般操作人员考评周期短，每周、每月、每季、每年都有考评，经理人员考评周期相对较长。

战略绩效标准建立之后的一项重要工作就是测量实际绩效，它是战略实施过程中实际达到的目标程度的综合反映。通过对实际业绩指标进行测定和记录，为战略控制奠定基础，现在越来越多的企业建立了管理信息系统（MIS）掌握准确的业绩资料和数据，从而准确、全面、及时地掌握实际绩效水平。

13.4　战略导向激励控制

　　激励是激发和鼓励人们朝着期望的目标采取行动的过程。由于组织的生存与发展来自组织成员实现组织目标的动力，而动力是指一个组织中的成员赖以行动和完成任务的心理状态，因此，作为组织领导者，仅仅自身具有行动的动力是远远不够的，更重要的是帮助组织中的其他成员产生动力。这就要求组织领导者必须建立和完善战略激励制度，通过战略激励制度激发员工的积极性和创造性。

　　对很多组织来说，在现实与高绩效、高奉献的组织愿景之间往往存在巨大的差距，这种差距在很大程度上是由战略执行的力度和效度导致的，这也就对战略性激励提出了要求。彼得·德鲁克认为，一个组织的目的是要"使普通人能去做不平常的事"。管理的任务就是去组织、激励、训练和指导相当平常的人去发挥出尽可能高的能力水平。为了做好战略性激励，具体可以采取以下四种途径：工作任务设计激励、绩效评价方法激励、薪酬体系设计激励以及企业文化建设激励。

13.4.1　工作任务设计激励

　　通过合理地设计和分配工作，能极大地激发出员工内在的工作热情，这就要求在设计和分配工作时，做到工作与能力相适应，设计的工作内容符合员工的兴趣，提出的工作目标富有挑战性。在具体做法上，一是在工作内容安排上要考虑员工的特长和爱好，要事先对每个员工的才能结构有比较清楚的认识，再通过工作轮换，从实践中了解每位员工的才能结构。在设计和分配工作时，要从"这位员工能做什么"的角度出发来考虑问题，合理使用人力资源，扬长避短。二是工作目标应具有一定的挑战性。根据成就激励理论，人们的成就需要只有在完成了具有一定难度的任务时才会得到满足。领导者应把工作任务交给一个能力略低于工作要求的员工，或者说，应该对一位员工提出略高于其实际能力的工作目标，通过激发成就感来提高其工作能力，激发出其内在工作热情。

13.4.2　绩效评价方法激励

　　通过战略绩效标准控制可以提高战略控制的有效性，通常战略绩效标准控制可以通过企业绩效和员工绩效评估相结合来推进。对于员工绩效的评价，可以通过三个方面的工作来优化，即员工特征导向的评价方法、员工行为导向的评价方法、员工结果导向的评价方法。具体做法有三种。一是员工特征导向的评价方法，对员工的个人特征，如决策能力、企业忠诚度、人际沟通技巧、工作主动性等方面进行评价。二是员工行为导向的评价方法，这种方法对组织目标的实现非常重要，它能够为员工提供有助于改进工作业绩的反馈信息。举个例子，一名保险推销员可能用欺骗和煽动性很强的方法在一个月内实现100万元的保费收入，而另一名保险推销员可能用客观和以事实说话的方式也实现100万元的保费收入，当企业要倡导后一名推销员的方式时，就不能用单纯的结果导向的评价方法，而应该用行为导向的评价方法，制定明确的行为标准和工作标准，从而倡导正确的行为。三是员工结果导向的评价方法。这种评价显然关注最终结果，如明确的财务绩效指标。这种方法很常用，但它很可能会强化员工不择手段的倾向，破坏团队成员之间的合作，同时也不能为员工如何改进提供信息反馈。

13.4.3 薪酬体系设计激励

薪酬政策就是付酬的基本原则、导向和目标。基本原则包括有效、公平、合法，具体政策导向薪酬分为绩效驱动型、公平维持型、强化竞争型等。薪酬政策要与整体经营战略相匹配，并在战略执行中发挥主导作用。在战略性激励机制中，薪酬与绩效是两个焦点激励因子，它们之间具有最直接的关联，也最具有战略性意义。几乎所有企业都曾经、正在或将要实行绩效导向型的薪酬政策。这种政策不仅要把事后的薪酬支付与事前的绩效考评结果挂钩，还要特别强调薪酬对绩效的事前导向功能及决定作用，合理的高薪酬一般会带来好的工作绩效。

薪酬结构要考虑内部公平、外部公平与程序公平。薪酬结构是企业为保证内部公平而形成的不同职位间薪酬的相对比例和绝对差距，它与所需的知识技能、劳动强度或工作量以及对组织整体利益目标贡献度相一致。应通过工作评价恰当地确定各种工作职位的相对价值，在赋值上努力做到机会均等、民主、透明、公平竞争、同工同酬。在薪酬结构设计时，企业需要考虑自身的薪酬水平，它是企业为保持外部竞争优势而确定的相对于其他组织或市场一般水平的薪酬水平。决定和影响企业薪酬水平的因素包括信息不完全程度、企业自身实力、劳动力市场供求状况、当地生活水平、企业经营哲学与文化、国家有关法规政策等。

薪酬策略是具体薪酬的支付时机、方式、技巧或艺术。薪酬激励体系通常分为基础薪酬、业绩薪酬和福利，具体包括绩效工资、个人奖金、团队奖金、单位奖金、利润分享、股权以及津贴等。根据人力资源战略，企业要使薪酬策略中所支出的每一分钱都产生最大化效用。表 13-2 列出了常见的绩效薪酬方案。

表 13-2 常见的绩效薪酬方案

手段	结果	所覆盖的员工范围
绩效工资	具体绩效标准的体现	个人领薪员工
个人奖金	具体的短期绩效目标	个人领薪员工
团队奖金	团队目标绩效的实现	工作小组 / 单位的员工和主管人员
单位奖金	单位经济及其他目标的实现	跨经营单位 / 部门的单位管理者和领薪员工
利润分享	根据企业每年财务成果确定	本企业所有员工
股权	根据企业长期股票增值确定	所有员工（购买股票）、高级管理人员（期权）
津贴	根据特殊条件下的劳动消耗及生活费额外支出确定	本企业所有员工

除了在物质激励层面上设计激励政策，非物质奖励在员工激励中也会起很大的作用，如工作的挑战性、个人发展机会与职责、对成绩的承认、安全感及归属感等。

总体来说，战略导向的激励政策设计要注意做好以下工作。一是激励政策应该覆盖整个企业的所有管理者与员工，不仅仅局限于高层管理者，对全体成员的激励能使基层管理者和员工缩小与业绩目标的距离。二是激励政策必须公平、细致。如果绩效标准定得太高，或者个体与群体绩效不能被正确评估，又或者员工对绩效系统不满意，都可能抵消任何正面激励。三是激励政策必须紧密结合战略目标和战略绩效，激励政策设计的最重要目的是引导员工完成战略目标。四是规划好绩效回顾和短期报酬支付的时间，保证激励的及时性。五是要善于利用非现金报酬，不要仅仅依赖现金报酬。六是激励政策设计必须适应企业文化，因为不同文化背景下人的需求是不同的。当战略导向的激励政策设计好后，要进行解释沟通，让每个人都理解个体与群体绩效目标、组织战略绩效的关系。

13.4.4　企业文化建设激励

建立一个战略支持的企业文化对成功实施战略来说是很重要的。企业文化是企业制度中最深层次的内容，它隐性规定了"为什么做""应该做什么"和"如何做好"等基本价值观问题。"资源是会枯竭的，唯有文化生生不息"，企业文化建设激励是通过给员工传递企业的价值观和信念、期望的道德标准、内部组织氛围和哲学、组织传统等，鼓励员工聚焦于战略，控制自己的行为，使他们符合企业战略的要求。改变一家企业的文化是最刚性的管理挑战之一，改变文化需要高层中有胜任力的领导者来认真负责，促进战略和文化之间的协调，少依赖政策、规章、程序和其他监管措施，以最有效的手段控制员工的行为。成功的战略制定者能够引导组织内的每个成员通过外部观察和内部沟通，把握组织的命脉，营造出鼓励员工创造和革新的氛围，以保持企业持续应对环境变化的能力。

🔺 反思

数字经济时代的战略管控

数字化领导力的实现

在数字化转型中，领导者的角色是推动快速决策过程和变革的核心。数字化领导被定义为领导者在优化使用数字技术为企业创造价值方面的文化和能力的结合。

数字经济时代，新的商业模式需要一种与传统商业领袖不同的管理风格，从而适应复杂的网络化组织。旧的层级式领导模式不再适用，指挥和控制不再是管理业务的最佳方式。领导者的职能需要从原先的管控转向赋能，通过连接、协作和影响来激活组织中的各个行动者，从而充分调动数字化人才和那些拥有碎片化数字知识的员工的积极性。具体来说，数字化领导者需要与所有人建立平等的关系网络，注重个人和集体间的协作，并充分发挥自身的影响力和作用。

数据驱动的过程管控

数字化技术使企业能够及时高效地收集并分析来自行业、市场和用户的大量数据，充分挖掘数据价值，帮助管理层快速准确地了解市场需求与行业动态，为进行战略决策提供有力依据。同时，也可以在业务进程中实现持续监测，以便优化决策。在数字经济时代，数据驱动战略决策的趋势越来越强烈。例如，2019 年海尔集团成立数据平台管理部并承担若干职责：一是负责数据货币化，基于采集挖掘到的数据模型推出新的产品和服务，并从中挖掘新的业务机会；二是构建现代数据环境，确保所有企业数据都被汇总并据此提供有效分析，全力打造集中式"数据湖"和现代化数据环境，以打破数据孤岛，借此进一步推动企业的数据战略与数据决策。

此外，数字化技术能够优化风险管控。一方面，通过利用大数据、人工智能等技术，分析海量数据并有效预测风险，构建风险决策模型，帮助企业提前规避风险。另一方面，依托数字技术实时监控财务风险、市场风险、技术风险等各类风险，也可以加强企业内部控制与合规管理。

本章小结

本章内容逻辑结构如图 13-8 所示。

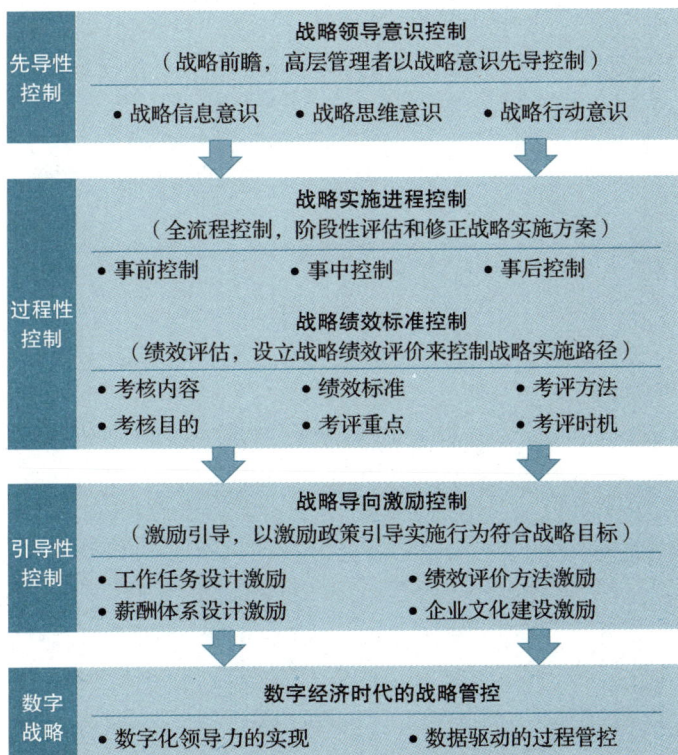

先导性控制	**战略领导意识控制** （战略前瞻，高层管理者以战略意识先导控制）
	●战略信息意识　　●战略思维意识　　●战略行动意识

过程性控制	**战略实施进程控制** （全流程控制，阶段性评估和修正战略实施方案）
	●事前控制　　　　●事中控制　　　　●事后控制
	战略绩效标准控制 （绩效评估，设立战略绩效评价来控制战略实施路径）
	●考核内容　　　●绩效标准　　　●考评方法 ●考核目的　　　●考评重点　　　●考评时机

引导性控制	**战略导向激励控制** （激励引导，以激励政策引导实施行为符合战略目标）
	●工作任务设计激励　　　　　●绩效评价方法激励 ●薪酬体系设计激励　　　　　●企业文化建设激励

数字战略	**数字经济时代的战略管控**
	●数字化领导力的实现　　　●数据驱动的过程管控

图 13-8　第 13 章内容逻辑结构

复习思考题

1. 战略领导意识控制在企业战略实施过程中有什么特别的意义?
2. 战略实施进程控制有哪些类型,不同控制类型有什么特点?
3. 战略绩效标准的建立有哪些原则?
4. 战略导向激励政策设计有何特点?目标导向与过程导向的绩效标准有哪些差异,各自对战略实施有什么意义?
5. 股权激励是企业越来越多地运用的激励政策,请你谈谈对高层管理者的股权激励和对中层管理者的股权激励,在制度设计上有什么差异性。
6. 数字经济时代的战略管控有什么新变化?

总结案例

从"依附者"到"多栖者":魔筷科技的战略调整

请扫码阅读总结案例

参考文献

[1] JACOBIDES M G, CENNAMO C, GAWER A. Towards a theory of ecosystems[J]. Strategic management journal, 2018, 39(8): 2255-2276.

[2] MOORE J F. Predators and prey: a new ecology of competition[J]. Harvard business review, 1993, 71(3): 75-86.

[3] PICCOLI G, RODRIGUEZ J, GROVER V. Digital strategic initiatives and digital resources: construct definition and future research directions[J]. MIS quarterly, 2022, 46(4): 2289-2316.

[4] SI S, HALL J, SUDDABY R, AHLSTROM D, WEI J. Technology, entrepreneurship, innovation and social change in digital economics[J]. Technovation, 2023, 119(1): 102484.

[5] BRANDENBURGER A M, NALEBUFF B J. The right game: use game theory to shape strategy [J]. Harvard business review, 1995: 7-8.

[6] THOMPSON A A, STRICKLAND III Jr A J. Strategic management: concepts and cases [M]. 10th ed. New York: McGraw-Hill, 1998.

[7] ANSOFF I. Strategies for diversification [J]. Harvard business review, 1957, 35(5): 113-124.

[8] ARNOLDI J, MURATOVA Y. Unrelated acquisitions in China: the role of political ownership and political connections [J]. Asia pacific journal of management, 2019, 36(1): 113-134.

[9] BARNEY J B. Why resource-based theory's model of profit appropriation must incorporate a stakeholder perspective [J]. Strategic management journal, 2018, 39(13): 3305-3325.

[10] BARNEY J B, HESTERLY W S. Strategic management and competitive advantage: concepts and cases [M]. Upper Saddle River, NJ: Prentice Hall, 2010.

[11] BURNES B. Managing change: A strategic approach to organizational dynamics [J]. Pearson Education, 2004.

[12] COVIN J G, WALES W J. Crafting high-impact entrepreneurial orientation research: some suggested guidelines [J]. Entrepreneurship theory and practice, 2019, 43(1): 3-18.

[13] COVIN J G, SLEVIN D P. New venture strategic posture, structure, and performance: an industry life cycle analysis [J]. Journal of business venturing, 1990, 5(2): 123-135.

[14] PRAHALAD C K, HAMEL G. The core competence of the corporation [J]. Harvard business review, 1990, may-june: 79-91.

[15] CAMPBELL, ANDREW, GOOLD M, ALEXANDER M. Corporate strategy: the quest for parenting advantage [J]. Harvard business review, 1995, 73(2): 120-132.

[16] HITT M A IRELAND R D, HOSKISSON R E. Strategic management: competitiveness and globalization [M]. Asia-pacific 13th ed. Cengage Learning, 2019.

[17] DAVID J, COLLIS, MONTGOMERY C A. Creating corporate advantage [J]. Harvard business review, 1998, May-June: 71-83.

[18] DOUGLAS R, PRUDEN, TERRY G. VAVRA. The needed evolution in marketing research is respecting relationships with customers [J]. Marketing research, 2000, summer: 15-19.

[19] DUNNING J H. International production and the multinational enterprise [M]. New York: Routledge, 2012.

[20] ETHIRAJ S K, GAMBARDELLA A, HELFAT C E. Theory in strategic management [J]. Strategic management journal, 2018, 39(6): 1529-1529.

[21] STALK G, EVANS P, SHULMAN L E. Competing on capabilities: The new rule of corporate strategy [J]. Harvard business review, 1992, march-april.

[22] GOOLD M C, CAMPBELL A, ALEXANDER M. Corporate-level strategy [J]. New York: John Wiley & Sons, 1995.

[23] HASPESLAGH, PHILLIPPE C, JAMISON D B. Managing acquisitions: creating value through corporate renewal [M]. New York: Free Press, 1991.

[24] HUBBARD G, RICE J, BEAMISH P. Strategic management: thinking, analysis, action [J]. Pearson, 2008.

[25] JIANG G, LEE, CHARLES M C, YUE H. Tunneling through intercorporate loans: the China experience [J]. Journal of financial economics, 2010, 98(1): 1-20.

[26] JIANG F, KIM, K A. Corporate governance in China: a modern perspective [J]. Journal of corporate finance, 2015(32): 190-216.

[27] JOHNSON G, SCHOLES K. Exploring corporate strategy: text and cases [M]. 5th ed. London: Prentice Hall, 1999.

[28] KUMAR V, REINARTZ W. Creating enduring customer value [J]. Journal of marketing, 2016, 80(6): 36-68.

[29] LEONG C, PAN S L, LEIDNER D E, HUANG J S. Platform leadership: managing boundaries for the network growth of digital platforms [J]. Journal of the association for information systems, 2019, 20(10): 1.

[30] LIU Y, LV D, YING Y, ARNDT F, WEI J. Improvisation for innovation: The contingent role of resource and structural factors in explaining innovation capability [J]. Technovation, 2018, 74–75: 32-41.

[31] MARY C, LACITY, LESLIE P, WILLCOCKS, FEENY D F. It outsourcing: maximize flexibility and control [J]. Harvard business review, 1995, may-june: 84-93.

[32] PEDLER M, BURGOYNE J, BOYDELL T. The learning company: a strategy for

sustainable development [M]. New York: McGraw-Hill, 1991.

[33]　MINTZBERG H. The design school: reconsidering the basic premises of strategic management [J]. Strategic management journal, 1990, 11: 171-195.

[34]　MUKHERJEE K. Vertical integration strategy [J]. Wiley encyclopedia of management, 2015(12): 1-2.

[35]　NAUGLE D G, DAVIES G A. Strategic-skill pools and competitive advantage [J]. Business horizons, 1987, 30(6): 35-42.

[36]　PENG M W. Making M&A fly in China [J]. Harvard business review, 2006, 84(3): 26.

[37]　PORTER M E. From competitive advantage to corporate strategy [J]. Harvard business review, 1987, 65(3): 43-59.

[38]　PORTER M E, HEPPELMANN J E. How smart, connected products are transforming companies [J]. Harvard business review, 2016, 94(1-2): 24-24.

[39]　PORTER M E, NOHRIA N. How CEOs manage time [J]. Harvard business review, 2018, 96(4): 42-51.

[40]　SLATER S F, NARVER J C. Customer-led and market-oriented: let's not confuse the two [J]. Strategic management journal, 1998, october: 1001-1006.

[41]　SLATER S F, NARVER J C. Market-oriented is more than being customer-led [J]. Strategic management journal, 1999, june: 1165-1168.

[42]　STEVENSON H H, GUMPERT D E. The heart of entrepreneurship [J]. Harvard business review, 1985, 63(2): 85-94.

[43]　SYKES H B, BLOCK Z. Corporate venturing obstacles: sources and solutions [J]. Journal of business venturing, 1989, 4(3): 159-167.

[44]　THOMPSON J L. Strategic management: awareness and change [M]. 3rd ed. London: International Thomson Business Press, 1999.

[45]　LUEHRMAN T A. Strategy as a portfolio of real options [J]. Harvard business review, 1998: 5.

[46]　YEUNG A, XIN K, PFOERTSCH W, LIU S J. Globalization of Chinese companies [J]. Engelska, 2011.

[47]　VAN ALSTYNE M W, PARKER G G, CHOUDARY S P. Pipelines, platforms, and the new rules of strategy [J]. Harvard business review, 2016, 94(4): 54-62.

[48]　KIM W C, MAUBORGNE R. Value innovation: the strategic logic of high growth [J]. Harvard business review, 1997, january-february: 103-112.

[49]　WAYNE S, DESARBO, JEDIDI K, SINHA I. Customer value analysis in a heterogeneous market [J]. Strategic management journal, 2001(22): 845-857.

[50]　WEI J, WANG D, LIU Y. Towards an asymmetry-based view of Chinese firms' technological catch-up [J]. Frontiers of business research in China, 2018, 12(1): 1-13.

[51]　SHARPE W F. Portfolio theory and capital markets [M]. New York: McGraw-Hill, 1970.

[52]　WU H, CHEN J, LIU Y. The impact of OFDI on firm innovation in an emerging country [J]. International journal of technology management, 2017, 74(1-4): 167-184.

[53]　魏江，刘洋 . 数字创新 [M]. 北京：机械工业出版社，2020.

[54]　魏江，刘洋 . 李书福：守正出奇 [M]. 北京：机械工业出版社，2020.

[55] 魏江，杨洋，邹爱其，等.数字战略 [M].杭州：浙江大学出版社，2022.

[56] 魏江，王颂，等.企业创新生态系统 [M].北京：机械工业出版社，2023.

[57] 魏江.数字战略的基础性问题 [J].清华管理评论，2023，（6）：24-30.

[58] 魏江，杨佳铭，陈光沛.西方遇到东方：中国管理实践的认知偏狭性与反思 [J].管理世界，2022，38（11）：159-174.

[59] 魏江，刘嘉玲，刘洋.新组织情境下创新战略理论新趋势和新问题 [J].管理世界，2021，37（7）：182-197+13.

[60] 谢恩，傅宇，李垣，等.国际秩序演化下的中国企业全球化 [J].管理科学学报，2021，24（8）：67-75.

[61] 刘洋，应震洲，薛元昊，等.构建数字创新能力：每个企业的必修课 [J].清华管理评论，2021，（5）：80-87.

[62] 刘洋，应震洲，应瑛.数字创新能力：内涵结构与理论框架 [J].科学学研究，2021，39（6）：981-984+988.

[63] 刘洋，董久钰，魏江.数字创新管理：理论框架与未来研究 [J].管理世界，2020.（7）：198-217+219.

[64] 欧高敦.麦肯锡高层管理论丛（Ⅵ）[M].北京：经济科学出版社，1998.

[65] 里恩斯，等.市场领先：技术密集型企业的战略性市场策划 [M].徐蔚，等译.上海：上海交通大学出版社，2001.

[66] 内勒巴夫，布兰登勃格.合作竞争 [M].合肥：安徽人民出版社，2013.

[67] 圣吉.第五项修炼：学习型组织的艺术与实务 [M].郭进隆，译.上海：上海三联书店，1998.

[68] 卞艳艳，张蕾，张洁瑛.平衡计分卡与战略地图应用研究：基于如家快捷酒店案例分析 [J].中国商贸，2012（7）.

[69] 陈威如，余卓轩.平台战略：正在席卷全球的商业模式革命 [M].北京：中信出版社，2013.

[70] 科利斯，蒙哥马利.公司战略：企业的资源与范围 [M].王永贵，杨永恒，译.大连：东北财经大学出版社，2005.

[71] 贝赞可，等.公司战略经济学 [M].武亚军，等译.北京：北京大学出版社，1999.

[72] 阿姆斯特朗，科特勒，王永贵.市场营销学（第 12 版全球版·中国版）[M].王永贵，郑孝莹，等译.北京：中国人民大学出版社，2017.

[73] 明茨伯格，等.战略历程：纵览战略管理学派 [M].魏江，译.北京：机械工业出版社，2006.

[74] 明茨伯格.公司战略计划：大败局的分析 [M].张艳，等译.昆明：云南大学出版社，2002.

[75] 金占明.战略管理：超竞争环境下的选择 [M].4 版.北京：清华大学出版社，2015.

[76] 金寅镐，路江涌，武亚军.动态企业战略：最佳商业范式的发现和实现 [M].北京：北京大学出版社，2013.

[77] 蒂蒙斯，斯皮内利.创业学：21 世纪的创业精神 [M].北京：人民邮电出版社，2014.

[78] 鲁梅尔特.好战略，坏战略 [M].蒋宗强，译.北京：中信出版社，2017.

[79] 李宝元.战略性激励 [M].北京：经济科学出版社，2002.

[80] 李维安.公司治理学 [M].2 版.北京：高等教育出版社，2009.

[81] 梁上坤，金叶子，王宁，等．企业社会资本的断裂与重构：基于雷士照明控制权争夺案例的研究 [J]. 中国工业经济，2015（4）：149-160.

[82] 金，莫博涅．蓝海战略：超越产业竞争，开创全新市场 [M]. 吉宓，译．北京：商务印书馆，2016.

[83] 巴泽尔，盖尔．战略与绩效：PIMS 原则 [M]. 北京：华夏出版社，2000.

[84] 格兰特．公司战略管理 [M]. 胡挺，等译．北京：光明日报出版社，2001.

[85] 卡普兰，诺顿．战略地图：化无形资产为有形成果 [M]. 刘俊勇，孙薇，译．广州：广东经济出版社，2005.

[86] 卡普兰，诺顿．战略中心型组织 [M]. 上海博意门咨询有限公司，译．北京：中国人民大学出版社，2008.

[87] 路江涌．共演战略：重新定义企业生命周期 [M]. 北京：机械工业出版社，2018.

[88] 宁向东．公司治理理论 [M]. 北京：中国发展出版社，2006.

[89] 格尔根．公司治理 [M]. 王世权，杨倩，侯君，等译．北京：机械工业出版社，2014.

[90] 迈克尔·波特．竞争战略 [M]. 陈小悦，译．北京：华夏出版社，2005.

[91] 忻榕，陈威如，侯正宇．平台化管理 [M]. 北京：机械工业出版社，2019.

[92] 王方华．企业战略管理 [M]. 2 版．上海：复旦大学出版社，2007.

[93] 王雷，周亚庆，项保华．基于流程的企业战略模型 [J]. 商业研究，2003（3）：111-113.

[94] 王克稳，金占明，焦捷．战略群组身份、企业慈善捐赠和企业绩效：基于中国房地产行业的实证研究 [J]. 南开管理评论，2014（6）：53-62.

[95] 谭如潮．战略地图实现记 [J]. 新理财，2009（11）．

[96] 谭跃，王翔．观念冲突、企业家特质与民营企业控制权之争：基于雷士照明控制权之争的案例研究 [J]. 会计之友，2015（4）：38-42.

[97] 库拉特科，莫里斯，科温．公司创新与创业（原书第 3 版）[M]. 李波，曹亮，邓汉慧，等译．北京：机械工业出版社，2013.

[98] 魏江，邬爱其，彭雪蓉．中国战略管理研究：情境问题与理论前沿 [J]. 管理世界，2014（12）：167-171.

[99] 魏江，刘洋，黄学，等．非对称创新战略：中国企业的跨越（理论辑）[M]. 北京：科学出版社，2017.

[100] 魏江，王丁，刘洋．来源国劣势与合法化策略：新兴经济企业跨国并购的案例研究 [J]. 管理世界．2020（3）：101-119.

[101] 魏江，应瑛，潘秋玥．创新全球化：中国企业的跨越（案例辑）[M]. 北京：科学出版社，2016.

[102] 魏江．战略管理 [M]. 2 版．杭州：浙江大学出版社，2012.

[103] 张小宁，赵剑波．新工业革命背景下的平台战略与创新：海尔平台战略案例研究 [J]. 科学学与科学技术管理，2015（3）．

[104] 张小宁．平台战略研究评述及展望 [J]. 经济管理，2014（3）．

[105] 项保华．战略管理：艺术与实务 [M]. 上海：复旦大学出版社，2007.

[106] 项保华．企业战略管理：概念、技能与案例 [M]. 北京：科学出版社，1994.

[107] 项保华，周亚庆．战略与文化的匹配：以万向集团为例 [J]. 南开管理评论，2002（2）．

[108] 斯托尔克，等．企业成长战略 [M]. 北京：中国人民大学出版社，1999.

[109] 邢以群．管理学 [M]. 4 版．杭州：浙江大学出版社，2016.

[110] 谢佩洪，焦豪，甄杰.战略管理 [M].上海：复旦大学出版社，2014.

[111] 徐二明，王智慧.企业战略管理教程及学习指导 [M].北京：高等教育出版社，1999.

[112] 徐飞，战略管理 [M].北京：中国人民大学出版社.2019.

[113] 希特，爱尔兰，霍斯基森.战略管理：概念与案例（原书第 10 版）[M].刘刚，吕文静，雷云，等译.北京：中国人民大学出版社，2012.

[114] 麦凯恩.信息大师：客户关系管理的秘密 [M].姚志明，译.上海：上海交通大学出版社，2001.

[115] 程嘉树，欧高敦.麦肯锡高层管理论丛（Ⅲ）[M].北京：经济科学出版社，1997.

[116] 科特，沃纳.工商管理大百科全书 [M].清华大学经济管理学院，编译.沈阳：辽宁教育出版社，1999.

[117] 约翰逊，斯科而斯.公司战略教程 [M].金占明，贾秀梅，译.北京：华夏出版社，1998.

[118] 科林斯，拉奇尔.中小企业管理：概念与案例 [M].李丽，徐明峰，译.大连：东北财经大学出版社，2000.

[119] 魏江，潘秋玥.制度型市场与技术追赶 [J].中国工业经济，2016（9）：93-108.

[120] 希特，爱尔兰，霍斯基森.战略管理：竞争与全球化（概念）(原书第 12 版）[M].焦豪，等译.北京：机械工业出版社，2018.

[121] CLARKSON M. E. A stakeholder Framework for Analyzing and Evaluating Corporate Social Performance[J]. Academy of Management Review, 1995, 20(1): 92-117.